Gisela Steins

# Sozialpsychologie des Schulalltags

## Das Miteinander in der Schule

Verlag W. Kohlhammer

Für
**Maria Limbourg,**
die mich zu diesem Buch inspiriert
und
**Norbert Nothbaum,**
der mich immerzu ermuntert hat.

1. Auflage 2005

Alle Rechte vorbehalten
© 2005 W. Kohlhammer GmbH Stuttgart
Umschlag: Gestaltungskonzept Peter Horlacher
Gesamtherstellung:
W. Kohlhammer Druckerei GmbH + Co. KG, Stuttgart
Printed in Germany

ISBN 3-17-018849-6

# Inhalt

# Teil I: Eine Einführung

*„Na, warum willst du das werden, Lehrerin?"*
*„Um die Plagen zur Sau zu machen", antwortete Zazie. „Die, die in zehn Jahren, in*
*zwanzig Jahren, in fünfzig Jahren, in hundert Jahren, in tausend Jahren mein Alter haben*
*werden, immer wird es Gören geben, die man zur Sau machen kann."*
*„Na ja, sagte Gabriel."*

(Aus „Zazie in der Metro" von Raymond Queneau, 1986, S. 21 f.)

## 1    Die Absicht dieses Buches

Unsere besten Fähigkeiten bestehen in der Möglichkeit zur Erkenntnis und positiven Veränderung. Auch wenn Menschen über lange Zeitspannen glaubten, dass die Erde der Mittelpunkt des Universums ist, konnten sie ihre Vorstellungen revidieren, als neue Erkenntnisse auftauchten. Lange Zeit ging man wie selbstverständlich davon aus, dass springende Pferde mit den Vorderbeinen gegenläufig zu den Hinterbeinen, alle vier weit ausgestreckt in der Luft, galoppieren, bis die Kunst der Fotografie zeigte, dass ein galoppierendes Pferd die Beine in der Luft anzieht (Gombrich, 1989). Wir neigen dazu, wie Gombrich schreibt (S. 11), konventionelle Ansichten darüber, wie etwas zu sein hat, zu übernehmen und nicht zu hinterfragen. Aber ab und zu kommen wir dahinter. Es kann immer wieder eine große Freude machen, wenn wir merken, dass wir, wie ein Kind, etwas über einen Sachverhalt angenommen haben, der so gar nicht stimmig sein konnte. Wir haben etwas dazu gelernt, wir sehen nun bestimmte Zusammenhänge anders.

Jede wissenschaftliche Disziplin verfolgt diese Aufgabe, eigentlich bekannte Dinge, Prozesse oder Themen in einem neuen Licht zu betrachten, um zu neuen Erkenntnissen zu kommen, um neue, weiterführende Einsichten zu entwickeln. In diesem Buch wird die Disziplin Sozialpsychologie und mit ihr verwandte Theorien auf den schulischen Alltag angewendet in der Hoffnung, die interessierten Leser und Leserinnen zu neuen Interpretationen der Schulalltagswirklichkeit anzuregen und damit ihr Handlungsspektrum zu erweitern. Der Blickwinkel der Sozialpsychologie – der Wissenschaft über die Begegnungen zwischen Menschen, deren Ursachen und Auswirkungen – wird unsere Aufmerksamkeit auf die Beziehungen zwischen den in Schule involvierten Personen lenken, auf Schüler und Schülerinnen, Lehrer und Lehrerinnen und Eltern.

Nahezu jeder Mensch in unserer Gesellschaft hat in gewisser Weise einen wichtigen Abschnitt seines Lebens, wenn nicht sogar sein gesamtes Leben mit Schule zu tun: Als Schüler oder Schülerin, als Elternteil, als Großelternteil oder als weitere Verwandte von schulpflichtigen Kindern. Würde dieses Wissen sinnvoll zusammengetragen und geordnet werden können, dann wäre der schulische Alltag ein Gegenstand, über den möglicherweise konstruktive Diskussionen von vielen Menschen geführt werden könnten. Und diese Diskussionen könnten idealerweise zu langsamen, aber fundierten Veränderungen führen. Die Beschäftigung mit den in diesem Buch vorgestellten Perspektiven kann möglicherweise eine gezielte Diskussion bei Menschen unterschiedlichster Berufe anregen.

Es ist grundlegend wichtig, den schulischen Alltags so gut zu gestalten wie möglich, da wir als Kinder und Jugendliche einen beträchtlichen Teil unserer Zeit im schulischen Umfeld verbringen. Immerhin bewegen wir uns bei durchschnittlich vier Stunden täglich während der Grundschulzeit und fünf Stunden täglich bis einschließlich des 10. Schuljahres abzüglich der Ferien rund 146.800 Stunden unserer Kindheit und Teile unserer Jugend in der Schule. Es ist also nicht unerheblich wie dieses Umfeld beschaffen ist.

Auch sollen in dieser Zeit die Grundlagen für unsere Erkenntnisfähigkeit gelegt werden. Wir sollen das Handwerkszeug erlernen, welches es uns ermöglicht als mündiger Mensch selbstverantwortlich zu handeln.

Ein Weg zu einer konstruktiven Gestaltung von Schule kann in der Kenntnis und Anwendung psychologischer Grundlagentheorien liegen. Ein entscheidender Vorteil einer wissenschaftlichen Ausbildung liegt darin begründet, dass durch die Auseinandersetzung mit verschiedenen theoretischen Blickwinkeln eine Art des Denkens gelernt wird, die *nicht* eine mögliche Sicht der Dinge als absolute Wahrheit betrachtet, sondern die Komplexität von Realität akzeptiert und sich dieser durch verschiedene Zugänge annähert. Die Fähigkeit, theoretische Perspektiven anzuwenden und zu wechseln ist nützlich, um die eigenen Einstellungen und Meinungen zum schulischen Alltag zu ordnen, zu formulieren und damit in einen Diskurs zu treten.

Deshalb richtet sich dieses Buch an alle Menschen, die daran interessiert sind, sich konstruktiv mit dem schulischen Alltag zu beschäftigen, sich eine fundierte Meinung zu bilden und aktiv an sinnvollen Veränderungen im schulischen Alltag mitzuwirken. Die Formulierung eigener Erlebnisse im Lichte theoretischer Vorstellungen – dies ist meine These – wird sich als sehr nützlich erweisen, *denn theoretisch heißt auch praktisch denken.* Eine Analyse des Schulalltags im Lichte unterschiedlicher Betrachtungsweisen sollte zu neuen Erkenntnissen und weiteren Denkanstößen führen.

## 1.1    Ein Interview mit einer Schülerin

Beginnen wir diese Analyse mit einem Interview, das ich 2004 mit einer Schülerin der sechsten Klasse eines koedukativen Gymnasiums geführt habe. Die im Interview auftauchenden Themen werden bei vielen Lesern und Leserinnen eigene Erinnerungen an schulische Erlebnisse wecken. Die Inhalte schneiden viele brisante Themen des schulischen Alltags an: Die Macht der Lehrer und Lehrerinnen, aber auch die der Schüler und Schülerinnen, die Vorurteile auf beiden Seiten und deren Folgen für die Interaktionen untereinander, die Wünsche von Schülern und Schülerinnen an ihre Lehrer und Lehrerinnen, die menschlichen Bedürfnisse, die beide Seiten, Lehrer und Lehrerinnen, Schülerinnen und Schüler in den Unterricht hineintragen, die unzulänglichen Methoden mancher Lehrpersonen gegenüber den praktischen Problemen des Schulalltags wie beispielsweise mangelnde Motivation der Schüler und Schülerinnen und Unterrichtsstörungen.

I.: Wer ist eigentlich dein Lieblingslehrer[1]?

S.: Das ist eigentlich schwer, weil alle Lehrer nett sind. Aber auf eine andere Art und Weise. Ich mag Herrn M., Herrn K. und Frau W. und Frau B.

I.: Was magst du denn an denen so?

S.: Also Frau B. und Herr K., die verstehen auch mal Spaß, aber bei Herrn K., bei Frau B. und Frau W. ist das so, dass sie es nicht zu weit treiben mit dem Spaß. Herr M. übertreibt manchmal. Aber der ist zu jedem Schüler gleich nett und deshalb mag ich ihn.

I.: Was heißt denn „Spaß" machen? Nenne mal ein Beispiel.

S.: Ja, wenn jetzt irgendwas passiert, wenn jetzt einer mit dem Stuhl umkippt, dann ist das nicht unbedingt witzig, aber wenn demjenigen nichts passiert ist, dann kann man da auch drüber lachen.

I.: Und was heißt übertreiben?

S.: Wenn man die ganze Stunde nur Scherze macht.

I.: Was ist daran nicht so toll?

S.: Ja, das ist ja Unterricht.

I.: Was ist denn noch nett an den Lehrern?

S.: Dass die überhaupt kommen und uns unterrichten.

I.: Aber das gehört ja zu deren Beruf. Du sagst du findest es nett, wenn der Lehrer auch mal einen Spaß machen kann. Was findest du an denen denn noch nett?

S.: Das weiß ich nicht.

I.: Machen die besonders interessanten Unterricht?

S.: Ja, ich finde schon.

I.: Was machen die denn da gut? Was ist denn daran besonders interessant? Liegt das am Fach oder liegt das am Lehrer?

S.: Ich glaube das liegt auch am Lehrer.

I.: Was machen die denn da so interessant?

S.: Mein Musiklehrer, der bemerkt nicht mal, der weiß nicht mal, wann er zum letzten Mal, wann er zuletzt die A-Moll-Tonleiter gemacht hat und wiederholt die dann fünfmal in der Woche und die anderen Lehrer, die haben einfach Übersicht über das, was sie gemacht haben.

I.: Und was machen die noch besser am Unterricht als die anderen Lehrer?

S.: Die Klasse einfach ruhiger halten.

I.: Wie machen die das denn?

---

[1] Alle Namen wurden geändert.

S.: Also, ich weiß nicht. Man respektiert die mehr.

I.: Warum? Nenne mir mal ein Beispiel von einem Lehrer, den ihr überhaupt nicht mögt.

S.: Herrn T.

I.: Warum respektiert ihr den nicht?

S.: Weil der, na ja, das ist so. Ich respektiere den schon, aber viele aus der Klasse halten den eh für homosexuell und verachten den deswegen, weil die sich davor ekeln.

I.: Wie kommen die darauf, dass Herr T. homosexuell sein soll?

S.: Weil – das weiß ich auch nicht, aber –, ich weiß es nicht.

I.: Meinst du, die würden auch Herrn K. so behandeln, wenn sie denken, der ist homosexuell?

S.: Nein.

I.: Woran liegt das noch?

S.: Er kann sich nicht richtig gegen die Klasse wehren, die ist mächtiger als er. Also, er kann Klassenbucheinträge verteilen, aber, wenn er das gemacht hat, dann finden die anderen das toll.

I.: Warum finden die das denn toll?

S.: Weil das als besonders cool gilt. Schätze ich mal.

I.: Was heißt das denn, den zu respektieren?

S.: Na, Respekt heißt ja, das man einem anderen Menschen auch zuhören kann und auch die Ideen der anderen Personen entgegennimmt und sich nicht immer sofort dagegenstellt.

I.: …?

S.: Ich glaube, weil der Sebastian, der ist bei den Jungen relativ beliebt und der hatte von Anfang an Schwierigkeiten mit Herrn T., glaub' ich. Und weil der eben bei den Jungen immer ein großer Hecht ist, denke ich, dass die anderen Jungen auch gegen den was haben und das hat sich dann bis zur 6. Klasse so als Hass entwickelt, weil, die hassen Herrn T. richtig.

I.: Was könnte denn Herr T. tun, damit das aufhört?

S.: Also, wenn ich er wäre, würde ich aufhören zu unterrichten.

I.: Ja? Der sollte gar nicht mehr unterrichten? Der kann also gar nichts mehr machen, damit die Schüler ihn mehr respektieren?

S.: Selbst wenn, also einmal hat sich Frau B. dazu gesetzt und der Lärm hat trotzdem nicht aufgehört. Und Herr K. hat sich auch einmal dazu gesetzt und der Lärm hat nicht nachgelassen.

I.: Was hätte Herr T. denn vielleicht vor zwei Jahren anders machen sollen?

S.: Keine Ahnung.

I.: Na gut, aber war das da auch schon so schlimm wie jetzt?

S.: Ja. Ja, genauso schlimm. Sogar noch schlimmer.

I.: Hast du vielleicht noch anderen Ideen, was er noch machen könnte, damit es leiser wird? Ist es denn jede Musikstunde gleich laut? Oder gab es schon mal Ausnahmen?

S.: Es gab auch einmal, es gab zwei bis dreimal eine Ausnahme. Das waren nämlich die Wochen, wo er „Usher" gemacht hat.

I.: Was heißt das?

S.: Zum Beispiel, dass er seinen Unterrichtsstoff abgewechselt hat, also, Montags gab es immer Klassik und Tonleitern und so was, was er unterrichten wollte, aber am Mittwoch, was die Schüler eigentlich haben wollten. Und er hat sich eben nicht an unsere Abmachung gehalten und deswegen mag ihn jetzt niemand mehr.

I.: Wieso hat er sich denn nicht mehr an die Abmachung gehalten?

S.: Herr T. hat gesagt, er habe 25 Jahre klassische Musik studiert und möchte nichts anderes machen, weil er mit der modernen Musik von heute, weil er sich damit nicht auskennt.

I.: Und was war eure Vereinbarung? Habt ihr eine wirkliche Vereinbarung getroffen?

S.: Ja.

I.: Wie sah die denn aus?

S.: Die Abmachung?

I.: Ja.

S.: Wie die ablief?

I.: Inhaltlich.

S.: Dass wir das so machen, dass eben ein Kompromiss gemacht wird.

I.: Zwischen euren Interessen?

S.: Genau.

I.: Und von wem ging diese Anregung aus? Diese Vereinbarung zu treffen?

S.: Von uns allen. Weil Frau B. hat das geraten, als das einmal ziemlich schlimm wurde. Da hat Herr T. auch geweint, glaub ich, vor Anstrengung und Stress, denk ich mal und Verzweiflung. Da hat Frau B. gesagt, dass wir doch mal ein Klassengespräch mit Herrn T. führen sollen. Das haben wir dann auch in Angriff genommen und haben das auch besprochen mit den beiden Klassensprechern und in der Stunde waren wir auch sehr zurückhaltend und haben erst unsere Meinung gesagt, also ganz offen, und dann hat Herr T. ganz offen seine Meinung gesagt. Und dann haben wir das eben abgemacht, also diesen Kompromiss zwischen „Usher" und Klassik.

I.: Ein paar Wochen habt ihr dann den Kompromiss ausprobiert?

S.: Ja. Zwei Wochen bis drei Wochen und, nee, einen Monat, aber in diesem Monat hat er zwei Wochen Klassik gemacht und nur zweimal „Usher", also viermal Klassik und zweimal „Usher".

I.: Und in der Zeit war der Unterricht ruhiger?

S.: In den Klassikstunden war es ruhiger, weil alle wussten, wenn sie sich ruhig verhalten würden, dann würde „Usher" auch weitergehen. Das haben wir zumindest gehofft. Weil, er hatte vorher einmal „Usher" abgebrochen und als wir dann wieder ruhig waren, da waren wir eine Woche ganz ruhig im Unterricht, da wollte er trotzdem „Usher" im Unterricht nicht mehr weitermachen.

I.: Hat er das begründet, warum er das nicht mehr weiter machen wollte?

S.: Ja, ich habe ihn gefragt und er hat gesagt, wir müssen endlich mit dem richtigen Unterrichtsstoff weitermachen. Aber ich weiß ja nicht, was er unter richtigem Unterrichtsstoff versteht. Ich denke mal das, was er über seinen Musikstil weiß.

I.: Er hat doch bestimmte Themen, die muss er im Unterricht durchnehmen.

S.: Ja, aber er kann doch nicht fünf Wochen hintereinander die A-Moll-Tonleiter machen, obwohl wir die schon alle haben.

I.: Das heißt, ihr habt nicht vereinbart, wie lange ihr „Usher" durchnehmt?

S.: Doch, bis zum Ende des Schuljahres.

I.: Ach so. Das hat er dann einfach beendet?

S.: Ja.

I.: Und seitdem ist es in der Klasse schlimmer geworden?

S.: Ja, weil jetzt alle wissen, dass Herr T. sich nicht an unsere Abmachung gehalten hat und dann wollten sich ein paar Leute auch nicht an die Abmachung halten, dass wir ruhig sind.

I.: Und wie geht Herr T. jetzt mit Kindern um, die in den Unterricht reinreden?

S.: Zu einem Jungen, der sehr laut war, ist er hingegangen und ist krebsrot angelaufen und hat ihn angebrüllt, richtig angebrüllt, dass er ihm noch eine 5 auf das Zeugnis gibt.

I.: Hat denn nur ein Junge gebrüllt oder auch andere?

S.: Auch andere.

I.: Was macht er dann?

S.: Also, er, also er provoziert sie auch irgendwie, ohne das zu wissen.

I.: Was macht er denn?

S.: Er geht zu denen hin, die gar nichts getan haben, zum Beispiel zu Sebastian – und der hat sich in letzter Zeit ziemlich angestrengt in Musik – weil er vorher immer so laut war. Der ist jetzt nicht mehr laut. Und Herr T. denkt immer, dass Sebastian das alles wäre und beschuldigt deshalb immer Sebastian.

Den Sebastian ärgert das ziemlich, da er ja ungerecht behandelt wird und dann schreit er auch rum, der will sich das eben nicht gefallen lassen.

I.: So dass der ständig laut losbrüllt?

S.: Ja.

I.: Ist denn die Musik interessant, die Herr T. macht?

S.: Also ich finde das schon ganz o.k., ich hab da nichts gegen, was er macht, aber ich finde, er sollte sich eben an unsere Abmachung halten. Damit alle Spaß am Unterricht haben und nicht nur er und ein paar andere.

I.: Aber er hat ja auch keinen Spaß.

S.: Ja, aber, ich finde das schon. Wenn er das nicht gewollt hätte mit dem „Usher", dann hätte er uns das ja ruhig sagen können und dann hätte er ja nicht sagen dürfen, ja o.k., dass machen wir dann. Da hat er uns ja auch ein bisschen angelogen.

I.: Gibt es noch einen anderen Lehrer, den du nicht so besonders toll findest?

S.: Eigentlich nicht, nur, ach ja, genau, Herr R.

I.: Warum?

S.: Weil der immer so blöde Sprüche ablässt.

I.: Nenn mal ein Beispiel.

S.: „Das interessiert jetzt hier keine Sau!"

I.: Zu wem sagt er das denn?

S.: Er meint damit natürlich eine bestimmte Person, die etwas gesagt hat, das nicht zum Unterrichtsthema passt.

I.: Meinst du, er macht sich dann über dieses Kind lustig?

S.: Ja. Ja, heute zum Beispiel war wieder so ein Beispiel. Wir haben ja sehr viele Brillenträger bei uns in der Klasse. Der Simon zum Beispiel, der ist ein ganz starker Außenseiter und der trägt auch 'ne Brille und die hat er heute, aus welchem

Grund auch immer, abgelegt und vor sich auf den Schreibtisch gelegt. Und da hat jemand aus dem Buch vorgelesen und da kam der Herr R. zu dem Simon, der sitzt hinten, und hat die Brille vom Schreibtisch genommen und hat die sich selber aufgesetzt.

I.: Und was fandest du daran doof?

S.: Ja, ich finde, der sollte den Simon schon fragen, ob er die Brille aufsetzen darf und außerdem darf er im Unterricht nicht einfach da hinten hingehen. Es ist schließlich Unterricht.

I.: Hat jemand in der Zeit ein Referat gehalten?

S.: Nein, da hat jemand vorgelesen.

I.: Was findest du denn an dem so doof? Dass er sich so lässig benimmt?

S.: Ja.

I.: Warum benimmt er sich denn so lässig?

S.: Weil er, weil es bei den Jungs aus meiner Klasse, weil es bei denen gut ankommt.

I.: Wie kommst du denn darauf, dass es ausgerechnet bei denen gut ankommt?

S.: Ich weiß nicht. Das ist so mein Eindruck.

I.: Hat Herr R. gesagt, er möchte gut bei den Jungs ankommen?

S.: Nein, aber… wenn er zum Beispiel dieses T-Shirt mit dem Totenkopf vorne trägt, dann, als er das zum ersten Mal an hatte, da schrie Bastian in die Klasse, „Das ist aber cool, Herr R." und am nächsten Tag hatte er das dann wieder an.

I.: Warum, denkst du, hat er das gemacht?

S.: Weil er genau dieselben Sprüche ablässt wie unsere Jungs.

I.: Was denn zum Beispiel?

S.: Das habe ich doch eben schon gesagt!

I.: Das mit dem „Das interessiert hier keine Sau?". Das sagen die Jungs in eurer Klasse auch?

S.: Ja.

I.: Und was gefällt dir daran nicht?

S.: Ja, er ist unser Lehrer und er müsste eigentlich ein Vorbild für uns sein. Also für mich ist so ein Lehrer kein Vorbild.

I.: Stört das denn auch andere?

S.: Ja, viele.

I.: Ja?

S.: Ja.

I.: Auch die Jungen?

S.: Ja, aber die tun, wenn der Herr R. da ist, dann tun die so, als ob sie den Herrn R. total cool finden würden.

I.: Warum tun die denn dann so?

S.: Ich weiß es nicht. Aber, viele von denen sind nicht so gut und kriegen vielleicht auch eine 4 oder eine 5 aufs Zeugnis und ich glaube, dass manche aus meiner Klasse denken, wenn sie sehr nett zu dem Herrn R. sind und den eben als cool bezeichnen, dann kriegen die eine bessere Note aufs Zeugnis.

I.: Ist das denn so? Kriegen die eine bessere Note deswegen?

S.: Nein.

I.: Das heißt, Herr R. kann das durchaus unterscheiden?

S.: Ja.

I.: Wer ist denn dein Lieblingslehrer? Dein absoluter Lieblingslehrer oder Lehrerin? Ich weiß, die Entscheidung fällt dir schwer, aber versuche es mal.
Bei wem fühlst du dich am wohlsten?

S.: Bei Frau B.

I.: Erklär mal warum.

S.: Die hat alles im Griff. Also, bei der verdrehen wir nicht die Augen, wie beim Herrn K. und die ist auch irgendwie, die kann gut mit uns umgehen.

I.: Was heißt das? Nenne mal ein Beispiel.

S.: Der Herr K., wenn jemand die Hausaufgaben bei Frau A. nicht gemacht hat, dann kommt der in die Klasse und schreit uns an und sagt, dass das sehr respektlos wäre und so. Aber wenn Frau A. das der Frau B. sagen würde, bin ich mir eigentlich ziemlich sicher, dass die Frau B. nicht so reagieren würde wie der Herr K.

I.: Was nimmst du denn an, wie die reagieren würde?

S.: Ich denke, sie würde auch in die Klasse kommen, das dann aber in einem ruhigen Ton halt sagen und nicht so ausflippen.

I.: Das heißt, sie reagiert in einem ruhigen Tonfall?

S.: Ja.

I.: Ist das alles, was du so toll an ihr findest?

S.: Die macht auch einfach ihren Unterricht interessant. Bei der verstehe ich das alles sehr gut in Mathe.

I.: Ist Mathematik dein Lieblingsfach?

S.: Schriftlich ist es ganz bestimmt nicht mein Lieblingsfach, aber seitdem ich bei Frau B. bin, find ich das alles viel interessanter. Weil sie das alles sehr gut erklärt und man merkt, dass sie sich auch dafür interessiert und ich denke, das steckt auch einfach an und deshalb gehört es schon zu meinen Lieblingsfächern.

I.: Ist es das Fach, wo du am besten bist?

S.: Nein.

I.: Welche Note hast du denn in Mathematik?

S.: Auf dem Zeugnis?

I.: Ja.

S.: Eine 3.

I.: Aha. Das heißt, obwohl es nicht dein bestes Fach ist, hast du es bei ihr sehr gern?

S.: Ja.

I.: Wie schafft sie das?

S.: Wenn sie zum Beispiel von dem Koordinatensystem redet, dann wirkt sie immer sehr begeistert.

I.: Was heißt das? Was macht sie denn dann?

S.: Dann kriegt sie auf einmal gute Laune, wenn sie vorher schlechte Laune hatte. Und sie macht das dann alles auf einmal mit Schwung. Und wenn jemand das dann nicht versteht, dann macht sie sehr viele Beispiele an der Tafel. Und was ich allerdings nicht so gut an ihr finde ist, dass sie nicht alle Dinge richtig erklärt. Also, sie erklärt es schon, aber wenn manche das nicht verstehen, dann macht sie zwar Beispiele an der Tafel, aber wenn einige es dann immer noch nicht verstehen, dann sagt sie „macht das einfach" und das finde ich nicht so gut, denn es ist ja ihr Unterricht und den sollte sie schon richtig unterrichten können.

I.: Das heißt, perfekt ist sie nicht?

S.: Nein.

I.: Und wie geht sie sonst so mit euch um? Macht sie auch mal Späße?

S.: Ja, aber nicht zu viele. Das finde ich ganz gut, weil man sollte das ja nicht übertreiben.

I.: Ihr geltet ja als ziemlich schwierige Klasse? Das sagen die Lehrer ja. Findest du denn, dass sich die Lehrer angemessen verhalten bei Schülern, die sich daneben benehmen?

S.: Nein.

I.: Warum nicht?

S.: Weil Lehrer, also wenn ein Schüler oder eine Schülerin häufig die Hausaufgaben vergessen hat und wenn diese schon früher aufgefallen sind durch Hausaufgabenvergessen oder Klassenbucheinträge, dann werden die immer runtergemacht. Wenn jemand anders die Hausaufgaben zum zweiten Mal in der Woche vergessen hat, dann sagen die Lehrer „Du wirst ja schon wie der oder die!" und die machen das eben auf Kosten anderer und das finde ich nicht in Ordnung.

I.: Was sollten die denn stattdessen machen?

S.: Ich finde, die sollten die Eltern benachrichtigen, dass der Sohn oder die Tochter die Hausaufgaben schon so oder so oft vergessen hat. Ja und dann sollten sich die Eltern darum kümmern und die Lehrer sollten vielleicht auch nachgucken, ob die Person die Hausaufgaben auch in das Hausaufgabenheft eingetragen hat.
Das kann die Lehrer ja auch nerven, aber wenn den Lehrern auch wirklich was daran liegt, dann sollten sie es auch machen.

I.: Wie ist es denn, wenn ein Kind ein anderes Kind beleidigt oder sich total daneben benimmt? Reagieren dann die Lehrer, wenn sie das mitbekommen?

S.: Ja, also beim Herrn K. gefällt mir das gut, wenn er darauf reagiert. Weil, wenn die Melanie zu mir zum Beispiel sagen würde „Du Schwein!", dann reagiert er genauso darauf, wie wenn der Sebastian zur Melanie sagt „Du Idiot!". Das finde ich gut. Das ist so Gleichberechtigung.

I.: Was sagt er denn? Oder macht er dann irgendwas?

S.: Nein, aber er steht dann eben immer noch vorne und sagt „Sebastian, musste das jetzt sein?". Bei der Melanie sagt er das dann eben auch.

I.: Und dann passiert aber nichts weiter? Dann muss man sich nicht entschuldigen?

S.: Doch. Oder nein – muss man nicht.

I.: Es gibt dann keine Strafe?

S.: Nein. Wir haben mal eine Strafe erfunden, in unseren Klassenstunden. Und die lautet, dass, wenn man ein anderes Kind beleidigt, dann muss man eine Woche lang Ordnungsdienst machen und an die wird sich aber nicht gehalten.

I.: Warum nicht? Hat Herr K. das nicht eingeführt?

S.: Nein.

I.: Die habt ihr also aufgestellt und dann wurde sie nicht eingehalten?

S.: Ja.

I.: Wie findest du das?

S.: Ja, doof natürlich. Auch wenn ich jetzt ein anderes Kind beleidigen würde und eine Woche lang Ordnungsdienst machen müsste, dann find ich das natürlich auch doof für mich, aber im nachhinein ist es ja berechtigt, dass ich das eine Woche machen musste. Aber es ist dann auch nicht besser geworden, weil man hat ja seine Freunde dabei und man wusste ja, dass einen die Freunde nicht gleich verpetzen, dann hat man das ein bisschen ausgenutzt.

Im Lichte einiger ausgewählter sozialpsychologischer Theorien kommen wir auf die Inhalte dieses Gespräches zurück.

## 1.2 Zusammenfassung und Fazit

Jeder und jede kann beim Thema Schule mitreden, denn die meisten Menschen haben selber eine Schule besucht und haben auch als ehemalige Schüler und Schülerinnen indirekt weiterhin mit dieser Institution zu tun. Dieses informelle Experten- und Expertinnenwissen kann durch eine gezielte Beschäftigung mit wissenschaftlichen Theorien reflektiert und von Lehrern und Lehrerinnen, zukünftigen wie gegenwärtigen, konstruktiv genutzt werden, um den Schulalltag für alle Beteiligten positiv zu gestalten.

## 1.3 Fragen und Übungen

**Fragen**

1. Was ist Ihre persönlich positivste Erfahrung als Schüler/-in gewesen?
2. Was war Ihre negativste Erfahrung?
3. Welchen Aspekt in dem dargestellten Interview finden Sie besonders interessant? Warum?

**Übungen**

1. Führen Sie selbst ein Interview mit einem Schüler oder einer Schülerin durch. Überlegen Sie genau, was Sie wissen möchten. Versuchen Sie, Ihre Fragen offen zu formulieren. Schreiben Sie die wichtigsten Punkte auf, die Sie aus diesem Interview gelernt haben.
2. Führen Sie ein Gespräch mit einer erfahrenen Lehrperson (die mindestens schon seit fünf Jahren unterrichtet). Versuchen Sie zu erkunden, welche Aspekte für diese Person zentrale Bedingungen eines gut durchgeführten Unterrichts sind. Schreiben Sie die wichtigsten Punkte auf, die Sie aus diesem Gespräch gelernt haben.

# 2    Warum sind gute Theorien praktisch?

Warum sollten gute Theorien etwas Praktisches sein? Immerhin widerspricht diese These doch so ziemlich den weit verbreiteten Sätzen „Probieren geht über Studieren" oder „Grau ist alle Theorie". Sätze, die gern von Menschen vertreten werden, die nichts von der akademischen Kopflastigkeit halten und diese als realitätsfern, wenn nicht sogar realitätsfeindlich, bezeichnen. Dieser Kontrast von Theorie und Praxis ist überholt. Die Anwendung der Theorien auf den schulischen Alltag wird zeigen, dass gute Theorien praktisch sein können, wenn wir gelernt haben, sie einzusetzen.

Dass nichts so praktisch sei wie eine gute Theorie ist ein Satz, der von Kurt Lewin stammt, dem Begründer der sog. *Group Dynamics* Ende der 1940er Jahre (Lewin, 1948). „*Die Theorie solle zwei wesentliche Funktionen erfüllen: Erstens solle sie erklären, was bekannt sei; zweitens solle sie den Weg zu neuem Wissen zeigen*" (in Marrow, S. 41, 1977).

Gute Theorien sind also deshalb nützlich, weil sie uns Richtlinien an die Hand geben, wie wir die vielfältigen Eindrücke aus einem komplexen Erfahrungsbereich sinnvoll ordnen können. So sind wir eher in der Lage, unsere Erfahrungen, Gedanken und Eindrücke zu formulieren und bestimmte Ereignisse besser zu erklären. Gute Theorien liefern uns also einen Bezugsrahmen, den wir verwenden können. Sie helfen, komplexe Situationen zu beschreiben und zu erklären und, wenn sie wirklich gut sind, dann beinhalten sie auch Ansätze für Lösungen von spezifischen Problemen. Sie liefern uns für komplexe Situationen eine Metaebene, die uns Distanz zu den Verwicklungen des Alltags geben kann.

Wir alle haben Theorien über andere Personen, über bestimmte soziale und nichtsoziale Vorgänge. Manche dieser Theorien sind ausgereift, manche sind möglicherweise nur kleine Minimodelle. Diese Theorien sind uns oft nicht bewusst, aber wir erleben, denken, fühlen und handeln dennoch entsprechend. Nehmen wir als Beispiel einen Schüler, der sich als Außenseiter wahrnimmt. Natürlich wird er eine Theorie darüber entwickeln, warum dies so ist. Wenn seine Theorie für ihn schlecht ausfällt, wird er als Ursache sich selbst ausfindig gemacht haben und denken, dass er eben ein Kind ist, das für andere Kinder nicht liebenswert ist, weil er vielleicht nicht genauso stark ist wie die meisten seiner Mitschüler. Und weil er das denkt, wird er versuchen, diese erlebte Minderwertigkeit auf einem anderen Gebiet auszugleichen, aber alle anderen Bereiche, die mit dem kritischen Gebiet zusammenhängen, zu vermeiden. Er fehlt zum Beispiel bei sportlichen Wettkämpfen oder beginnt, sich über Jungen „mit Muskeln, aber wenig Hirn" lustig zu machen. Sein Verhalten und das dadurch bei anderen provozierte Verhalten wird er als Bestätigung für seine Annahmen werten. Auf alle Fälle beeinflusst seine kleine Theorie über sich selbst und andere einen Teil seines schulischen Alltags. Die Ereignisse in seiner schulischen Umgebung haben ihm Anlass gegeben, Theorien über sich selbst und andere zu bilden, die sein Verhalten und seine Gefühle beeinflussen (siehe Abb. 1).

Würde er lernen, wissenschaftlich zu denken, dann würde er die soziale Zurückweisung durch seine Mitschüler aus einer Vielzahl von Perspektiven beleuchten. Er würde verschiedene Hypothesen testen und erkennen, dass die Wirklichkeit in der

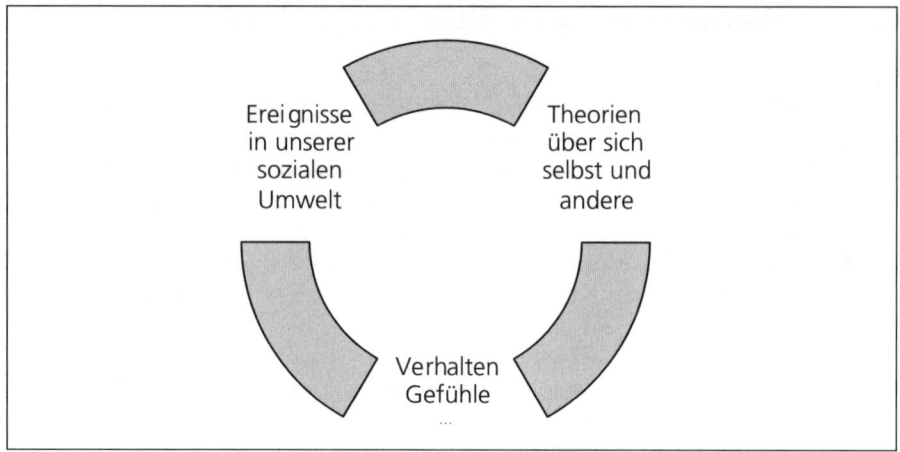

**Abb. 1:** Theorien über sich selbst und andere und die Folgen

Regel so komplex ist, dass sie nicht nur mit einer Theorie zu erklären ist. Diese Methode würde eher zu Lösungen führen als die Beschränkung auf eine eigene unreflektierte und unüberprüfte Theorie.

Bei Schülern und Schülerinnen übernehmen in der Regel die Eltern die Rolle derjenigen, die versuchen herauszufinden, was eigentlich in ihrem Kind vor sich geht, wie es sich dieses oder jenes Ereignis erklären mag. Entdecken sie beispielsweise einen „Minderwertigkeitskomplex", dann setzen sie diesem meistens etwas dagegen. Sie versuchen, ihrem Kind Erfahrungen zu vermitteln, die es überzeugen, genauso wertvoll zu sein wie andere. Sie setzen also ihre eigenen Theorien gegen die ihres Kindes und bemühen sich, Beweise zu erbringen, die ihr Kind von der Ungültigkeit seiner eigenen Theorie überzeugen.

Lehrer und Lehrerinnen haben es hier schon schwerer. Es fehlt häufig die Zeit und die Gelegenheit, herauszubekommen, was in den einzelnen Schülern und Schülerinnen vor sich geht und dementsprechend zu handeln. Dennoch verwenden auch Lehrer und Lehrerinnen Theorien, die ihr Verhalten gegenüber den Schülern und Schülerinnen steuern. Im Sinne von selbsterfüllenden Prophezeiungen können sie Schüler und Schülerinnen zu eher negativen, aber auch positiven Verhaltensweisen verleiten. Das kennt jeder aus dem Alltag: Wenn wir verschlossen und kühl auf andere Personen zugehen, ist es wahrscheinlicher, dass wir negative Reaktionen erfahren, als wenn wir offen und positiv auf dieselben Personen zugehen würden. Wie wir aber auf andere Personen zugehen, das hängt vor allem davon ab, welche Theorien von diesen wir entwickelt haben.

In dem unter 1.1 aufgeführten Interview zeigt sich dies an der Interaktion zwischen Lehrer T. und Sebastian. Sebastian war eine Weile störend im Unterricht, strengt sich nun aber an. Herr T. bemerkt die Veränderung jedoch nicht, sondern behandelt Sebastian als würde er weiter stören. Sebastian reagiert mit negativen Emotionen. Es wird eine Frage der Zeit sein, bis er sich wieder störend verhalten und so Herrn Ts Erwartungen bestätigen wird.

Theorien werden also von uns allen verwendet, aber häufig automatisch und unreflektiert. Und es ist die Frage, ob diese automatisierten Theorien sich immer als so nützlich erweisen. Sie sind es in keinem Fall, wenn sie der Komplexität z. B. des schulischen Alltags nicht gerecht werden und nicht durch weitere Theorien ergänzt werden.

In diesem Sinne soll dieses Buch allen an Schule interessierten Personen Theorien an die Hand geben, mit Hilfe derer bestimmte Ausschnitte aus dem schulischen Alltag aus unterschiedlichen Perspektiven heraus beleuchtet werden können. Von Interesse ist ausschließlich das soziale Gefüge des schulischen Alltags. Mit Hilfe der hier aufgeführten Theorien können eigene Erfahrungen besser geordnet und erklärt werden. Idealerweise ergeben sich Anregungen für Lösungen bestimmter Probleme. Für Lehrer und Lehrerinnen ist dieses Vorgehen hilfreich, indem sie bestimmte Probleme von Schüler und Schülerinnen schneller und besser wahrnehmen, einordnen und diesen begegnen können. In jedem Fall – und dies ist das hauptsächliche Ziel des vorliegenden Buches – kann durch die Fähigkeit, mit theoretischen Blickwinkeln zu spielen und nicht vorbehaltlos an der eigenen persönlichen Theorie festzuhalten, der Blick auf den schulischen Alltag vielfältiger und individueller gestaltet werden. Die Lektüre dieses Buches stellt ein Training in Perspektivenwechsel dar.

## 2.1 Auswahl der Theorien

Ein wichtiges Auswahlkriterium für die in diesem Buch vorgestellten Theorien war besonders die Langlebigkeit der Theorie, die in der Regel durch eine immerwährende Weiterentwicklung und eine empirische Stützung der Theorie zustande kommt. Dabei habe ich sozialpsychologische Theorien ausgewählt, die sich in den vergangenen Jahrzehnten vielfach bewährt haben und innerhalb ihrer empirischen Prüfung auch bereits auf Realitätsausschnitte angewendet wurden, die ich als relevant für den schulischen Alltag erachte.

Weiterhin war mir bei der Auswahl der Theorien wichtig, dass jede der möglichen zwischenmenschlichen Beziehungen, also von Schüler/-innen untereinander, Schüler/-innen und Lehrer und Lehrerinnen, Lehrer und Lehrerinnen untereinander usw., beleuchtet werden können. Nicht jede der aufgeführten Theorien ist immer für alle in Frage kommenden Beziehungskonstellationen aussagekräftig. Jede der ausgewählten Theorien beleuchtet immer nur einen bestimmten Ausschnitt.

Bevor diese Theorien angewendet werden, beginnen wir zunächst mit der Erkundung des Feldes Schule. Durch welche sozialen Kräfte ist dieses Feld charakterisiert?

## 2.2 Zusammenfassung und Fazit

Wissenschaftliche Theorien haben den Anspruch, einen Realitätsausschnitt angemessen zu ordnen, zu beschreiben, zu erklären und Prognosen für weitere Ereignisse innerhalb dieses Ausschnittes abzuleiten. Sie werden anders gebildet und überprüft als unsere Alltagstheorien, die wir in der Regel intuitiv als wahr erachten. Gerade Lehrer/-innen, deren subjektive Theorien über Schüler/-innen gravierende Konsequenzen haben können, profitieren davon, wenn sie über ein wissenschaftlich fundiertes Instrumentarium verfügen, mit Hilfe dessen sie die eigenen Alltagstheorien identifizieren, reflektieren und der Realität anpassen können.

## 2.3 Fragen und Übungen

**Fragen**

1. Was ist eine Alltagstheorie?
2. Wie unterscheidet Sie sich von einer wissenschaftlichen Theorie?

**Übungen**

1. Versuchen Sie eine für Sie relevante Alltagstheorie zu identifizieren und zu beschreiben. Reflektieren sie diese kritisch. Was ist möglicherweise falsch an Ihrer Theorie?
2. Interviewen Sie einen Gesprächspartner oder eine Gesprächspartnerin Ihrer Wahl. Fragen Sie diesen bzw. diese nach seinen oder ihren Erklärungen für unterschiedliche Schulleistungen. Warum gibt es leistungsbezogen „gute" Schüler und Schülerinnen, warum „schlechte"? Welche Alltagstheorien verwendet Ihr Gegenüber?

# 3 Schule: Alle kommen schlecht weg

Schule ist schon lange ein brisantes Thema. Immerhin müssen wir einen großen Teil unserer Kindheit und Jugend in dieser Institution verbringen. Danach fängt erst das Leben als selbstständige Person an. Dass Schule ein Thema von Brisanz ist, wird nicht nur an Studien wie Pisa erkennbar, deren Anlass der internationale Vergleich schulischer Institutionen war, sondern auch daran, dass die menschlichen Elemente der Schule häufig Gesprächsgegenstand sind, sei es im Alltag oder in den Medien. Dabei kommen die involvierten Personengruppen oft nicht besonders gut weg. Die Schuldzuweisung für die Bildungsmisere wird den am Schulalltag beteiligten Personen in einem hohen Maße zugeschrieben. Schauen wir uns die dabei entstehenden Bilder an.

## 3.1 Eltern

Moderne Eltern erzielen denkbar schlechte Bewertungen. Um ihre Kinder loszuwerden, setzen sie diese vor den Fernseher und kaufen ihnen elektronisches Spielzeug von der Playstation bis zum Computer, das ihre Sprösslinge absorbiert und ihre aktive Fürsorgepflicht auf ein Minimum zu reduzieren scheint. Selbst mit der Ernährung des Nachwuchses geben sie sich keine Mühe. Sie versorgen ihre Kinder nicht mit einem Frühstück. Sie bringen ihnen bei, sich selbst mit minderwertiger Fertignahrung zu versorgen. Lebenstüchtigkeit lehren sie nicht, weder durch Anweisungen, noch durch ein vorbildliches Modellverhalten. Um selber Ruhe zu haben, verwöhnen sie ihre Kinder maßlos, erfüllen ihnen alle materiellen Ansprüche. Frustrationen werden also möglichst vom eigenen Nachwuchs ferngehalten, dessen Frustrationstoleranz demzufolge immer weiter sinkt. Allerdings sollen die Kinder überdurchschnittlich sein. Bekommen die Kinder keine guten Noten oder dürfen nicht auf eine „angemessene" Schule gehen, wird gegen die Schule prozessiert.

Eltern werden zunehmend negativ in der Presse und den Medien dargestellt (z. B. Gaschke, 2003). Berufstätigen Eltern werden materielle Werte unterstellt, die vorrangig vor dem Kindswohl sind. Die gesamte Gesellschaft wird gleich als infantil dargestellt.

Dem widerspricht der zu beobachtende Trend, dass immer mehr Eltern die aus dem Boden sprießenden Elternkurse besuchen. Dies spiegelt wider, dass sich ganz im Widerspruch zur Pressemeinung, Eltern durchaus ihrer Verantwortung für Wohl und Wehe des Nachwuchses sehr bewusst sind, dass sie sich aber zugleich auch hilfloser und ratloser fühlen (Tschöpe-Scheffler, 2005).

## 3.2 Lehrer und Lehrerinnen

Die Lehrpersonen kommen nicht besser weg. Das Berufsfeld des Lehrers und der Lehrerin erstreckt sich von „Allmachtsphantasien", was die Erwartungen und Ansprüche von außen angeht bis zur „Zuschreibung völliger sozialer Impotenz", wie Pesendorfer bereits 1974 feststellt. Entweder sind sie alkoholabhängig und alt oder urlaubs- und freizeitsüchtig oder aber alles zugleich. Auf alle Fälle machen sie alles Mögliche, sie bereiten nur keine angemessenen Unterrichtsstunden vor. Und das alles nur, weil sie einen viel zu sicheren Job haben und nicht ausreichend kontrolliert werden. Die Sicherheit ihres Jobs war sowieso der Hauptgrund für die Wahl ihrer Berufsausbildung. Kinder oder gar die schwierigen, weil pubertierenden Jugendlichen, mögen sie eigentlich gar nicht; die müssen sie eben notgedrungen in Kauf nehmen. Außerdem sind Lehrer/-innen – das weiß man – sadistisch, willkürlich und ungerecht im Umgang mit Schüler/-innen.

Diese negative Pressemeinung mag erklären, warum 1966 noch 37 % der Westdeutschen eine besondere Hochachtung vor Grundschullehrer/-innen äußerten und 28 % eine solche vor Studienrät/-innen, 1999 jedoch nur noch 20 % vor Grundschullehrer/-innen und nur noch 15 % vor Studienräten/-innen (Meyer, 1997).

Lehrer und Lehrerinnen werden häufig negativ dargestellt in der Presse. Nach einer Analyse von Etzold (2000) enthalten 75 % aller Urteile und Zuschreibungen negative Inhalte wie „überfordert", oder „faul". Werden einmal positive Inhalte formuliert, dann sind diese konditional formuliert, wie z.B.: „Der Lehrer müsste engagiert sein."

Die Reaktionen auf das Berufsbild der Lehrerin und des Lehrers sind widersprüchlich. Die meisten Befragten möchten zwar selber nicht Lehrer/in werden. Immerhin weisen drei von vier Befragten diese Rolle für sich selber zurück. Dennoch empfinden die meisten Befragten Sozialneid auf die Privilegien dieses Berufsstandes. Das als hoch eingeschätzte Ausmaß der Freizeit, die im Vergleich zu anderen Berufsfeldern extrem langen Ferienzeiten und die Sicherheit des Jobs durch die Möglichkeit einer Verbeamtung würde man selber gerne in Anspruch nehmen.

Die Erwartungen an die Ausübung des Berufes sind hoch. Obwohl die überwiegende Meinung vieler Befragten dahin tendieren, dass die Fähigkeit für die Ausübung des Berufes angeboren sei, erwarten 85 % der Befragten eine erworbene sozialpädagogische und therapeutische Kompetenz. Insbesondere Eltern erwarten bei den Lehrpersonen ihrer Kinder eine Kombination von einer guten Fähigkeit zur Wissensvermittlung und der Übernahme von Erziehungsaufgaben in Hinblick auf die Vermittlung guter Umgangsformen, Toleranz und Höflichkeit. Sie machen die Schule und damit die Arbeit des Lehrpersonals verantwortlich für die Zukunftschancen ihrer Kinder.

## 3.3 Schüler und Schülerinnen

Die Schüler/-innen haben aber eigentlich weder bessere Eltern noch bessere Lehrer/-innen verdient, auch wenn sie solche bitter nötig hätten. Eigentlich sind die Kinder und Jugendlichen heutzutage eine große Last. Viele leiden unter einem Aufmerksamkeitsdefizit und einer Hyperaktivitätsstörung, können also weder stillsitzen, noch zuhören. Viele sind unhöflich und gewaltbereit. Und weil der heutige Nachwuchs unter einer extrem geringen Frustrationstoleranz durch die Laissez-faire-Erziehung moderner Eltern leidet, also eine regelrechte Angst entwickelt hat, sich anzustrengen und mal nachzudenken und zu schwitzen, ist es fast unmöglich, einen konzentrierten Unterricht zu gestalten.

Wenn Kinder und Jugendliche von heute wenigstens schön anzuschauen wären, aber auch das sind sie nicht mehr. Kinder sind übergewichtig und richtig bewegen können sie sich auch nicht mehr. Nach den in der Presse dargestellten gängigen Klischees gibt es in deutschen Schulen eine beträchtliche Zunahme an Aggression und Gewalt. Die Konsumhaltung der Kinder und Jugendlichen ist enorm angestiegen, alle werden immer dicker, dümmer und unbeweglicher, hyperaktiver und unpolitischer und damit unmündiger. Nicht alle diese Trends sind eindeutig durch Statistiken belegt. Fest steht zur Zeit nur, dass, statistisch betrachtet, Kinder schlechtere Ernährungs- und Bewegungsgewohnheiten entwickeln; das gilt aber auch für die Erwachsenen (inklusive Lehrpersonen und Eltern), ist also ein gesamtgesellschaftlicher Trend und hängt sicherlich auch mit dem recht hohen Fernsehkonsum und dem Gebrauch anderer elektronischer Medien zusammen[2].

Vor dem Hintergrund dieser Gerüchte, Übertreibungen und Generalisierungen, die hier überspitzt dargestellt sind, wundert es niemanden, zu hören, Lehrer/-innen wären überfordert, da sie die mangelnde und schlechte Erziehungsarbeit der heutzutage hauptsächlich materiell eingestellten Eltern übernehmen müssten und deswegen wären Kinder eben im Grunde genommen verhaltensauffällig, wenn nicht sogar gestört. Und es wundert auch niemanden, Eltern über die Institution Schule schimpfen zu hören. Immerhin passt das ja sowieso ins allgemeine Bild – hat Deutschland im internationalen Vergleich nicht furchtbar schlecht abgeschlossen? Kinder lernen ja gar nichts in der Schule. Woanders wären sie jedenfalls besser dran.

Das Gesamtbild wird präzise zusammengefasst von Kaube (2002): *„Eltern zeigen auf motivationsarme Lehrer, diese zurück auf erziehungsunwillige Familien, beide auf die Bildungsverwaltung…".*

Dennoch müssen alle in Schule involvierten Gruppen miteinander klar kommen und sollen auch noch kreativ, aufnahmebereit und entwicklungsfähig sein. Das erscheint unmöglich.

Die Fähigkeiten, Stile und Eigenschaften von Gruppen beschreiben zu wollen, schürt Vorurteile. Es entstehen Theorien über Vertreter/-innen dieser Gruppen, die zu deren Stigmatisierung führen – das sollte die hier überspitzte Darstellung deutlich machen. Gruppen beschreiben zu wollen, indem man sie insgesamt bewertet, schafft weder konstruktive Lösungen noch die Bereitschaft, nach solchen zu suchen. Es schafft aber Fronten zwischen Gruppen, zieht Gräben, entfremdet einander und schürt gegenseitige Ängste. In Gruppen zu denken ist auch willkürlich. Egal ob es sich um Mädchen oder Jungen handelt, um Kinder oder Jugendliche, um erfahrene oder junge Lehrpersonen, um leistungsschwache oder -starke Personen, um deutsche oder ausländische Menschen: Wir werden der Vielfalt von Realität nicht annähernd gerecht, wenn wir die Individualität der involvierten Personen aus den Augen verlieren.

Das Spiel mit Perspektiven ist eine entscheidende Voraussetzung, um die Komplexität eines Realitätsausschnittes zu verstehen und zu akzeptieren. Beginnen wir hiermit, indem wir die in den schulischen Alltag involvierten Gruppen und Ebenen genauer betrachten.

---

[2] www.mpfs.de.
www.wdr.de/tv/wdr-schulfernsehen/dyn/112194.phtml?time1094377896.

## 3.4    Zusammenfassung und Fazit

Schule besteht aus einem komplexen Miteinander unterschiedlicher Gruppen. Zunehmend werden diesen Gruppen – Eltern, Lehrkräften, Schülern und Schülerinnen – negative Merkmale zugeschrieben, die sicherlich nicht zur Motivation, es besser zu machen, beitragen. Die häufig generalisierende Darstellung dieser drei in Schule involvierten Gruppen in den öffentlichen Medien zeigt deutlich, wie destruktiv undifferenzierte Theorien über Gruppen von Personen sind. Generalisierende Alltagstheorien tragen nicht nur nicht zur Problemlösung bei; sie schaffen möglicherweise genau die demotivierte Einstellung zur Arbeit in der Schule, die dann die Ergebnisse hervorbringt, die Schule oft vorschnell bescheinigt werden.

## 3.5    Fragen und Übungen

**Fragen**

1. Welche der hier genannten Urteile über die involvierten Gruppen Lehrer/-innen, Eltern, Schüler/-innen finden Sie zutreffend? Begründen Sie Ihre Meinung.
2. Welche Alltagstheorien stecken vermutlich hinter den Urteilen über die Mitglieder dieser drei Gruppen?

**Übungen**

1. Interviewen Sie einen Lehrer bzw. eine Lehrerin. Beginnen Sie damit, dass Sie sich für die Reaktionen von Personen, die selber nichts mit dem Lehrberuf zu tun haben, interessieren. Fragen Sie Ihren Gesprächspartner bzw. Ihre Gesprächspartnerin nach eigenen Erfahrungen. Fassen Sie die Essenz Ihres Interviews zusammen.
2. Interviewen Sie einen Elternteil eines Schülers oder einer Schülerin. Welche Erfahrungen hat dieser Elternteil mit Schule gemacht? Fassen Sie die zentralen Aspekte des Interviews zusammen.
3. „Lehrer sind faule Säcke." Starten Sie eine Diskussion in Ihrem Freundeskreis: Was stimmt daran, was stimmt nicht? Fassen Sie die zentralen Aspekte der Diskussion zusammen.

# 4 Die Komplexität des schulischen Alltags

Das Ganze ist immer mehr als die Summe seiner Teile. Diese aus den Prinzipien der Gestaltpsychologie abgeleitete Aussage trifft auch auf das soziale Geschehen im schulischen Alltag zu.

Die einzelnen Elemente bestehen aus verschiedenen Personengruppen: Schüler und Schülerinnen, Lehrpersonen, Familie und Peers (siehe Abb. 2). Jede dieser Personengruppen steht in einer mehr oder weniger engen Wechselbeziehung mit der jeweils anderen Gruppe. Die Intensität und Häufigkeit dieser Beziehungen sind nicht stabil, sondern werden sich in Abhängigkeit von situationalen Umständen, Entwicklungsschritten und anderen Einflussgrößen verändern. Jede Veränderung in der Beziehung zwischen zwei Personengruppen wird auch Veränderungen in den anderen Konstellationen beeinflussen. Das ganze Gefüge stellt ein dynamisches komplexes System dar. Betrachten wir zunächst die einzelnen Elemente.

## 4.1 Schüler und Schülerinnen

Schüler/-innen sind den gesamten Schulalltag in soziale Interaktionen involviert (siehe Abb. 3). Sie sind mit ihren Peers zusammen, sie müssen auf die Anforderungen der Lehrpersonen reagieren. Sie tragen die verinnerlichten Erwartungen und die Stimmung ihrer Familie von Zuhause in die Schule. Diese vielfachen Beziehungen sind charakterisiert durch ein komplexes Geflecht von Ablehnung und Zuneigung, in dessen Mittelpunkt sich ein Schüler oder eine Schülerin befindet, denn die „Stars" unse-

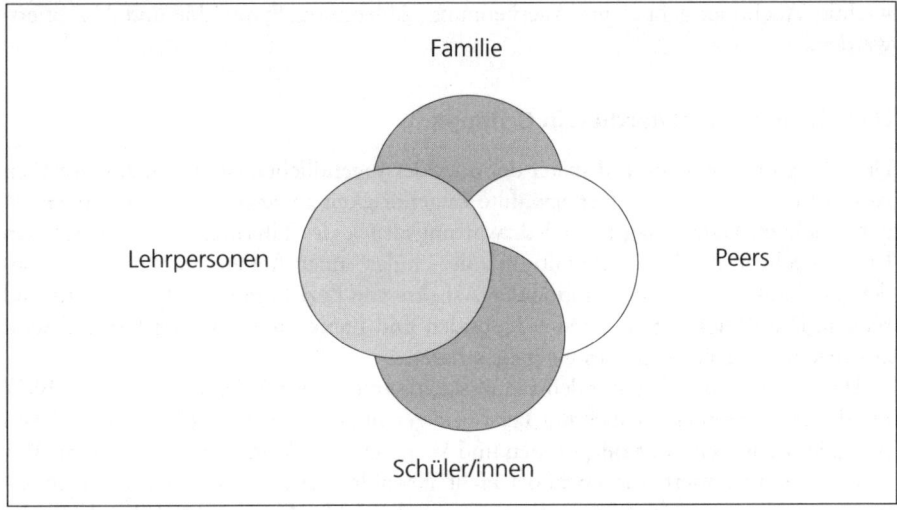

**Abb. 2:** Die Komplexität des schulischen Alltags

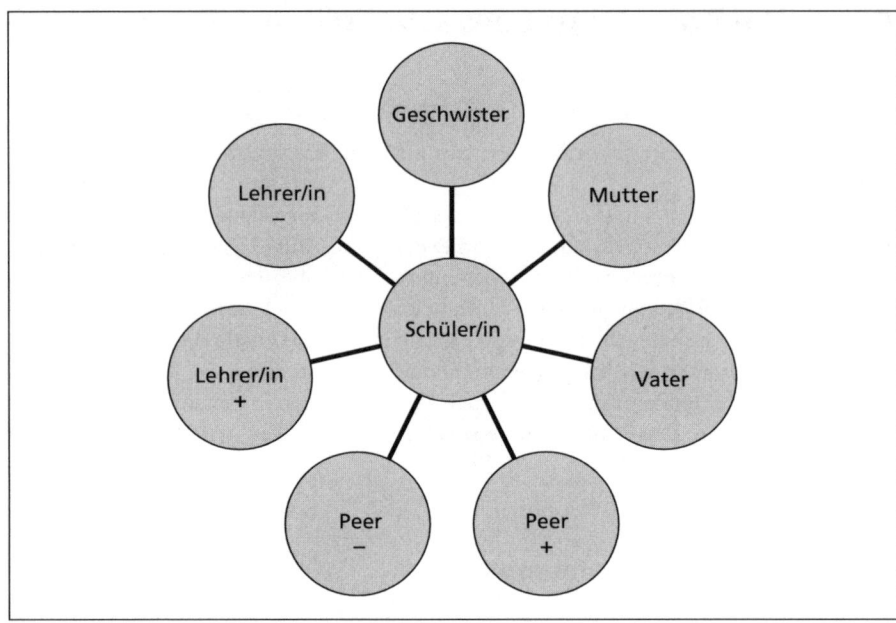

**Abb. 3:** Die Komplexität des schulischen Alltags aus der Perspektive des Schülers und der Schülerin

res Alltags, um die sich alles dreht, sind in der Regel wir selbst (Berger & Luckmann, 1966). Kommt der/-die Schüler/-in nach Hause, befindet er oder sie sich erneut in einer Gruppe. Diesmal sind es die Beziehungen zu Vater, Mutter und Geschwistern, die im Vordergrund stehen. Mit zunehmendem Alter werden Freunde und Freundinnen wichtig. Auch hier geht es um Anerkennung, Ablehnung, Sympathie und Akzeptiertwerden.

**Unfreiwillige Involviertheit in Gruppen**

Der Alltag eines Kindes und später der oder des Jugendlichen ist also in einem hohen Ausmaß durch die nicht selbst gewählte Zugehörigkeit zu verschiedenen Gruppen gekennzeichnet. Dabei mag je nach Erwartungsdruck des Elternhauses die Schule ein Übergewicht in der Lebensgestaltung von Schüler/-innen finden, zu denen insbesondere im jüngeren Alter die emotionalen Aspekte von Beziehungen in den Vordergrund rücken. Die Beziehung zu eigenen Freunden und Freundinnen ist hier frei und wird deswegen möglicherweise besonders geschätzt.

Das permanente Eingebundensein in soziale Interaktionen ist auf den ersten Blick für die erwachsenen involvierten Personen genauso gegeben. In einem Berufsleben sind alle Menschen mit Kolleg/-innen und Vorgesetzten, in einem Privatleben mit Verwandten konfrontiert, die ebenfalls nicht gewählt wurden. Dennoch verfügen Erwachsene über eine Metaebene, die es ihnen sehr viel leichter macht als Kindern oder Jugendlichen, mit diesem Beziehungsgeflecht kontrolliert umzugehen.

## 4.2    Lehrer und Lehrerinnen

Innerhalb ihres Berufslebens sind auch die Lehrpersonen der Institution Schule in die Dynamik unterschiedlicher Gruppen involviert. Sie müssen innerhalb verschiedenster und wechselnder Gruppenkonstellationen vorgeschriebene Unterrichtsziele einhalten und dabei dennoch die Stärken und Schwächen der einzelnen Kinder und Jugendlichen im Auge behalten. Im Unterschied zu ihren Schüler/-innen sind sie jedoch in der Schulklasse in der Regel nicht in weitere Beziehungen verwickelt. Die Lehrperson erscheint im Klassenzimmer in der Hauptsache als Individuum, das sich in kritischen Situationen des Rückhalts anderer Lehrpersonen oder Freunde versichern kann.

### Relativ große Kontrolle im schulischen Alltag im Vergleich zu Schüler/-innen

Lehrpersonen sind mit unterschiedlichen Quellen der Macht ausgestattet. Sie können positive und negative Sanktionen verteilen, sie gelten als Expert/-innen ihres Faches. Sie sind auf unterschiedliche Gruppendynamiken vorbereitet und verfügen häufig im Laufe ihrer Berufserfahrung über eine Metaperspektive, die ihnen insgesamt entschieden mehr Kontrolle einräumt als Schüler/-innen.

Diese Kontrolle ist jedoch begrenzt, was die Einschätzung des eigenen sozialen Verhaltens angeht: Menschliche Selbstwahrnehmung, auch diejenige von Lehrer/-innen ist verzerrt. Die realistische Einschätzung der eigenen Fähigkeiten ist ohne ein offenes Feedback unterschiedlicher anderer Personen nicht möglich und dies fehlt Lehrpersonen recht häufig.

### Diskrepanzen in der Wahrnehmung

So wundert es nicht, dass die Einschätzungen von Lehrpersonen, Schüler/-innen hinsichtlich zahlreicher Variablen differieren (Saldern, 1991 in Ulich, 2000). Lehrer/-innen aus 49 Hauptschulklassen bewerteten das Sozial- und Unterrichtsklima in der Klasse, ihre Gerechtigkeit, ihre didaktischen Fähigkeiten, die Unterrichtsbeteiligung und Anstrengungsbereitschaft der Schüler/-innen positiver als die Schüler/-innen selbst. Die Schüler/-innen wiederum nahmen in stärkerem Ausmaß untereinander Konkurrenz wahr als die Lehrpersonen.

Solche Diskrepanzen müssen Lehrpersonen nicht bewusst sein, da sie im Alltag oft nur an subtilen Hinweisreizen erkennbar sind, wie beispielsweise an erstaunten Gesichtern von Schüler/-innen bei Lob durch die Lehrperson. Genauso wenig sind Lehrpersonen die Auswirkungen ihrer Erwartungen bewusst, die sie hinsichtlich der Leistungsgüte der verschiedenen Schüler/-innen etabliert haben.

### Die subtile starke Rolle von Erwartungen

Erwartungen an die Leistung von Schülern und Schülerinnen kommen schnell zustande: Durch Informationen, die in Lehrer-Eltern-Interaktionen einfließen („Bei uns zu Hause wird viel gelesen" … „Wir sind eine Akademikerfamilie" … „Ich bin schon zufrieden, wenn er die Klasse nicht wiederholen muss"… etc.), durch Kenntnisse der

Lehrpersonen von den bisherigen Leistungen, durch das Aussehen der Schüler und Schülerinnen. Solche Informationen liefern die Basis für implizite Theorien, die wiederum die Art und Weise steuern werden, mit der Lehrpersonen auf bestimmte Schüler und Schülerinnen zugehen (siehe ausführlicher in Kapitel 6). Der sog. Rosenthal-Effekt, die Steuerung des Verhaltens anderer Personen durch eigene Erwartungen und des sich daraus ergebenden Verhaltens, ist eine Tatsache im schulischen Alltag (Dumke, 1978).

Fry (1982) führte hierzu ein anschauliches Experiment durch. Er simulierte im Labor eine Klassenzimmersituation. Seine Versuchsteilnehmer/-innen waren zwei Lehrerinnen, zwei Lehrer und 160 Drittklässler/-innen. Manipuliert wurde die Erwartung der Lehrpersonen an die Schüler und Schülerinnen in hoch versus niedrig und die von der Lehrperson ausgeübte Kontrolle (hoch versus niedrig). Die Aufgabe bestand aus zehn Aufgaben zum Buchstabieren. Eine hohe Erwartung an die Leistung der Schüler/-innen wurde folgendermaßen manipuliert:

*„All of you are eight or nine years old and not little kids anymore. (...) I expect each of you to learn the spellings of all ten words I am going to teach you and to write many sentences about them. I expect you to be very attentive and to work very fast. Remember, I will not accept any excuses from you and I will be most displeased if your performance is poor "* (S. 223)[3].

Bei der Etablierung einer vergleichsweise niedrigeren Erwartung sagte die Lehrperson denselben Text (der hier ausgelassene Text wurde, durch (...) angezeigt) bis auf folgende Änderungen:

*„I hear all of you are eight or nine years old. (...) It will be interesting to see how many spellings you will be able to write. I guess you'll try to be attentive and to work fast. I know some eight or nine year old kids who would probably be able to do quite well in the spelling and sentence exercises but then I guess that some of you may find this work quite difficult. I'll be curious to see how many sentences you can put together in two minutes"*[4] (S. 223).

Es wurden also in der ersten Bedingung klare, hohe Erwartungen formuliert und es wurde vorweggenommen, dass bei deren Nichterfüllung keine Entschuldigung akzeptiert werden würde. Hohe Erwartungen und hohe Kontrolle motivierte zu den besten Leistungen. Insbesondere Jungen wurden zusätzlich durch den Kontrollfaktor

---

[3] Ihr seid alle acht oder neun Jahre alt und keine kleinen Kinder mehr. (...) Ich erwarte, dass jeder von euch das Buchstabieren der zehn Wörter lernt, die ich euch beibringen werde und dass ihr viele Sätze mit ihnen schreibt. Ich erwarte, dass ihr aufmerksam seid und sehr schnell arbeitet. Merkt Euch: Ich werde keine Entschuldigungen von euch akzeptieren und werde sehr verstimmt sein, wenn ihr eine schlechte Leistung zeigt.

[4] Wie ich höre, seid ihr alle acht oder neun Jahre alt. (...) Es wird interessant sein, zu sehen, wieviele Buchstaben ihr richtig schreiben werdet. Ich denke, ihr versucht, aufmerksam zu sein und schnell zu arbeiten. Ich weiß, manche von euch acht- und neunjährigen Kindern werden wohl ganz gut darin sein, andere werden es ziemlich schwierig finden. Ich kenne einige acht- oder neun Jahre alte Kinder, die wahrscheinlich ganz gut sind in den Buchstabier- u. Satzübungen, aber ich vermute, einige von euch könnten die Übung recht schwierig finden. Ich bin neugierig, wieviele Sätze ihr in zwei Minuten zusammenstellen könnt.

beeinflusst. Die Erwartungen der Lehrpersonen steuern also indirekt und oft von allen Beteiligten unbemerkt das Leistungsverhalten der Schüler und Schülerinnen. Erwartungen anderer, besonders relevanter Bezugspersonen, beeinflussen also unsere Theorien über uns selbst. Im schulischen Kontext werden besonders unsere Einschätzungen unserer eigenen Fähigkeiten entwickelt und bestimmen so unser Verhalten und Erleben (siehe Abb. 1, Kapitel 2).

Dieses Experiment zeigt anschaulich, dass Schüler und Schülerinnen sich auf die Erwartungen der Lehrpersonen einstimmen und sich nach diesen ausrichten. Umso wichtiger ist es, dass Lehrpersonen ein Gespür dafür entwickeln, wie weit sie gehen können, ohne ihre Schüler und Schülerinnen permanent zu unter- oder überfordern.

## Das Kollegium

Was Peers für den Schüler und die Schülerin sind, das können Kollegen und Kolleginnen für den Lehrer und die Lehrerin sein. Kaum aus der Klasse heraus, befinden sie sich zusammen mit anderen Kollegen und Kolleginnen. Ihre eigentliche berufliche Leistung erbringen sie als Einzelperson, im besten Fall in Kooperation mit der Gruppe der Schüler und Schülerinnen, die, während sie ihre alltägliche Leistungen bringen, verstrickt sind in andere vielfache Beziehungen mit Klassenkameraden und Klassenkameradinnen, die neben, hinter, vor ihnen sitzen. Bleibt ein Schüler oder eine Schülerin den gesamten schulischen Alltag hindurch in seiner Gruppe, kann, im Vergleich hierzu, eine Lehrperson zwischen ihren beiden Bezugsgruppen in der Schule wechseln, denn diese sind getrennt voneinander. Solche Rückzugsmöglichkeiten schaffen wiederum Kontrolle.

Im Kollegium selbst finden ganz eigene Dynamiken statt. In Deutschland ist Schule hierarchisch organisiert. Relativ wenige Personen übernehmen Verantwortung für die schulische Organisation und ihre Inhalte, so dass die numerisch meisten Lehrpersonen sich diesbezüglich entlastet fühlen dürften. Je nachdem wie harmonisch die Dynamik eines Kollegiums ist, kann sie anregend und aufbauend für Lehrpersonen sein, aber auch entmutigend und destruktiv.

Der Lebensstil der Lehrperson entscheidet darüber, ob sie zu Hause alleine sein und frei über ihre Zeit außerhalb der Schule entscheiden kann oder ob sie in die Dynamik einer weiteren Gruppe, nämlich ihrer eigenen Familie, verstrickt wird (siehe Abb. 4).

## Der ganze Alltag: Beruf und Familie

Wie Schüler/-innen die Peers der anderen sind und noch Geschwister in der gleichen Schule haben können oder aber zu Hause, können auch Lehrpersonen selber Eltern sein, also einen sehr facettenreichen Einblick in den schulischen Alltag gewinnen. Hinzukommen mehr oder weniger unbewusste Vergleiche der Leistungen ihres Kindes mit den eigenen früheren Leistungen oder Vergleiche der Kinder untereinander. Ihre subjektive Rolle im schulischen Alltag ist sehr komplex: Sie sind Individuum, Kollege oder Kollegin, Lehrperson, möglicherweise Vorgesetzte/-r und immer konfrontiert mit dem Auftrag, eine spezifische Leistungsfunktion zu übernehmen (Langmaack, 1991). Eine Person, die in ihrem Berufsleben dermaßen viel

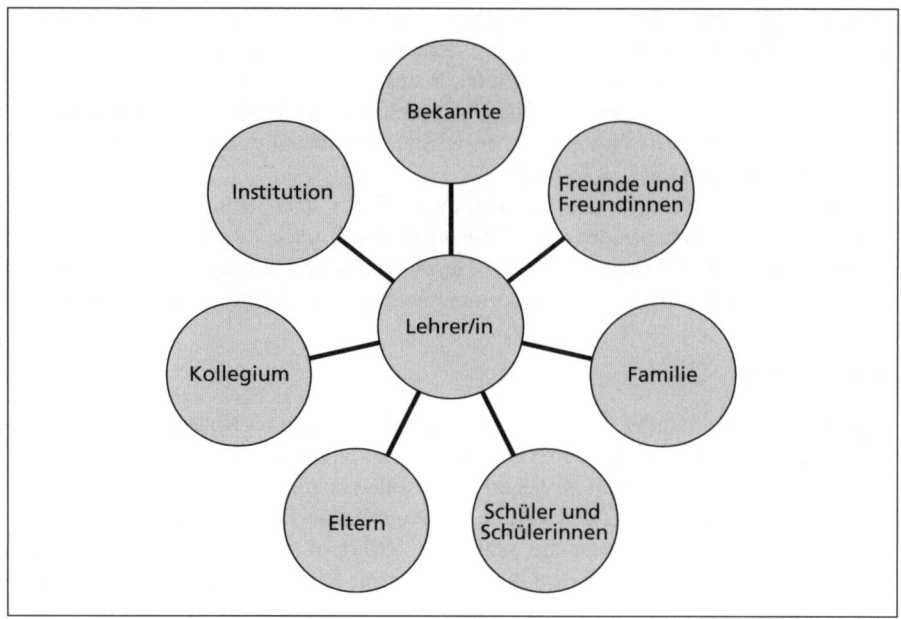

**Abb. 4:** Die Komplexität des schulischen Alltags aus der Perspektive des Lehrers und der Lehrerin

mit den verschiedensten Menschen zusammenkommt, sollte psychologisch besonders gut geschult sein.

## 4.3    Eltern

Objektiv betrachtet sollten Mütter und Väter am wenigsten in den schulischen Alltag involviert sein, einfach aufgrund der Tatsache, dass sie ihn nicht konkret erleben. Dennoch ist ihr Alltag durch die Schulroutinen geprägt. Schulzeiten determinieren den Tagesablauf, die Urlaubsplanung und auch die Zeit, die mit den Kindern verbracht wird: Beispielsweise muss bei den Hausaufgaben Hilfe gegeben werden, Eltern müssen häufig unerwartet und spontan Rückhalt bei Problemen in der Schule, seien diese nun sozialer oder schulischer Art, sicherstellen. Eltern sind eingespannt in den schulischen Alltag, ob sie wollen oder nicht.

In der Hauptsache müssen Eltern jedoch die Kontrolle über ihre Kinder abgeben, solange diese in den schulischen Alltag involviert sind. Vielleicht ist es diese Tatsache, die manche Eltern sich hilflos fühlen lässt, andere wiederum zu besonderem Engagement antreibt, um die fehlende Kontrolle auszugleichen.

Emotional sind Eltern jedoch häufig sehr involviert in den schulischen Kontext: es lässt sie nicht kalt, wie ihr Sohn oder ihre Tochter mit den Anforderungen in der Schule zurechtkommt, seien die Ergebnisse nun Anlass zu Stolz oder Niedergeschlagenheit.

## Die Bedeutung elterlicher Involviertheit für den Schulerfolg des Kindes

Die Einbezogenheit der Eltern in den schulischen Alltag scheint eine wichtige Einflussgröße für den Schulerfolg des Kindes zu sein. Elterliche Involviertheit wurde von Maccoby und Martin als

*„committed to his or her role as a parent, and to the fostering of optimal child development" (1983, S. 48)*

definiert. Die Eltern fühlen sich der optimalen Entwicklung des Kindes verpflichtet.

Elterliche Involviertheit bezeichnet also das Ausmaß der Anstrengung, das in kindorientierte Aktivitäten investiert wird und wird nach Grolnick und Slowiaczek (1994)

*„... as the dedication of resources by the parent to the child within a given domain" (S. 238)*

definiert. Die Autorinnen unterscheiden drei Arten von Involviertheit.

– Eltern können durch ihr Verhalten einbezogen sein, sich beispielsweise in der Schule engagieren oder Lehrpersonen ihrer Kinder aufsuchen. Dieses elterliche Verhalten wiederum kann bei den Lehrpersonen deren Einstellungen gegenüber dem Kind verändern.
– Eltern können auch persönlich involviert sein, so dass das Kind auf einer affektiven Ebene erfährt, dass die Eltern sich um Schulangelegenheiten kümmern, dort in soziale Interaktionen treten und diese möglicherweise auch positiv bewerten.
– Und schließlich können Eltern auf einer kognitiv-intellektuellen Ebene involviert sein, indem sie ihren Kindern außerhalb des schulischen Alltags stimulierende Materialien und Aktivitäten anbieten. Besonders für diese dritte Art elterlicher Involviertheit in die Schule fanden Grolnick et al. positive Einflüsse mütterlichen Verhaltens auf die Schulleistung des Kindes, während das Verhalten des Vaters entscheidender für die Schulleistung war. Die Stichprobe der Autorinnen bestand aus 302 elf- bis 14-jährigen Schülern und Schülerinnen. Auch die Lehrpersonen wurden mit einbezogen, um die Einbezogenheit der Eltern in den schulischen Alltag exakter erfassen zu können.

Elterliche Involviertheit kann auch dadurch zum Ausdruck gebracht werden, dass es Eltern nicht einfach egal ist, welches Ausmaß an Energie und Anstrengung ihre Kinder im Umgang mit den täglichen schulischen Anforderungen an den Tag legen. So wirken zwar Herausforderungen an die Anstrengung der Kinder kurzfristig eher negativ, langfristig jedoch förderlich auf die schulische Leistung wie eine Längsschnittstudie von Noack (1998) zeigt. Hohe Erwartungen an die schulische Leistung zeigten sich in einer weiteren Längsschnittuntersuchung von Entwisle und Alexander (1996) über die ersten beiden Schuljahre hinweg ($n$ = 391) als starker Prädiktor für die Entwicklung der Lese- und Mathematikleistungen.

Auch hier zeigt sich wieder die starke Rolle der Erwartungen. Wie mit den Erwartungen ihrer Lehrpersonen schwingen Schüler/-innen auch mit den Erwartungen ihrer Eltern mit. Es ist also wichtig, dass Eltern – wie auch Lehrpersonen – nicht nur angemessen hohe Erwartungen ausbilden, sondern auch die Kinder so stützen, dass diese den Erwartungen auch gerecht werden können (hierzu Kapitel 14).

### Spielt der Familientyp eine Rolle für die Schulleistung?

Ein häufiges Thema in der Presse betrifft die Gruppe der allein erziehenden – hauptsächlich – Mütter. Gerne werden Studien zitiert, aus denen hervorgeht, dass vaterlos aufgewachsene Jungen mit einer drastisch erhöhten Wahrscheinlichkeit kriminell werden (z. B. Bölsche et al., 2004, S. 100). Es erscheint sogar zunächst logisch, dass eine allein erziehende Mutter ihrem Kind nicht dieselbe emotionale und soziale Unterstützung bieten kann wie eine sog. intakte Familie. Stellen sich also schulische Probleme von Kindern allein erziehender Mütter heraus, dann wird sehr häufig das Problem des Kindes auf diese Familienkonstellation zurückgeführt.

Ein interessanter Befund der Untersuchung von Entwisle et al. zeigt, dass der gefundene Zusammenhang zwischen Erwartungen der Eltern und Schulleistung unabhängig vom Familientyp, in dem das Kind lebt, aufzufinden ist. Die Autoren unterschieden allein erziehende Mütter, Mütter mit neuem Partner und die Kleinfamilie. Auch Shumow und Miller (2001) fanden keinerlei Hinweise darauf, dass die Familienkonstellation systematisch mit der Schulleistung des Kindes variiert. Denn in Studien mit so simplifizierenden Analysen werden weit wichtigere Faktoren als die Familienform nicht angemessen kontrolliert.

### Bildungsgrad der Herkunftsfamilie

Die ökonomischen Ressourcen, nicht die Familienkonstellation, erweisen sich neben hohen Erwartungen als bedeutsam für den Schulerfolg. Dieser Faktor hängt häufig mit dem Bildungsgrad der Eltern zusammen. Shumow et al. fanden diesbezüglich, dass mit zunehmendem Bildungsgrad der Eltern der Schulerfolg ansteigt. Bildungsgrad wiederum hängt mit der elterlichen Involviertheit zusammen.

Es entsteht folgendes Bild: Für den schulischen Erfolg ist es positiv, wenn die Eltern Anteil an dem Schulalltag ihrer Kinder nehmen und zwar auf unterschiedlichen Ebenen. Vermutlich ist es Eltern mit einem höheren Bildungsgrad wichtiger als Eltern mit einem vergleichsweise niedrigeren, wie gut die schulischen Leistungen ihres Nachwuchses ausfallen. Vielleicht verfügen sie jedoch auch über ein elaborierteres Metawissen darüber, wie schulischer Erfolg eher erzielt werden kann. Auf alle Fälle werden – wie bei den Lehrpersonen – ihre Erwartungen an die Leistungen ihrer Kinder sich in ihrem Verhalten äußern und die Leistungsbereitschaft ihrer Kinder beeinflussen.

## 4.4 Peers

Die soziale Gruppe im schulischen Alltag, der Schüler/-innen angehören, wird von deren Klassenkameraden/-innen gebildet. Peers stellen die Bezugspersonen dar, welche der Person des Schülers und der Schülerin auf vielen Dimensionen wie beispielsweise Alter, Anforderungen und gleiches räumliches Schicksal in der Schule vergleichbar sind. Somit bilden Peers nach Festingers Theorie der sozialen Vergleichsprozesse (1954) diejenige Gruppe, auf die sich Schüler/-innen am ehesten beziehen werden, wenn sie die Richtigkeit ihrer Meinungen überprüfen möchten.

**Zwei Seiten**

So wie Peers unterstützende und in einem positiven Sinn auch eine kontrollierende Funktion ausüben können (Noack, 1998), können die Beziehungen zu ihnen auch als sehr belastend erlebt werden, mindestens genauso belastend wie beispielsweise die Erkrankung eines Elternteils mit Krankenhausaufenthalt (Kupersmidt, Buchele, Voegler & Sedikides, 1996). Besonders gefährdet sind Kinder, die innerhalb einer Gruppe Gleichaltriger einen vergleichsweise niedrigen Status einnehmen oder dies zumindest so wahrnehmen. Der Selbstwert dieser Kinder ist vergleichsweise niedrig (Bradford Brown & Lohr, 1987), das Selbstkonzept negativer (Tracey, 1998), jedoch nur, wenn diese Kinder sehr in die Klassengemeinschaft involviert sind, die Beziehungen zu den anderen Peers also für sie sehr wichtig sind (Bradford Brown et al., 1987).

Die Gefahr bei Kindern, die von ihren Peers zurückgewiesen werden, liegt darin, dass sie sich möglicherweise durch sozialen Rückzug noch stärker isolieren, als Folge soziale Ängste ausbilden, die sich dann auch auf die Schulleistungen negativ auswirken können (Kupersmidt et al., 1996). Auch hier sind wieder Theorien über sich selbst ausschlaggebend: Nur dann, wenn einem Schüler oder einer Schülerin bestimmte Aspekte wichtig sind, beispielsweise das eigene Aussehen, wird er oder sie empfänglich für Reaktionen der Peers auf dieser Dimension (Cobb, Cohen, Houston, & Rubin, 1998). Schwierigkeiten mit Peers können durch gute Beziehungen zu Eltern und Geschwistern ausgeglichen werden.

## 4.5    Geschwister

Beziehungen zu Geschwistern sind auch schon außerhalb des Kontextes Schule komplexe Gebilde. Anders als bei Peers wird ein Schüler oder eine Schülerin Geschwister nicht unbedingt als die relevantesten Bezugspersonen zur Überprüfung der eigenen Meinungen heranziehen. Denn es besteht immer ein Altersunterschied, der jedes Geschwister in eine andere Bezugsgruppe verweist. Außerdem entwickelt sich durch den gemeinsamen Bezug zu den Eltern auch häufig ein Bedürfnis nach Abgrenzung voneinander. Dieses kann schon durch die Tendenz vieler Eltern hervorgerufen werden, Geschwister miteinander zu vergleichen (Feinberg, Neiderhiser, Simmens, Reiss & Hetherington, 2000). Was bei dem ersten Kind motivierend gewirkt haben mag, treibt das zweite Kind in den Widerstand – Eltern werden ihre Theorien über solche Unterschiede formen und ihre Kinder entsprechend unterschiedlich behandeln. Kinder registrieren dies genau und ziehen daraus wieder Schlüsse über sich selbst, bilden sich also ihre eigenen Theorien.

Für den schulischen Kontext bedeutet dies, dass Vergleichsprozesse unter Geschwistern sicherlich auch eine Rolle sowohl bei der elterlichen Einschätzung des Schülers oder der Schülerin spielen werden als auch hinsichtlich der eigenen Selbsteinschätzung.

Für den/-die Schüler/-in selbst scheinen u. a. auch Kontrasteffekte eine Rolle zu spielen. Abrams, Sparkes und Hoff (1985) berichten hierzu einen interessanten Befund. Sie befragten 50 Jungen und 31 Mädchen im Alter zwischen 16 und 18 Jahren zu ihrer Selbstwahrnehmung, ihren Prüfungsleistungen und ihren beruflichen Zielen.

Sie fanden, dass Schwestern in ihrer akademischen Leistung negativ von der Anzahl der Brüder beeinflusst sind. Der Vergleich mit diesen fällt scheinbar nicht so motivierend aus wie im umgekehrten Fall: Brüder in dieser Stichprobe schienen sich umso mehr anzustrengen, gute Schulleistungen zu erbringen und hohe berufliche Ziele zu verfolgen, je mehr Schwestern sie hatten.

## 4.6 Die institutionalisierte Ebene

Das komplexe Beziehungsgeflecht aus miteinander interagierenden Gruppen ist eingebettet in einen institutionalisierten Rahmen. Dieser ist unterschiedlich je nach Schulform, kulturellem Kontext und politischer Lage. Für diejenigen, für welche die Schulen eigentlich da sind, die Schüler und Schülerinnen, ist die institutionalisierte Ebene eine abstrakte, häufig auch bleibend unbekannte Dimension, die eine eher untergeordnete Rolle spielt. Das ist besonders für die Lehrpersonen anders, die von den Entscheidungen übergeordneter Instanzen in der Gestaltung ihres Schulalltags abhängig sind.

Die Einflüsse der strukturellen Merkmale eines Erziehungssystems mögen subtil sein, für Schüler/-innen noch subtiler als für die Lehrpersonen. Sie sind aber da. Beispielsweise fanden Buchmann und Dalton (2002) in einer Vergleichsstudie zwischen zwölf Ländern (Hongkong, Korea, Thailand, USA, Australien, Norwegen, Spanien, Frankreich, Griechenland, Schweiz; befragt wurden 13-jährige), dass in Ländern mit einem relativ undifferenzierten sekundären Schulsystem relevante Bezugspersonen wie Eltern und Peers sehr viel stärker die schulischen Ziele der Schüler/-innen beeinflussten als in differenzierteren Systemen.

## 4.7 Zusammenfassung und Fazit

Bei der Betrachtung der unterschiedlichen in den Schulalltag involvierten Personengruppen wird deutlich, dass jede Gruppe eigene Theorien über sich und den Schulalltag entwickelt, je nachdem welcher Ausschnitt gerade beleuchtet wird. Diese Theorien sind verhaltenswirksam. Sie haben Auswirkungen auf die Erwartungen, damit auf die Motivation und die Leistung von Lehrern/-innen, Schüler/-innen und die Involviertheit der Eltern.

Wichtig ist es festzuhalten, dass der schulische Alltag sich für eine Lehrperson anders darstellt als für einen Schüler und eine Schülerin. Während auf der individuellen, subjektiven Ebene für einen Schüler und eine Schülerin das soziale Gefüge, die persönlichen Präferenzen von Personen eine große Rolle spielen können, ist für die Lehrpersonen möglicherweise die institutionalisierte Ebene gewichtiger als persönliche Präferenzen.

Bevor nun in einem zweiten Teil nützliche Theorien vorgestellt werden und mit ihrer Hilfe auf Fragen des Schulalltags Antworten gefunden werden sollen, beschließen wir den ersten Teil mit einer Betrachtung der Kriterien für eine gute Theorie.

## 4.8    Fragen und Übungen

**Fragen**

1. Welche Gruppen sind in den schulischen Alltag involviert?
2. Welche Defizite bei Kindern und Jugendlichen sind statistisch abgesichert, welche nicht?
3. Was bedeutet elterliche Involviertheit?
4. Welche Rolle spielen Erwartungen von Lehrer/-innen bzw. Eltern an Schüler/-innen?

**Übungen**

1. Befragen Sie ein Elternteil, welche Erwartungen es zu Schulbeginn an sein Kind stellte. Blieben die Erwartungen stabil? Was hat das Elternteil getan, um das Kind zu unterstützen, diesen Erwartungen gerecht zu werden? Wie hat das Kind auf die Erwartungen der Eltern reagiert? Fassen Sie die zentralen Punkte der Befragung zusammen.
2. Welche Erwartungen haben Sie selbst als Lehrperson (gegenwärtige oder zukünftige) an Ihre Schüler/-innen? Wie können Sie diesen behilflich sein, diese Erwartungen zu erfüllen?

# 5 Was ist eine Theorie?

Alltagstheorien bilden wir uns alle ständig, über uns selbst, über andere, über die Natur des Menschen, über die Ursachen darüber, warum uns manchmal etwas gelingt oder nicht. Eine *wissenschaftliche* Theorie versucht, die Elemente und Beziehungen zwischen den Elementen präzise und systematisch zu beschreiben und Vorhersagen zu formulieren, um die Theorie in Hinblick auf einen bestimmten Ausschnitt an der Realität testen zu können. Wissenschaftliche Theorien bestehen also aus einzelnen strukturellen Elementen, die miteinander in Beziehung gesetzt werden und an der Realität getestet werden können.

## 5.1 Strukturelle Elemente

In Theorien werden die Wirkungen von einigen Faktoren auf andere Faktoren betrachtet. Dabei werden die Faktoren, die Einfluss nehmen auf andere Faktoren, *unabhängige Variablen* genannt, diejenigen Faktoren, die beeinflusst werden, stellen die *abhängigen Variablen* dar. Wenn wir beispielsweise die Annahme aufgestellt haben, dass schlechte Laune bei dem Sender einer Nachricht dazu führt, dass auf der Empfängerseite die Nachricht schlechter verstanden wird, dann wäre die Qualität der Laune des Senders die unabhängige Variable und das Ausmaß des Verstehens auf Seite des Empfängers die abhängige Variable.

## 5.2 Dynamisches Element

Damit wären auch bereits die unterschiedlichen Variablen miteinander in Beziehung gesetzt. Die strukturellen Variablen werden durch Annahmen ihrer Beziehung zueinander – *Hypothesen* genannt – in einen dynamischen Zusammenhang gebracht.

In der oben formulierten Annahme ist eine *kausale* Dynamik formuliert worden: Die schlechte Laune des Senders wird als *Ursache* für das Verstehen der Nachricht auf Seite des Empfängers angenommen.

Es wäre aber auch möglich eine *korrelative* Beziehung zu formulieren: Je schlechter die Laune des Senders einer Nachricht ist, *desto* schlechter ist das Verständnis einer Nachricht auf Seite des Empfängers. Hier hätten wir eine Annahme über das gleichzeitige Auftreten zweier Variablen und deren Beziehung zueinander formuliert. Je höher die eine Variable ausgeprägt ist, desto höher ist die andere Variable ausgeprägt. Solch ein Zusammenhang wird als eine positive Korrelation bezeichnet. Es wäre auch als positive Korrelation zu bezeichnen, wenn wir die Annahme formulierten: Je weniger schlecht die Laune des Senders ist, umso weniger schlecht ist das Verständnis des Empfängers. Positiv bedeutet hier, dass die Ausprägungen beider Variablen in die gleiche Richtung hin angenommen werden. Hingegen würde eine negative Korrelation zwischen beiden Variablen formuliert werden, wenn wir der Ansicht wären, dass, je schlechter die Laune des Senders ist, umso besser das Verstehen des Empfängers wäre oder umgekehrt: je besser die Laune des Senders ist, umso schlechter das Verstehen des Empfängers wäre. Komplexere Annahmen können wir formulieren, wenn wir die *Interaktionen* zwischen verschiedenen Variablen in Betracht ziehen, also interaktive Hypothesen aufstellen. Dafür müssen wir mindestens zwei unabhängige Variablen identifiziert haben, die in Wechselwirkung miteinander eine abhängige Variable beeinflussen. Wenn wir weiterhin bei unserer Annahme zur Wirkung schlechter Laune auf das Verstehen einer Nachricht blieben, könnte es möglich sein, dass wir in einer ersten Beobachtungsstudie herausfinden, dass in der Tat schlechte Laune des Senders bei einem Empfänger schlechteres Verstehen der Nachricht bewirkt als gute Laune des Senders. Wir finden also unsere ursprüngliche kausale Annahme gestützt. Dennoch kann es sein, dass der Effekt, den wir gefunden haben, nicht so stark ist, wie wir eigentlich angenommen haben. Wir finden unerwartet, dass es auch zahlreiche Empfänger der Nachricht gibt, die sie sehr gut verstehen. Wir glauben beobachtet zu haben, dass dies vornehmlich diejenigen Empfänger sind, die selber sehr gute Laune hatten und fügen deshalb unserer ursprünglichen Minitheorie eine weitere unabhängige Variable hinzu, nämlich die vor dem Empfang der Nachricht festzustellende Qualität der Laune des Empfängers. Eine interaktive Annahme würde lauten: Das Verstehen einer Nachricht wird beeinflusst durch die Interaktion zwischen der Laune des Senders und der vorherigen Laune des Empfängers. Hierzu können konkrete Annahmen abgeleitet werden, beispielsweise: Wenn eine Nachricht von einem schlecht gelaunten Sender übermittelt wird, wird diese Nachricht nur dann schlechter verstanden im Vergleich zu einem gut gelaunten Sender, wenn auch die Laune des Empfängers schlecht ist. Sie wird von einem schlecht gelaunten Empfänger nur verstanden, wenn der Sender gut gelaunt ist. Ist hingegen die Laune des Empfängers positiv, dann ist es egal, ob der Sender positive oder negative Laune hat, die Nachricht wird immer gleich gut verstanden.

## 5.3 Funktionen von Theorien

Wissenschaftliche Theorien dienen also der systematischen Beschreibung von Zusammenhängen. Gleichzeitig sollen sie diese Zusammenhänge aber auch erklären. Wenn wir durch eine Theorie ein bestimmtes Bedingungsgefüge verstanden haben, dann können wir Vorhersagen formulieren und diese an der Realität testen. Finden wir weiterhin empirische Bestätigung für unsere Theorien, dann haben wir ein Modell gewonnen mit Hilfe dessen wir ein bestimmtes Bedingungsgefüge analysieren und möglicherweise auch sinnvoll verändern können.

Nehmen wir an, wir finden empirische Belege dafür, dass die Laune eines Senders gravierende Auswirkungen auf das Verständnis einer Nachricht hat. Dann könnten wir, wenn wir selber eine wichtige Botschaft zu überbringen, also zum Beispiel wichtigen neuen „Stoff" im Unterricht zu vermitteln haben, darauf achten, dass wir unsere eigene Laune im Griff haben.

## 5.4    Was ist eine gute Theorie?

Häufig finden Erwachsene kleine Kinder süß, weil diese offensichtlich falsche Annahmen über Zusammenhänge haben und dies noch ganz unvoreingenommen demonstrieren. So kann Peter durchaus noch eine Weile glauben, dass es tatsächlich der Osterhase war, der ihm die bunten Eier versteckt hat und Lisa ist sich noch eine Zeitlang ganz sicher, dass die Ampel immer dann auf Grün springt, wenn sie auf ihrem Kindersitz hinten im Auto ihre linke Hand auf einen bestimmten Fleck im Stoffbezug des Sitzes legt. Auch Erwachsene verfügen über ein Sammelsurium unterschiedlichster Minitheorien und Annahmen, die sie zur Analyse und Kategorisierung ihrer Umwelt brauchen, auch wenn mitunter die empirische Evidenz für deren Wahrheitsgehalt nur mangelhaft ist.

Die Frage danach, was also eine *gute* Theorie ist, ist berechtigt. Deshalb sollen im Folgenden einige wissenschaftstheoretische Kriterien dargestellt werden, die zur Bewertung der Güte von Theorien herangezogen werden können.

### Falsifizierbarkeit

Eine gute Theorie muss falsifizierbar sein, das heißt, es muss möglich sein, empirische Beweise erbringen zu können, die gegen den Wahrheitsgehalt der Theorie sprechen. Wenn wir die Theorie aufstellen, dass das Temperament einer Lehrperson einen Einfluss auf die Unterrichtsqualität hat, dergestalt, dass nervösere Lehrpersonen nicht so erfolgreich unterrichten wie ruhigere Lehrpersonen, dann ist dieses Falsifikationskriterium gewährleistet. Prinzipiell ist es möglich, dass bei einer bestimmten Stichprobe kein Zusammenhang oder möglicherweise sogar ein umgekehrter Zusammenhang gefunden werden könnte. Dann müsste die Theorie erweitert oder verworfen werden.

Nehmen wir aber an, dass wir in die Theorie eine Variable einbauen, die einen unbewussten Mechanismus postuliert und zwar dergestalt, dass wir behaupten, dass nervöse Lehrpersonen latent ruhig sein können und diese Eigenschaft spontan und unkontrollierbar auftreten kann. Dann könnte es sein, dass wir, obwohl wir finden, dass nervöse Lehrpersonen auch einen guten Unterricht machen können, dies nicht mehr als Widerspruch zur Theorie interpretieren, denn möglicherweise haben sie sich ja in den Tagen, in denen gemessen wurde, latent ruhig verhalten. Egal, was wir also finden werden in Hinblick auf die Unterrichtsqualität nervöser Lehrer, wir werden es immer mit unserer Theorie erklären können.

Das wäre also keine gute Theorie. Eine gute Theorie kommt zu präzisen widerspruchslosen Vorhersagen, die überprüfbar sind und den Wahrheitsgehalt der Theorie damit auch wirklich testbar machen.

Metaphysische Theorien sind deshalb nicht als wissenschaftliche Theorien zu beschreiben, denn sie enthalten in der Regel Variablen, die nicht in eine messbare Größe zu überführen sind. Metaphysische Theorien sind Glaubenssysteme. Wissenschaftliche Theorien sind auf Zeit gültige Erklärungsmodelle eines Realitätsausschnittes, so lange gültig, bis der Wahrheitsgehalt der Theorie widerlegt ist und eine bessere Theorie mit genaueren Vorhersagen formuliert werden kann.

Gute Theorien sind also nicht unbedingt von vielen Personen vertretene Theorien. Es sind auch keine Theorien, die besonders schön formuliert oder besonders idealistisch sind.

## Wissenschaftliche Objektivität

Um eine Theorie überprüfbar zu machen, müssen ihre strukturellen Elemente operationalisierbar sein, d. h. die Variablen der Theorie müssen erfassbar sein. Nur so kann man überprüfen, ob sich Ergebnisse replizieren lassen und nur so können wir die empirische Testung einer Theorie kontrollierbar machen. Die eigene subjektive Erfahrung ist kein Beweis für oder gegen den Wahrheitsgehalt einer Theorie. Der Wahrheit können wir uns nur durch eine sog. intersubjektive Objektivität *annähern*.

**Tab. 1:** Was ist eine gute Theorie? Ausgewählte Fragen zur Bestimmung

| Überprüfungsfragen | Relevant für eine gute Theorie? | |
| --- | --- | --- |
| | Ja | Nein |
| *Gibt es identifizierbare Variablen?* | x | |
| *Sind diese Variablen messbar?* | x | |
| *Sind die angenommenen Beziehungen zwischen den Variablen konsistent?* | x | |
| *Kann man mit dieser Theorie Vorhersagen treffen?* | x | |
| *Kann ein Sachverhalt mit dieser Theorie erklärt werden?* | x | |
| *Halten viele Personen die Theorie für wahr?* | | x |
| *Ist die Theorie im Vergleich zu anderen Theorien, die dasselbe erklären, einfacher?* | x | |
| *Gibt es empirische Forschung zur Überprüfung der Theorie?* | x | |
| *Misst diese Forschung die in der Theorie aufgeführten Variablen auf unterschiedliche Art und Weise?* | x | |
| *Ist die Theorie leicht zu verstehen?* | | x |

## 5.5 Zusammenfassung und Fazit

Wissenschaftliche Theorien befassen sich mit der Konstruktion von Realitätsausschnitten. Sie versuchen, einen Ausschnitt der Wirklichkeit angemessen zu beschreiben, zu erklären und zu prognostizieren, indem sie widerspruchsfreie Annahmen beinhalten, aus denen überprüfbare Hypothesen abgeleitet werden können.

Wir nehmen es oft als Beweis für den Wahrheitsgehalt einer Theorie, wenn auch andere, besonders für uns relevante, Personen zu ähnlichen Annahmen über Zusammenhänge gelangen. So kann es passieren, dass wir oft über eine lange Zeit falsche

Theorien als richtig und handlungsanweisend erachten, weil unsere Umwelt dies ebenfalls getan hat. Ändern wir aber unseren Bezugsrahmen, merken wir häufig schnell, dass es noch einen anderen, mindestens genauso plausiblen Blickwinkel gegeben hätte, der uns nun viel wahrer erscheint. Deshalb ist es wichtig, sich ausdrückliche Gedanken über eigene Theorien zu machen, zu versuchen, diese offen zu legen und sie auf ihren Wahrheitsgehalt hin zu hinterfragen.

## 5.6    Fragen und Übungen

**Fragen**

1. Was ist eine wissenschaftliche Theorie?
2. Was sind die strukturellen Elemente einer Theorie?
3. In welcher Beziehung können die strukturellen Elemente einer Theorie zueinander stehen?
4. Erklären Sie die Unterschiede zwischen den möglichen Beziehungen struktureller Elemente!
5. Was ist eine gute Theorie? Welche Kriterien können für diese Bewertung herangezogen werden?
6. Was bedeutet Falsifizierbarkeit einer Theorie?

**Übungen**

1. Entwickeln Sie eine Fragestellung und versuchen Sie, hierzu eine Hypothese aufzustellen. Stellen Sie klar, welche strukturellen Elemente Sie benötigen und in welcher Beziehung diese strukturellen Elemente zueinander stehen.
2. Fragen Sie eine Person Ihrer Wahl danach, was einen guten Lehrer bzw. eine gute Lehrerin ausmacht. Formulieren Sie diese Antwort in Form einer Theorie. Bewerten Sie anschließend die Theorie dieser Person: Enthält sie Widersprüche? Ist sie falsifizierbar? Ist es eine gute Theorie?

# Teil II: Praktische Theorien für Facetten des Schulalltags

*„Es gibt nichts, was so praktisch wäre wie eine gute Theorie."*
Kurt Lewin

Nehmen wir es ernst, dass nahezu jede Theorie, solange sie sich auf unsere konkrete Erfahrungswelt bezieht, auf ihren Wahrheitsgehalt hin überprüft werden kann, dann können wir versuchen, das mit mindestens denjenigen Theorien zu machen, die für unseren Umgang mit anderen Personen bedeutsam sind.

Lehrer und Lehrerinnen können direkt bei sich selber anfangen. Nehmen wir als Auftakt zu dem nun folgenden Perspektivenwechsel die häufig gegebene Erklärung, dass es bei einer guten Lehrperson eben auf die Lehrerpersönlichkeit ankomme. Wenn wir weiterfragen, was hiermit gemeint sei, bekommen wir möglicherweise zu hören, dass es die Ausstrahlung einer Person ist, oder die Art und Weise, wie sie spricht oder mit Humor umgeht. Meistens sind es Informationen, die einen nicht weiterbringen, weil sie zu unkonkret sind. Was soll man damit anfangen, wenn man selber eine gute Lehrperson werden möchte, oder wenn Eltern möchten, dass das eigene Kind eine bessere Beziehung zur Lehrperson entwickelt?

Glauben wir an ein Konstrukt wie „Lehrerpersönlichkeit", dann hat unser Kind Pech gehabt, wenn es den falschen Lehrer oder die falsche Lehrerin erwischt. Wir haben als Lehrperson Glück, wenn wir die „richtige" Persönlichkeit haben.

Aber möglicherweise kommen wir weiter, wenn wir uns Fragen stellen wie „Unter welchen Bedingungen kann eine konzentrierte Arbeitsatmosphäre entstehen?", „Unter welchen Bedingungen kann eine Lehrperson auch schwierige Schüler und Schülerinnen erreichen?" oder „Welche Einflussfaktoren bestimmen Aggression?"

Weg von stabilen Personeigenschaften hin zu situativen und interpersonellen Variablen scheint ein Weg zu sein, der allen in das komplexe System Schule involvierten Personen einen größeren Handlungsspielraum verschafft. Da das Ganze mehr als die Summe seiner Teile ist, kann ein gelingender Unterricht nicht ausschließlich von einer guten Lehrkraft abhängen. Es bedarf der Analyse mehrerer Variablen, um zu verstehen, wie sich die Atmosphäre in einer Gruppe herausbildet, die von den meisten als motivierend empfunden wird.

Vor diesem Hintergrund sind die Theorien in dem nun folgenden Teil ausgewählt worden. Tabelle 2 gibt einen Überblick über die ausgewählten Theorien, deren inhaltlichen Hintergrund und den Realitätsausschnitt des schulischen Alltags, auf den sie angewendet werden.

Der aufmerksame Leser und die aufmerksame Leserin mögen selbst entscheiden, inwieweit es sich um „gute" Theorien handelt. Jede dieser Theorien wird im folgenden Teil zunächst dargestellt und dann jeweils auf Ausschnitte des schulischen Alltags angewendet.

**Tab. 2:** Ausgewählte sozialpsychologische Theorien zur Beschreibung und Erklärung von Facetten des Schulalltags. Ein Überblick

| Bereich | Theorien | Variablen, Prozesse | Anwendungsausschnitt |
|---|---|---|---|
| **Personenwahr-nehmung** | Implizite Persönlichkeitstheorien | Selektion, Inferenz, Zentralität von Merkmalen, Selbsterfüllende Prophezeiungen | Vorurteile, Stereotype in der Lehrer, Schülerinteraktion |
| | Bedingungen der Perspektivenübernahme | Aufforderungscharakter, Konflikt, Egozentrismus, Perspektivenübernahme | Motivation in der Wahrnehmung der Lehrer |
| **Gruppen-psychologie** | Macht | Machtquellen, Gehorsam | Machtverhältnisse im Schulalltag |
| | Majorität und Minorität | Konversion, Komplizenschaft, Konformität | Gruppendruck unter Peers, im Kollegium |
| **Sozialer Vergleich** | Soziale Vergleichstheorie | Konformität, Vergleichspersonen, soziale Realität, Kommunikation in Gruppen | Notengebung, Selbsteinschätzung von Fähigkeiten |
| | Selbstwerterhaltungsmodell | Psychologische Nähe, Leistung, Relevanz, Selbstwertminderung, Selbstwertsteigerung, Vergleichsprozess, Reflexionsprozess | Neid, Rivalität, Konkurrenz unter Schülern und Schülerinnen |
| **Attributions-theorie** | Kelleys Attributionstheorie | Kovariationsprinzip, Informationsquellen, Informationstypen, Ursachenannahmen, Ursachensuche | Informationsüberprüfung bei Selbsteinschätzungen, Reattribution |
| | Existenzielle Attributionen | Suche nach dem Sinn, Coping, Lebensqualität | Sinngebung negativer Ereignisse |
| | Theorie der Verantwortlichkeit | Attributionale Dimensionen, Kognitionen, Emotionen, Verhalten | Ursachen von Schüler- und Lehrerverhalten |

| Bereich | Theorien | Variablen, Prozesse | Anwendungs-ausschnitt |
|---|---|---|---|
| **Lerntheorie** | Sozial-kognitive Lerntheorie | Motivation, Aufmerksamkeit, Gedächtnis, motorische Fertigkeiten, Modelllernen, Selbstwirksamkeit | Merkmale effizienter Lehrer und Lehrerinnen, Einsatz von Modelllernen im Unterricht |
| **Selbstwerttheorien** | Selbstaufmerksamkeitstheorie | Objekt der Aufmerksamkeit, Diskrepanzen zwischen Ideal- und Realselbst, Normen, Standards, Selbstwertschwankungen, Konsistenz | Unterrichtsstörungen, Aufmerksamkeitslenkung |
| | Symbolische Selbstergänzung | Selbstdefinierende Ziele, Symbole, soziale Realität, Perspektivenübernahme, Zurschaustellung, Kompensation | Ursachen dysfunktionaler Verhaltensweisen von Schülern, Lehrern und Eltern |
| **Kontrolltheorien** | Reaktanztheorie | Psychologische Reaktanz, Anpassung, Widerstand, Entscheidungsfreiheit, Wahlfreiheit, Verhalten, Emotion, Kognition | Hilfreiche Formulierung von Verboten und Meinungen |
| **Emotionstheorien** | Zweikomponententheorie | Aktivierungsniveau, soziale Umgebung, Emotionsqualität und -intensität | Emotion als Ansteckung |
| | Rational-emotive Verhaltenstherapie | Aktivierende Ereignisse, Glaubenssysteme, Verhalten, Erleben, Umstrukturierung | Hilfreiche und nicht hilfreiche Überzeugungen von Lehrern gegenüber Schülern, Eltern und Kollegen. |

# 6 Wer sind die anderen Personen? Theorien der Personenwahrnehmung

## 6.1 Hintergrund

Wer ist die andere Person? Die andere Person kann das für uns sein, was wir für sie empfinden: Sie kann eine schlechte Person sein, weil sie uns etwas Böses angetan hat; sie kann eine gute Person sein, weil sie uns etwas Gutes getan hat. Sie kann für uns so sein, wie sie ist, weil wir versuchen, sie zu begreifen. Die andere Person ist für uns auf alle Fälle immer die Person, welche wir aus ihr machen. Je nachdem, welche Bausteine wir verwenden, kommt ein anderes Bild dieser Person zustande. Mit diesem Bild können wir nun wieder auf verschiedene Weise verfahren: Wir können es hegen und pflegen, d. h., wir halten es konstant; keine andere Information, welche wir über die andere Person erhalten, kann das einmal konstruierte Bild beeinflussen. Wir können das Bild völlig zerstören und alle Informationen zu einem neuen Bild zusammenfügen oder aber es lediglich erweitern oder revidieren aufgrund neuer Kombinationen oder Hinzufügung von Informationen. Schließlich können wir die andere Person einfach vernachlässigen und nur ein schwaches Bild von ihr haben.

Aber wovon hängt es ab, welches Bild zustande kommt? Wovon hängt es ab, wie wir damit umgehen?

Wer sind die anderen Personen? Diese Frage ist für zahlreiche Menschen mindestens ebenso bedeutsam wie die Frage nach dem Wesen der eigenen Person. Es gibt auf beide Fragen zahlreiche, nicht definitive Antworten. Ausgehend von der grundlegenden Annahme, dass sowohl das Bild von unserer eigenen Person als auch das von den anderen Personen *konstruiert* ist, gibt es das eigentliche Wesen – die Seele des anderen – das uns oder den anderen ausmacht,  entweder nicht oder es ist uns nicht zugänglich. Wir können im idealen Fall die Perspektive anderer Personen übernehmen, d. h. verschiedene Facetten aus deren Lebensumständen, Gedanken und Äußerungen zusammentragen und daraus ein Bild konstruieren. Sobald jedoch neue Aspekte der anderen Person auftauchen, muss dieses Bild *re*konstruiert werden. Uns ist letztendlich die wahre Person nicht zugänglich. Sollte es die eigentliche, andere Person geben, können wir uns ihr nur annähern. Sollte es die wahre, andere Person nicht geben, können wir ebenfalls nichts anderes tun.

### Methoden der Personenwahrnehmung

Wir verfügen über mindestens zwei Methoden, wie wir Personen wahrnehmen können und viele von uns wenden sie auch an. Die eine Methode setzt auf die bloße *Imagination*, die andere Person zu sein: Man kann „in die Haut des anderen schlüpfen" und sich vorstellen, „wie es ist, eine andere Person zu sein". Man „tut so, als ob" man ein anderer Mensch wäre und versucht auf diese Weise, die andere Person zu begreifen. Dennoch besteht hier die Gefahr, dass die Imagination der anderen Person durch unsere eigene Sicht der Dinge verzerrt wird. Ein extremer Anwender der Methode „in die Haut des anderen zu schlüpfen" ist Leonard Zelig – die Hauptfigur in

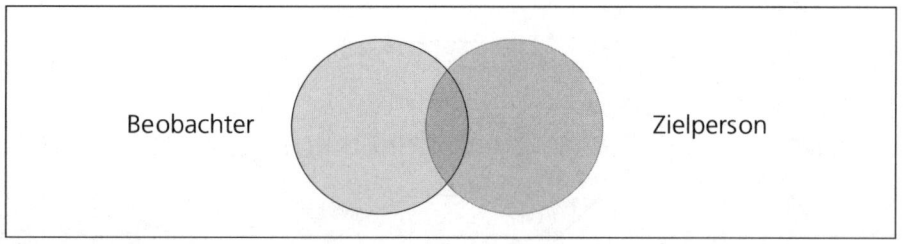

Beobachter

Zielperson

**Abb. 5:** Imagination der anderen Person als Methode der Personenwahrnehmung

Woody Allens Film „Zelig". Leonard Zelig schlüpft so perfekt in die Haut der ihn unmittelbar umgebenden Menschen, dass er dieser Mensch leibhaftig wird. Wenn Zelig mit einem fettleibigen Menschen spricht, dann wird auch er fettleibig. Kommuniziert er mit einer Person asiatischer Abstammung, dann trägt auch sein Gesicht asiatische Züge. Darüber hinaus übernimmt er nicht nur das physische Aussehen des Gegenübers, sondern auch dessen gesamten Kommunikationsstil. Leonard Zelig *wird* der andere, indem er den anderen vollständig imitiert. Dennoch erfährt der aufmerksame Betrachter und die interessierte Zuschauerin im Laufe von Allens Geschichte, dass Zelig immer Zelig bleiben wird und dass er seiner persönlichen Sichtweise des Gegenübers verhaftet bleibt. Zelig *fühlt* sich zwar eins mit dem anderen, doch er weiß nichts über den anderen (siehe Abb. 5).

Die andere Methode beinhaltet die *Beobachtung* der anderen Person: Viele Details aus dem Leben der wahrgenommenen Person werden registriert und aufgrund dieser Informationen und deren Kombination werden Schlussfolgerungen über den mentalen und emotionalen Zustand der Person gezogen. Neue Beobachtungen führen zu revidierten Schlussfolgerungen und über die Zeit erfolgt mit der Genauigkeit der Beobachtung eine optimale Annäherung an die andere Person. Auch hier lässt sich ein extremer Anwender dieser Methode ermitteln, nämlich die Figur von Sir Arthur Conan Doyles (1887) „Sherlock Holmes".

> *„,Herr Dr. Watson – Herr Holmes', stellte Standford vor. ,Guten Tag!', sagte der Experimentator herzlich und drückte meine Hand so fest, dass ich die Engel im Himmel singen hörte. ,Ich sehe, Sie kommen aus Afghanistan,' war seine nächste Feststellung. ,Woher, in aller Welt, wissen Sie das?' fragte ich verblüfft. (…) ,Durch ständige Schulung ist mein Denkapparat so daran gewöhnt, blitzschnell zu reagieren, dass ich zu meinem Ergebnis gelange, ohne mir der einzelnen Gedankenstufen voll bewusst zu werden. Diese waren bei Ihrem Anblick freilich da und berichteten etwa folgendes: Dieser Mann sieht wie ein Arzt aus, hat aber etwas Soldatisches in der Haltung. Er wird also Militärarzt sein, sein dunkles Gesicht deutet daraufhin, dass er eben aus den Tropen zurückgekehrt ist. Den dunklen Teint hat er nicht von Natur, denn an den Handgelenken ist seine Haut fast weiß. Dass er viel mitgemacht hat und nicht gesund ist, verraten seine eingefallenen und abgehärmten Gesichtszüge. Er muss am linken Arm, den er steif und ungelenk hält, verletzt sein. In welchem Teil der Tropen kann sich ein englischer Militärarzt eine solche Verwundung zugezogen haben? Doch nur in Afghanistan. Keine Se-*

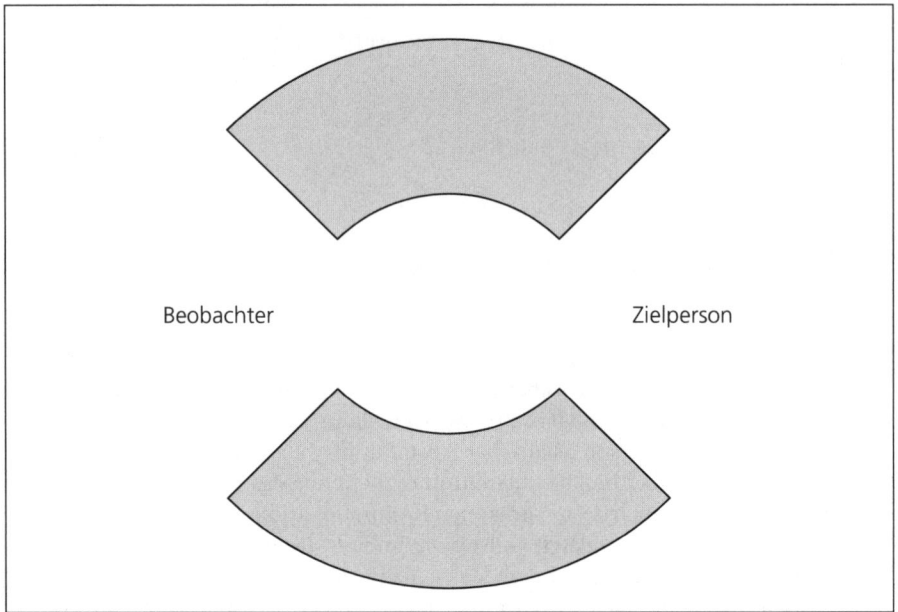

Beobachter          Zielperson

**Abb. 6:** Beobachtung der anderen Person als Methode der Personenwahrnehmung

*kunde dauerten all diese Überlegungen. Daher stellte ich im Handumdrehen fest, Sie kommen aus Afghanistan, was Sie sehr verwunderte.'"* [5]

Sherlock Holmes versteht es meisterhaft, aus zahlreichen, auf den ersten Blick als unbedeutend erscheinenden Details über eine Person und deren Situation weitreichende Schlussfolgerungen zu ziehen. Sherlock Holmes Methode ist wissenschaftlich: Er trägt mannigfaltige, objektiv beobachtbare Indizien zusammen und versucht diese, von bewussten Annahmen geleitet, miteinander zu kombinieren. Dabei gelingt es ihm, die andere Person zu begreifen, ohne jemals so fühlen oder so sein zu müssen wie diese andere Person.

Während die erste Methode in der psychologischen Literatur im Allgemeinen als *Einfühlung,* von manchen Autoren auch als Empathie bezeichnet wird (Steins, 2005a), handelt es sich bei der zweiten Methode um *Perspektivenübernahme.* Einfühlen beinhaltet ein Mitfühlen mit der anderen Person: Deren Standpunkt und deren emotionaler Zustand wird adoptiert und vorübergehend zum eigenen Standpunkt. Perspektivenübernahme beinhaltet die Beobachtung des wahrnehmbaren Kontexts einer Person; aus zahlreichen Hinweisreizen werden Inferenzen gezogen, die jedoch immer wieder verworfen werden können, wenn neue, mit den zuvor gezogenen Schlussfolgerungen unvereinbare Hinweisreize auftauchen (Steins, 1998a; 2004b). In Abb. 6 ist dieser Prozess schematisch dargestellt.

---

[5] Sir Arthur Conan Doyle: A Study in Scarlett, 1887.

## Grenzen von Imagination und Perspektivenübernahme

Beide Methoden werden, je nachdem welcher übergeordnete theoretische Standpunkt eingenommen wird, hinsichtlich ihrer Validität angezweifelt. Eine ausführliche Diskussion der Methoden der Erkenntnis über andere Personen, über welche die wahrnehmende Person verfügt, findet sich in der Philosophie des Geistes (beispielsweise Davidson, 1994; Nagel, 1981; Ryle, 1994). Zwei theoretische Standpunkte bilden innerhalb dieser Diskussion ein Kontinuum, welches ein breites Spektrum verschiedenster Antworten auf die Frage nach dem Ausmaß der *Zugänglichkeit* zu anderen Personen umfasst. Locke (1968) formuliert diese beiden extremeren Antworten folgendermaßen: Zunächst kann ein skeptischer Standpunkt aufgeführt werden:

*„It can be argued that we can never know what is going on ‚in the mind' of another person, that there is no knowledge of other minds at all"* (S. 30).

Der Skeptiker würde also bestreiten, dass wir überhaupt in der Lage sind, Wissen über andere Personen erlangen zu können, welches uns hilft, diese Personen besser zu begreifen. Diese Position wird unter einem anderen Aspekt ebenfalls innerhalb eines existenzphilosophischen Theoriegebäudes aufgegriffen (beispielsweise Laing, Phillipson & Lee, 1966): Jeder ist für sich allein und deshalb frei; es besteht die Möglichkeit der Selbstverwirklichung, aber auch diejenige der Isolation. Zwischen den Personen herrscht eine tiefe Kluft und wir sind verantwortlich dafür, ob wir von Person zu Person (unvollkommene) Brücken bauen.

Weiterhin formuliert Locke (1968) seine eigene Position, welche eine fundamentale Kritik des Skeptizismus darstellt:

*„We have knowledge of other minds in so far as our ‚belief in other minds' is correct. Perhaps this belief is mistaken. Perhaps we do not have knowledge of other minds after all. But we have to accept the belief as correct, we have to accept what people say and do as evidence for what goes on in their minds, if we are to speak about other minds in the first place"* (S. 160).

Ausgehend von dieser Position bleibt uns gar nichts anderes übrig als die Facetten anderer Personen anzunehmen, welche wir wahrnehmen können und etwas damit zu machen.

Innerhalb dieses Spektrums verschiedener Ansichten tauchen viele kritische Fragen auf, die innerhalb der empirischen Psychologie wiederholt Probleme bei der Interpretation von Befunden bereitet haben. Davon ist insbesondere die Frage nach der Zugänglichkeit von Erfahrungswelten unbeantwortet: Es scheint beispielsweise so zu sein, dass eine Person sehr leicht von einer anderen Person wissen kann, welche Qualität ein Erlebnis der anderen Person hat, wenn beide Personen einander so ähnlich sind, dass die eine Person die Perspektive der anderen Person annehmen kann. Der Erfolg dieses Versuchs ist direkt davon abhängig, wie verschieden beziehungsweise ähnlich die beiden Wesen einander sind. So ist es laut Nagel (1981) für eine Person schwierig, wenn nicht unmöglich, zu wissen, *wie es ist, eine Fledermaus zu sein*. Eine Person kann sich vorstellen, wie es für sie selbst wäre, eine Fledermaus zu sein. Sie kann imaginieren, wie es wäre, den ganzen Tag mit den Füßen nach unten an einem Dachbalken zu hängen. Aber es wird schwierig sein, zu wissen, wie es für die Fledermaus ist, eine Fledermaus zu sein. Der Versuch, zu verstehen, wie sich ein Leben als

Fledermaus anfühlt, ist an die eigenen Erfahrungsressourcen gebunden. Diese jedoch sind für dieses Vorhaben ungeeignet, weil es völlig andere sind als die von Fledermäusen, und weil keine Vorstellungen darüber bestehen, wie überhaupt Erlebnisse aussehen könnten, die qualitativ völlig anders geartet sind als unsere eigenen. Es ist lediglich möglich, sich einen schematischen Begriff davon zu machen, *„wie es ist"*. Das beinhaltet jedoch nur die Zuschreibung allgemeiner Arten von Erfahrungen wie Schmerz, Angst oder Hunger, nicht ihr jeweiliger subjektiver Charakter. Wenn es aber mit zunehmender Ähnlichkeit Erfolg versprechender wird, zu wissen, wie es für den anderen ist, kann dann noch davon gesprochen werden, dass eine Person die Perspektive der anderen Person übernimmt, oder empathisch deren Gefühle teilt? Je ähnlicher zwei Personen einander sind, desto diffiziler gestaltet sich die Unterscheidung zwischen Perspektivenübernahme, Empathie und der Projektion eigener Befindlichkeiten auf die andere Person. Obwohl Personen also aufgrund ihrer wesentlichen Ähnlichkeit zu anderen Personen (Menschen gehören einer Spezies an) durchaus in der Lage sein sollten, zu wissen, wie es für die andere Person ist, diese zu sein, stellt dieses Wissen möglicherweise nur eine zufällige Überschneidung von ähnlichen Erfahrungen dar, welches glauben machen lässt, zu wissen, wie es ist, ein anderer Mensch zu sein. Unsere Methoden, Empathie und Perspektivenübernahme, die wir verwenden, um zu versuchen, andere Personen zu begreifen, haben ihre klaren Grenzen.

### Was bedeutet es, eine Perspektive nicht zu übernehmen?

Es mag verwunderlich erscheinen, anzunehmen, dass es erwachsenen Menschen nicht möglich sein soll, die Perspektive anderer Personen zu übernehmen und diese durchaus zu egozentrischer Wahrnehmung neigen können. Liest man beispielsweise die entwicklungspsychologische Forschung zur Perspektivenübernahme flüchtig, dann scheint es so zu sein, dass Menschen spätestens mit neun Jahren durchaus die Fähigkeit zur Perspektivenübernahme erworben haben sollten. Eine genauere Lektüre jedoch macht die relative Bedeutung dieser Altersangaben deutlich: So weist Piaget (1924) wiederholt darauf hin, dass Egozentrismus immer – altersunabhängig – wiederkehren wird, sobald ein Wahrnehmungsfeld unvertraut und konflikthaft erscheint. Flavell (1963) greift diesen Punkt ebenfalls auf (Flavell, Botkin, Fry, Wright & Jarvis, 1968).

Die folgenden Beispiele mögen illustrieren, wie alltäglich egozentrisches Verhalten *erwachsener* Personen ist. Egozentrismus ist hierbei nicht nur im Verhalten der anderen Personen zu beobachten, sondern durchaus auch in der Wahrnehmung der handelnden Person. Zunächst soll die Perspektive der wahrnehmenden Person betrachtet werden. Stellen wir uns die folgenden Szenarien vor: Sie stehen beim Bäcker an, um Brötchen zu kaufen. Eine ältere Dame drängt sich vor; sie scheint unbedingt vor Ihnen ihre Brötchen erstehen zu wollen. Eine zweite Situation: Sie stehen vor einer Fußgängerampel. Die Ampel schaltet auf Grün. Gerade als Sie sich in Bewegung setzen, um die Straße zu überqueren, fährt schnell noch ein Auto über die Kreuzung und Ihnen fast über die Füße. Schließlich stellen Sie sich eine dritte Begebenheit vor: Sie treffen nach langer Zeit einen ehemals guten Bekannten wieder. Dieser erzählt sofort sehr viel von sich selbst, ohne Sie auch nur einmal zu Wort kommen zu lassen oder zu fragen wie es Ihnen geht. Bestimmte Aspekte Ihrer eigenen Person werden in diesen Beispielszenarien nicht zur Kenntnis genommen. Eine andere Person vernachlässigt Ihre Perspektive, weil sie ihre eigene Sicht der Dinge und ihre eigenen Interessen in den Mittelpunkt stellt, sie verhält sich egozentrisch und Sie bewerten die beschriebenen Verhaltensweisen eventuell als rücksichtslos.

Zugleich illustrieren diese Beispiele auch, dass die vereinfachende Beschreibung dieser anderen Personen als „rücksichtslos" mangelnde Perspektivenübernahme auf der Seite der wahrnehmenden Person sein könnte: Die alte Frau drängt sich vor, weil sie gelernt hat, sich als alter Mensch das nehmen zu müssen, was sie bekommen will – oft genug wird sie selber abgedrängt; der Autofahrer steht unter einem ungeheuren Druck, pünktlich zur Arbeit zu kommen, da er bereits mehrere Verwarnungen wegen wiederholter Unpünktlichkeit erhalten hat; der gute Bekannte fühlte sich Ihnen gegenüber immer vom Leben benachteiligt und benutzt die erste beste Gelegenheit, um Ihnen zu demonstrieren, was er alles geleistet hat. Alle diese Personen zeigen eindeutig egozentrisches Verhalten; jedoch sind sie nicht notwendigerweise einfach rücksichtslos: Uns steht jedoch nicht immer die Information zur Verfügung, um diese Unterscheidung zu treffen. Es ist also auch für Erwachsene nicht immer möglich, Perspektiven anderer Personen zu übernehmen. Doch selbst wenn es möglich wäre, erfolgt nicht notwendigerweise Perspektivenübernahme, insbesondere dann nicht, wenn wir uns von dem Verhalten anderer Personen gekränkt fühlen. Dazu kommen noch bestimmte Einflussgrößen wie z. B. die Beobachter-Handelnden-Divergenz.

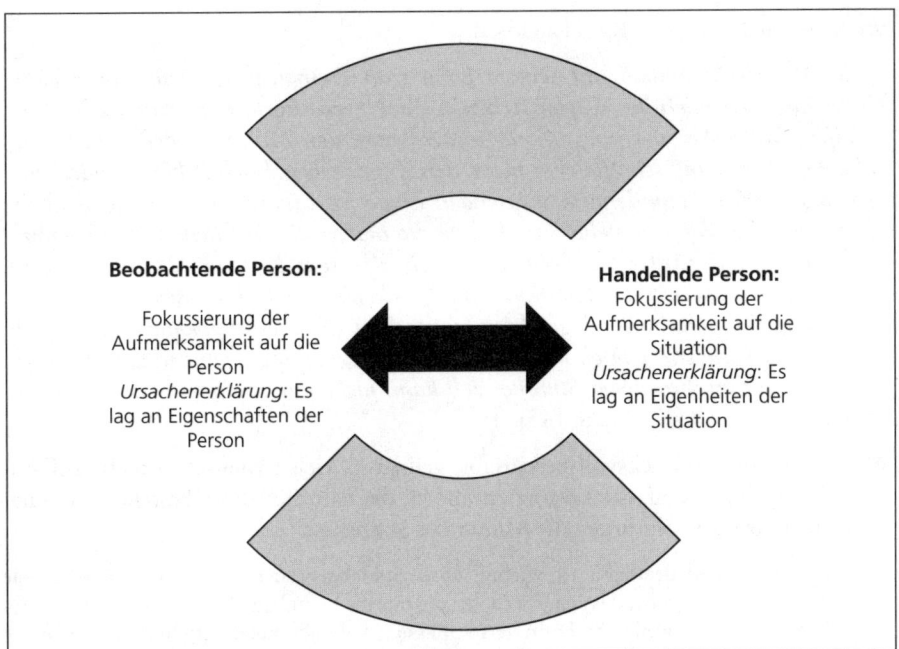

**Abb. 7:** Ein wichtiges Prinzip der Personenwahrnehmung: Die Handelnden-Beobachter-Divergenz

### Beobachter-Handelnden-Divergenz

Wenn wir selbst uns beschreiben, dann stellen wir uns als ein differenziertes komplexes Wesen dar mit einer Reihe von Widersprüchen. Da wir uns selbst als handelnde Personen erleben, richten wir unsere Aufmerksamkeit mehr auf den Kontext, in dem wir uns verhalten als auf uns selbst. Eine andere Person, die uns nicht kennt und uns beobachtet, wie wir im Halteverbot parken, hält uns möglicherweise für rücksichtslos, wir aber wissen, dass wir es eilig haben und diese Verbotsüberschreitung in dieser Situation für uns gerechtfertigt ist.

Diese Handelnden-Beobachter-Divergenz ist gut bestätigt (Jones & Nisbett, 1972) und kann nur durchbrochen werden, wenn eine beobachtende Person sich in die beobachtete Person einfühlt und deren Perspektive übernimmt (Regan & Totten, 1975). Wenn wir uns vorstellen wie es für uns wäre, an Stelle der anderen Person zu sein, können wir uns aus unserer Beobachterperspektive lösen und uns, in bestimmten Grenzen, in die handelnde Person hineinversetzen. Diese Fähigkeit wird von manchen Autoren auch als Perspektivenübernahme bezeichnet (siehe Steins, 1998). Wir sind also prinzipiell der Beobachter-Handelnden-Divergenz nicht verhaftet, sondern können diese auch überschreiten. Allerdings werden wir dies während einer automatisierten Wahrnehmung kaum jemals tun: Wir müssen es uns vornehmen, eine andere Person unvoreingenommen zu beobachten.

## 6.2     Implizite Persönlichkeitstheorien

Versuchen Sie, folgendes Rätsel zu lösen:

*„Ein Vater fuhr einmal mit seinem Sohn zum Fußballspiel; mitten auf einem Bahnübergang blieb ihr Wagen stehen. In der Ferne hörte man schon den Zug pfeifen. Voller Verzweiflung versuchte der Vater, den Motor wieder anzulassen, aber vor Aufregung schaffte er es nicht, den Zündschlüssel richtig herumzudrehen, so dass das Auto von dem heranrasenden Zug erfasst wurde. Ein Krankenwagen jagte zum Ort des Geschehens und holte die beiden ab. Auf dem Weg ins Krankenhaus starb der Vater. Der Sohn lebte noch, aber sein Zustand war sehr ernst; er musste sofort operiert werden. Kaum im Krankenhaus angekommen, wurde er in den Notfall-Operationssaal gefahren, wo schon die diensthabenden Chirurgen warteten. Als sie sich jedoch über den Jungen beugten, sagte jemand vom Chirurgenteam mit erschrockener Stimme: ‚ich kann nicht mit operieren – das ist mein Sohn.'"* (Hofstadter, 1988; S. 145).

Wie Hofstadter eindrucksvoll beschreibt, gelingt es vielen Menschen nicht auf Anhieb, die eigentlich einfache Lösung zu finden, die natürlich darin besteht, dass einer der diensthabenden Chirurgen die Mutter des Sohnes ist.[6]

---

[6] Dieses Rätsel zeigt deutlich, wie wichtig unser Sprachgebrauch ist. Da auch mittlerweile empirisch gut bestätigt ist, dass eine Sprache, die nur die männliche Form verwendet in unserem Bewusstsein die weibliche Form vernachlässigt, habe ich mich entschlossen, für meine Texte immer beide Formen vollständig aufzuführen, auch wenn dies grammatikalisch und stilistisch weitaus weniger elegant ist (Stahlberg & Sczesny 2001; Stahlberg, Sczesny & Braun, 2001).

Dieses Beispiel und die Ergebnisse zur Handelnden-Beobachter-Diskrepanz zeigen deutlich, dass wir in der Regel versuchen, andere Personen einzuordnen. Ziemlich schnell schreiben wir ihnen Eigenschaften zu, welche die Person bestimmten Kategorien zuordnet. Diese Kategorisierung besteht zunächst darin, dass wir nur einen kleinen Teil aller gegebenen und zugänglichen Reize verarbeiten, also aus der beträchtlichen Menge eigentlich beobachtbarer Merkmale nur eine Auswahl selegieren, wahrscheinlich die Reize, die in dem jeweiligen Kontext am meisten ins Auge fallen. Dabei belassen wir es aber nicht. Wir ziehen aus diesen selegierten Informationen unbewusst Schlüsse auf weitere noch nicht beobachtete oder nicht beobachtbare Eigenschaften des Wahrnehmungsobjektes. Diese Abfolge von Selektion und Inferenz, also Auswahl einiger Reize und daraus resultierender Schlussfolgerungen, führen zu impliziten Persönlichkeitstheorien. Hier ist die Zentralität der beobachteten Merkmale entscheidend. Manche Persönlichkeitscharakteristika scheinen für unsere Wahrnehmung entscheidender zu sein als andere. Geschlecht wie in dem oben aufgeführten Rätsel von Hofstadter, Zugehörigkeit zu einer Ethnie, Attraktivität einer Person sind zentrale Merkmale und determinieren die Zuschreibung anderer Merkmale.

Im Folgenden soll am Beispiel einiger Ausschnitte der Attraktivitätsforschung herausgearbeitet werden, wie es zu impliziten Persönlichkeitstheorien kommt und welche Konsequenzen aus ihnen, bleiben sie unüberprüft, erwachsen können.

## Attraktivität als zentrales Merkmal einer Person

Schönheit liegt im Auge des Betrachters und weil dies so ist, denken einzelne Individuen, dass sie ein ganz spezifisches eigenes Schönheitsideal haben. Dennoch können wir versuchen Durchschnittswerte herauszuarbeiten, nach denen wir beschreiben können, was die meisten Menschen hinsichtlich der äußeren Erscheinung einer Person am wahrscheinlichsten attraktiv finden werden.

So wird weibliche Attraktivität aufgrund von drei Merkmalen bestimmt, nämlich einer bestimmten Proportion zwischen Taille und Hüfte (Singh, 1993), bestimmten metrischen Merkmalen des Gesichtes (Cunningham, 1986) und hinsichtlich ihrer Schlankheit (Sitton & Blanchard, 1999). Weisen Frauen hier eine vorteilhafte Kombination auf, dann wird ein sogenanntes Schönheitsstereotyp aktiviert, welches nach den Befunden von Dion, Berscheid und Walster (1972) besagt, dass wer schön ist, auch gut sei. Damit ist gemeint, dass attraktiven Menschen auch positivere Eigenschaften zugesprochen werden, sei es, dass sich diese auf ihren Tätigkeitsbereich beziehen – hier werden ihnen größere Kompetenzen zugesprochen – sei es, dass sie begehrenswerter erscheinen. Attraktivität auf diesen drei Dimensionen erhöht also den Erfolg für Männer und Frauen im sozialen Bereich und im Beruf (Steins & Sprehe, 2003) und für Frauen insbesondere auch im Reproduktionsbereich: Es stehen ihnen zahlreiche Partner zur Auswahl, mit deren Hilfe sie Kinder bekommen und aufziehen könnten.

Da wir unser Gesicht und die Proportion von Taille und Hüfte zueinander schlecht beeinflussen können, Schlankheit aber als eine kontrollierbare Größe gilt, liegt es nahe, dass dies – insbesondere für Frauen – ein zentrales Merkmal der Attraktivität darstellt. So verwundern Ergebnisse wie dieses von Pliner und Chaiken (1990) nicht, die berichten, dass Frauen, die weniger essen, als femininer angesehen werden und deshalb in der Anwesenheit attraktiver Männer weniger Kalorien aufnehmen als in deren Abwesenheit. Sie demonstrieren für den attraktiven potenziellen oder tatsächlichen Partner ihre Weiblichkeit.

Da die meisten Frauen nicht so schlank sind wie sie es sich wünschen, entsteht Körperunzufriedenheit, die schon jüngere Mädchen empfinden. Körperunzufriedenheit wiederum geht häufig mit Depressionen einher. Der Wunsch, schlank zu sein, ist weitverbreitet und bei Frauen jedes Alters zu finden, ja, nach den Befunden von Brooks-Gunn, Ohring und Graker (2002) in den Altersstufen zwischen 11 und 92 Jahren. Dieser Wunsch hängt eng mit den ebenfalls weit verbreiteten Symptomen gestörten Essverhaltens zusammen.

Das Schönheitsstereotyp wird in modernen Gesellschaften insbesondere durch das Medium Fernsehen transportiert als das am häufigsten genutzte Medium für Bilder. Im Fernsehen sind dünne Frauen eindeutig überrepräsentiert im Vergleich zu dicken Frauen und zu dünnen Männern. Schlanke Frauen spielen Rollen, die mit Status und Erfolg assoziiert sind. Treten dicke Frauen im Medium Fernsehen auf, dann sind sie wahrscheinlich in der Rolle der Komikerin anzutreffen, Dicksein ist nicht mit Status und Erfolg assoziiert (Fouts & Burggraf, 2000). Deswegen ist es nicht verwunderlich, dass Frauen die Norm, dass wer schön, gut ist und wer schlank, schön ist, internalisieren: Die Überprüfung der sozialen Realität lässt sie zahlreiche Indizien finden, die diese Norm als richtig erscheinen lassen. Es scheint zu stimmen: Wer schlank ist, der ist schön und wer schön ist, der ist gut, d. h. erfolgreich, reich und gesund.

Attraktivität ist also ein zentrales Merkmal, welches unseren Eindruck von einer Person maßgeblich bestimmt. Attraktivität wirkt im Sinne des Schönheitsstereotyps zunächst dahingehend, dass wir attraktivere Personen zunächst sympathischer finden als unattraktivere Personen.

## Wie wirkt sich Sympathie aus?

Wenn wir eine Person sympathisch finden, dann schauen wir diese Person offener an, wir ertragen es gut, wenn wir zu ihr eine räumliche Nähe aufweisen und wir werden uns gerne mit ihr unterhalten. Vergleicht man das Verhalten von Menschen in Hinblick auf diese drei Variablen gegenüber für sie sympathischen Personen mit für sie unsympathischen Personen, dann sind die Ergebnisse klar: Wir schauen jemanden, den wir nicht mögen, weniger an, halten eher eine räumliche Distanz aufrecht und werden die Dauer der Kommunikation mit dieser Person tunlichst einschränken (Herkner, 1991).

Auch nehmen wir eher an, dass eine unsympathische Person deshalb Erfolg in einem Bereich aufweist, weil günstige Umstände auftraten, d. h. es werden eher situationale oder zufällige Ursachen für ihren Erfolg angenommen. Hat sie hingegen Misserfolg in einem Bereich, dann ziehen wir persönliche Ursachen, also internale Ursachen, die mit dem Wesen der Person zusammenhängen müssen, wie beispielsweise mangelnde Fähigkeit in ihrem Gebiet, als Erklärung heran. Für Menschen, die uns sympathisch sind, halten wir es umgekehrt. Dies führt natürlich dazu, dass Personen, die uns unsympathisch sind, es sehr wahrscheinlich immer bleiben werden, denn egal, was sie machen, es wird von uns so ausgelegt, dass es mit unserem Bild von ihnen übereinstimmt (siehe Abb. 8), während wir dieselben Fehler sympathischen Men-

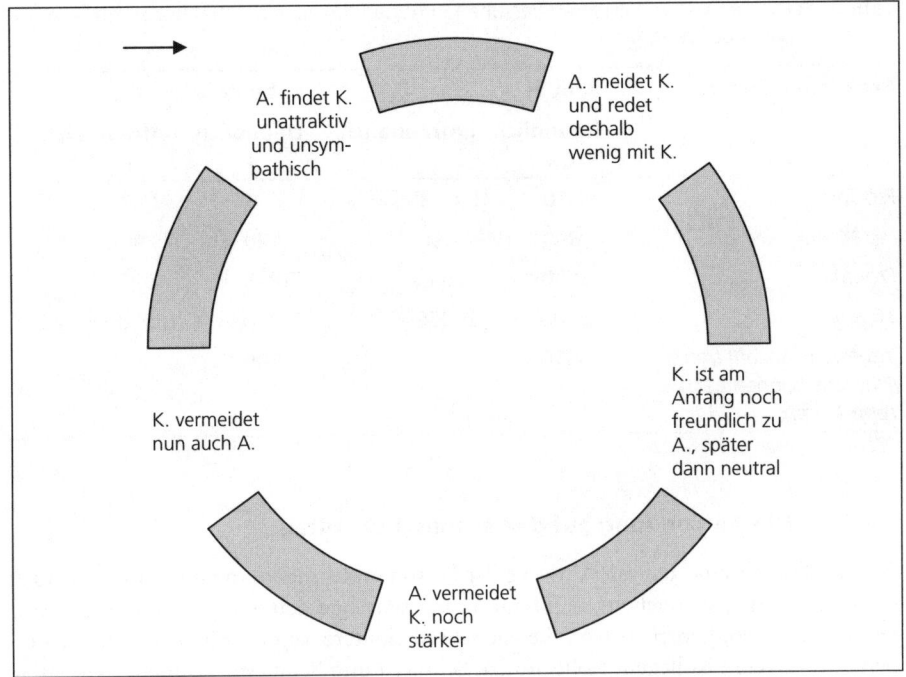

A. findet K. unattraktiv und unsympathisch

A. meidet K. und redet deshalb wenig mit K.

K. ist am Anfang noch freundlich zu A., später dann neutral

K. vermeidet nun auch A.

A. vermeidet K. noch stärker

**Abb. 8:** Langfristige Wirkungen negativer impliziter Persönlichkeitstheorien

schen verzeihen, da wir sie auf den Kontext zurückführen und diese also auch weiterhin sympathisch finden: Diese haben bei uns viele „Steine im Brett". Es entstehen sich-selbst-erfüllende Prophezeiungen. Ohne es zu merken und zu wissen, schaffen wir die empirische Stützung unserer Alltagstheorien.

Dieser Zusammenhang ist keinesfalls trivial, auch wenn er uns seit langem bekannt sein dürfte. Spätestens wenn wir die Auswirkungen des Zusammenhangs von Sympathie und Zuwendung rechnerisch umsetzen, wird deutlich, wie dramatisch sich dies über längere Zeiträume auswirken dürfte. In Tabelle 3 ist Freundlichkeit als soziale Reaktion anderer auf eine Person hochgerechnet. Stellen wir uns zwei Babies vor, das eine Baby $H$ hübsch und süß, das andere Baby $W$ weitaus weniger hübsch und süß. Nehmen wir vorsichtig an, dass $H$ durchschnittlich zehnmal am Tag angelächelt wird oder andere freundliche Reaktionen erfährt und $W$ fünfmal. Nehmen wir auch an, dass $W$ und $H$ durchschnittlich drei weniger freundliche Reaktionen am Tag erfahren und verrechnen wir das Ganze: Nach zehn Jahren hat das hübschere Kind deutlich mehr freundliche Reaktionen erfahren, nämlich um den Faktor 3.5, als das weniger hübsche Kind.

Es erstaunt deshalb nicht, in der Forschungsliteratur zu finden, dass attraktivere Personen, (die sympathischer wirken) mit höherer Wahrscheinlichkeit als unattraktivere Personen auch ein positiveres Selbstkonzept entwickeln (Umberson & Hughes, 1987), und sie bessere Chancen in vielen Lebensbereichen haben von Kindheit an (Langlois et al., 2000).

**Tab. 3:** Freundlichkeit von anderen Personen in Abhängigkeit von Attraktivität: hochgerechnet auf zehn Jahre

| Reaktionen anderer | Baby H | | Baby W | |
|---|---|---|---|---|
| | freundlich | unfreundlich | freundlich | unfreundlich |
| | + | − | + | − |
| *Pro Tag* | 10 | 3 | 5 | 3 |
| *Pro Monat* | 300 | 90 | 150 | 90 |
| *Pro Jahr* | 3650 | 1095 | 1825 | 1095 |
| *10 Jahre* | 36500 | 10950 | 18250 | 10950 |
| *Insgesamt Anzahl freundlicher Reaktionen nach zehn Jahren* | **25550** | | **7300** | |

## 6.2.1 Die Anwendung auf den schulischen Alltag

Attraktivität als eine zentrale Variable der Personenwahrnehmung bestimmt wie auch in anderen Alltagsbereichen die Interaktionen zwischen den in den Schulalltag involvierten Gruppen. Lehrpersonen, die ein Schönheitsstereotyp verinnerlicht haben, werden attraktiveren Kollegen, Kolleginnen, Schülern und Schülerinnen mehr Sympathie und damit Aufmerksamkeit entgegenbringen als deren unattraktiveren Zeitgenossen. Sie werden hübschere Schüler und Schülerinnen mehr anlächeln und ihnen mehr Mut machen, sich am Unterricht zu beteiligen als unattraktiveren Schülern und Schülerinnen. Sie werden sie bei gleicher Leistung besser einschätzen und ihnen damit einen positiven Kredit geben, der die entsprechenden Schüler und Schülerinnen motivieren wird, diesen zu rechtfertigen. Die Verinnerlichung eines Schönheitsstereotyps schafft eine unnötige Ungerechtigkeit im Klassenzimmer: Die für Kinder und Jugendliche so essentielle Ressource positiver Zuwendung wird ungleich verteilt. Auch die Beurteilung des sozialen Verhaltens wird dadurch beeinflusst: Bei gleichem negativen Verhalten bewerten Lehrpersonen den jeweiligen Schüler als weniger negativ, wenn sie ihn sympathisch finden als wenn sie ihn unsympathisch finden (Hymel, Wagner & Butler, 1990). Gerechtigkeit bezüglich dieser Ressourcen kann nur erreicht werden, wenn Lehrkräfte lernen, die Merkmale stärker zu gewichten, die wirklich etwas mit der Motivation und Leistung von Schülern und Schülerinnen zu tun haben und die hierfür irrrelevanten Merkmale zu schwächen. Ob eine Person schön ist oder nicht hat nichts mit ihren Potenzialen zu tun.

### Folgen von Kategorisierungsprozessen im schulischen Alltag am Beispiel Geschlecht

Das biologische Geschlecht einer Person – das obige Szenario von Hofstadter hat dies illustriert – kann in unserer Wahrnehmung ein zentrales Merkmal sein, je nachdem, welche Theorien über die Zusammenhänge zwischen biologischem Geschlecht und anderen Merkmalen wir verinnerlicht haben (Steins, 2003).

Lehrer und Lehrerinnen scheinen zu einem gewissen Prozentsatz traditionelle Theorien verinnerlicht zu haben. Ziegler untersuchte beispielsweise die impliziten Theorien von Mathematik- und Physiklehrkräften an Gymnasien zu geschlechtsspezifischer Begabung und Motivation (Ziegler, 1998). Es wurde unter anderem die Frage gestellt, wer begabter sei, Jungen oder Mädchen. 26,5 % der Mathematik- und 30,4 % der Physiklehrkräfte hielten die Jungen für begabter. Alle anderen hielten Mädchen und Jungen für gleich begabt. Keine Lehrperson hielt allerdings Mädchen für begabter.

Hinsichtlich der angenommenen Eignung von Mädchen und Jungen für spezifische Studienfächer (Grundschullehramt, Medizin, Mathematik, Jura, Philosophie, Sprachwissenschaften, Wirtschaftswissenschaften, Physik, Maschinenbau) wurden Mädchen als geeigneter angesehen für die Fächer Grundschullehramt und Sprachwissenschaften, Jungen für die Fächer Maschinenbau und Physik. Solche Ergebnisse zeigen, dass ein nicht zu vernachlässigender Anteil der Lehrpersonen geschlechtsstereotype Annahmen hat – dies ist die Schlussfolgerung, die Ziegler aus seinen Befunden zieht. Hier kann man einwenden, dass die Statistiken bezüglich der Anteile von Frauen und Männern hinsichtlich dieser Fächer diesen Lehrkräften doch eigentlich Recht geben. So kommt man schnell zu der Frage nach Ursache und Wirkung: Existieren solche eindeutigen geschlechtsspezifischen Begabungen und Präferenzen und deshalb kommen diese Einstellungen bei einigen Lehrkräften zustande oder erfüllen Jungen und Mädchen im Sinne sich-selbst-erfüllender Prophezeiungen die Erwartungen ihrer Lehrer und Lehrerinnen? Evidenz für die zuletzt formulierte Kausalbeziehung finden sich in einigen Untersuchungen, beispielsweise in den Befunden von Steins et al. (2004): Wir fanden bei einem Vergleich der Berufswünsche von Schülern und Schülerinnen monoedukativer und koedukativer Schulen, dass das Schulprofil der jeweiligen Schule, dem sich ein Kollegium verpflichtet fühlt, stärker wirkt als die Edukationsform. Entsprechend der Schulpolitik werden so bei manchen monoedukativen Schulen Mädchen motiviert, geschlechtsuntypische, bei anderen geschlechtstypische Berufe anzustreben.

Zieglers Schlussfolgerung und die hier aufgeführten stützenden Befunde werden durch die von Kreienbaum berichteten Ergebnisse gestützt (Kreienbaum, 1995). Die Wissenschaftlerin führte Interviews mit Lehrkräften durch, die sie inhaltsanalytisch auswertete. Kreienbaum findet, dass geschlechtsstereotype Zuschreibungen von Eigenschaften auffällig waren: Mädchen werden stärker als ruhiger, braver, fleißiger, ordentlicher, sauberer beschrieben, Jungen hingegen als ideenreicher, spritziger, interessanter, kreativer.

Solche Attribute sind wie alle Theorien, die wir über andere haben, verhaltenswirksam. Die Folgen können beobachtet werden (Kreienbaum, 1995): Mädchen werden gerne und häufig als Puffer benutzt. Ein ruhiges, braves, fleißiges Mädchen wird gerne zwischen zwei spritzige und ideenreiche Jungen gesetzt, damit sie nicht allzu kreativ werden. Die erwünschten sozialen Eigenschaften der Mädchen werden als Mittel zum Zweck verwendet, aber nicht als eine Kompetenz wahrgenommen, die positiv akzentuiert wird.

Wenn Lehrer und Lehrerinnen solche impliziten Annahmen von Mädchen und Jungen haben, dann wundert es nicht, dass sich dies in der im Unterricht zu beobachtenden Aufmerksamkeitsverteilung niederschlägt. Wie aus einer zusammenfassenden

Darstellung von Stürzer, Roisch, Hunze und Cornelißen (2003) hervorgeht, erhalten Jungen von ihren Lehrern und Lehrerinnen sehr viel mehr Aufmerksamkeit als Mädchen, nämlich doppelt bis dreimal soviel.

Wenig erforscht ist in diesem Zusammenhang, wie diese ungerechte Aufmerksamkeitsverteilung bei den Schülern und Schülerinnen ankommt. Es ist anzunehmen, dass sie dies ebenfalls beobachten, als ungerecht empfinden und sich dies auch auf ihre Interaktionen auswirkt. Unklar ist auch, ob Jungen nicht zwar mehr, aber auch verstärkt durch negative Aspekte hervorgerufene Aufmerksamkeit erhalten. Momentan werden Jungen sogar als das benachteiligte Geschlecht in der Literatur aufgeführt, da aus den aktuellen Statistiken hervorgeht, dass ihr Anteil an den Hauptschulen überwiegt und an den Gymnasien geringer ist im Vergleich zu dem Anteil der Mädchen. Aus diesen Statistiken geht allerdings nicht eindeutig hervor, ob diese Anteilsverschiebung wirklich überzufällig und stabil ist. Es ist keine neue Tatsache, dass Mädchen bessere Schulabschlüsse vorzuweisen haben (Steins, 2003). So können wir das Paradox beobachten, dass geschlechtsstereotype Wahrnehmung inhaltlich durchaus positiver für Schüler als für Schülerinnen ausfällt. Dennoch zeigen Schülerinnen durchschnittlich bessere Schulleistungen, ein Befund, der seit vielen Jahren immer wieder bestätigt wird. Deshalb wäre es grundsätzlich falsch, nun einseitig Schüler zu fördern. Interessanter und weiterführender ist es, zu schauen, welche Variablen zu den beobachtbaren Leistungsunterschieden führen. Fest steht, dass Mädchen bereits in den ersten Sozialisationsjahren wesentlich mehr Aufmerksamkeit gewidmet wird im Sinne von Kontrolle situationsangemessenen Verhaltens (Maccoby, 2000). Es ist zu vermuten, dass Kinder, die viel konkretes Feedback über ihr Verhalten bekommen, schneller und effizienter über die Grundlagen des Lernens verfügen als Kinder, die sich selbst überlassen bleiben. Deswegen wäre es zielfördernder, möchte man leistungsschwache Kinder fördern, nach den wirklich relevanten Beeinflussungsfaktoren auf die Leistung zu suchen und an diesen zu arbeiten. Das biologische Geschlecht einer Person ist zwar eine zentrale Variable in der Personenwahrnehmung – aber dies bedarf einer dringenden Korrektur: biologisches Geschlecht ist verbunden mit Stereotypen, die zu einer immer währenden Realitätskonstruktion führen, von der wir mit Erstaunen feststellen, wie stabil sie ist.

### Überprüfen eigener Persönlichkeitstheorien

Was kann man als Lehrer und Lehrerin machen, wenn man seinen eigenen impliziten Persönlichkeitstheorien Einhalt gebieten möchte, im Fachjargon formuliert: Wie geht man mit automatisierter Kategorisierung um?

Möchten wir unseren eigenen verinnerlichten Theorien über andere Personen nicht ausgeliefert sein, dann empfiehlt es sich, einige Überprüfungsregeln zu beherzigen.

– Wir müssen zunächst unsere verinnerlichten Stereotype über zentrale Merkmale von Personen identifizieren. Was denken wir über das biologische Geschlecht und seine Zusammenhänge zu anderen Variablen? Was ist mit anderen zentralen Merkmalen wie: Nationalität, Alter, Intelligenz?
– Unsere Annahmen müssen wir dann an der Realität testen: Auf welcher empirischen Basis beruhen unsere Annahmen? Gibt es bedeutsame Beweise dafür, dass unsere Annahmen zutreffen?

– Unsere dann gegebenenfalls revidierten Annahmen sollten uns dahin führen, dass wir ein Individuum losgelöst von einem zentralen Merkmal wahrnehmen können, dessen Zusammenhänge zu anderen Eigenschaften sich als Täuschung herausgestellt haben.

Weiterbildung alleine nützt hier nichts. Um die eigene Wahrnehmung objektiver zu gestalten, die eigenen Stereotype zu identifizieren und zu verändern, müssen wir in der Lage sein, uns selber, aber auch die Denkmodelle anderer Personen und Institutionen kritisch zu reflektieren. Nicht jede Weiterbildung ist gut, nicht jedes Modell. Wir sollten lernen, hellhörig zu werden, wenn uns die Eigentümlichkeiten von bestimmten „Gruppen" beschrieben werden. Genau wie hinter der Worthülse „Lehrer- bzw. Lehrerinnenpersönlichkeit" werden hier oftmals Stereotype transportiert, die unsere Wahrnehmung verzerren und unsere Handlungen in die falsche Richtung lenken können. Wenn wir jede Person als ein einzigartiges Individuum betrachten wollen, dann ist es wichtig, dass wir uns von zentralen Merkmalen als Leitfaden für unsere Wahrnehmung verabschieden. Und damit sind wir beim nächsten Punkt: Wir wissen umso mehr von anderen Personen, wenn wir unsere Perspektive weitestgehend verlassen und die Perspektive einer anderen Person übernehmen.

## 6.3 Ein Modell zur Perspektivenübernahme

Wünschenswert wäre es also, wenn wir unsere Perspektivenübernahmefähigkeit verbessern könnten. Was müssen wir hierzu wissen?

Schauen wir uns ein Modell von Steins und Wicklund an, in dem die Bedingungen von Perspektivenübernahme genauer untersucht wurden (Steins & Wicklund, 1993, 1996, 1997; Wicklund & Steins, 1996; Steins, 1998a, 1998b, 2000, 2004b). Insbesondere zwei Variablen werden in diesem Modell als entscheidend für Perspektivenübernahme erachtet. Der *Aufforderungscharakter der wahrgenommenen Person* und ein mit ihr vorhandener *Konflikt* stellen die Beeinflussungsfaktoren für Perspektivenübernahme dar. Abb. 9 gibt einen kurzen Überblick über das Modell. Die einzelnen Variablen werden dann im Folgenden erklärt und miteinander in Beziehung gesetzt.

### Der Aufforderungscharakter anderer Personen und seine Auswirkungen auf Perspektivenübernahme

Was veranlasst uns überhaupt, anderen Personen unsere Aufmerksamkeit zu schenken? Warum sind wir nicht ständig nur mit uns beschäftigt? Eine Standardantwort auf diese Frage ist, dass der Mensch ein soziales Wesen ist: Wir sind auf andere Personen bezogen und brauchen ein Minimum an sozialen Bindungen, um lebensfähig zu sein. Zahlreiche Modelle zur Personenwahrnehmung nehmen mehr oder weniger explizit eine bestimmte *motivationale Kraft* an, die uns veranlasst, andere Personen überhaupt wahrzunehmen, Informationen über sie zu verarbeiten und zu Urteilen über diese Personen zu gelangen. Die Beschreibungen dieser motivationalen Kraft fallen je nach wissenschaftlichem Hintergrund des jeweiligen Forschers sehr unter-

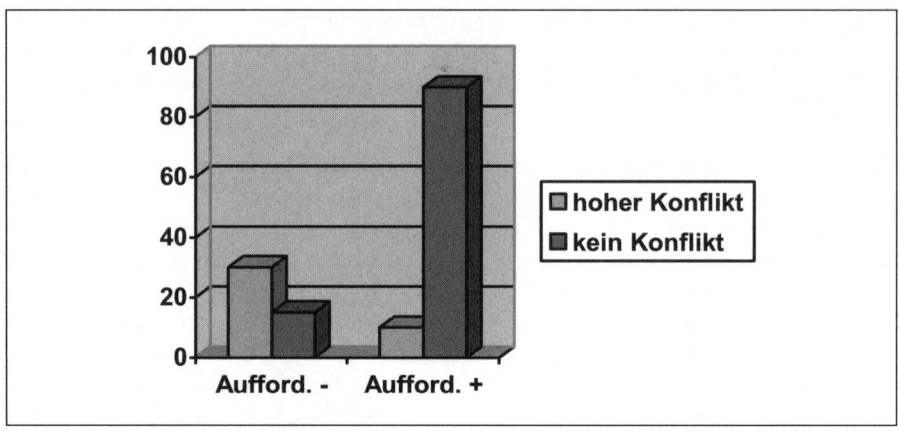

**Abb. 9:** Ein Modell zur Perspektivenübernahme: Der Einfluss von Konflikt (niedrig/hoch) und Aufforderungscharakter (niedrig/hoch) auf Perspektivenübernahme

schiedlich aus. So umschreibt Latané (1981) diese motivationale Komponente der Personenwahrnehmung als *social impact*:

> *„As social animals, we are drawn by the attractiveness of others and aroused by their mere presence, stimulated by their activity and embarrassed by their attention. We are influenced by the actions of others, entertained by their performances, and sometimes persuaded by their arguments. We are inhibited by the surveillance of others and made less guilty by their complicity. We are threatened by the power of others and angered by their attack. Fortunately, we are also comforted by the support of others and sustained by their love"* (S. 343).

Demnach stimulieren bestimmte Merkmale anderer Personen bestimmte soziale Handlungen ihnen gegenüber, wozu Asch (1952) insbesondere die Wahrnehmung von *Intentionalität* bei der handelnden Person zählt. Während Konzepte wie *social impact* die äußere, stimulierende Seite spezifischer Charakteristika anderer Personen betonen, konzeptualisieren andere Ansätze in der Personenwahrnehmung die Motivation, andere Personen wahrzunehmen, als inneres Bedürfnis (Carlson, 1984). Lewin (1926) betont beispielsweise mit seinem Konzept des *Aufforderungscharakters* und Murray (1938) mit seinem Konzept des *Press* das Zusammenwirken innerer und äußerer Faktoren, die zusammen eine motivationale Komponente bilden, andere Personen näher zu betrachten. So können gemäß Lewin Dinge oder Ereignisse einen *Aufforderungscharakter* besitzen, der unmittelbar aus der Natur dieser Dinge oder Ereignisse abzuleiten ist.

> *„Die Dinge, die Aufforderungscharaktere besitzen, sind direkte Mittel zur Bedürfnisbefriedigung. (…) Man kann hier von selbständigen Aufforderungscharakteren sprechen"* (S. 351).

Dieser selbstständige Aufforderungscharakter kann indes in Abhängigkeit von der Stärke des Bedürfnisses innerhalb des Individuums schwanken. Ein gut aussehender

Kuchen hat einen eigenständigen Aufforderungscharakter; der Aufforderungscharakter des Kuchens wird sich steigern, wenn die betreffende Person hungrig ist. Weiterhin unterscheidet Lewin Dinge oder Ereignisse, welche einen abgeleiteten Aufforderungscharakter besitzen:

*„Daneben finden sich Aufforderungscharaktere bei Dingen oder Ereignissen, die auf Grund einer bestimmten Situation in gewissen Beziehungen zu solchen direkten Mitteln zur Bedürfnisbefriedigung stehen, z. B. wenn man mit ihrer Hilfe der Befriedigungsmöglichkeit näherkommt. Sie haben nur eine momentane Bedeutung als Mittel zum Zweck. In anderen Fällen solcher abgeleiteten Aufforderungscharaktere handelt es sich um eine raumzeitliche Ausbreitung eines Gebildes mit ursprünglichem Aufforderungscharakter. Die Wohnung, die Straße, ja die Stadt, in der die Geliebte wohnt, kann selbst Aufforderungscharakter bekommen. Die Übergänge zwischen beiden Arten von Aufforderungscharakteren sind naturgemäß fließend, auch der Begriff der Selbständigkeit ist relativ"* (S. 315).

Diese motivationale Variable, welche unter verschiedenen Begriffen aufgeführt wurde, wird im Folgenden in Anlehnung an Lewin als *Aufforderungscharakter* bezeichnet und soll in Beziehung zur Perspektivenübernahme gesetzt werden. Generell bezeichnet Aufforderungscharakter den *subjektiv empfundenen Druck einer wahrnehmenden Person, in einer Situation entsprechend der anderen Person zu handeln.*

Der Zusammenhang zwischen Aufforderungscharakter und Perspektivenübernahme stellt die erste Annahme des Modells zur Perspektivenübernahme dar. (1) Der Aufforderungscharakter der wahrgenommenen Person sollte positiv mit der Perspektivenübernahme für diese Person zusammenhängen.

Diese Annahme basiert auf der folgenden Argumentation: Die Voraussetzung für Perspektivenübernahme ist ein minimaler Aufforderungscharakter der wahrgenommenen Person. Ein vergleichsweise niedriger Aufforderungscharakter ist beispielsweise gegeben, wenn eine unbekannte Person uns auf der Straße anspricht und nach dem Weg zu einem bestimmten Ort fragt. Wir sehen diese Person vermutlich nie wieder und reagieren nur auf die unmittelbare situative Anforderung. Eventuell strengen wir uns nicht sehr an, den Weg zu erklären, wenn wir in Eile sind – der Aufforderungscharakter der Person ist einfach nicht hoch genug. Ein niedriger Aufforderungscharakter kann also Egozentrismus nach sich ziehen, der aus einem Mangel an Interesse an einer anderen Person resultiert. Richtet jedoch eine subjektiv wichtigere Person (z. B. der eigene Nachbar) ein vergleichbares Ansinnen an uns, so erhöht sich der Aufforderungscharakter und wir werden mit höherer Wahrscheinlichkeit auf die Anforderung eingehen. In dem ersten Fall ist die Person nicht wichtig für uns; wir können uns fast sicher sein, dass wir sie nicht wiedersehen werden. In dem anderen Fall erwarten wir weiteren Kontakt mit ihr. Situationen, die dadurch gekennzeichnet sind, dass andere Personen generell einen niedrigeren Aufforderungscharakter für uns haben, sind anonyme Menschenansammlungen, wie sie beispielsweise charakteristisch für Großstädte sind (Milgram, 1970). Ebenso kann das Reisen in überfüllten Zügen oder großen Flugzeugen dazu führen, dass die Mitreisenden uns nicht besonders ansprechen. Vielleicht können wir wenig später schon nicht mehr erinnern, welche Kleidung sie trugen oder was sie gegessen haben.

Die Höhe des Aufforderungscharakters hängt also ab von der subjektiven Wichtigkeit der wahrgenommenen Person für die eigene Person, die durch Aspekte wie Status, Prestige oder Erwartung weiteren Kontaktes mit der wahrgenommenen Person determiniert sein kann. Auch wahrgenommene Attraktivität kann den Aufforderungscharakter einer Person beeinflussen. Je höher der Aufforderungscharakter einer wahrgenommenen Person ist, desto eher ist man bereit, den spezifischen Kontext dieser Person zu beachten und in Beziehung zu den Handlungen dieser Person zu setzen, d. h. deren Perspektive zu übernehmen.

Der Aufforderungscharakter anderer Personen als motivationale Variable der Personenwahrnehmung, insbesondere der Perspektivenübernahme, spielt implizit innerhalb der Theorie des symbolischen Interaktionismus eine Rolle. Wenn wir eine signifikante Bezugsgruppe definieren können, die für die Gestaltung unserer Meinungen und Werte eine wichtige Rolle spielt, dann übernehmen wir die Perspektive dieser Gruppe. Diese Beziehung zwischen Signifikanz anderer Personen (Aufforderungscharakter) und Perspektivenübernahme wird von Charon folgendermaßen illustriert (1979):

*„It should be emphasized that the individual may or may not use people in his or her presence as significant others or reference groups. If people in the present situation are not important, then their perspective is not important and their definition of self is also not important. They are not significant others or reference groups. Thus, the poor teacher is often the one whose reference group does not include the students"* (S. 74).

Die Befunde einer Reihe von Untersuchungen von Steins und Wicklund belegen die aufgestellte Hypothese, dass mit zunehmendem Aufforderungscharakter einer wahrgenommenen Person die Perspektivenübernahme-Leistung ansteigt. Entscheidend ist, dass ein niedriger Aufforderungscharakter zu Egozentrismus aus Mangel an Interesse führt. Die andere Person ist nicht so wichtig, als dass die wahrnehmende Person sich von ihrer Sicht der Dinge lösen möchte, um die Perspektive der anderen Person zu übernehmen.

### Konflikt in Interaktionen und sein Einfluss auf Perspektivenübernahme

Eine positive Beziehung zwischen Perspektivenübernahme und Aufforderungscharakter sollte nur dann bestehen, wenn die Beziehung zwischen zwei Personen nicht konflikthaft ist. Hier kommt die zweite für Perspektivenübernahme entscheidende Variable ins Spiel. (2) Sobald ein *Konflikt* vorliegt, sollte mit zunehmendem Aufforderungscharakter die Perspektivenübernahme-Leistung hinsichtlich der wahrgenommenen Person sinken. Mit dem Vorhandensein eines Konfliktes sollte eine Tendenz initiiert werden, die Aufmerksamkeit auf die Ansprüche, Anforderungen und Erwartungen der wahrgenommenen Person hinsichtlich der wahrnehmenden Person zu lenken. Der spezifische Kontext der wahrgenommenen Person wird auf den Konflikt reduziert, so dass keine Basis für Perspektivenübernahme mehr vorhanden ist. Dabei spielt es keine Rolle, ob ein Konflikt *interpersonell* (als Meinungsverschiedenheit, Streit zwischen zwei Personen) oder *intrasubjektiv* (als subjektiv empfundene Schwierigkeit, mit einer anderen Person zu interagieren) abläuft.

Die postulierte, verringerte Perspektivenübernahme bei hohem Aufforderungscharakter und hohem Konflikt bedeutet jedoch nicht, dass keine oder nur eine oberflächliche Beschäftigung mit der wahrgenommenen Person erfolgt – wie dies bei einem niedrigen Aufforderungscharakter und nicht vorhandenem Konflikt der Fall ist. Stattdessen ist im Falle hohen Aufforderungscharakters und hohen Konfliktes eine geringe Perspektivenübernahme-Leistung dadurch bedingt, dass die Wahrnehmung der Person sich ausschließlich auf die für den Konflikt relevanten Aspekte der wahrgenommenen Person reduziert.

Das aus der Kombination von hohem Aufforderungscharakter und hohem Konflikt resultierende egozentrische Verhalten bezieht sich dabei nicht nur auf die wahrgenommene Person, mit der ein Konflikt besteht, sondern sollte auf alle Personen generalisieren, die in der Konfliktsituation präsent sind. Im Gegensatz zu der in Egozentrismus resultierenden Kombination „niedriger Aufforderungscharakter/niedriger Konflikt" führt die Kombination „hoher Aufforderungscharakter/hoher Konflikt" zu einer intensiven gedanklichen Beschäftigung mit der wahrgenommenen Person. Auch diese Annahmen konnten empirisch gestützt werden (Steins & Wicklund, 1996; Steins, 1998a, 2000).

### 6.3.1 Die Anwendung auf den schulischen Alltag

Wenn Lehrer und Lehrerinnen es vermeiden möchten, ignorant gegenüber der Perspektive ihrer Schüler und Schülerinnen zu sein, dann reicht es nicht nur aus, die oben spezifizierten Regeln zur Überprüfung der eigenen Stereotype und impliziten Persönlichkeitstheorien anzuwenden, sondern sie müssten sich auch fragen, wie wichtig die Persönlichkeiten der Schüler und Schülerinnen ihnen sind. Sind Schüler und Schülerinnen beliebige Menschen, die kommen und gehen und als eine eigene Welt für sich irrelevant sind? Oder sehen wir sie als einzigartiges Individuum mit einer besonderen Geschichte an, die wir versuchen zu verstehen? Wenn wir eher diese Haltung haben, dann haben unsere Schüler und Schülerinnen bereits einen hohen Aufforderungscharakter für uns und die Bedingungen für Perspektivenübernahme sind günstig.

Aber das Modell weist auch auf eine weitere Komponente hin: Alle lehrenden Personen kennen das Gefühl des Ärgers, der sich schnell einstellen kann, wenn immer derselbe Schüler oder dieselbe Schülerin zu einem erhöhten Lärmpegel der Klasse beiträgt. Gerade wenn uns Schüler und Schülerinnen nicht egal sind, kann ein Konflikt mit ihnen dazu führen, dass wir diesen Konflikt besonders ernst nehmen und dabei die Perspektive des Schülers außer acht lassen. Mitunter generalisieren Lehrer und Lehrerinnen dann auf die ganze Klasse: Weil einige laut waren, muss die ganze Klasse eine Strafarbeit machen. Solche Verhaltensweisen führen dazu, dass Schüler und Schülerinnen ihren Lehrer und ihre Lehrerin als ungerecht erleben, und sie mit weniger Respekt behandeln (siehe Interview mit einer Schülerin, 1.1).

Perspektivenübernahme kann erleichtert werden, indem wir ganz bewusst einen Schritt zurücktreten und versuchen, eine Situation, in die wir verwickelt sind, von außen zu beobachten. Uns den Rat anderer Personen einholen, vor allem solcher Personen, deren Meinung wir nicht *vorher* kennen. Oder indem wir uns systematisch im Perspektivenwechsel üben. In dem Maße, in dem wir an Lehrer- und Schülerpersönlichkeiten als statische stabile Gebilde glauben, werden wir bei diesem Versuch scheitern.

## 6.4 Zusammenfassung und Fazit

Wir neigen dazu, Personen in Alltagssituationen geleitet durch zentrale Merkmale wahrzunehmen. Dies kann dazu führen, dass implizite Theorien über andere Personen unser Verhalten steuern und wir uns im Sinne selbsterfüllender Prophezeiungen unsere eigenen Beweise liefern für unsere Theorien. Gerade in Konfliktsituationen ist unsere Fähigkeit zur Perspektivenübernahme eingeschränkt, besonders dann, wenn die andere Person, mit der wir im Konflikt stehen, für uns wichtig ist. Perspektivenübernahme ist aber eine unabdingbare Voraussetzung dafür, eine andere Person realistisch einschätzen zu können und sich ihr gegenüber angemessen zu verhalten.

So bewirkten unsere oft automatisierte Wahrnehmung und unser Egozentrismus, dass wir die andere Person falsch einschätzen. Gerade in Lehrberufen kann dies häufig nicht geklärt werden, da hier sich-selbst-erfüllende Prophezeiungen sowohl von Seite der Lehrperson als auch von der Seite des Schülers und der Schülerin schnell wirksam werden können und ein falsches Bild des jeweils anderen vermitteln können. Das kann dramatische Folgen haben. Eine Mathematiklehrkraft kann schnell zu dem Schluss kommen, dass die Schülerin mit dem zentralen Merkmal „weiblich" und den anderen Merkmalen „gut in Sprachen" und „musisch begabt" niemals eine Begabung für Mathematik entwickeln kann. Schon die Primarstufenlehrerin kann zu diesem Urteil gekommen sein, so dass dieses Mädchen diese Einschätzung längst als integralen Bestandteil ihres Selbstkonzeptes akzeptiert hat.

Perspektiven zu übernehmen, zu versuchen, das Rätsel der anderen Person zu entschlüsseln, verbietet es, in Persönlichkeitskategorien zu denken. Stattdessen müssen wir lernen, die Bedingungen zu analysieren, unter denen eine bestimmte Person etwas verstehen kann oder nicht, wenn wir bestrebt sind, einen effizienten Unterricht zu gestalten. Es ist anstrengender für 32 Schüler und Schülerinnen Persönlichkeitsschubladen zu verwalten, als sich die Mühe zu machen, die Bedingungen zu verstehen, unter denen Unterricht gelingt oder nicht.

Perspektivenübernahme ist allerdings kein Garant dafür, dass eine Person nun rücksichtsvoll oder prosozial handelt. Perspektivenübernahme ist geradezu die notwendige Voraussetzung für wirklich boshafte Handlungen gegenüber anderen Personen. Nur wenn die wahrnehmende Person den spezifischen Hintergrund der wahrgenommenen Person erschöpfend exploriert hat und weiß, in welcher Situation sie sich befindet, kann sie das Potenzial entwickeln, ihr einen maximal großen Schaden angedeihen zu lassen.

Deshalb werden die hier aufgeführten Instruktionen, die eigene Personwahrnehmung zu überprüfen, die eigene Motivation zur Perspektivenübernahme zu kontrollieren, keine konstruktiven Effekte für den Unterricht haben, wenn sie nicht mit einem entsprechenden Wertesystem zusammengehen. Dies wird besonders behandelt in dem Kapitel 14 „Emotionstheorien".

## 6.5    Fragen und Übungen

**Fragen**

1. Welche Methoden stehen uns zur Verfügung, um andere Personen wahrzunehmen?
2. Was bedeutet: Handelnden-Beobachter-Diskrepanz? Was könnte dieses Wahrnehmungsprinzip für den schulischen Alltag bedeuten?
3. Was bedeutet Perspektivenübernahme? Was ist Empathie?
4. Was heißt: Sich-selbst-erfüllende Prophezeiung?
5. Was sind zentrale Merkmale der Personenwahrnehmung?
6. Was besagt das Schönheitsstereotyp und wie wirkt es sich aus?
7. Wie wirken sich Sympathie und Antipathie auf der Verhaltensebene aus?

**Übungen**

1. Versuchen Sie sich in der Kunst der Selbstreflexion: Spielt die Attraktivität anderer Personen eine Rolle für Ihr eigenes Verhalten und Ihre eigenen Bewertungen? Wie könnten Sie es schaffen, objektiver zu sein?
2. Reflektieren Sie ein anderes zentrales Merkmal von Personen: ihre Geschlechtszugehörigkeit. Gibt es bedeutsame Unterschiede zwischen den Geschlechtern? Beschreiben und begründen Sie diese Unterschiede. Haben Sie harte Evidenz für Ihre Annahmen? Wie wollen Sie als zukünftige Lehrperson hiermit umgehen?
3. Ein weiteres zentrales Merkmal von Personen: Ihre Zugehörigkeit zu einer bestimmten Nationalität. Welche Alltagstheorien haben Sie diesbezüglich? Beruhen diese auf empirischen Daten? Beschreiben und kommentieren Sie Ihre Alltagstheorien und Erfahrungen und versuchen Sie daraus abzuleiten, wie Sie als zukünftige Lehrperson dementsprechend hiermit umgehen wollen.
4. Entwickeln Sie alltagstaugliche Strategien, wie Sie es vermeiden können, egozentrisch im Unterricht aufzutreten und stattdessen vielmehr die Perspektiven der einzelnen Schüler und Schülerinnen zu übernehmen.

# 7 Ein Leben in der Gruppe: Theorien zu Konformität und Macht

## 7.1 Hintergrund

Im Alltagsleben sind wir zahlreichen Einflüssen in unseren sozialen Begegnungen ausgesetzt. Gerade im Schulalltag springt der Einfluss der Gruppe besonders deutlich ins Auge: Schüler/-innen müssen, ob sie wollen oder nicht, einen guten Teil des Tages in einer relativ großen Gruppe verbringen. Sie versuchen, sich durch die Zugehörigkeit zu kleineren Gruppen eine vertraute Atmosphäre zu schaffen und können dennoch unter einen eher unerfreulichen Einfluss der Dynamik in dieser Gruppe geraten. Lehrer/-innen geht es nicht anders. Auch sie sind nur ein Teil einer umfangreichen Gruppe und fallen auf, wenn sie gar zu sehr aus der Reihe tanzen.

Der schulische Alltag enthält eine Reihe von mehr oder weniger erwünschten Gruppeneinflüssen. Dass aber Schule ein Ort ist, an dem Konformität in einem hohen Maße eingefordert wird, wird alleine schon an der Tatsache deutlich, dass in manchen Ländern Schuluniformen Pflicht sind. Deutlicher kann man es nicht machen, dass individuelle Eigenheiten, die gerade durch den symbolischen Gehalt von Kleidung zum Ausdruck gebracht werden können, hinter der Gestalt der Gruppe, wie sie von der Institution Schule gefordert wird, zurückzustehen haben. Auch wenn solche Uniformen nicht zum Schulalltag dazugehören, entdecken wir dennoch unter Kindern und Jugendlichen eine gewisse Einheitstracht. Ab einem bestimmten Alter haben Schüler/-innen eine genaue Vorstellung davon, was sie in der Schule anziehen können und was nicht. Die meisten wollen nicht auffallen, sondern das tragen, was die anderen tragen. Kleidung ist nur ein Thema aus einer Vielzahl von Themen, die einen Ausdruck von Gruppenprozessen darstellen.

Immer wieder kommen Gruppen zu Entscheidungen, die von außen merkwürdig erscheinen und nicht nachvollziehbar sind. Wie kommen mehrere Kinder dazu, ein einzelnes anderes Kind zu quälen und „fertig zu machen"? Wie kommt es dazu, dass eine Kollegin gemobbt wird, bis sie sich entmutigt versetzen lässt? Wie kommt es dazu, dass bei einer Schulkonferenz die meisten sich für eine fragwürdige Entscheidung aussprechen? Um solche Prozesse zu verstehen, beschäftigt sich dieses Kapitel mit den basalen Einflussquellen, die eine Person oder Gruppen auf ein Individuum oder eine Gruppe ausüben können.

Es geht um die Grundlagen der Macht und den Druck einer Gruppe auf ein Individuum. Dabei dürfen wir nicht aus den Augen verlieren, dass Macht im Schulkontext nicht einseitig verteilt ist. Schüler und Schülerinnen haben große Macht, die mit zunehmendem Alter wächst. Lehrer und Lehrerinnen haben ebenfalls große Macht, umso größere, je jünger ihre Schüler und Schülerinnen sind.

## 7.2 Grundlagen der Macht

Eine Klassifikation von French und Raven (1959) ist hier aufschlussreich, die sechs Grundlagen der Macht unterscheiden. Einige dieser Machtquellen werden für jede soziale Interaktion zu identifizieren sein. Alle Machtquellen werden dabei noch besonders wirksam in Kombination mit dem Verhalten anderer Personen.

Als *Belohnungsmacht* wird die Fähigkeit verstanden, Belohnungen für andere zu verteilen. Das kann soziale Anerkennung sein, das können auch materielle Verstärker wie Lohn, Urkunden, oder Medaillen sein. Belohnungsmacht ist umso größer, je mehr die Belohnung geschätzt wird, je mehr die Gruppenmitglieder von der Person abhängig sind, welche über die Belohnungen verfügt und je eher die Versprechungen des Belohnungsverteilers glaubwürdig erscheinen.

Die *Macht zu zwingen* beinhaltet, die Personen, die nicht mit den Anforderungen übereinstimmen, zu bedrohen und zu bestrafen. Auf einer nationalen und internationalen Ebene kann sich das in Form militärischer Attacken oder wirtschaftlicher Sanktionen äußern. Auf zwischenmenschlicher Ebene in Form von Nahrungsentzug, Lohnminderung, Strafen oder Liebesentzug. Bei zwei gleich starken Parteien tritt nach einiger Zeit eine Vermeidung des Gebrauchs dieser Macht auf (Lawler & Yoon, 1996).

*Legitime Macht* betrifft die Macht einer Autorität, die sich aus dem Recht des oder der Machthabenden ableitet, Gehorsam zu verlangen. Legitime Macht entsteht durch Wahlen und Qualifikation. Die damit verbundenen Normen werden von der Gruppe als legitim akzeptiert. Macht wird als umso legitimer wahrgenommen, je besser es den Gruppenmitgliedern geht, und je respektvoller sie behandelt werden.

*Referenzmacht* bezieht sich auf den Einfluss, welcher auf der Identifikation mit der Zielperson, ihrer Attraktion oder dem Respekt ihr gegenüber beruht. Personen mit Referenzmacht stehen im interpersonellen Zentrum einer Gruppe. Alle wollen ihr gefallen. Sie strahlen ein sog. Charisma aus.

*Expertenmacht* beruht auf der Wahrnehmung, dass eine Person überlegene Geschicklichkeiten und Fähigkeiten besitzt.

*Informationsmacht* gründet sich auf den Gebrauch von Informationsquellen. Besonders der Gebrauch rationaler Argumente, Überredung und Fakten macht diese Quelle der Macht aus.

### 7.2.1 Die Anwendung auf den schulischen Alltag

Wenn wir uns das unter Punkt 1.1 aufgeführte Interview mit der Sechstklässlerin vergegenwärtigen, dann wird schnell deutlich, dass, entgegen unserer Intuition, Lehrer und Lehrerinnen nicht zwangsläufig über alle diese Machtquellen verfügen. Das Verhalten von Klassen zeigt deutlich, dass Lehrer sich diese Quellen der Macht ausnahmslos verdienen müssen.

Es finden sich in diesem Interview einige wichtige Merkmale von Lehrer/-innen, die einen positiven Einfluss auf Schüler/-innen ausüben, deren Lernmotivation erhöhen und ihnen Freude an einem Fach vermitteln können, auch wenn dieses ihnen nicht in den Schoß fällt:

Schüler/-innen wollen respektiert werden, sie wollen liebevoll, aber konsequent behandelt werden. Sie schätzen es, wenn eine Lehrperson ihr Fach mag und es interessant vermitteln kann und nutzen die soziale Bedürftigkeit ihrer Lehrer nach deren Anerkennung aus, ohne dass sie diesen deshalb mehr respektieren würden. Sie wollen zudem nicht willkürlich behandelt werden, sondern Kontrolle haben. Frau B., die Mathematiklehrerin des Mädchens, verfügt über viele Quellen der Macht, weil sie sie nicht missbraucht, sondern die Kinder sich von ihr respektiert fühlen, sie die Kinder liebevoll behandelt und konsequent ist. Auch wenn sie objektiv für die Schülerin nicht unbedingt die optimale Lehrkraft ist – denn ihre Expertenmacht übt sie nicht so aus wie sie es können sollte; sie erklärt Sachverhalte nicht anschaulich genug – kann dies durch den richtigen Einsatz anderer Machtgrundlagen wettgemacht werden.

Aus den Inhalten des Interviews wird ebenfalls deutlich, dass auch Schüler/-innen durchaus über Macht verfügen. Das Verhalten der Schüler/-rinnen wird von dem Musiklehrer der Klasse so negativ bewertet, dass er weint. Das interviewte Mädchen kommt sogar zu dem Schluss, dass sie an seiner Stelle den Beruf aufgeben würde. Durch sein willkürliches, uninteressiertes Verhalten und seinen langweiligen Unterricht in einem eigentlich spannenden Fach hat dieser Lehrer sogar seine Belohnungsmacht weitgehend verspielt: Es ist den Schüler/-innen egal geworden, ob sie von diesem Lehrer eine schlechte Note bekommen.

In Tabelle 4 sind die von French und Raven beschriebenen und empirisch gut bestätigten Machtgrundlagen noch einmal zusammengefasst und auf den schulischen Alltag bezogen. Aus der Tabelle wird deutlich, dass Lehrer/-innen und Schüler/-innen über die verschiedensten Machtgrundlagen verfügen. Es gibt eine Einschränkung: Die kursiv gesetzten Zellen unter der Spalte Schüler/-innen – es handelt sich also um die letzten drei Machtquellen – werden umso geringer vorhanden sein und eingesetzt werden können, je jünger die Schüler und Schülerinnen sind. Je älter diese allerdings werden, umso eher können sie über nahezu dieselben Machtgrundlagen verfügen. Lehrpersonen sind genauso empfänglich für das Empfangen bzw. Unterbleiben sozia-

**Tab. 4:** Machtgrundlagen von Lehrer/-innen, Schüler/-innen

| Machtgrundlagen | Lehrer und Lehrerinnen | Schüler/-innen |
|---|---|---|
| *Belohnungsmacht* | Lob, gute Noten, positive Aufmerksamkeit | Soziale Anerkennung, aufmerksames Verfolgen des Unterrichts, positives Feedback |
| *Macht zu zwingen* | Tadel, Verweise, Konferenzen, Eltern informieren, Drohungen | Gerüchte, Boykottieren des Unterrichts, Sabotage des Unterrichts, offene Beleidigungen |
| *Legitime Macht* | Ausübende eines öffentlichen Amtes mit entsprechendem Qualifikationsweg | Rechtsanspruch auf Schule |
| *Referenzmacht* | Charisma[7], überzeugendes Auftreten | *Beliebtheit bei anderen Schülern und Schülerinnen; soziometrisch: der Star einer Gruppe* |
| *Expertenmacht* | Geschicklichkeit und hervorragende Fähigkeiten in dem Fach | *Geschicklichkeit und hervorragende Fähigkeiten in dem Fach* |
| *Informationsmacht* | Rationaler Dialog, sachliche Diskussionen | *Rationaler Dialog, sachliche Diskussionen* |

---

[7] Was auch immer Charisma ist. Hierzu empfiehlt sich die Lektüre von Sennett (1990).

ler Anerkennung ihrer Schüler und Schülerinnen wie umgekehrt. Soziale Anerkennung äußert sich natürlich auf beiden Seiten verschieden. Während Lehrpersonen ein offenes Lob aussprechen können, wird sich die Anerkennung der Schüler und Schülerinnen eher indirekt in einem aufmerksamen Verfolgen des Unterrichts, im Durchführen der Hausaufgaben und dem Einhalten anderer Regeln äußern.

Dieser Ausschnitt aus einem Schulalltag zeigt also deutlich einen wichtigen Punkt des in diesem Kapitel behandelten Themas: Es geht immer um zwei Seiten bei Machtausübung. Es gibt keinen Einfluss ohne eine Seite, die sich beeinflussen lässt. Auch Kinder lassen sich nur unter bestimmten Voraussetzungen optimal beeinflussen.

Hinzu kommt noch eine andere Determinante des Einflusses, nämlich wie viele andere mitmachen oder nicht, der Einfluss von Mehrheit und Minderheit.

## 7.3    Majorität und Minorität

Je nachdem, welche Meinung wir vertreten oder je nachdem, welche Schuhmarke wir tragen, können wir zu der Mehrheit einer Gruppe gehören. Damit gehören wir zur Majorität. Oder aber wir können bei den meisten Individuen hinsichtlich eines spezifischen Sachverhalts auf Dissens stoßen, und befinden uns in einer Minderheitenposition, gehören also einer Minorität an.

Minoritäten können aufgrund verschiedener Kriterien zustande kommen. Prinzipiell kann allein aufgrund eines zahlenmäßig seltener vertretenen Aspektes eine Person zu einer Minderheit gehören. Wenn die meisten Personen in einer homogenen Schulklasse der Meinung sind, dass dem Englischlehrer heute ein garstiger Streich gespielt werden soll und nur drei Klassenmitglieder hierzu eine gegenteilige Ansicht vertreten, dann bilden diese drei Schüler eine numerische Minderheit. Dennoch bilden sie mit den anderen Schülern eine soziale Kategorie. Dieser Fall sähe bereits ganz anders aus, wenn diese drei Schüler die einzigen drei Mädchen der Klasse wären, hier würden sie eine doppelte Minorität bilden: Sie wären nicht nur numerisch unterlegen, sondern würden auch aufgrund eines sozialen Merkmals eine Minorität bilden. Maass, Clark und Haberkorn (1982) konnten zeigen, dass eine soziale Minorität weniger Einfluss auf die Majorität ausüben kann als eine numerische Minorität. Wären also die drei Schüler männlich, hätten sie mehr Möglichkeiten, die anderen Schüler in Richtung ihrer Meinung zu beeinflussen.

### Der schlechte Ruf von Konformität

Konform mit der Meinung anderer zu gehen klingt so als wäre es nichts besonders Erstrebenswertes. Und in der Tat: Wenn wir uns einer offenkundig falschen Meinung anderer anschließen, nur weil diese mehrheitlich vertreten wird, dann dient dies nicht der Wahrheitsfindung und führt, je nach Relevanz der Meinung, um die es geht, zu falschen Entscheidungen mit negativen Konsequenzen. Allerdings hat ein Konformist auch eine positive Seite, denn er ist ein guter Teamspieler im Gegensatz zu einer individualistischen Person, die sich mit geringerer Wahrscheinlichkeit der Mehrheitsmeinung anschließen kann. Individualistisch, nonkonformistisch zu sein, ist positiv besetzt, aber die Kehrseite dieser Medaille heißt, deviant zu sein, ein Querulant und Abweichler, der anderen ziemlich auf die Nerven gehen kann.

## Komplizenschaft und Konformität
## durch die Wahrnehmung einer Mehrheit

Asch (1952, 1955) beschäftigte sich in seinen Untersuchungen besonders eindrucksvoll mit Konformität. Er ließ seine Probanden einschätzen, welche senkrechte Linie von ihrer Länge her identisch sei mit drei nebeneinander stehenden Vergleichslinien, wählte also Reize aus der physikalischen Realität, die so konstruiert waren, dass das Ergebnis immer sehr offensichtlich war. Nun manipulierte Asch jedoch, und dadurch wurde diese scheinbar einfache Aufgabe zu einer recht schwierigen, die Anzahl der Probanden, die anderer Meinung waren als die tatsächliche Versuchsperson. Man kann sich selber vorstellen, wie man reagiert, wenn man zwar spontan der Meinung ist, dass die zweite Linie identisch mit der Vergleichslinie ist, entnimmt aber den Antworten der drei Personen, die vor einem selber die Meinung äußern können, dass diese denken, dass die dritte Linie in ihrer Länge identisch mit der Vergleichslinie sei. Asch fand, dass bei 123 Probanden und mehreren Durchgängen immerhin 74 % der Probanden mindestens eine konforme Antwort abgaben, also eine von ihrer tatsächlichen Meinung abweichende, aber an die Gruppe angepasste Meinung äußerten.

Asch unterschied hierbei zwei Arten von konformen Antworten: Es gab Probanden, die sich zu Komplizen der anderen machten, d. h., auch wenn sie selber dachten, dass die Meinung der anderen unwahr ist, stimmten sie ihnen öffentlich zu (Komplizenschaft). Es gab aber auch Probanden, die dann tatsächlich auch privat die Meinung der Gruppe übernahmen, also zur Gruppe konvertierten (Konversion; siehe Abb. 10).

*„Among the extremely yielding persons we found a group who quickly reached the conclusion: ,I am wrong, they are right.' Others yielded in order, not to spoil your results'. Many of the individuals who went along suspected that the majority were ,sheep' following the first responder, or that the majority were victims of an*

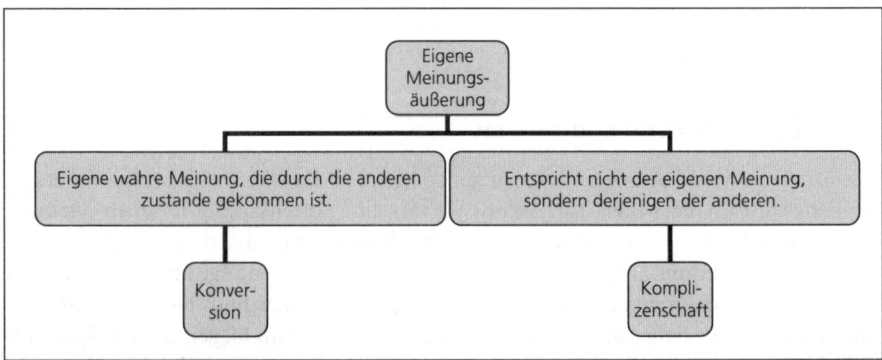

**Abb. 10:** Konversion und Komplizenschaft

*optical illusion; nevertheless, these suspicions failed to free them at the moment of decision"* (Asch, 1955, S.33).

Asch konnte zeigen, dass unsere Konformität sprunghaft ansteigt, wenn mehr als eine andere Person eine von uns abweichende Meinung vertritt, dass sich aber ab drei Personen Mehrheit ein Plateau in der Konformitätsrate einstellt; es reichen also häufig schon relativ wenige Personen, die von unserer Meinung abweichen, für eine konforme Antwort aus. Bei Geheimabstimmung verschwindet jedoch dieser Effekt. Die Probanden machen sich nicht mehr zu Komplizen der Mehrheit, der Konformitätsdruck ist verschwunden.

## Variablen, die den Einfluss von Mehrheiten verringern

Unsere Zugehörigkeit zu einer Kultur bestimmt mit, an welche sozialen Regeln wir uns halten. Hierzu können wir festhalten, dass Konformität in kollektivistischen Gesellschaften höher ausgeprägt ist als in individualistischen Gesellschaften und zwar besonders dann, wenn die beeinflussende Mehrheit Mitglieder der eigenen Gruppe sind (Bond & Smith, 1996).

Auch die Zugehörigkeit zu einer Generation spielt hier eine Rolle. In älteren Generationen waren kollektivistische Werte notwendig, um das Überleben einer Gruppe zu gewährleisten, in jüngeren Generationen stehen sie möglicherweise sogar einem guten Leben im Wege. Dennoch zeigt hier die Forschung, dass über die Generationen die Konformität der einzelnen Mitglieder zwar abnimmt, jedoch nicht signifikant (Forsyth, 1999).

Ebenfalls bestimmt die Zugehörigkeit zu einer Geschlechtskategorie auf den ersten Blick das Ausmaß des von uns empfundenen Konformitätsdrucks. Frauen verhalten sich konformer als Männer in face-to-face Situationen und öffentlichen Situationen. Allerdings zeigt sich hier, dass Frauen, die unkonventionelle Normen akzeptieren, sich nicht konformer verhalten (Forsyth, 1999). Es ist also nicht das biologische Geschlecht der hier beeinflussende Faktor, sondern die internalisierten Normen von angemessenem bzw. unangemessenem Verhalten.

Dieser Befund weist auf die Bedeutung interindividueller Unterschiede hin. Nonkonformisten tendieren dazu, jede Quelle des Einflusses zu boykottieren. Sie haben ein im Vergleich zu Konformisten höheres Selbstwertgefühl und boykottieren umso stärker den Einfluss der Mehrheit, wenn sie bereits auf dem relevanten Gebiet Erfolg erlebt haben.

## Variablen, die den Einfluss von Mehrheiten erhöhen

Der Einfluss von Mehrheiten kann allerdings durch einige Variablen noch erhöht werden. Wir werden uns eher von der Meinung einer Gruppe überzeugen lassen, wenn dort Experten und Expertinnen anwesend sind. Dies ist sicherlich auch ein Grund dafür, warum Meinungen in TV-Shows gerne alleine durch die Anwesenheit eines Experten oder einer Expertin schon als bewiesenermaßen „richtig" gelten. Auch wenn andere, uns wichtige, Bezugspersonen die Mehrheitsmeinung vertreten, wird uns das eher nahe legen, uns ebenfalls dieser Meinung anzupassen, besonders, wenn wir uns als ähnlich zu den Gruppenmitgliedern empfinden.

## Konversion durch den Einfluss von Minderheiten

Minderheiten sind Mehrheiten jedoch nicht ausgeliefert. Unter bestimmten Bedingungen können sie sogar größeren, nachhaltigeren Einfluss ausüben als Mehrheiten. Moscovici (1985, 1994) untersuchte als einer der ersten den Einfluss von Minderheiten. Er drehte das Asch-Paradigma einfach um. Eine Minorität von Konföderierten[8] behauptete, dass blau grün sei. Moscovici beobachtete im Unterschied zu Asch hier einen Konformitätszuwachs. Eine Minderheit hatte eine Mehrheit beeinflusst.

Dieser Effekt kommt nur unter bestimmten Bedingungen zustande: Die Minderheit, die eine von der Mehrheit abweichende Meinung vertritt, muss diese *konsistent* vertreten. Gleichzeitig darf sie nicht zu rigide in ihrem Verhandlungsstil sein. *Flexible* Minoritäten, die kleinere Konzessionen an die Majorität machen, sind einflussreicher als rigide Minoritäten (Pérez & Mungy, 1996). Weiterhin ist es wichtig, dass sie gute Argumente zur Begründung ihrer Meinung haben: Minoritäten, die die Position der Majorität angreifen können, sind einflussreicher als solche, die das nicht können (Clark, 1990). Minoritäten haben vor allem dann auch eine Chance, eine Majorität zu beeinflussen, wenn die Majorität sich ihrer Meinung nicht sicher ist (Witte, 1994). Hier hilft es, wenn sich Vertreter einer Minorität selbstbewusst zeigen, sich zum Beispiel an den Kopf eines Tisches setzen (Nemeth & Wachtler, 1974). Im Unterschied zu Majoritäten schließen sich Individuen nicht deren Meinung aus Konformitätsgründen oder Komplizenschaft an, sondern Minoritäten führen eine Konversion herbei, d. h. die Anstöße, die sie geben, werden gründlicher verarbeitet und führen zu einer Neubewertung von Einstellungen. Minoritäten bilden somit eine innovative Kraft in Gruppen.

### 7.3.1 Die Anwendung auf den schulischen Alltag

Die Überlegungen und Befunde zu den Einflüssen von Majorität und Minorität sind für den schulischen Alltag auf mehreren Ebenen relevant.

## Das Problem der Wahrheit

Die Untersuchungen zeigen deutlich, dass es bei Konformität, Komplizenschaft, auch Konversion, nicht unbedingt um Wahrheitsfindung geht. *„Die Existenz einer Mehrheit impliziert logischerweise die einer entsprechenden Minderheit"* (Dick, 1993, S. 141). Eine Meinung muss weder richtig sein, weil eine Mehrheit sie vertritt, noch kann die Meinung einer Minderheit ein Recht auf Wahrheit in Anspruch nehmen. Die Tatsache, dass eine Position von vielen oder wenigen Personen vertreten wird, ist kein Kriterium für den Wahrheitsgehalt einer Position. Ein Kriterium kann nur die rationale Nachvollziehbarkeit der Argumentation und deren empirische Stützung sein. Die hier aufgeführte Forschung zeigt aber deutlich, unter welchen anderen Bedingungen Individuen bestrebt sind, sich einer Meinung anzuschließen.

---

[8] Ein Konföderierter ist eine Person, die je nach Instruktion des Versuchsleiters eine bestimmte Rolle zu spielen hat. Der Konföderierte kennt nicht die Bedingungen und die Hypothesen des Experimentes (in diesem Falle ist er „blind"); er weiß aber in der Regel, dass er Teil eines Experimentes ist.

Das gilt für alle im Schulalltag involvierten Gruppen. Der sicherste Weg, sich über die Nachhaltigkeit seiner Meinungen Gewissheit zu verschaffen, wäre es, rational nachvollziehbare Argumente für ihre Plausibilität zu finden, sie zu diskutieren, ohne vorher von ihrer Richtigkeit überzeugt zu sein und sehr wachsam zu sein, ob es nicht doch treffende Gegenargumente geben könnte. Wünschenswert für Schüler und Schülerinnen, die einem starken Konformitätsdruck der Gruppe unterliegen, wäre es, möglichst frühzeitig über solche Gruppenprozesse aufgeklärt zu werden und Methoden zur Meinungsüberprüfung zu erlernen. Für Lehrer/-innen sollte dieses Wissen eine Selbstverständlichkeit sein. Das Kapitel 14 „Emotionen" wird auf diesen Punkt konstruktiv eingehen.

Weiterhin zeigt die Forschung zur Wirkung von Gruppendruck, dass eine Lehrperson, die wirklich an den Meinungen ihrer Schüler/-innen interessiert ist, gut daran tun, diese Meinungen schriftlich zu erfragen. Sonst ist die Wahrscheinlichkeit hoch, dass viele Schüler/-innen ihre Meinung konform zu den Stärksten innerhalb einer Klassenhierarchie äußern und so die Vielfalt der Meinungen verloren geht.

### Das Treffen von Entscheidungen

Gerade Entscheidungen, die unter Zeitdruck getroffen werden, können aus den oben beschriebenen Gruppeneffekten resultieren. Unter Zeitdruck, objektiv gegebenem oder subjektiv empfundenem, werden wichtige Informationen übersehen und die Mehrheitsmeinung wird leicht als die „richtige" Meinung akzeptiert: So viele andere werden sich schon nicht irren. Und außerdem ist es anstrengend und würde zuviel Zeit kosten (die man ja nicht hat), wenn man jetzt auch noch Gegenargumente formulieren müsste.

In vielen schulischen Situationen kann dieser Prozess zu wenig nachhaltigen, sogar Stress erhöhenden Entscheidungen führen. Beim Schlichten von Konflikten, bei Entscheidungen auf Klassen-oder Schulkonferenzen. In all diese Entscheidungen sind verschieden große Gruppen involviert.

Gerade Ausübende von hierarchisch höheren Ämtern können hier viel zum Entstehen dysfunktionaler Entscheidungen beitragen, weil sie eine „künstliche" Mehrheit, eine Komplizenschaft schaffen können, ohne dass dies ihnen bewusst ist. Komplizenschaft entsteht, ohne dass dies beabsichtig wird, wenn ein in einer Hierarchie mächtigeres Mitglied eine klare Position äußert, ohne zuvor die anderen zu Wort kommen zu lassen: Ein Lehrer oder eine Lehrerin, die ihre klare Meinung über eine zu treffende Entscheidung äußert, ohne sich vorher die Meinungen der Schülerinnen und Schüler angehört zu haben; eine Direktorin oder ein Direktor, die oder der entschieden eine bestimmte Position formuliert, ohne den Kolleginnen zuvor das Wort erteilt zu haben. Denken wir an das Experiment von Asch, dann wird deutlich, dass es vielen Personen schwer fallen wird, danach noch ihre wirkliche Meinung zu vertreten, insbesondere wenn angenommen wird, dass der mächtigeren Person jetzt sowieso „viele Leute nach dem Mund reden werden".

Zu bedenken ist ebenfalls, dass häufig Entscheidungen durch öffentliche Abstimmungen getroffen werden. Auch hier kann eine Lehrperson sich nicht sicher sein, ob die Mehrheit des Stimmenverhältnisses die tatsächliche Mehrheit widerspiegelt und Minderheiten sich möglicherweise nicht trauen, ihre wahre Meinung zu äußern. Bei wichtigen Entscheidungen, die eine ganze Klasse angehen, wäre es im Sinne der Wahrheitsfindung also vorteilhaft, Geheimabstimmungen vorzunehmen, nachdem eine Lehrperson von sich aus einen abzustimmenden Sachverhalt von allen möglichen Perspektiven heraus hat diskutieren lassen.

Ein weiterer wichtiger Punkt ist es, im Auge zu behalten, dass bei verschiedenen Meinungen häufig die Mitte als „Gruppenwahrheit" genommen wird. Kompromisse stellen aber nicht immer die beste Lösung für ein Problem dar, sondern sind in der Regel die Lösungen, bei denen alle Beteiligten sich das Ausmaß der Nachteile teilen. Wenn es aber um die Entscheidung hinsichtlich der Biographieverläufe junger Menschen geht, sollten nur deren Belange im Vordergrund stehen und als Maß für das Treffen von Entscheidungen genommen werden.

## Schule als Konformitätsexperiment

Die hier dargestellte Forschung wirft natürlich auch die Frage danach auf, wie eine Lehrperson gedenkt, mit den nach vielen Kriterien bestehenden Majoritäten und Minoritäten einer Klasse umzugehen.

„Nervöse" Schulen, in deren Kollegien die Konsequenzen von Unterschiedlichkeit nicht ernsthaft bedacht werden, versuchen durch einige Regeln zumindest auf der Oberfläche eine bestimmte Gleichheit unter ihren Schülern und Schülerinnen herzustellen. Diese Regeln reichen von „Niemand darf eine Süßigkeit für die Pause mitnehmen" bis zu „Niemand darf bestimmte Arbeitsmaterialien mit nach Hause nehmen". Viele dieser Regeln zielen darauf ab eine möglichst homogene Gruppen von Schüler/-innen herzustellen. Dass dies je nach der Anpassungsbereitschaft der Schüler und Schülerinnen zu unerwünschten Effekten führen kann, wird Thema des 13. Kapitels sein. Die Schlussfolgerung aus dem vorliegenden Kapitel ist, dass Konformität nur in einem bestimmten Ausmaß eine erwünschte Eigenschaft sein kann, insofern sie für den erforderlichen Zusammenhalt einer Gruppe unabdingbar ist. Viele Regeln von Schulen allerdings zeigen, dass Machtquellen mitunter für ineffektive Ziele zu stark eingesetzt werden, für effektive Ziele leider zu schwach.

## Unterrichtsgestaltung

Für viele Schüler/-innen ist es eine alltägliche Herausforderung, sich aktiv zu einem Unterrichtsbeitrag durchzuringen. Wahrscheinlich haben sie Erfahrungen mit negativen Reaktionen anderer Schüler/-innen oder Lehrkräften gemacht oder sie haben solche bei anderen beobachtet und befürchten nun, selber die Zielscheibe von Spott im Falle eines Fehlers zu werden. Unsichere Schüler und Schülerinnen sagen entweder gar nichts oder warten ab, was andere zu sagen haben, um sich deren Meinung anschließen zu können – sie verhalten sich konform. Wenn es wenig Diskussionen, Streit, Konflikte gibt, dann ist dies ein mögliches Anzeichen für eine breite Konformität im Klassenzimmer. Der Vorteil ist, dass eine Lehrperson ungehindert mit ihren Inhalten voranschreiten kann, der weitaus größere Nachteil ist, dass dieser Fortschritt nur an der Oberfläche stattfindet. Durch Widerstand, Reibung werden Inhalte tiefer verarbeitet als durch bloße Kenntnisnahme. Durch den Einsatz kontrovers angelegter Rollenspiele können Diskussionen angeregt werden; auch kleine kurze Theaterstücke können die Vielfältigkeit von Standpunkten herausarbeiten. Die Basis aber muss immer sein, dass klare Regeln für ein respektvolles Miteinander aufgestellt (Kapitel 11) und durchgesetzt werden müssen (Kapitel 14).

### Glaubwürdigkeit der Lehrperson

Ebenfalls zeigen die Ausführungen zu Macht und Konformität, dass die Glaubwürdigkeit der Lehrkraft hoch sein muss, damit dieser ein bestimmter Machtstatus zuerkannt wird. Unter dem Gesichtspunkt der Machtverhältnisse stellt eine Lehrkraft innerhalb der Klasse eine Minorität dar, sowohl sozial als auch numerisch. Sozial, weil sie zu der Gruppe der erwachsenen Menschen gehört, die aus der Perspektive jüngerer Personen als etwas Unbekanntes, Fremdes erscheint. Numerisch, weil sie nur eine einzige Person ist gegenüber einer größeren Gruppe. Betrachten wir die Befunde zum Einfluss von Minoritäten, wird deutlich, dass eine Lehrkraft nur dann eine Mehrheit überzeugend beeinflussen kann (zum Beispiel von dem Wert eines zu erlernenden Unterrichtsstoffes), wenn sie konsistent mit guten Argumenten ihre Meinungen belegen kann (auch ihre fachlichen Überlegungen plausibel darstellen kann). Das bedeutet, dass ihre Glaubwürdigkeit und damit ihr Machtstatus leiden wird, wenn sie zu inkonsistent mit ihren Meinungen umgeht, also eine gewisse Willkürlichkeit und Launenhaftigkeit bei ihr zu Tage tritt. Weiterhin muss sie aber auch flexibel im Verhandlungsstil sein, das heißt, bereit sein, Konzessionen einzuräumen. Eine Klasse, die das Ausmaß der Hausaufgaben übertrieben findet, muss in diesem Anliegen ernst genommen werden; nur mit guten Argumenten die eigene Meinung hundertprozentig durchzusetzen, wird der Gruppe den Eindruck vermitteln, nicht ausreichend respektiert zu werden. Das wiederum wird den Machtstatus und damit die Einflussmöglichkeiten der Lehrperson erheblich schwächen.

## 7.4 Machtausübung ohne Mehrheiten und Minderheiten

In den bekannten Studien von Milgram (1974) geht es um die Wirkung einiger Machtgrundlagen auf Gehorsam. Milgram interessierte sich für die Faktoren, die ein Individuum mit der Aufforderung eines anderen Individuums konform gehen lassen. Dabei verwendete er ein drastisches Untersuchungsdesign. In seiner ersten Untersuchung suchte er über eine Zeitungsannonce Männer im Alter zwischen 20 und 50 Jahren, die aber weder Schüler noch Studierende sein durften für eine Untersuchung zum Lernvermögen und Gedächtnisleistung. Die Männer erhielten vier Dollar für ihre Teilnahme. In einem ersten Versuchsaufbau spielt sich die Untersuchung in einem seriösen Ambiente ab; auch der 30-jährige männliche weiße Versuchsleiter im grauen Technikerkittel wirkt seriös. Ein Konföderierter des Versuchsleiters, ein 40-jähriger weißer, nervös wirkender Mann stellt für die Versuchsteilnehmer eine andere Versuchsperson dar. Sie wissen nicht, dass die Situation hergestellt ist. Der Versuchsleiter erklärt, dass einer von beiden einen Schüler spielen muss, der andere einen Lehrer, da es sich ja um ein Lernexperiment handelt. Er entscheidet per Los, wer welche Rolle zu spielen hat. Diese Zufallsentscheidung ist jedoch so konstruiert, dass immer die wirkliche Versuchsperson die Lehrerrolle zugewiesen bekommt und die angebliche

Versuchsperson die Schülerrolle. Die Aufgabe des Schülers besteht nun darin, bestimmte Wortpaare zu lernen, z. B.: Blau-Schachtel. Wenn ihm dann ein Wort gesagt wird, dann soll er das dazu passende Wort aus einer bestimmten Anzahl von Alternativen herausfinden, z. B. *Blau*: Himmel, Tinte, Schachtel, Lampe. Die Versuchspersonen – die Lehrer – haben nun die Aufgabe, den Schüler in diesem Lernprozess zu unterstützen. Sie sollen den Schüler bei falschen Antworten mittels *ansteigender* Elektroschocks bestrafen. Der Schüler wird an einen sog. Schockgenerator angeschlossen, einen Kasten, der angeblich Strom erzeugen kann. Auf diesem Kasten sind eine Reihe von Schaltern angebracht, die gut sichtbar für Schüler und Lehrer beschriftet sind. Die Beschriftungen reichen von leichter Schock, mittlerer Schock, starker Schock, sehr starker Schock, intensiver Schock, extrem intensiver Schock, Gefahr: ernsthafter Schock und XXX. Der Lehrer bekommt einen Probeschock von 45 Volt; so weiß die Versuchsperson, dass dieser Schockgenerator wirklich funktioniert.

Der Versuchsleiter hat nun die inoffizielle Aufgabe, die Versuchsperson davon abzuhalten, aus dem Versuch auszusteigen. Weigert sich die Versuchsperson die nächste Schockstufe auszuprobieren, dann verwendet er sukzessive die folgenden Instruktionen: „Bitte fahren Sie fort!", „Bitte machen Sie weiter!", „Das Experiment verlangt, dass Sie weitermachen!", „Es ist absolut essenziell, dass Sie weitermachen!", „Sie haben keine andere Wahl, Sie müssen weitermachen."

Milgram variierte in seinem Versuchsaufbau die Nähe zwischen Schüler und Lehrer. Die Nähe stellt somit die unabhängige Variable dar. In der distanziertesten Bedingung sitzen Schüler und Lehrer in verschiedenen Räumen und der Lehrer sieht und hört nichts von dem Schüler (Fernraum). In der nahsten Bedingung sitzen Schüler und Lehrer nahe nebeneinander, so nahe, dass der Lehrer selbst dem Schüler immer den Elektroschock applizieren muss (Berührungsnähe). Dazwischen gibt es als zweit-distanzierteste Bedingung die „akustische Rückkoppelung", in der die Versuchsteilnehmer den Schüler nicht sehen, aber hören können und die weitere Bedingung Raumnähe, in der Lehrer und Schüler in einem Raum sitzen, sich aber nicht berühren. Die abhängigen Variablen stellen Menge und Intensität des Schocks dar.

Milgram selber nahm ursprünglich an, dass die meisten Versuchspersonen den Versuch abbrechen würden, und war erstaunt, die Ergebnisse sehen zu müssen: Von 40 Versuchspersonen gaben 26 (65 %) den vollen Schock von 450 Volt. Niemand brach den Versuch vor dem 300-Volt-Level ab. Milgram konnte dieses Ergebnis mit annähernd 1000 Versuchsteilnehmern replizieren. Mit der Nähe zwischen Lehrer und Schüler nehmen Menge und Intensität der verabreichten Schocks kontinuierlich und bedeutsam ab.

Milgram beobachtete, dass viele Versuchsteilnehmer sich mit ihrem „pädagogischen" Verhalten sehr schwer taten. Aus vielen Anzeichen ging hervor, dass sie sich äußerst gestresst fühlten: Sie schwitzten, bissen sich die Lippen auf, gruben ihre Nägel in die Hände, zitterten, stotterten, stöhnten und hatten den Eindruck, sie müssten ihre Aufgabe als Lehrer jetzt beenden, taten es aber nicht.

Der Versuch wurde mit einer Reihe von Variationen fortgeführt; so hatte der Schüler angeblich einen Herzfehler. Selbst solche „mildernden" Umstände brachten in den grundsätzlichen Ergebnissen keine Änderungen.

### 7.4.1 Die Anwendung auf den schulischen Alltag

Wenden wir die Grundlagen der Macht von French und Raven auf die Untersuchungen von Milgram an, dann können wir hier den Einfluss unterschiedlicher Quellen der Macht identifizieren (Forsyth, 1999):

Der Versuchsleiter verfügt über Belohnungsmacht: Er händigt die Bezahlung aus und kann Anerkennung geben oder verweigern. Er hat ebenfalls die Macht zu zwingen. „Sie müssen weitermachen!" enthält eine sehr starke Forderung an den Versuchsteilnehmer. Durch seinen Status als Vertreter der Wissenschaft erhält der Versuchsleiter legitime Macht. Und als Mitglied der Yale-University bekommt er Expertenmacht.

Die Untersuchung zeigt auf eindrucksvolle Weise, dass nur wenige Machtquellen ausreichen, um viele Individuen zu einem Verhalten zu bringen, dass sie sich vorher sicherlich nicht zugeschrieben hätten. In Milgrams Untersuchung werden diese Machtquellen verwendet, um eine Person zu einem Verhalten zu bringen, das für eine andere Person schädlich ist. Aber prinzipiell zeigt die Untersuchung, dass es ebenso möglich sein müsste, mit nur wenigen Machtquellen auch eine positive Einflussnahme zu bewerkstelligen.

Lehrer/-innen müssen also nicht über alle Quellen der Macht verfügen. Es reichen einige Quellen aus, die aber zur Voraussetzung haben, dass die machtausübende Person von den Schülern und Schülerinnen respektiert wird. Und eine der entscheidenden Voraussetzungen ist der Grad, in dem sich Schüler/-innen respektiert fühlen. Erst dann kann es zu positiver Einflussnahme kommen.

Wenn das Ziel des Unterrichts darin gesehen wird, nicht nur ein Auswendiglernen von „Stoff" in Hinblick auf eine benotete Prüfung zu sehen, sondern das Interesse an einer Fragestellung zu wecken, die einen Schüler oder eine Schülerin veranlasst, auch über den Unterricht hinaus sich mit dieser Fragestellung zu beschäftigen, in Form von Diskussionen mit seinen Schulkameraden, in Form von Nachschlagen in einem Lexikon oder anderem Buch oder einer Internetrecherche, werden konforme Verhaltensweisen von Schüler/-innen in Hinblick auf den Unterricht unwahrscheinlich sein. Optimaler Unterricht weckt also nicht das Bedürfnis nach Konformität, sondern weckt das Bedürfnis nach einer tieferen Verarbeitung des Unterrichtsthemas. Ob dies der Fall ist, kann ein Lehrer und eine Lehrerin sehr leicht daran feststellen, ob die Schüler und Schülerinnen freiwillig etwas recherchiert haben, ob sie auch an einer Sache arbeiten, wenn sie nicht die ganze Zeit überwacht werden und ob sich auch Schüler/-innen beteiligen, die sich sonst vielleicht nicht zu Wort melden, ja, dass sie auch in der Lage sind, kritische Bemerkungen zu formulieren, „unliebsame" unbequeme Fragen zu stellen. Eine Schülerin, die im Religionsunterricht beim Thema „Aberglaube" in der Lage ist, danach zu fragen, warum nicht auch Religion als Aberglaube bezeichnet wird, ist ein Kompliment für den Unterricht des Religionslehrers oder der Religionslehrerin. Denn solche Beiträge sind sichere Anzeichen dafür, dass Macht nicht missbraucht wird und eine Klasse nicht zur bloßen Komplizenschaft geworden ist.

Diese Haltung von Schüler/-innen kann dadurch etabliert werden, dass Lehrpersonen bestimmte Gruppenregeln vertreten, plausibilisieren und als Norm in ihrer Klasse etablieren (wie dies im Einzelnen geschehen kann wird im Kapitel 10 erörtert).

Schüler/-innen müssen das verbale Instrumentarium erlernen, mit Hilfe dessen sie Gruppeneinflüsse erkennen können. Sie müssen lernen, respektvoll mit anderen Meinungen umzugehen und den Unterschied zu erlernen zwischen zuhören, tolerieren und akzeptieren. Es sollte in jeder Klasse als negativ bewertet werden, wenn andere Menschen wegen einer anderen Meinung verspottet werden. In jedem Fach wird es inhaltliche Aufhänger geben, anhand derer eine Lehrkraft genau aufzeigen kann, mit welchen kurz- und langfristigen Konsequenzen das Unterdrücken von Meinungsvielfalt verbunden ist.

## 7.5    Zusammenfassung und Fazit

In sozialen Interaktionen findet immer eine gegenseitige Beeinflussung statt. Die Kraft dieser Beeinflussung schwankt je nach den vorhandenen Grundlagen der Macht und Mehrheitsverhältnisse sowie dem Auftreten von Minderheiten.

Macht fällt niemandem nur aufgrund eines zugewiesenen Status zu. Auch Lehrer/-rinnen haben nur die Macht und damit die Möglichkeit der Einflussnahme, die ihnen von den Schüler/-innen zugestanden wird. Eine der wichtigsten Voraussetzungen für die Bereitwilligkeit von Schüler/-innen, sich beeinflussen zu lassen, ist die Wahrnehmung, dass sie respektvoll von der Lehrperson behandelt werden und diese ihr Fach interessant vermitteln kann.

Über Macht zu verfügen, ist also eine positive Möglichkeit des Lehrerberufs. Sie kann missbraucht werden, wird dann aber nicht mehr ernst genommen, oder aber sie kann positiv eingesetzt werden und erreicht so, dass Schüler/-innen Denkanstöße bekommen, die sie weiterbringen und ihnen die Freude an Erkenntnisgewinn bringen. Diese können sie dann möglicherweise auch auf andere Fächer und Themen übertragen.

Mehrheiten verfügen nicht notwendigerweise über mehr Macht als Minderheiten. Das numerische Vorkommen einer Meinung sagt nichts über deren Wahrheitsgehalt aus, beeinflusst aber deren Verarbeitungstiefe: Mehrheiten fordern eher zur Konformität, Minderheiten zur Konversion auf.

Die praktischen Implikationen für den Schulalltag sind besonders für die Inhalte und Formen von Entscheidungsprozessen relevant. Sich von einer Mehrheit unter Druck setzen zu lassen und sich von einer Minderheit einseitig mitreißen zu lassen, kann sich auf die Nachhaltigkeit von Entscheidungen negativ auswirken.

## 7.6    Fragen und Übungen

**Fragen**

1. Was ist Konformität?
2. Welche Machtgrundlagen können nach French und Raven unterschieden werden?
3. Wie äußern sich die Machtgrundlagen bei Schüler/-innen und Lehrer/-innen?
4. Wie kann Macht missbraucht werden, um unbedingten Gehorsam zu erzielen?
5. Wie kann Macht genutzt werden, um gegenseitigen Respekt zu etablieren?
6. Was wurde im Milgram-Experiment untersucht und wie wurde dies untersucht?
   Verwenden Sie dabei die Begriffe unabhängige Variablen, abhängige Variablen.
7. Wie können Milgrams Befunde mit den von French und Raven beschriebenen Machtgrundlagen erklärt werden?
8. Was ist eine Majorität, was eine Minorität?
9. Was bewirken Majoritäten?
10. Was bewirken Minoritäten und wie können diese das schaffen?
11. Wer hat Recht: Majoritäten oder Minoritäten?

**Übungen**

1. Welche Bedeutung haben die hier behandelten Theorien für den schulischen Alltag? Erörtern Sie die Implikationen, die für Sie besonders relevant sind und versuchen Sie konkret auszuführen, wie Sie die hier gewonnenen Erkenntnisse als zukünftiger Lehrer oder zukünftige Lehrerin umsetzen wollen.
2. Starten Sie in einer Gruppe von ungefähr drei bis vier Personen ein Konformitätsexperiment: Stellen Sie sich auf einen belebten Platz und schauen Sie alle nach oben. Wieviele andere Personen machen dies auch?
3. Versuchen Sie für Ihr spezifisches Fach, dass Sie unterrichten (werden), ein Thema zu finden, anhand dessen Sie der Schüler/-innen erklären können, warum es eine wichtige Leistung unserer Zivilisation ist, Meinungsvielfalt zuzulassen.

# 8 Das Ich und die anderen: Sozialer Vergleich und seine Folgen

## 8.1 Hintergrund

Der Mensch ist ein soziales Wesen. Menschen, die in ihrer frühen Kindheit unter einer länger andauernden sozialen Deprivation zu leiden hatten, von sozialen Interaktionen mit anderen Menschen ausgeschlossen waren, erlernen grundlegende Fähigkeiten wie Sprechen, Lachen, Sexualität oder zärtlichen Körperkontakt entweder gar nicht mehr oder, nur mit äußerster Mühe, relativ unvollkommen (McCrone, 1994). Aber auch spätere soziale Deprivation hat negative Folgen: Auf der Erlebensebene macht sie sich als ein negatives Gefühl der Einsamkeit bemerkbar, auf der Verhaltensebene kann sie sich in einem verwahrlosten Äußeren und auch einem geistig verwirrten Zustand äußern, klinisch dann benannt als Diogenes-Symdrom.

Andere Menschen, besonders, wenn wir länger mit ihnen zu tun haben, besitzen einen bestimmten Aufforderungscharakter für uns (vgl. 6.3). Stellen wir uns vor, wir besuchen eine Vorlesung. In der ersten Veranstaltung sehen wir, dass mitten in einer Reihe ein Sack in Menschengröße sitzt. Wir wählen, genau wie die anderen Studierenden, einen Platz in sicherem Abstand. Der Sack kommt zu jeder Veranstaltung, benimmt sich friedlich und sondert ab und zu auch Kommentare ab. Der Sack wird schließlich sehr beliebt und Studierende setzen sich neben ihn wie auch neben andere Studierende. Zajonc (1968) führte solch ein Experiment durch und nannte diesen Effekt *„mere exposure"*: Alleine die Tatsache, dass wir wiederholt einem Reiz ausgesetzt werden, schafft eine Vertrautheit, die die Beliebtheit, in diesem Fall die Sympathie für diesen Reiz, erhöht. Soziale Begegnungen, egal welcher Art, sind also für unser emotionales Erleben extrem wichtig, sie regen uns an.

Unser Alltag wird durch soziale Begegnungen mit anderen strukturiert und gibt uns selbst eine äußere, aber auch eine innere Struktur. Soziale Symbole wie Sprache und Dinge symbolisieren unsere Zugehörigkeit zu einer bestimmten Gruppe, aber auch die Gestaltung unseres Bewertungssystems, also unsere Meinungen und Einstellungen, organisieren unsere Zugehörigkeit zu einer bestimmten Gruppe. Die soziale Organisation unseres Alltags funktioniert zu einem großen Teil über soziale Vergleiche und deren Ergebnisse. Die folgenden beiden Theorien – Festingers Theorie der sozialen Vergleiche und Tessers Selbstwerterhaltungsmodell – beschäftigen sich mit der Frage, wie dieser Vergleich funktioniert und welche Folgen er nach sich zieht.

## 8.2 Die Theorie der sozialen Vergleichsprozesse von Festinger

Festinger formulierte als einer der Ersten hierzu eine systematische Theorie, die Theorie der sozialen Vergleichsprozesse (Festinger, 1954). Er unterscheidet zwei Arten von Realität: die physikalische und die soziale Realität. Soziale Vergleiche werden demnach vorgenommen, wenn wir uns der Richtigkeit unserer Meinung unsicher sind.

Unsicher sind wir uns vor allem zu Themen aus der *sozialen Realität*. Dass eine Salatgurke grün ist, darüber müssen wir nicht streiten, aber welche politische Partei möglicherweise sinnvoller zu wählen wäre, kann Gegenstand ausgiebiger Diskussionen sein, weil es hierzu keine exakte, nachprüfbare Wahrheit gibt. Im besten Fall können wir in dieser Frage zu einer Meinung kommen, die wir selbst als richtig erachten.

Wenn schon Ergebnisse wie die von Asch in Hinblick auf die physikalische Realität zu finden sind, umso mehr müssen wir damit rechnen, dass wir uns dem Einfluss der Gruppe beugen, wenn es um Meinungen geht, die der sozialen Realität angehören. Die Richtigkeit unserer Meinung ist nicht nachprüfbar, auch nicht die der anderen. Woher weiß ich denn, ob „die Neue" wirklich nett ist? Woher weiß ich, welche Partei am sinnvollsten gewählt werden sollte und woher weiß ich, ob es o.k. ist, dass Nadine Peter eine Ohrfeige gegeben hat? Woher weiß Kai, wie sozial kompetent er ist?

Solche Fragen bilden den Auftakt zur Herstellung einer sozialen Realität. Steht ein relevantes Thema zur Debatte, über das wir uns eine Meinung bilden wollen, dann suchen wir nach Bezugspersonen, die uns ähnlich sind. Ist eine Person zu verschieden von uns in Hinblick auf relevante Dimensionen, dann würden wir eine eventuelle Meinungsverschiedenheit auf diesen Unterschied zurückführen und hätten also kein Prüfkriterium für die Richtigkeit unserer Meinung. Die unter 6.2 genannten zentralen Merkmale stellen hierbei häufig ein Kriterium für Ähnlichkeit dar.

Festinger beobachtete nun, dass bei Meinungsverschiedenheiten in einer Gruppe die Mitglieder dieser Gruppe heftig zu diskutieren anfingen. Entweder man einigte sich und gelangte zu einem Konsens darüber, welche Meinung die wahre sei. Dies stärkte die Identität der Gruppe als Ganzes und versorgte die einzelnen Gruppenmitglieder mit Meinungssicherheit. Oder aber es kam nicht zu einer Einigung und die Gruppe brach auseinander. Die Bemühungen einer Person, auftretende Diskrepanzen zu reduzieren, wachsen mit der Relevanz der Meinungen und der Attraktivität der Gruppe.

Soziale Vergleichsprozesse können also für die Beziehung zwischen einem Individuum und einer Gruppe soziale Konsequenzen nach sich ziehen, jedenfalls, wenn es sich um für die Gruppe wichtige Meinungen handelt. Individuen, die mit einer relevanten Gruppenmeinung nicht konform gehen, laufen Gefahr, aus der Gruppe ausgeschlossen zu werden. Ist einer Person die Zugehörigkeit zu dieser Gruppe wichtig, dann kann dieser Ausschluss als sehr belastend erlebt werden.

Unsere gesamte Realität und insbesondere unsere soziale Realität wird also durch Gruppenprozesse mit konstruiert. Da es hier aber häufig keinen objektiv nachprüfbaren Wahrheitsgehalt gibt, neigen wir dazu, uns an der Meinung unserer Bezugsgruppe zu orientieren.

### 8.2.1 Die Anwendung auf den schulischen Alltag

#### Vergleich von schulischen Leistungen

Es gibt immer wieder Vorstellungen von Schule, die notenfrei ist. Individueller Unterricht, Waldorfschulen, „Summerhill", alle diese Konzepte versuchen, den notenbasierten Vergleich zwischen Schüler/-innen im schulischen Kontext minimal zu halten.

Nehmen wir die Perspektive der sozialen Vergleichstheorie ernst, werden Schüler/-innen sich aber auch ohne Noten miteinander vergleichen. Nach Festinger sind wir bestrebt, die eigenen Meinungen und Fähigkeiten zu bewerten und deshalb vergleichen wir uns mit anderen Personen, vorzugsweise mit ähnlichen anderen Bezugspersonen, also mit den Schüler/-innen unserer Klasse.

Vergleiche schaffen Kontraste, die bewirken, dass wir uns relativ zu einer Bezugsgruppe einschätzen können. Ein Schüler kann nicht wissen, wie gut er wirklich in Mathematik ist, solange er sich nicht mit allen möglichen anderen Gruppen verglichen hat. Selbst wenn er in seiner Klasse immer der Beste wäre, würde das nicht bedeuten, dass er in Relation zu seinen Klassenkamerad/-innen sehr gut in Mathematik ist. Häufig ist das Phänomen zu beobachten, dass ein Schüler oder eine Schülerin in der einen Schule immer Klassenbester oder -beste war, aber nach einem Schulwechsel um diese Position sehr kämpfen muss, nicht unbedingt, weil die anderen im Stoff weiter sind und er oder sie fehlende Grundlagen hat, sondern weil sich die Vergleichsgruppe geändert hat. Ein Einäugiger unter Blinden kann im Vergleich besser sehen als unter Zweiäugigen. Vergleiche, werden sie richtig interpretiert und sachlich vorgenommen, dienen also zur realistischen Einschätzung der eigenen Fähigkeiten.

### Die Situation in der deutschen Primarstufe

In deutschen Grundschulen werden soziale Vergleiche gescheut. Sie werden vor allem deswegen vermieden, um dem Kind in den ersten Jahren kränkende Erfahrungen zu ersparen. Es kann aber nur dann kränkend für das Kind sein, zu sehen, dass es beispielsweise im Erlernen von Lesefertigkeiten langsamer ist als seine Klassenkamerad/-innen, wenn es seine relativ schwächeren Lesefertigkeiten mit nicht hilfreichen Bewertungen assoziiert. Wenn es zum Beispiel zu hören bekommt, dass „langsamer" gleichbedeutend mit „weniger hell" ist oder „langsam" nicht in „schneller" geändert werden kann, dann kann ein relativ zu anderen Kindern schlechteres Abschneiden als durchaus problematisch empfunden werden.

Es kommt also auf den Umgang mit sozialen Vergleichen an. In allen Gruppen, also auch in Schulklassen, werden diese vorgenommen, implizit oder ausdrücklich. Lehrer/-innen vergleichen Schüler/-innen untereinander, möglicherweise auch Schüler/-innen aus aktuellen Klassen mit denen vergangener Klassen. Eltern vergleichen Geschwister untereinander und Schüler/-innen vergleichen sich, auch wenn dies offiziell ja eigentlich nicht stattfinden sollte, mit ihren Mitschülern und Schülerinnen und Geschwistern.

Diese Vergleiche manifestieren sich in der Festsetzung von Klassenpositionen. Auch wenn Lehrer/-innen keine Informationen über soziale Vergleiche geben, so legen doch die Schüler/-innen durch ihre Beobachtungen fest, wer zu den „Besten" gehört, wer zu den „Schlechten". Und hier wäre es sicherlich hilfreich für den Umgang mit sozialen Vergleichen, wenn Schüler/-innen frühzeitig lernen würden, mit diesen sozialen Informationen umzugehen.

Nützlich wäre es für Kinder, die Relativität von Leistungsbewertungen frühzeitig zu erlernen: Leistungen sind relativ zur jeweiligen Bezugsgruppe. Sie sind auch relativ zur eigenen Entwicklung. Sie sind vor allem nicht stabil, sondern veränderbar.

Ebenfalls ist es hilfreich, wenn Schüler/-innen an sozialen Vergleichen frühzeitig lernen, was dazu führt, dass beispielsweise andere Schüler/-innen schneller schreiben lernen als sie selbst. Der Blick für Lernstrategien, die Bedeutung von Übung und investierter Anstrengung würde so frühzeitig erlernt werden.

Und schließlich wäre es nützlich zu lernen, dass Leistungen nichts mit Persönlichkeitsmerkmalen zu tun haben: Die Beste in Mathematik ist keine Streberin, ein Schüler, der schwach in Sport ist, kein Versager und ein in Fußball auffallend sportliches Mädchen ist kein halber Junge.

Wenn sowieso über soziale Realität diskutiert wird – und wir können davon ausgehen, dass mit zunehmendem Alter verstärkt über die soziale Einordnung von Leistungsbewertungen diskutiert werden wird, denn Schulleistungen sind im schulischen Alltag thematisch – dann wäre es sinnvoll, frühzeitig ein Grundwissen bereitzustellen, um konstruktiv mit den unumgänglichen sozialen Vergleichen umgehen zu lernen.

Nur wenn wir wissen, wo unsere Schwächen und Stärken sind und was überhaupt der Raum der Möglichkeiten ist, in dem wir uns bewegen, können wir gezielt an unseren Fähigkeiten arbeiten. Realistische Selbsteinschätzungen vorzunehmen, bedeutet auch, dass wir Pauschalurteile über uns selbst und andere vermeiden, die Wirksamkeit der von uns oder anderen eingesetzten Strategien abschätzen sowie uns und andere als Personen bewerten.

## Einführung von Noten

Werden schulische Noten in diesem Sinne eingeführt, dann verlieren sie ihren Schrecken, denn eine fünf in Mathematik heißt nicht, dass dieses Kind keine mathematische Begabung hat oder ein mathematischer Versager ist, sondern dass es zu diesem Zeitpunkt für diesen Teilbereich eines Faches, für diesen Test und in Relation zu seiner Gruppe die falschen Strategien eingesetzt hat.

Wie könnten wir ganz konkret Schüler/-innen, die bisher nur ausformulierte Beurteilungen kennen, erklären, was Noten sind? Das könnte so aussehen[9]:

*Noten dienen der Bewertung deiner Leistung.*
*Sie beziehen sich stets auf einen bestimmten Bereich oder ein bestimmtes Fach.*
*Du hast vorher schon Lob und Tadel bekommen, wenn du eine Sache gut bzw. schlecht gemacht hast. Wenn es ein Lob war, hat es dich gefreut und angespornt, so weiterzumachen, war es ein Tadel, hat es dich gestört und dazu aufgefordert, es das nächste Mal besser zu machen.*
*Noten sind da ähnlich; für sehr gute Leistungen in einem Bereich bekommst du eine eins, für sehr schlechte eine sechs. Weil es aber nicht nur sehr gute und sehr schlechte Leistungen gibt, gibt es auch Abstufungen dazwischen von zwei bis vier. Die Noten zeigen dir so auch, ob du dich langsam verbesserst oder verschlechterst, ob deine Lernstrategie gut war, oder verändert werden muss. Noten zeigen dir aber auch, was deine Mitschüler besser oder schlechter können als du, du kannst dich mit ihnen vergleichen.*

---

[9] Eine Formulierung von Gian Denaro (2004). Grundlagen der Sozialpsychologie und ihre Anwendung auf den schulischen Alltag. Vorlesung, Universität Duisburg-Essen, Sommersemester 2004.

*Abschrecken darf dich das nicht; Noten sagen nicht, ob du ein netter Mensch bist oder nicht; sie beziehen sich nur auf deine Leistung und für die bist du selbst verantwortlich.*

## Systematische Wahrnehmung von Informationen

Auch müssen Kinder frühzeitig lernen, Informationen über ihre individuelle Entwicklung systematisch wahrzunehmen. Kinder können früh lernen, zu beobachten, wie viel und auf welche Art und Weise sie geübt haben. Sobald sie die Uhr lesen können und einen Zeitbegriff entwickelt haben, können sie messen, wie lange sie tatsächlich geübt haben. Sie können einschätzen, welche Strategien sie angewendet haben: Haben Sie nur etwas auswendig gelernt oder haben sie sich die Mühe gemacht, einen neuen Sachverhalt jemand anderem wirklich zu erklären? Sie können sich auch selbst beobachten, ob und wie oft sie bei Unklarheiten nachfragen und um Erklärungen oder Hilfe bitten. Dann können sie beurteilen, ob sie sich in Relation zu ihrer vorherigen Leistung verbessert haben.

**Tab. 5:** Soziale Vergleichsinformationen in der Schule

| Vergleichsaspekte | Maße |
|---|---|
| Übung | Wieviel habe ich und wieviel haben die anderen geübt? Wie lange habe ich, wie lange haben die anderen geübt? |
| Hilfe | Wie oft habe ich nachgefragt bei Unklarheiten, wie oft andere? Wie oft habe ich nachgeschlagen, wie oft andere? |
| Konzentration | Wie sehr habe ich mich auf ein Thema konzentriert? Wie sehr andere? |
| Lernstrategien | Wie habe ich gelernt? Auswendig gelernt? Prinzipien gelernt? Jemandem etwas erklärt? Übungen gemacht? |

Mitunter ist dies auch noch in den weiterführenden Schulen notwendig. Viele Schüler/-innen haben bis dahin noch keinen konstruktiven Umgang mit dem Bewertungs- und Vergleichssystem Schulnote gelernt.

Wenn solche unaufwändigen individuellen Informationen in einen sozialen Kontext gesetzt werden können, kann ein Vergleich noch realistischer ausfallen. Wenn eine Schülerin auch weiß, wieviel ein anderer Schüler geübt hat und wo sie selbst in der Gesamtverteilung liegt, dann wird sie ihre Fähigkeiten in einem Fach nicht nur besser einschätzen können, sondern auch sehen, was sie noch machen kann, um sich gegebenenfalls zu verbessern.

Werden solche unumgänglichen Leistungsvergleiche nicht detailliert diskutiert und angeleitet, dann schaffen sich Schüler/-innen eine eigene soziale Realität. Eine Schülerin, die aufgrund ihrer Anstrengung gute Leistungen bringt, wird schnell zur Streberin, ein anderer, der schlechte Leistungen erzielt, zum „Looser" – es werden feste Eigenschaften zugeschrieben, die nicht selten als behindernd erlebt werden.

Wir können also davon ausgehen, dass immer über relevante Merkmale der sozialen Realität diskutiert werden wird. Mit zunehmendem Alter der Kinder wird die Einordnung der eigenen schulischen Leistung ein relevantes Thema für Schüler und Schülerinnen. Es wäre also sinnvoll, möglichst frühzeitig ein Grundwissen bereitzustellen, damit ein konstruktiver Umgang mit sozialen Vergleichen stattfinden kann.

So können Schüler/-innen auch voneinander lernen: Indem sie die eigenen Strategien mit denen anderer vergleichen (siehe Tabelle 5). Eine Drittklässlerin, die dazu neigt, weil sie keine Lust zur Aufgabenbearbeitung hat, zunächst alle Mathematikaufgaben ungelöst untereinander zu schreiben, bemerkt bei einem gezielten sozialen Vergleich (wie sehr hast du dich konzentriert, wie sehr andere?), dass die Klassenbeste immer erst die Lösung errechnet, bevor sie die nächste Aufgabe aufschreibt. Sie kommt zu der Einsicht, dass dieses Vorgehen motivierender ist und sie so zwischen den Aufgaben das Abschreiben der nächsten Aufgabe als Ruhepause nehmen kann.

## Sozialer Vergleich facettenreich gestaltet

Aus den bis hier ausgeführten Implikationen der sozialen Vergleichstheorie auf den schulischen Alltag geht hervor, dass die menschliche Motivation, sich zu vergleichen, konstruktiv genutzt werden kann, damit Informationen eingeholt werden, die zu einer realistischen Selbsteinschätzung führen können.

Kommt ein Kind aufgrund eines realistischen Vergleiches zu dem Resultat, dass es genauso viel übt wie die Schüler/-innen mit eher guten Noten und ebenfalls die gleichen Lernstrategien anwendet, dennoch immer eine eher schlechtere Leistungsbewertung erhält, dann ist es wahrscheinlich, dass es zu dem Schluss kommt, dass es ein Fach eben nicht besonders gut kann. Durch gezielte Vergleichsinformationen bekommt dieses Kind also eine Rückmeldung über eine geringere Begabung bezüglich eines Faches.

Die Konstruktion dieses durchaus realistischen Falles macht deutlich, dass jedes Lernziel, welches Gegenstand einer Leistungsbeurteilung ist, von einer Lehrperson ganz klar und eindeutig formuliert werden muss und die Bewertungskriterien für die Erreichung dieses Lernziels transparent und kontrollierbar für die Schüler/-innen sein müssen. Nur so können sie erkennen, in welchem Zusammenhang ihre Leistung zu der Bewertung dieser Leistung steht. Eine Schülerin, die trotz gleicher Anstrengung wie bewertungsmäßig besser dastehende Schüler/-innen immer schlechter als diese abschneidet, erhält so ein konkretes Feedback über das Kriterium, welches nicht erreicht wurde. Die Wahrscheinlichkeit, dass sie zu dem konstruktiven Schluss kommt, dass ihre Anstrengung für dieses einzelne Kriterium noch nicht ausgereicht hat, aber durchaus für einige andere, vermindert die Wahrscheinlichkeit, dass sie zu dem Schluss kommt, dass sie ein Fach einfach nicht kann.

Eine Lehrkraft kann durch die Offenlegung dieser Kriterien, die sie natürlich plausibel begründen können sollte (so steigt die Motivation der Schüler/-innen, diese Kriterien zu erfüllen), implizit erreichen, dass Schülern und Schülerinnen die Relativität der Leistungsbewertung deutlich wird. Ein Aufsatz beispielsweise könnte unter dem Gesichtspunkt der Orthographie zu ganz anderen Bewertungsresultaten führen als unter dem Gesichtspunkt der Phantasie, des Schreibflusses, des Satzbaus, der Sprachwahl usw. Schüler und Schülerinnen, die selber solche Einschätzungen einüben können, werden explizit lernen, dass eine Leistungsrückmeldung immer nur eine sehr eingeschränkte Rückmeldung über das potenzielle Können beinhaltet.

Die nächste Theorie zu sozialen Vergleichen unterstützt ganz besonders das Argument eines frühzeitigen konstruktiven Erlernens des schulischen Benotungssystems und seiner Anwendung, denn sie verdeutlicht, wie umfassend und tief soziale Vergleichsprozesse in die Regulation des Selbstwertes eingreifen können, wenn diese unreguliert, ohne ein Metawissen, vorgenommen werden.

## 8.3    Das Selbstwerterhaltungsmodell

Soziale Vergleichsprozesse geben uns also nicht nur eine (mitunter trügerische, wenn wir nur einseitige Informationen zur Kenntnis nehmen) Sicherheit bezüglich der Richtigkeit und Angemessenheit unserer Meinungen, wir bewerten soziale Vergleichsinformationen als  Informationen über unsere Person. Damit sind sie ein wichtiger Prozess bei der Formung unserer Identität, so wichtig, dass sie unseren emotionalen Haushalt stark beeinflussen können.

Tesser (1988) untersuchte detailliert die Auswirkungen sozialer Vergleichsprozesse auf die Emotionen von Personen. Tesser geht davon aus, dass Menschen sich auf eine Art und Weise verhalten, welche die eigene Selbstbewertung aufrecht erhält oder aber sogar steigert und dass die Beziehungen zu anderen auf die Selbstbewertung eine substanzielle Auswirkung haben sollten. Innerhalb des systemischen Modells, das er aus-

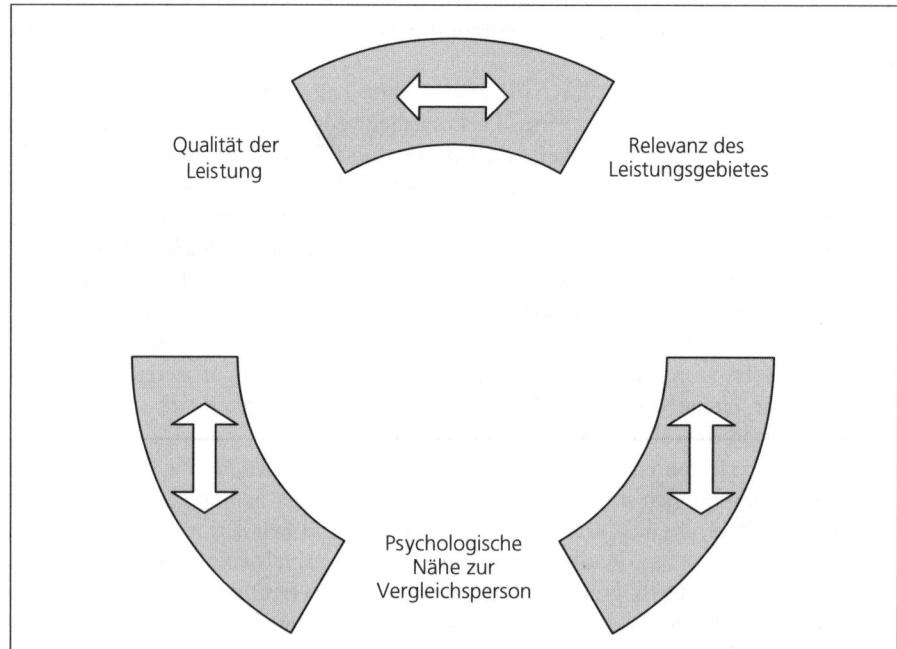

**Abb. 11:** Systemisches Modell von Tesser: Determinanten des selbstwerterniedrigenden Vergleichsprozesses und des selbstwerterhöhenden Reflexionsprozesses

gehend von diesen Basisannahmen aufstellte, spielen drei Variablen eine Rolle, die alle miteinander in Beziehung stehen (siehe Abb. 11).

Die *psychologische Nähe* zu einer Vergleichsperson wird dadurch bestimmt, wie eng wir uns einer Person verbunden fühlen. Geschwister haben meistens während ihrer Kindheit und Jugend eine relativ große psychologische Nähe zueinander. Freunde und Freundinnen sind uns näher als Bekannte. Kollegen und Kolleginnen unseres Arbeitsplatzes sind uns näher als solche an anderen Arbeitsstätten. Weiterhin beinhaltet das Modell die *Leistungsqualität* in Hinblick auf eine bestimmte Leistung. Unsere Freundin ist sehr gut Mathematik, unser Bruder hingegen ist besonders schlecht in Sport. Die dritte Variable innerhalb des systemischen Selbstwerterhaltungsmodells bezeichnet Tesser schließlich als *Relevanz der Leistung* für die eigene Selbstdefinition: Mathematik ist unser Lieblingsfach und ein wichtiger Aspekt unseres Selbstkonzeptes, während Sport uns „kalt lässt" und auf unsere Selbstbewertung keinen Einfluss hat.

Je nachdem, wie nun diese drei Variablen ausgeprägt sind, kommt es zu selbstwertbedrohlichen Vergleichsprozessen oder aber zu selbstwertsteigernden Reflexionsprozessen. Die Selbstsicherheit einer Person scheint hierbei die postulierten Prozesse nicht zu beeinflussen (Stapel & Tesser, 2001). Tesser geht nun detailliert auf eine Vielzahl von Kombinationen der drei Variablen miteinander ein.

Nehmen wir ein empirisches Beispiel. Tesser reanalysierte Befunde aus der Forschung zu Geschwisterbeziehungen. Einbezogen in diese Reanalyse wurden Befunde aus Familien, in denen jeweils zwei Brüder mit ihren Eltern lebten. Psychologische Nähe wurde durch den Altersabstand der Geschwister zueinander definiert. Je geringer dieser Abstand war, desto größer sollte die psychologische Nähe zueinander sein. Glaubten die Brüder, dass ihre Geschwister bessere Leistungen zeigten, dann war das entsprechende Leistungsgebiet proportional zur psychologischen Nähe mit dem Geschwister unwichtiger für sie. Glaubten sie hingegen, bessere Leistungen in einem Gebiet zu haben, dann wuchs mit der psychologischen Nähe auch die Identifizierung mit dem Leistungsgebiet.

Bemerken wir also, dass eine Person, der wir uns nahe fühlen, auf einem Gebiet, das uns wichtig ist, eine bessere Leistung bringt als wir selber, dann ist unser Selbstwert in Gefahr. Wir werden neidisch, der soziale Vergleichsprozess mit der nahen (und deswegen als ähnlich empfundenen) Person fällt ungünstig für uns aus. Wir können die Nähe zu dieser Person reduzieren: Wir können beispielsweise die Anzahl gemeinsamer Aktivitäten einschränken oder andauernd Streitigkeiten beginnen. Wir können dieser Person sogar Steine in den Weg legen. Wir können uns natürlich auch mehr anstrengen, um besser zu werden, wie die Befunde von Abrams, Sparkes und Hoff (1985) zeigen. Interessanterweise zeigen die Befunde von Abrams et al. im Gegensatz zu den von Tesser reanalysierten Ergebnissen an, dass Brüder, wenn sie sich mit Schwestern vergleichen, eher diesen Weg der Anstrengung zu wählen scheinen. Es scheint besonders selbstwertbedrohlich zu sein, als Bruder gegenüber einer Schwester im schulischen Bereich schlechtere Leistungen zu erbringen oder gar Berufsziele zu wählen, die unter den Möglichkeiten der von den Schwestern angestrebten liegen. Wenn Brüder also unter sich sind – das zeigen die Befunde von Tesser – werten sie eher das Leistungsgebiet, in dem sie relativ schlechter als ihre Vergleichsperson abschneiden, ab: „Mathematik ist doch nicht so wichtig, ich habe ein anderes Lieblingsfach."

Im letzteren Fall kann aus dem selbstwertbedrohlichen sozialen Vergleichsprozess dann ein selbstwerterhöhender Reflexionsprozess werden. Wir sind stolz auf unsere Schwester oder unseren Bruder, denn sie oder er ist ein As in Mathematik und da wir eine große psychologische Nähe zu dieser Person haben, fällt von deren Glanz ein bisschen auf uns ab.

Eine wichtige Rolle innerhalb des Selbstwerterhaltungsmodells spielen Gefühle. Diese setzen wahrscheinlich erst soziale Vergleichsprozesse und Reflexionsprozesse in Gang (Tesser, Pilkington & McIntosh, 1989). Fühlt eine Person sich negativ erregt, weist dies auf den selbstwertbedrohlichen Vergleichsprozess hin verbunden mit den negativen emotionalen Gefühlen Neid, Eifersucht, Versagen. Fühlt sie sich positiv erregt, ist vermutlich ein selbstwertsteigernder Reflexionsprozess in Gang gesetzt worden, verbunden mit den positiven Emotionen Stolz und Bewunderung.

### 8.3.1 Die Anwendung auf den schulischen Alltag

Dass soziale Vergleichsprozesse im schulischen Alltag eine große Rolle spielen, kann als sicher gelten. Mit zunehmendem Alter nehmen Kinder vermehrt soziale Vergleiche vor (Frey & Ruble, 1985). In der ersten Klasse ist dies bereits sehr häufig zu beobachten. Je älter Kinder werden, desto subtiler gehen sie dabei vor (Frey et al., 1985). Laute Bemerkungen, die soziale Vergleiche offen legen würden, gelten mit zunehmendem Alter als unangemessen, der subtile Vergleich gilt jedoch als wichtige Information (Toyama, 2001).

Beispielsweise bezogen ein Viertel der 13- bis 14-jährigen 160 Schüler und 320 Schülerinnen einer Untersuchung von Keil, McClintock, Kramer und Platow (1990) keine sozialen Vergleichsinformationen bei der eigenen Leistungsbewertung mit ein. Auch wenn nicht alle Kinder soziale Vergleiche vornehmen oder aber vorgeben, dies nicht zu tun, haben diese, wenn sie vorgenommen werden, auch im schulischen Alltag genau die von Tesser vorhergesagten Auswirkungen. Keil et al. fanden, dass die Schüler/-innen, wenn sie für sich ungünstige soziale Vergleichsinformationen heranzogen, ihre eigene Leistung schlechter bewerteten als sie es tatsächlich war.

Dabei findet der Vergleich in der Hauptsache mit Freunden und Freundinnen statt, wie Guay, Boivin und Hodges in einer Untersuchung mit 1002 kanadischen Kindern aus den Klassen 1 bis 4 fanden (507 Mädchen, 495 Jungen). Die Relation zwischen der wirklichen Schulleistung der Kinder und ihrer wahrgenommenen Schulleistung war dann am besten, wenn die Leistung der Freunde und Freundinnen niedriger war und dann am schlechtesten, wenn diese höher ausfiel. Der soziale Vergleich mit den besten Freunden und Freundinnen stellt also genauso wie Tessers Modell dies vorhersagen würde, eine potenzielle Quelle der Bedrohung für den eigenen Selbstwert und der eigenen realistischen Selbsteinschätzung dar. Der Vergleich mit besseren Anderen, zu denen eine relativ hohe psychologische Nähe vorliegt, scheint es Schülern und Schülerinnen schwer zu machen, ihre eigene Leistung richtig einschätzen zu können.

Sie nehmen eher den Kontrast zwischen sich und diesen Vergleichspersonen wahr. Ist jedoch der Freund oder die Freundin schlechter als der Schüler oder die Schülerin selbst, dann fällt die Selbstwertbedrohung weg und die Einschätzung der wirklichen Leistung wird realistischer.

Der soziale Vergleich als Gefahrenquelle für den eigenen Selbstwert macht sich auch im schulischen Hilfeverhalten bemerkbar. De Paulo, Tang, Webb und Hoover (1989) fanden, dass Schüler/-innen anderen Schüler/-innen umso weniger bei der Bearbeitung von Aufgaben halfen, je größer die psychologische Nähe zu ihnen war. Viertklässler (einbezogen wurden die Klassen 2 bis 6) waren besonders empfänglich für selbstrelevante Informationen.

Die Beschäftigung mit sozialen Vergleichsprozessen macht deutlich, wie zentral dieser Aspekt im schulischen Alltag ist. Aus der Perspektive des einzelnen Schülers und der einzelnen Schülerin betrachtet, stellen sowohl die Geschwister zu Hause als auch die Freunde und Freundinnen in der Schule eine Quelle der Bedrohung für den eigenen Selbstwert dar.

Auch wenn soziale Vergleichsinformationen in der Schule offiziell vorenthalten würden, sind sie dennoch vorhanden. Schüler/-innen müssen also lernen, damit umzugehen. Die mit sozialen Vergleichsprozessen häufig einhergehenden negativen Emotionen wie beispielsweise Neid sind jedoch Emotionen, die sozial als äußerst unerwünscht gelten, so dass es wahrscheinlich ist, dass Schüler/-innen diese nicht besonders gerne zum Thema machen. Umso wichtiger wäre es jedoch, den Umgang mit sozialen Vergleichsinformationen frühzeitig zu diskutieren und zu erlernen.

Die berichtete Forschung und deren Anwendung auf den schulischen Alltag zeigt nicht nur wie emotional belastend soziale Vergleichsinformationen sein können und wie schwierig es ist, die damit verbundenen Gefühle miteinander zu besprechen und damit klarzukommen. Sie zeigt auch, wie schwierig die Gestaltung sozialer Beziehungen im schulischen Kontext mitunter sein kann. Die besten Freunde und Freundinnen sind eben nicht immer unbedingt diejenigen Personen, die einem immer gut tun oder immer förderlich für das eigene Wohlergehen wären. Ebenso wenig trifft dies auf die eigenen Geschwister zu. Das Selbstkonzept einer Person ist vor allem eine soziale Größe, die sich in Beziehung zu anderen entwickelt und die Bedeutung anderer Personen für die eigene Person ist komplexer als Kinder dies immer erfassen können. Durch unumgängliche soziale Vergleiche können selbst dann wenig hilfreiche Theorien über sich selbst entstehen, wenn ein Schüler oder eine Schülerin besonders gut im Vergleich mit anderen abschneidet.

Eine Implikation dieses theoretischen Blickwinkels und der sich daraus ergebenden Erkenntnisse für das Erleben von Schülern und Schülerinnen scheint mir zu sein, dass diese davon profitieren könnten, wenn sie ein Metawissen über diese alltäglich ablaufenden Prozesse erwerben würden. In diesem Zusammenhang könnte sowohl die Bedeutung als auch die Relativität des sozialen Vergleichs diskutiert werden. Denn immerhin können soziale Vergleiche dazu führen, dass Schüler/-innen sich als schlechter einschätzen, als sie tatsächlich sind. Wünschenswert wäre jedoch eine realistische Einschätzung, die Schüler/-innen Kontrolle über ihre schulischen Leistungen vermitteln könnte.

Aber nicht nur Schüler und Schülerinnen spüren die Auswirkungen sozialer Vergleiche, sondern auch Lehrpersonen selbst. Folgendes Beispiel illustriert dies sehr gut[10]:

---

[10] Von Christina Buschbell (2005): 3. Fachsemester Lehramt GHR, Schwerpunkt Grundschule, Universität Duisburg-Essen.

*„Seit vielen Jahren ist sie (eine Bekannte) als ‚normale' Jahrgangsklassenlehrerin an einer Schule tätig, an der parallel zu einem Montessori-Zweig Klassen nach dem herkömmlichen Prinzip aufgebaut sind. Sie als Klassenlehrerin solch einer normalen Jahrgangsklasse fühlt sich häufig von dem stets gepriesenen Montessori-Konzept, welches als Aushängeschild der Schule gilt, zurückgesetzt und unterschätzt. Da die Arbeit nach Maria Montessori nicht landläufig bekannt ist und als etwas Besonderes gilt, werden häufig spezielle Eltern- und Informationsabende o.ä. angeboten, an denen die Vorzüge dieses Stils verdeutlicht werden sollen. So kommt es, dass auch Lehrmittelausgaben oft ‚ungerecht' verteilt werden und große Teile den ‚Reformpädagogen' zufließen. Die Arbeit der ‚normalen' Lehrer/innen, die zusätzlich auch noch die Minorität bilden, wird in diesem Zusammenhang häufig unbemerkt herabgestuft und als weniger effizient dargestellt, Fehlstunden dort eher akzeptiert als in den Montessori-Klassen etc. Da die psychologische Nähe (Kolleginnen), die scheinbare Leistungsqualität (Montessoriklassen werden als „besser" eingestuft im Vergleich zu den Jahrgangsklassen) und auch die Relevanz der Leistung (der eigene Unterrichtsstil bedeutet der Lehrerin viel und ist in ihren Augen ebenfalls sehr effizient) hoch ist, handelt es sich in diesem Fall um einen selbstwertbedrohlichen Prozess. Die emotionalen Folgen für die befragte Pädagogin äußerten sich in Versagensgefühlen, Wut, Eifersucht und dem Gefühl, ungerecht behandelt zu werden. Um sich zu schützen, begann sie unterbewusst, den Kontakt zu den anderen Jahrgangslehrerinnen auch im privaten Bereich zu pflegen, während sich der Kontakt zu den Montessorianern auf die schulische Ebene beschränkte. Des Weiteren begann sie, Vorteile des eigenen Unterrichtsstils sowie Nachteile der Arbeit nach M. Montessori zu finden, um ihr Konzept vor sich selbst wie vor anderen zu rechtfertigen."*

Der soziale Vergleich als Thema, dies scheint mir nicht nur für den schulischen Kontext ein interessantes Thema zu sein, sondern auch für das Zuhause. Wenn Eltern wissen, welche Bedeutung es für ihre Kinder haben kann, dass ein Geschwister besser ist als das andere oder schlechter, dann wäre es auch hier hilfreich für alle, darüber zu sprechen, wie solche Vergleiche ablaufen und was die Ergebnisse dieser Vergleiche bedeuten könnten und was eben nicht.

Eine Lösung für einen konstruktiven Umgang für unumgängliche soziale Vergleiche kann nicht darin liegen, Kindern nur individuelle Standards vorzuschreiben oder vorzugaukeln. Sie nehmen soziale Vergleiche vor, einfach deswegen, weil sie in einem sozialen Miteinander mit anderen Kindern und Jugendlichen stehen. Sie nehmen *nicht* soziale Vergleiche vor, weil sie besonders konkurrenzmotiviert wären (Keil et al. 1990), sondern weil Menschen ein Bedürfnis haben, Informationen über die eigenen Einschätzungen der sozialen Realität zu erhalten und einzubeziehen.

Die Anwendung dieser Theorie legt ebenfalls nahe, mit Kindern und Jugendlichen die Relativität von Leistungen zu besprechen. Leistungen sind nur gut und schlecht im Vergleich zu Idealen, anderen Menschen oder Folgen, die aus ihrer Güte erwachsen könnten. Besonders die Bewertung von Leistungen in Hinblick auf die eigene Person müsste explizit und ausgiebig in Elternhaus und Schule diskutiert werden.

Der folgende Kommentar eines Lehramtsstudenten[11] fasst den schwierigen Balanceakt, den Schule zwischen individueller Förderung und Vergleichsinformation zu vollbringen hat, zusammen:

*„(...) grundsätzlich gehört zu den Zielen schulischer Erziehung nicht nur die Ausbildung eines gesunden Selbstkonzeptes, sondern auch die absolute Anpassung an eine leistungsorientierte Gesellschaft. Eine punktuelle Beurteilung der einzelnen Fächer, welche die Komponente der Leistungsorientiertheit in das System Schule einbringen soll, wird gewährleistet durch die Benotung von Leistung und Aufmerksamkeit. Dabei darf nicht außer Acht gelassen werden, dass Noten nichts über grundsätzliche Fähigkeiten und Interessen eines Schülers aussagen, sie sind bloß punktuelle Beurteilungen eines Teilbereiches eines Faches. Darüber hinaus beinhaltet jedwede Beurteilung eines Schülers durch einen Lehrer ein nicht zu unterschätzendes Maß an Willkür. Indem Schüler beginnen, ihr Selbstkonzept ausschließlich auf die Aussagekraft von Noten zu stützen, kann von einer realistischen Leistungs- und Selbsteinschätzung nicht mehr ausgegangen werden. Es drängt sich also die Vermutung auf, das heutige Schulsystem sei, bedingt durch eine unrealistische Leistungsbeurteilung durch Noten, in sich selbst widersprüchlich. Wie soll ein Schüler in einem solchen System ein positives und vor allen Dingen realistisches Selbstkonzept aufbauen? Natürlich bestätigt uns die Praxis, dass Schule in ihrer heutigen Gestalt durchaus fähig ist, ihre Schüler bei der Ausbildung eines gesunden Selbstkonzeptes zu begleiten und zu unterstützen. Jedoch, wir dürfen nicht vergessen, dass, zum einen, ein beträchtlicher Teil der heutigen Schülerschaft Opfer dieses Systems wird, Leistungsdruck und andere bereits erwähnte Faktoren machen es unmöglich für diese Kinder und Jugendlichen, konform mit dem System zu gehen, zum anderen, Schule grundsätzlich nicht nur ein Ort der Vorbereitung auf eine immer leistungsorientierte Gesellschaft ist, sondern auch ein Ruhe- und Schutzraum der gesunden Entwicklung eines Menschen, in dem Geborgenheit und Wohlbefinden gleichwertig zählen mit der Ausbildung des Geistes."*

## Individueller Vergleich

Zu der Einführung der Relativität sozialer Vergleichsnormen ist es wichtig, bei der Motivierung von Schülern und Schülerinnen individuelle Bezugsnormen zu etablieren (Heckhausen, 1980, S. 576 f.). Die Bewertung durch sich selbst durch eine individuelle Bezugsnorm verhindert, dass sich ein guter Schüler immer nur als gut erlebt im Vergleich zu anderen (und damit möglicherweise ein unrealistisches Konzept der eigenen Fähigkeiten und Begabungen entwickelt) und ebenfalls, dass sich ein leistungsschwächerer Schüler im Vergleich zu anderen immer als schwächer erlebt. Auch wenn er nur eine halbe Note besser bewertet wird und dies im Vergleich zu anderen keinen Fortschritt darstellt, kann es für ihn durchaus zeigen, dass sich seine Anstrengung schon gelohnt hat und er sich durchaus verbessert hat. Lehrer/-innen, welche diese individuelle Bezugsnorm als Motivationsanregung verwenden, wirken fördernd auf die

---

[11] Andreas Wiedeholz (2004): Sozialpsychologische Grundlagen und ihre Anwendung auf den schulischen Alltag. Vorlesung, Universität Duisburg-Essen.

Leistungsmotivation der Schüler/-innen, auf deren Lernerfolg und *„auf die Entwicklung eines angstfreien, erfolgszuversichtlichen Leistungsmotivs"* (Heckhausen, 1980, S. 580).

Dies ist ein extrem wichtiger Aspekt, der sich im schulischen Alltag bezahlt macht.

## 8.4 Zusammenfassung und Fazit

Sowohl die Theorie der sozialen Vergleichsprozesse sowie das Selbstwerterhaltungsmodell betonen, dass Menschen sich als soziale Wesen vergleichen. Die Forschung hierzu zeigt deutlich, dass diese Vergleiche mit daran beteiligt sind, dass wir uns unsere Meinungen über die soziale Realität häufig in Übereinstimmung mit unserer Bezugsgruppe bilden. Negative Vergleiche können für unsere eigene Person zu negativen Emotionen führen, die unseren Selbstwert bedrohen. Vergleiche können sowohl zur Selbstunter- als auch zur -überschätzung führen.

Die Implikationen der Theorien für den Schulalltag sind vor allem darin zu sehen, dass Lehrkräfte sensibilisiert werden für die starke Bedeutung dieser Vergleichsprozesse in Hinblick auf den psychologischen Druck, unter dem Schüler/-innen häufig stehen. Die konstruktive Nutzung der Motivation, sich selbst einzuordnen, kann darin liegen, Schüler/-innen hilfreiche Techniken zur Nutzung sozialer Vergleiche zu lehren und sie bei der emotional häufig intensiv behafteten negativen Vergleichsinformation stützend zu begleiten. Die grundlegende Implikation für die Primarstufe lautet, dass eine Lehrkraft sich genau überlegen sollte, wie sie das gängige Instrument des Vergleichs, nämlich die Vergabe von Bewertungen in Form von Noten, konstruktiv einführen kann.

## 8.5      Fragen und Übungen

**Fragen**

1. Was heißt soziale Realität?
2. Inwieweit unterscheidet sich soziale von physikalischer Realität?
3. Welche Bezugspersonen bevorzugen wir für einen ersten sozialen Vergleich und warum?
4. Welche Auswirkungen hat die Meinungsabweichung eines Individuums von seiner Bezugsgruppe?
5. Welche Bedeutung hat der soziale Vergleich hinsichtlich der Vergabe von Noten?
6. Welche Variablen spielen im SEM von Tesser eine Rolle?
7. Was ist ein selbstwertmindernder Vergleichsprozess?
8. Was ist ein selbstwertsteigernder Reflexionsprozess?
9. Was ist eine individuelle Bezugsnorm?

**Übungen**

1. Stellen Sie sich vor, Sie müssen Ihren Schülern und Schülerinnen erklären, was Noten bedeuten. Formulieren Sie eine solche Einführung in das Konzept der Benotung!
2. Erstellen Sie Kriterien für eine Leistungsbeurteilung hinsichtlich eines Teilgebietes Ihres Faches. Wie können Sie diese Kriterien Ihren Schülern und Schülerinnen verständlich und transparent mitteilen?
3. Gibt es über eines Ihrer Fächer die Möglichkeit, auf das Thema Neid und Missgunst zu sprechen zu kommen mit dem Ziel, herauszuarbeiten, dass dies menschliche Emotionen mit bestimmten Ursachen sind? Wie könnte ein konstruktiver Umgang mit diesen sozial nicht erwünschten Emotionen aussehen und erarbeitet werden?

# 9 Der Mensch als Wissenschaftler, Philosoph und Richter: Attributionstheorien, existenzielle Attributionen und attributionale Theorien

## 9.1 Hintergrund

Attributionstheorien wurden Anfang der 1950er Jahre formuliert. Für ihre Ausführung wurden einige Begriffe eingeführt, die sich befremdend anhören. Auch wenn zunächst der Umgang mit ihren kompliziert anmutenden Begriffen schwierig zu sein scheint, lohnt es sich, diese Theorien näher zu betrachten und sich ihre Begriffe vertraut zu machen.

### Was ist eine Attribution?

Eine *Attribution* bezeichnet zunächst nichts anderes als eine Ursachenzuschreibung. Eine Attributionstheorie ist also eine Theorie darüber, wie Ursachenzuschreibungen vor sich gehen. Ursachenzuschreibungen nehmen wir in allen möglichen Situationen vor und je nachdem, zu welchen Schlüssen wir gelangen, haben wir hilfreiche oder weniger hilfreiche Theorien über Ursachen und ihre Wirkungen aufgestellt. Diese Ursache-Wirkungszusammenhänge führen zu unterschiedlichen Konsequenzen hinsichtlich unseres Verhaltens und unserer Gefühle.

Ein Schüler, der beispielsweise zu dem Schluss kommt, dass eine schlechte Benotung einer Englischarbeit daran liegt, dass seine Lehrerin unfairerweise zu schwere Aufgaben gestellt hat, wird zwar nicht zufrieden mit seiner Note, aber weniger deprimiert sein als ein Schüler, der zu dem Schluss kommt, dass seine vergleichbar schlechte Note auf seine mangelnde Sprachbegabung zurückzuführen ist. Beide werden sich bei der nächsten Englischarbeit nicht soviel anstrengen wie ein Schüler, der seine eigene mangelnde Anstrengung und die daraus resultierende schlechte Vorbereitung als Ursache für eine schlechte Englischnote ausgemacht hat.

### Menschenbild: Suche nach Kontrolle

Wie allen Theorien liegt auch den Attributionstheorien ein ganz bestimmtes Menschenbild zugrunde. Der Mensch wird als naiver Wissenschaftler betrachtet, also als eine Person, die nach den Ursachen von Ereignissen fragt. Besonders nach Ereignissen mit gravierenden Konsequenzen fragen sich Menschen, warum dieses Ereignis eingetreten ist und begeben sich auf eine Suche nach Informationen über mögliche Ursachen. Diese Informationssuche ist sehr funktional: Sind wir mit Ereignissen konfrontiert, die für uns negative Konsequenzen nach sich ziehen, können wir deren erneutes Auftreten möglicherweise verhindern, wenn wir Einfluss auf die kausal wirksamen Variablen des Ereignisses nehmen können. Genießen wir hingegen die positiven Konsequenzen von Ereignissen, dann könnten wir diese vielleicht erneut herbeiführen, wenn wir wissen, warum sie geschehen sind. Eine Informationssuche gibt uns also ein gewisses Ausmaß an Kontrolle über unsere Umwelt. Menschen fragen sich deshalb nach dem *Warum* von Ereignissen.

Exemplarisch für Attributionstheorien möchte ich eine Theorie näher ausführen: die Attributionstheorie nach Kelley (1967). Hierzu betont Meyer (2000), dass sich Attributionstheorien sehr ähneln und er deshalb auch vereinheitlichend von Attributionstheorie spricht. Ich beschränke mich auf Kelleys Theorie, weil diese eine der einflussreichsten Theorien auf diesem Forschungsgebiet gewesen ist.

## 9.2    Kelleys Attributionstheorie

Kelley (1967) nahm an, dass sich Menschen bei der Suche nach Ursachen für wichtige Ereignisse des sog. Kovariationsprinzips bedienen. Das Kovariationsprinzip besagt Folgendes: Ein Effekt wird derjenigen seiner möglichen Ursachen zugeschrieben, mit der er über die Zeit hinweg kovariiert, also zusammen auftritt. Wenn eine Schülerin also bemerkt, dass sie immer dann, wenn sie sich gut (systematisch und längerfristig) auf eine Mathematikarbeit vorbereitet hat, auch eine gute Note erhält, dann tritt die Art der Vorbereitung zusammen mit der guten Note auf und die Schlussfolgerung einer Ursache-Wirkungskette erscheint plausibel. Um aber sicher zu gehen, dass das parallele Auftreten beider Ereignisse auch wirklich ursächlich miteinander zusammenhängt und nicht rein zufällig, muss sie sich weiterer Informationen bedienen (siehe Tab. 6).

Kelley spezifiziert hierzu Informationen aus drei verschiedenen Elementen. *Entität* bezeichnet den Gegenstandsbereich: Die Schülerin könnte den Bereich Mathematik, für den sie die Beobachtung des parallelen Auftretens von guter Vorbereitung und guter Note gemacht hat mit dem Bereich Sport vergleichen: Ist es hier genauso, dass sie eine bessere Note nach besserer Vorbereitung erhält? Weiterhin entnehmen wir nach Kelley auch Informationen aus dem sozialen Bereich, wir vergleichen uns mit ähnlichen Anderen. Andere *Personen* stellen also eine weitere Informationsquelle dar, auf die wir zurückgreifen können. Im Falle unserer Schülerin bedeutet dies, dass sie ihre Annahme über eine gute Vorbereitung als Ursache für gute Noten an anderen Personen überprüfen würde: Erhalten auch ihre Mitschüler/innen, sofern sie sich gut vorbereiten, bessere Noten im Vergleich zu einer schlechten Vorbereitung? Und schließlich bietet uns die *Zeit* eine wertvolle Informationsquelle: Treten beide Ereignisse über Zeit parallel auf? Oder ist der Zusammenhang unzuverlässig?

**Tab. 6:** Informationsquellen nach Kelley. Angewandt auf eine Schülerin, die nach den Ursachen für ihre Mathematikleistung sucht

| Quelle | Worauf beruht meine Mathematikleistung? |
|---|---|
| Entität | Schulfächer: Mathematik, Sport |
| Personen | andere vergleichbare Schüler und Schülerinnen |
| Zeit | Noten in den beiden Schulfächern über die Zeit |

## Informationstypen

Diese drei unterschiedlichen Informationen liefern nun je nach Kombination unterschiedliche Informationstypen. Wir können einen Effekt über verschiedene Personen hinweg beobachten – erhalten also eine sog. *Konsensus*information. Konsensus ist beispielsweise *hoch*, wenn unsere Schülerin bemerkt, dass alle ihre Mitschüler/-innen eine gute Leistung in dieser Mathematikarbeit gezeigt haben. Würde sie nur diese Informationsquelle heranziehen, könnte sie nicht mit Sicherheit wissen, ob es wirklich ihre eigene gute Vorbereitung war, die zu der guten Note führte, da die Wahrscheinlichkeit groß ist, dass sich manche ihrer Mitschüler/-innen genauso wie sie gut vorbereitet haben, andere allerdings nicht. Wäre allerdings Konsensus *niedrig*, das bedeutet, nur unsere Schülerin hätte eine gute Note in der Mathematikarbeit erzielt, dann wäre sie wahrscheinlich schon etwas sicherer bezüglich des Wahrheitsgehalts ihrer Annahme des fraglichen Ursache-Wirkungszusammenhangs.

Mehr Sicherheit kann sie erlangen, wenn sie einen weiteren Informationstypus heranzieht, *Konsistenz*, sich also die Frage stellt, inwieweit ein Effekt über verschiedene Zeitpunkte hinweg bei einer Person und Entität zu beobachten ist. Liefert ihre Beobachtung über die Zeit einen Hinweis auf *hohe* Konsistenz, so bedeutet dies, dass sie nahezu immer dann, wenn sie sich gut vorbereitet hat, auch eine gute Mathematiknote erzielt. Diese Beobachtung würde ihre Annahme eines Ursache-Wirkungszusammenhangs zwischen guter Vorbereitung und guter Note stärken. Die Beobachtung *niedriger* Konsistenz jedoch würde sie veranlassen, über andere mögliche Ursachen für ihre Mathematiknote nachzudenken. In diesem Falle hätte sie sich zwar bei allen vier Arbeiten immer gut vorbereitet, aber nur bei beispielsweise zwei Arbeiten eine gute Note erzielt. Diese Information bietet ihr also keine Sicherheit über die Annahme des entsprechenden Ursache-Wirkungszusammenhangs.

**Tab. 7:** Informationstypen nach Kelley. Angewandt auf den schulischen Kontext: Zusammenhang zwischen Vorbereitung und Mathematiknote

| Informationstyp | Ausprägung | |
| --- | --- | --- |
| | niedrig | hoch |
| **Konsensus** | Nur die Schülerin hat eine gute Note erzielt. | Fast alle Schüler und Schülerinnen haben eine gute Note erzielt. |
| **Konsistenz** | Erzielt nur manchmal eine gute Note, wenn sie sich vorbereitet hat. | Erzielt immer eine gute Note, wenn sie sich vorbereitet hat. |
| **Distinktheit** | Erzielt in weiteren Fächern eine gute Note, wenn sie sich vorbereitet hat. | Erzielt nur in Mathematik eine gute Note, wenn sie sich vorbereitet hat. |

Durch die Hinzunahme einer dritten Informationsart kann sie ihre Sicherheit steigern, nämlich durch die Beantwortung der Frage, inwiefern ein Effekt über verschiedene Entitäten bei einer Person zu beobachten ist, der sog. *Distinktheits*information. Ist Distinktheit hoch, dann zeigt sich der beobachtete Zusammenhang nur im Bereich der Mathematik, die gute Vorbereitung nützt ihr nichts im sportlichen Bereich. Unabhängig von der Anzahl der Dehnübungen kann sie ihre Note in Gymnastik nicht entscheidend verbessern. Dies würde im Fall hoher Distinktheit nicht für den Bereich Mathematik gelten: je mehr Aufgaben sie vor der Arbeit geübt hat und versucht hat, zu verstehen, desto besser ist ihre Leistung in diesem Fach. Bei niedriger Distinktheit hätte sie eine weitere Bestätigung für ihre Annahme. Denn sie würde in allen Fächern, in denen sie sich gut vorbereitet hat, eine gute Note erzielen, also bereichsunspezifisch würde die gute Vorbereitung mit der guten Note kovariieren.

## 9.2.1 Die Anwendung auf den schulischen Alltag

Wie könnte diese Theorie nun auf den schulischen Alltag angewendet werden? Im Alltag verwenden wir meistens eine Kombination dieser verschiedenen Informationstypen, die allerdings nicht immer vollständig und systematisch ist. Sehen wir uns hierzu drei Beispiele an.

### Schulischer Misserfolg

Das erste Beispiel bezieht sich auf eine Ursachensuche für schulischen Misserfolg. Nehmen wir an, dass seit diesem Schuljahr die Leistungen von Sabine im Fach Deutsch sehr viel schlechter geworden sind als im Jahr zuvor. Sabine beobachtet also *niedrige Konsistenz*: Über eine längere Zeit hinweg schwanken ihre Leistungen im Fach Deutsch beträchtlich. In allen anderen Fächern jedoch kann sie solche Schwankungen nicht beobachten, es liegt also eine Bereichsspezifität, *niedrige Distinktheit*, vor. Zusätzlich bemerkt sie, dass ihre Mitschüler/-innen diese Schwankungen im Fach Deutsch nicht erleben müssen, sie beobachtet also *niedrigen Konsensus*. Die Kombination dieser Informationen führt Sabine zu dem Schluss, dass es an bestimmten Umständen liegen muss, die zu dieser Leistungsbewertung im Fach Deutsch geführt haben. Nehmen wir an, dass eine neue Deutschlehrerin seit diesem Schuljahr die Klasse unterrichtet, dann hätte sie eine plausible Erklärung für dieses Beobachtungsmuster. Vermutlich käme Sabine dann zu dem Schluss, dass diese Lehrerin ihren persönlichen Stil nicht mag. Sie könnte versuchen, die Kriterien dieser Lehrerin besser zu verstehen und diesen entgegenzukommen. Sie könnte aber auch, alleine oder mit Hilfe, mit der Lehrerin zunächst über ihre Wahrnehmung reden.

### Schulischer Erfolg

Wie kann eine Ursachensuche für schulischen Erfolg aussehen? Nehmen wir an, Annas sprachliche Leistungen sind immer ganz ausgezeichnet gewesen (*hohe Konsistenz*). In allen anderen Fächern zeigt sie ebenfalls brilliante Leistungen (*niedrige Distinktheit*). Und ihre Leistungen überragen die der anderen Schüler/-innen ihrer *Klasse (niedriger Konsensus)*. Anna muss zu dem Schluss kommen, dass die guten Leistungen etwas mit ihrer Person zu tun haben. Sie könnte zu dem Schluss kommen, dass sie besonders intelligent ist oder vielseitig hochbegabt oder aber, dass sie sich immer angemessen vorbereitet, also besonders ausgezeichnet organisiert ist und sich angemessen anstrengt. In jedem Fall erscheint hier eine Attribution auf die Person angemessener als im ersten Beispiel, welches eine Informationskonstellation beinhaltet, die eine Attribution auf Umstände nahe legt.

### Schulischer Misserfolg: Weitere Ursachen

Ein letztes Beispiel befasst sich mit einer weiteren Ursachenanalyse schulischen Misserfolgs. Nehmen wir an, die Mathematiknoten von Daniel sind in den letzten Jahren gleich bleibend unbefriedigend ausgefallen (*hohe Konsistenz*). In allen anderen Fächern jedoch zeigt Daniel befriedigende Leistungen *(hohe Distinktheit)*. Auf eine Schwäche in Mathematik, also eine Attribution auf die Person, kann jedoch nicht geschlussfolgert werden, denn es zeigt sich, dass auch die Mathematikleistungen der anderen Schüler/-innen unbefriedigend sind (*hoher Konsensus*). Eine Attribution auf Entität, also den Bereich der Mathematik, scheint hier nahe zu liegen. Möglicherweise ist das Fach, so wie es inhaltlich an die Schüler/-innen herangetragen wird, zu schwierig für die Klasse. Oder die Vermittlungsinstanz, also die Didaktik des Faches durch den Lehrer, erfolgt unbefriedigend.

Die Beispiele zeigen, wie jede Leistungsrückmeldung, die einigermaßen wichtig für den entsprechenden Schüler und die jeweilige Schülerin ist, mit einer Informationssuche verbunden sein wird. Diese muss nicht unbedingt gezielt oder bewusst ablaufen und sie wird im Alltag auch nicht immer so eindeutig wie in diesen Beispielen sein. Hinzu kommt, dass wir häufig mit unvollständigen Informationen vorlieb nehmen müssen und diese überdies auch noch ungenau verarbeiten, nämlich sehr häufig so, dass sich unser Selbstwert nicht unnötig mindert.

Die Attributionstheorie liefert trotz aller Kritik, auch an ihrem empirischen Vorgehen, einen sinnvollen Bezugs- und Begriffsrahmen, innerhalb dessen plausible Annahmen über die Prozesse der Ursachenfindung aufgestellt werden können. Die Theorie zeigt vor allem, dass Lehrer/-innen und Eltern den Schüler/-innen dabei helfen können, realistische Ursachen für Erfolg und Misserfolg aufzuspüren. Warum dies auch aus emotionaler Sicht wünschenswert ist, wird deutlich nach den nächsten beiden Abschnitten werden, existenzielle Attributionen und attributionale Theorien.

## 9.3    Existenzielle Attributionen

Im Mittelpunkt der Attributionsforschung standen lange Kausalattributionen. Eine Ursachenanalyse, das haben wir gesehen, zielt darauf ab, in Erfahrung zu bringen, was genau für das Eintreten von Veränderungen verantwortlich gewesen ist (Buss, 1978), dient also der Spezifizierung einer Ursache als Ergebnis einer Diagnose (Toulmin, 1970). Weiterhin besteht das Ziel einer Kausalanalyse darin, durch eine sinnvolle Erklärung Kontrolle über zukünftige Ereignisse zu gewinnen.

Bereits Aristoteles unterscheidet nun mehrere Ursachenarten, die neben den klassischen Ursachen (causes) auch sog. Gründe (reasons) beinhalten: 1. bewirkende Ursachen (im Sinne von vorauslaufenden Bedingungen); 2. materielle Ursachen (das Wesen eines Objektes oder einer Person wird verursacht durch den Stoff oder die Mittel, aus dem oder vermittels derer es oder sie gemacht ist); 3. die Ursache der Form (Merkmale eines Objektes oder einer Person sind durch seine oder ihre Gestalt determiniert), und 4. das Ziel, um dessentwillen ein Ereignis eintritt oder gewünscht wird. Buss (1978) führte als einer der ersten Forscher das Konzept der Gründe in die Attributionsforschung ein, definiert als die Ursache dafür, *wozu* ein Wechsel herbeigeführt wurde. Gründe liefern nach Toulmin die Antwort auf eine Herausforderung. Gründe unterstellen demnach einer Person immer eine Intention.

## Die Suche nach einem Sinn

Menschen sind nicht unbedingt immer zufrieden, wenn sie für ein wichtiges Ereignis eine analytische Erklärung gefunden und die damit zusammenhängenden Gründe spezifiziert haben (Wong, 1991). Sie sind darüber hinaus in einem hohen Maße bestrebt, einen *Sinn* in den sie betreffenden Ereignissen zu erkennen. Neben der Suche nach Ursachen als Erklärung für das *Warum* und Gründen als Antwort auf Herausforderungen, ist also auch die Suche nach Bedeutung wichtig. Menschen sind also nicht nur naive Wissenschaftler, sondern in gleicher Weise naive Philosophen und Moralisten. Die Antworten, welche Menschen finden, um Ereignissen einen Sinn zu verleihen, nennt Wong existenzielle Attributionen. In der griechischen Mythologie wurde jedem fatalen Lebensereignis in Abhängigkeit von seiner Art sogar ein bestimmter Gott oder eine Göttin zugeordnet. Darauf basiert eine Klassifikation von Erklärungen als schicksalhaft erlebter Ereignisse nach Konrad (1947; siehe Tab. 8).

*Existenzielle Attributionen* sind in der psychologischen Literatur vor allem für solche Personen untersucht worden, die Opfer extrem negativer Ereignisse wurden. Eine der ersten Studien hierzu, allerdings ohne die Verwendung des Begriffs der existenziellen Attribution, stammt von Rosenman (1956). Rosenman beschreibt aus einem psychoanalytischen Blickwinkel heraus, wie katastrophale Ereignisse wie die von Tornados angerichteten Verwüstungen im Sinne einer Regression personifiziert werden. Die mit dieser Regression einhergehende Verminderung mentaler Prozesse würde zu einer paranoid-schizoiden Interpretation von Ereignissen führen wie „Es ist eine gerechte Strafe", „Dies ist ausgleichende Gerechtigkeit". Gleichzeitig könnte aber durchaus eine vollkommen rationale Kausalanalyse vorgenommen werden. Existenzielle Attributionen, also Konzepte, die ein Ereignis bedeutsam machen können, werden von Rosenman also in einem gewissem Sinne pathologisiert.

**Tab. 8:** Klassifikation schicksalhafter Ereignisse nach Konrad (1947)

| Kategorien schicksalhafter Ereignisse | Bedeutung |
| --- | --- |
| **Sphinx** – *das rätselhafte Schicksal* | *Warum ist ein Ereignis passiert? Die Antwort bleibt ein Rätsel.* |
| **Anangke** – *die Schicksalsnotwendigkeit (unabwendbares Schicksal)* | *Etwas wird geschehen, weil es geschehen muss.* |
| **Moira** – *das tragische Schicksal* | *Ein tragisches Ereignis, das aus menschlicher Perspektive als sinnlos empfunden wird, aber einen tragischen übergeordneten Sinn hat.* |

| Kategorien schicksalhafter Ereignisse | Bedeutung |
|---|---|
| **Nemesis** – *das rächende Schicksal* | *Betont den Aspekt von Schicksal als Ausdruck sittlicher Weltordnung.* |
| **Pronoia** – *die Schicksalsordnung (Schicksal als Vorsehung)* | *Ein kosmisches Gesetz, welches ein universal ordnendes Schicksal erschafft.* |
| **Tyche** – *der Zufall* | *Ein Ausdruck der Willkür, des Nicht-Notwendigen.* |
| **Daimon** – *das innere Müssen* | *Ein Ausdruck der Willkür, des Nicht-Notwendigen.* |

## Positive Effekte existenzieller Attributionen

Eine der ersten Untersuchungen, die sich mit einer positiven Funktion solcher zunächst dysfunktional anmutenden existenziellen Attributionen beschäftigte, stammt von Janoff Bulman und Wortman (1977). Die Autorin und der Autor interviewten durch einen Verkehrsunfall querschnittsgelähmte Personen zu der Frage „*Warum ich?*", also der Frage, die nach Wong (1991) eine existenzielle Suche auslöst. Darüber hinaus wurde das Personal der Rehabilitationsklinik danach befragt, wie gut die Patient/-innen mit der Situation umgehen würden. Überraschenderweise finden Janoff Bulmann und Wortmann, dass diejenigen Patienten, die sich selbst die Schuld an diesem Ereignis zuschreiben, bessere Copingstrategien ausbilden. Auf die Frage „*Warum ich?*" geben die Patienten Antworten, die ebenfalls teilweise von Rosenman berichtet wurden. Janoff Bulmann und Wortmann teilen diese u. a. ein in Vorherbestimmung, Bewertung des Ereignisses als positiv („Dies war das Beste, was mir passieren konnte, weil ich endlich mein Schicksal entscheiden musste…") und Wahrscheinlichkeit, „Ich habe es verdient". Sie berichten, dass diejenigen Patienten, die Wahrscheinlichkeitserklärungen abgeben – also eher ein statistisches Weltbild haben – am ehesten andere Personen für das Ereignis verantwortlich machen, also dementsprechend dysfunktionalere Copingstrategien herausbilden. Patienten hingegen, denen es gelingt, das Ereignis positiv umzubewerten, kommen – in den Augen anderer – besser mit den Folgen des Unfalls zurecht.

Inwieweit nun existenzielle Attributionen hier einen Effekt auf die Ausbildung nützlicher Copingstrategien angesichts eines gravierenden Ereignisses sowohl aus Bobachter-, als auch aus Betroffenenperspektive haben, sind offene Fragen, die Wong mit Hilfe seines Modells für existenzielle Attributionen zumindest theoretisch zu klären versucht.

Nach dem Auftreten eines erwartungswidrigen Ereignisses oder dem Infragestellen von Werten wird nach Wong (1991) eine existenzielle Suche eingeleitet, die durch Fragen charakterisiert ist wie „*Warum ich*", „*Was ist der Sinn?*" Diese Suche führt dazu, dass das Leben rückwirkend als Ganzes betrachtet wird. Positive existenzielle Attributionen führen zu dem Gefühl von Kohärenz, Ich-Integrität und einer neuen Begeisterung für das Leben. Negative existenzielle Attributionen hingegen geben der betroffenen Person den Eindruck von Sinnlosigkeit und führen zur Konfusion, Verzweiflung und Depression.

Bei dem Eintreten von wichtigen Ereignissen ist also davon auszugehen, dass alle Varianten von Attributionen auftreten können. Wenn beispielsweise eine Person durch eine wichtige Prüfung fällt und sich vorauslaufend nur schlecht auf dieses Ereignis vorbereitet hat, dann kann als Ursache für das Eintreten mangelnde Anstrengung ausfindig gemacht werden und als Grund für das Ereignis, dass dieses eingetreten ist, um endlich die ungeliebte Ausbildung beenden zu können. Der Sinn dieses Ereignisses wird aber erst durch die Hinzuziehung von nicht unbedingt rational nachvollziehbaren Dimensionen gefunden, beispielsweise indem diese Person sich sagt, dass es ihr persönliches Schicksal sei, nur über Umwege an ein ihr noch unbekanntes Ziel zu gelangen. Alle drei Ebenen der Ereignisanalyse sind wichtig, auch wenn es sein mag, dass sich ihre einzelnen Inhalte widersprechen (siehe Abb. 12).

## Beobachtende und handelnde Person

Diese Widersprüche treten aber oft nur zutage, wenn eine Beobachterperspektive eingenommen wird. So wird ein außenstehender Beobachter beispielsweise eines Unfalles eher Kovariationsinformationen und kausale Schlussfolgerungen darüber anstreben wie verantwortlich die betroffene Person für den Unfall ist (Rudolph & Steins, 1997; vgl. auch Försterling und Rudolph, 1988). Das Unfallopfer selber jedoch wird sich neben der *Warum*-Frage in gleichem Maße die *Wozu*-Frage stellen, um dem jeweiligen Ereignis einen subjektiven Sinn zu geben.

Buss (1978) geht dementsprechend davon aus, dass Beobachter vornehmlich auf der klassischen Ursachenebene bleiben, wenn einer *anderen* Person etwas widerfährt. Nur dann, wenn sie der anderen Person eine Intention im Zusammenhang mit dem Ereignis zuschreiben können, würden sie auch nach Gründen suchen.

Buss' Argumentation findet Bestätigung durch einen Befund von Rudolph und Steins (1997). Außenstehende Beobachter konnten die existenziellen Attributionen einer mit HIV infizierten Person, (bspw. „Ich habe mich infiziert, weil dies mein persönliches Schicksal ist"), nur schlecht nachvollziehen und bewerteten diese als dysfunktional. Allerdings zeigten solche Beobachter, die für sich die Wahrscheinlichkeit, sich mit HIV zu infizieren, nicht ausschlossen, ein stärker ausgeprägtes Verständnis. Es ist also wichtig für die Analyse existenzieller Attributionen sowohl die Beobachterper-

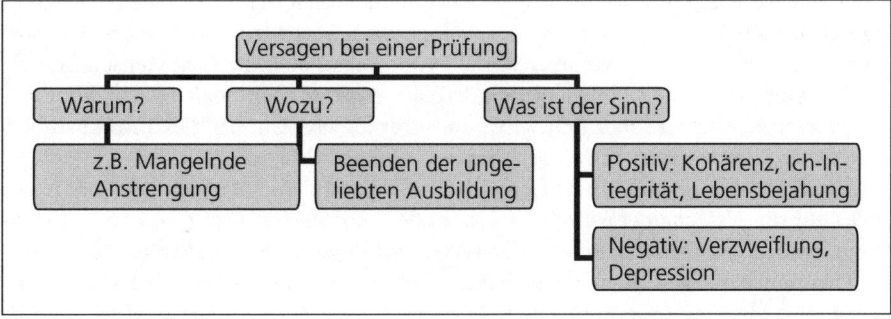

**Abb. 12:** Ebenen von Attributionen. Ausgangsereignis: Versagen bei einer Prüfung

spektive von der Perspektive der handelnden Person getrennt zu untersuchen als auch die Involviertheit des Beobachters mit einzubeziehen.

### 9.3.1 Anwendung auf den schulischen Alltag

Schüler/-innen, die mit einem ständigen schulischen Misserfolg konfrontiert sind, werden neben den klassischen Kausalattributionen ebenfalls eine Suche nach dem Sinn ihrer schulischen Misere starten. Je nachdem, zu welcher Antwort sie kommen, werden sie möglicherweise sogar besser mit der schulischen Situation zurechtkommen. Funktionale existenzielle Attributionen können in der Annahme eines längerfristigen Sinns liegen (Rudolph & Steins, 1997) und verbessern die emotionale Verarbeitung negativer Ereignisse.

Lehrpersonen und Eltern können auch hier, genau wie bei der Kausalanalyse, Hilfestellung dabei geben, das schulische Erleben des Schülers und der Schülerin mit einem bestimmten Sinn zu belegen.

Entwickeln Schüler/-innen beispielsweise negative existenzielle Attributionen – *„Schule macht für mich überhaupt keinen Sinn, sie ist ein Fluch für mich!"* – kann das zu einer endlosen Abwärtsspirale hinsichtlich ihrer Motivation und schulischen Leistungen führen, die sich vor allem mit den damit verbundenen Emotionen der Depression und Verzweiflung, mit Rückzugsverhalten oder Wut und hiermit verbundenen aggressiven Verhaltensweisen äußern kann.

Positive existenzielle Attributionen angesichts einer schulischen miserablen Position können nur durch die Hoffnung etabliert werden, dass die Situation nicht von Dauer ist und möglicherweise doch einen übergeordneten Sinn hat. Gerade für zutiefst demotivierte Schüler/-innen muss ein übergeordneter Sinn gefunden werden, der den als negativ erlebten schulischen Alltag erträglich macht. Statt sich beispielsweise zu sagen *„Mathematik ist ein Fluch für mich!"*, wäre hierzu eine parallele positive existenzielle Attribution hilfreicher: *„Das Schicksal will, dass ich Mathematik besonders gründlich lerne!"*. Dabei sind intensive Gespräche mit Lehrpersonen und Eltern eine Notwendigkeit.

## 9.4 Attributionale Theorien

Die Relevanz von Attributionstheorien wird meistens erst richtig deutlich, wenn auch die attributionale Komponente berücksichtigt wird. Das Menschenbild attributionaler Theorien bezieht einen weiteren Aspekt von Menschsein ein: Der Mensch ist nicht nur Wissenschaftler und Philosoph, sondern aus einer attributionalen Perspektive heraus, vor allem Richter: über sich selbst und über andere. Um bei diesem Bild zu bleiben: Das Klassenzimmer ist ein Gerichtssaal (Weiner, 2000).

Attributionale Theorien beziehen sich im Gegensatz zu Attributionstheorien also nicht auf die *Ursachen* von Ereignissen, sondern auf deren *Folgen* und zwar auf die Folgen für unsere Gefühle, unsere Gedanken und unser Verhalten. Dabei machen diese Theorien Aussagen über die Bedeutung der Folgen für das einzelne Individuum selbst (also für die intraindividuelle Ebene) und für die Beziehungen zwischen den Individuen (interindividuelle Ebene).

## Informationen und Kausaldimensionen

Der Ausgangspunkt attributionaler Theorien sind die uns nun mittlerweile bekannten Informationen Konsensus, Distinktheit und Konsistenz. Diese Informationen werden nicht nur neutral zur Kenntnis genommen, sondern entlang bestimmter Kausaldimensionen bewertet (siehe Abb. 13). Nimmt ein Schüler wahr, dass alle Mitschüler/-innen in einer Deutscharbeit eine gute oder befriedigende Note erhalten haben, dann wird es ihm schwer fallen, externale Ursachen für seine schlechte Leistung ausfindig zu machen wie beispielsweise, dass die Aufgabenstellung unfair gewesen wäre. Er wird bei niedrigem Konsensus dazu neigen, eher internale Ursachen zur Erklärung heranzuziehen wie beispielsweise eine geringe Fähigkeit oder eine geringe Anstrengung.

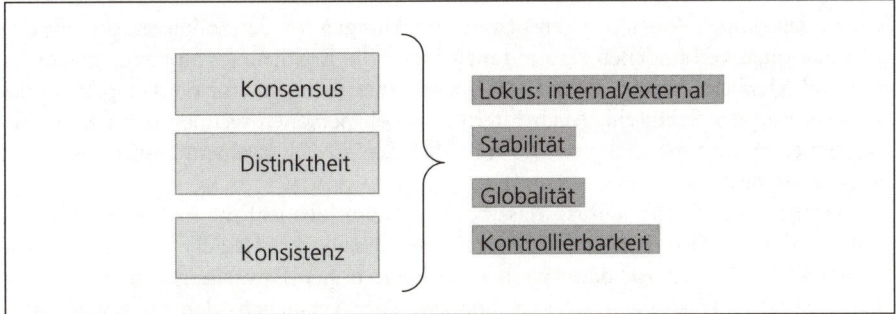

**Abb. 13:** Informationen und Kausaldimensionen

**Tab. 8:** Warum habe ich eine schlechte Note in der Deutschklausur erhalten?

|  | internal | | external | |
|---|---|---|---|---|
|  | **stabil** | **unstabil** | **stabil** | **unstabil** |
| **global** | Ich bin eben nicht intelligent. | Ich habe Eisenmangel und kann mich nicht richtig konzentrieren. | Prüfungen sind immer viel zu schwer. | Arbeiten in der ersten Stunde kann ich nicht gut. |
| **spezifisch** | Ich konnte noch nie schreiben. | Deutsch hasse ich. | Diese Deutscharbeit war besonders schwierig. | Heute morgen bin ich mit dem linken Fuß zuerst aufgestanden. |

Je nachdem wie konsistent über Zeit dieses Ereignis auftritt, wird er die ausgemachten Ursachen als mehr oder weniger stabil einschätzen, also Erwartungen für seine zukünftigen Deutschleistungen herausbilden. Und je nachdem, wie häufig er auch in anderen Fächern zu ganz wenigen Schüler/-innen mit schlechten oder guten Noten gehören wird, wird er globale oder aber spezifische Erwartungen an seine Leistungen etablieren. Alle drei Kausaldimensionen vermitteln ihm zusammen das Ausmaß der Kontrolle, über das er hinsichtlich eines bestimmten Teilbereichs oder aber der Schule insgesamt verfügt (siehe Tabelle 8). Auf diesen Kausaldimensionen können wir Theorien über sich selbst ablesen. Diese Theorien haben Konsequenzen, wie nun im Einzelnen ausgeführt wird.

### 9.4.1 Die Anwendung auf den schulischen Alltag

Zunächst wird die intraindividuelle Ebene dargestellt, nämlich die Auswirkungen der Kausaldimensionen auf der individuellen kognitiven, emotionalen und Verhaltensebene. Danach folgt die Anwendung attributionaler Theorien auf die interindividuelle Ebene.

### Auswirkungen der Kausaldimensionen auf der kognitiven Ebene

Wie in den obigen Ausführungen bereits angeklungen ist, determinieren die mit den Informationen verbundenen Kausaldimensionen die Erwartung von zukünftigem Erfolg und Misserfolg (siehe Abb. 14). Dies gilt aber nicht nur für die Perspektive des Schülers und der Schülerin. Auch Eltern und Lehrpersonen wenden diese Kausaldimensionen an und schätzen ein, wie ein/-e Schüler/-in sich in einem bestimmten Fach entwickeln wird.

Kommen sie zu dem Schluss, dass beispielsweise Jens jegliche mathematische Fähigkeit abgeht, also eine stabile, internale, spezifische Ursache annehmen, die schwer kontrollierbar ist, dann werden sie keine hohen Erwartungen mehr in Jens' mathematische Leistungen stecken, sondern eher versuchen, den zu erwartenden Schaden zu begrenzen. Möglicherweise schulen sie Jens um oder versuchen seine Leistung in einem Fach, in dem er „intelligent" ist, zu stärken. Kommen sie allerdings zu dem Schluss, dass Jens eigentlich hohe mathematische Fähigkeiten besitzt, aber faul ist, sich also nicht befriedigend auf Mathematikarbeiten vorbereitet, dann werden sie aufgrund dieser zwar internalen, aber variablen und spezifischen und kontrollierbaren Ursache für Jens' schlechte Mathematiknoten gezielt versuchen, Jens zu mehr Anstrengung zu bewegen und ihn gezielt loben beziehungsweise tadeln.

Hinsichtlich der Dimension Internalität/Externalität können wir einige interessante Befunde entdecken, die wiederum dafür sprechen, dass wir nicht unbedingt nur wie naive Wissenschaftler/-innen an Ursachenanalysen herangehen, sondern dazu neigen, selbstwertdienliche Ursachen ausfindig zu machen. Jungen und Männer neigen im Gegensatz zu Mädchen und Frauen eher dazu, für Erfolg internale Ursachen, für Misserfolg jedoch externale Ursachen zur Erklärung heranzuziehen (siehe hierzu Deaux & Farris, 1977; Hamid & Lok, 1995). Eine gute Mathematiknote würde also bei einem Schüler wahrscheinlich dazu führen, dass er sich für mathematisch begabt hält, eine Schülerin hingegen würde dieses Ereignis wahrscheinlich für Zufall halten.

Auch Lehrpersonen verhalten sich hier selbstwertdienlich. Den Erfolg von Schülern und Schülerinnen führen sie gerne auf ihren Unterricht zurück, den Misserfolg jedoch auf die mangelnde Anstrengung oder Fähigkeit der Schüler/-innen. Bei auftauchenden Problemen konzentrieren sich Lehrpersonen auf Faktoren, die etwas mit den Schüler/-innen zu tun haben (Medway, 1979; Heckhausen, 1980, S. 480). Das Gleiche gilt aber auch für Kinder, wie Guttmann (1982) bei einer Untersuchung mit 220 Schülern und Schülerinnen aus den Klassen 4, 5 und 6 feststellen konnte: Kinder und Lehrer spielten Ursachen, die etwas mit ihnen zu tun gehabt hätten, herunter und attribuierten eher auf andere Faktoren. Nur die Eltern versuchten, die möglichen Ursachen auf verschiedene Bereiche zu verteilen: Auf ihr eigenes Kind, die Lehrpersonen, andere Kinder, die Umgebung des Kindes und sich selbst. Eltern sind situational nicht so involviert und können möglicherweise schulisches Geschehen differenzierter wahrnehmen.

Aufgrund dieser Perspektivendivergenz kommt es vermutlich auch zu den häufig zu beobachtenden Konflikten zwischen Elternschaft und Lehrpersonen. Da Letztere diejenigen Faktoren, die mit ihnen zu tun haben, bei auftauchenden Problemen herunterspielen, wie beispielsweise die Gestaltung des Unterrichts, werden Lehrpersonen sich persönlich angesprochen fühlen, wenn ausgerechnet solche Faktoren von Eltern als kausal wirksam für auftauchende Schwierigkeiten ihres Kindes gehalten werden. Eltern ziehen aber genau solche Ursachen auch in ihre Kausalanalyse mit ein (Beckman, 1976).

Selbstwertdienliche Kausalanalysen haben also etwas mit der Perspektivendivergenz involvierter beziehungsweise nicht-involvierter Personen zu tun: Wenn eine Person in ein Ereignis involviert ist, macht sie eher situationale Faktoren, also externale Faktoren für das Eintreten von Ereignissen verantwortlich. Von außen sieht die Angelegenheit schon wieder ganz anders aus. Eltern sind jedoch nicht reine Beobachter/-innen, sondern stellen einen Grenzfall dar. Warum viele Beteiligte des schulischen Alltags keine unabhängigen Beobachter/-innen darstellen, sondern Ursachenanalysen betreiben, die eher auf externale Ursachen bei Misserfolg und internale Ursachen bei Erfolg hinauslaufen, wird deutlich, wenn wir uns die emotionalen Auswirkungen der Kausaldimensionen vergegenwärtigen.

Betrachten wir die emotionalen Auswirkungen verschiedener Ausprägungen von Kausaldimensionen (siehe Abb. 15), müssen wir zu dem Schluss kommen, dass diese relativ gravierend sein können. Internale Ursachen wie Fähigkeit oder angemessene Anstrengung führen bei guter Leistung zu Stolz und einer Steigerung des Selbstwerts, während externale Ursachen das Gefühl von Unkontrollierbarkeit vermitteln, also unsere Hoffnung beziehungsweise Hilflosigkeit angesichts der Anforderungen eines Fachs verstärken. Die Annahme stabiler Ursachen zieht vergleichbare Konsequenzen nach sich.

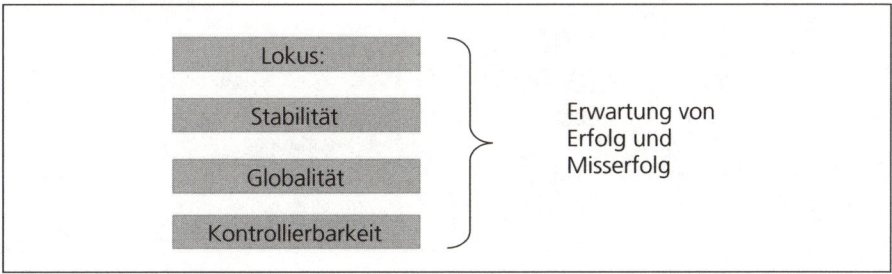

**Abb. 14:** Auswirkungen der Kausaldimensionen auf der kognitiven Ebene

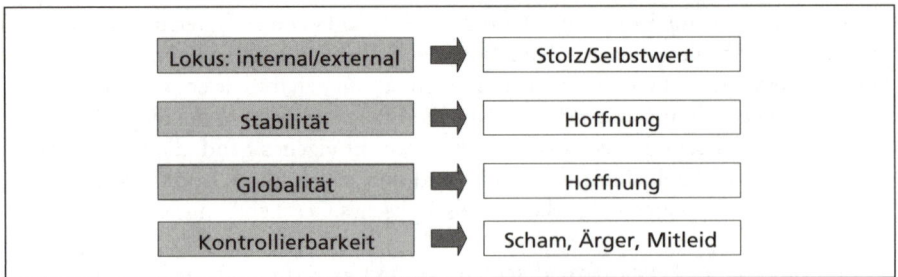

**Abb. 15:** Auswirkungen der Kausaldimensionen auf der emotionalen Ebene

### Auswirkungen der Kausaldimensionen auf der Verhaltensebene

Es erscheint zwingend logisch, dass eine geringe Erwartung von Erfolg Schüler/-innen dazu bringt, keine anspruchsvollen Aufgaben mehr zu bearbeiten, bei auftretenden Schwierigkeiten früh abzubrechen und sich nicht zu bemühen, hilfreiche Strategien für die Aufgabenbewältigung zu entwickeln (siehe Abb. 16). Genauso werden Lehrpersonen denjenigen Schüler/-innen, von denen sie Erfolg erwarten, anspruchsvollere Aufgaben stellen als denjenigen, von denen sie Misserfolg erwarten. Je anspruchsvoller indes die Aufgabenbearbeitung ist und je mehr Ausdauer hier investiert wird, desto mehr Strategien entdecken Schüler/-innen und desto positivere Gefühle werden sie hinsichtlich des entsprechenden Faches entwickeln.

Attributionale Theorien zeigen also deutlich, wie sich im schulischen Bereich individuelle Leistungssysteme entwickeln und stabil halten können.

Die Auswirkungen von Theorien über sich selbst auf das Verhalten hat Dweck (1999) eingehend beschrieben. Sie unterscheidet sog. *bewältigungsorientierte* Kinder von *hilflosen* Kindern (siehe Abb. 17).

Während ein Misserfolg bei bewältigungsorientierten Kindern die Anstrengung und die Konzentration steigert, sie ihre Strategien zur Erarbeitung der Aufgabe verändern, eine hohe Ausdauer zeigen bei dem Auffinden einer Lösung für eine Aufgabe und sich selber hilfreiche Instruktionen geben, verharren hilflose Kinder bei der Anwendung ineffektiver Lösungsstrategien, wiederholen diese beharrlich, obwohl sie auch zuvor nicht zu einer Lösung geführt haben, äußern Selbstzweifel und lenken

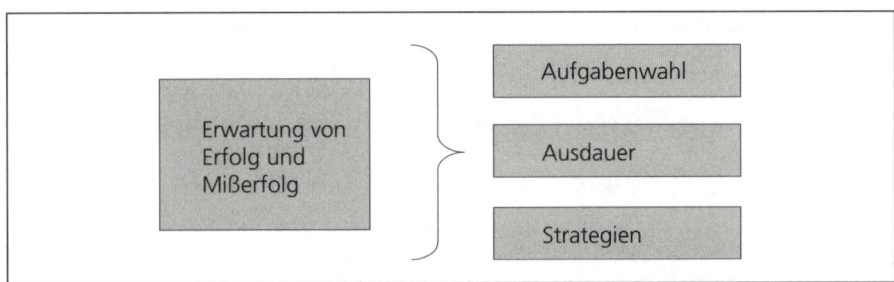

**Abb. 16:** Auswirkungen der Kausaldimensionen auf der Verhaltensebene

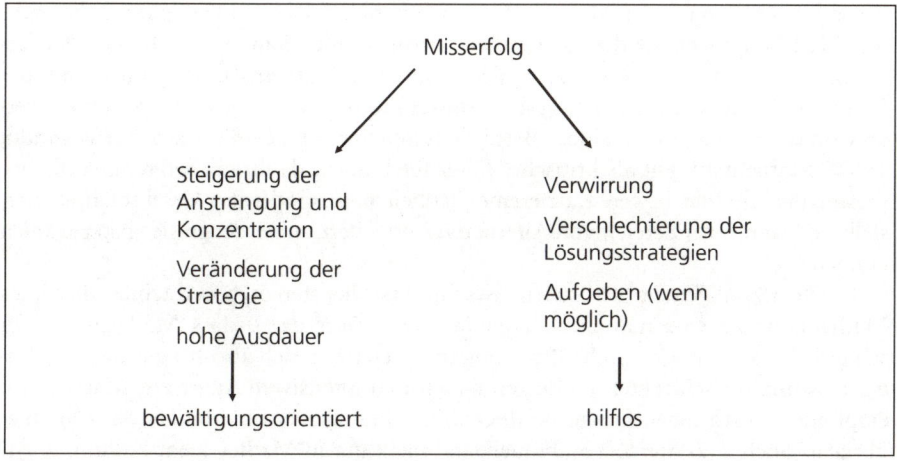

**Abb. 17:** Das Verhalten bewältigungsorientierter versus hilfloser Kinder nach erlebtem Misserfolg

sich mit irrelevanten Gedanken ab (Sie stellen sich zum Beispiel vor: Heute abend kommt ein guter Film im Fernsehen). Wenn es möglich ist, geben sie auf.

Während bewältigungsorientierte Kinder also offensichtlich ihren bisherigen Misserfolg auf instabile internale spezifische Ursachen zurückführen und sich so verständlicherweise mehr anstrengen, nehmen hilflose Kinder Ursachen für ihren Misserfolg an, die internal, global und stabil sind.

## Auswirkungen eines globalen internalen und stabilen Attributionsstils

Dweck (1999) führte einige Untersuchungen über begabte intelligente Mädchen durch. Ihre Frage war, warum begabte Mädchen häufig trotz schulischen Erfolges ein negatives schulisches Selbstkonzept ausbilden. Intelligente Mädchen bringen die besten Leistungen, besonders in der Grundschule. Sie stellen jedoch eine sog. hoch vulnerable Gruppe dar, also eine extrem verwundbare Gruppe von Personen. Ein Teil dieser Gruppe entwickelt nach Dwecks Beobachtungen ein gelerntes Hilflosigkeitsmuster angesichts von Schwierigkeiten.

Dies macht sich folgendermaßen bemerkbar: Hochbegabte Mädchen wählen, wenn sie die Wahl haben, häufiger leichte Aufgaben im Vergleich zu anderen Kindern, und zwar mit Vorliebe eine Aufgabe, die so leicht ist, dass ein Fehler unwahrscheinlich wird. Hingegen wählen Jungen seltener leichte Aufgaben, sondern häufiger Aufgaben, für die sie sich anstrengen müssen. Hier entdecken wir bei Jungen eine positive und sinnvolle Korrelation zwischen Intelligenz und Wahl eines Themas. Je höher der Intelligenzquotient von Jungen ausfällt, desto eher können sie schwierige Themen meistern. Dweck beschreibt ein kontraintuitives Datenmuster für die Mädchen: Je höher der Intelligenzquotient von Mädchen, desto schneller sind diese bei Schwierigkeiten verwirrt und bringen schlechtere Leistung.

Besonders im Bereich der Mathematik machen sich solche Schwierigkeiten bemerkbar. Mädchen, wenn sie die Gelegenheit haben, wählen häufiger als Jungen Mathematik und Naturwissenschaften in der Schule ab. Mathematik ist jedoch eine der Schlüsselfähigkeiten, die wir erwerben müssen, wenn wir später in interessanten, verantwortlichen und gut bezahlten Berufsfeldern agieren möchten (Betz & Fitzgerald, 1987). Mathematik gilt als kritischer Filter für Frauen, da ihre Beherrschung die Voraussetzung für die besten Karrieremöglichkeiten in modernen Gesellschaften darstellt und somit den Bereich von Alternativen erweitert, unter denen sie später wählen können.

Das hierzu allgemein verbreitete Geschlechtsrollenstereotyp betrachtet allerdings Mathematik als eine männliche Domäne. Das führt dazu, dass Mädchen durchschnittlich ihre mathematische Begabung unterschätzen, sich also bei gleicher objektiver Leistung für schlechter als Jungen halten und intensivere Angst vor Mathematik empfinden. Auch sehen Frauen Mathematik als nützlicher für Männer an – Männer übrigens auch. Das Stereotyp „Frauen sind nicht gut in Mathe" zieht bestimmte Attributionen, also Theorien über sich selbst, nach sich. Ein biologisches Geschlecht zu haben beziehungsweise nicht zu haben, ist jedoch chronisch unkontrollierbar. Stereotype dienen so als Vehikel für Attributionen, auf denen hilfreiche und nicht hilfreiche Theorien über sich selbst basieren können (Reyna, 2000).

Dweck bezieht als Erklärung für ihre Befunde über intelligente Mädchen die Theorie der gelernten Hilflosigkeit ein (Abramson, Seligman & Teasdale, 1978), die wesentliche attributionstheoretische Elemente enthält. Sie geht davon aus, dass begabte Mädchen ein globales Konzept von Intelligenz und Begabung entwickeln. Ein globales Konzept besagt, dass eine Person entweder übergreifend intelligent ist oder nicht. Intelligenz ist nach dieser Auffassung keine flexible, sich entwickelnde Größe, sondern eine Persönlichkeitsdisposition. So kann es kommen, dass begabte Mädchen trotz guter Leistungen, die sich in Schulnoten zeigen, ein Hilflosigkeitsmuster entwickeln. Trotz ihres Erfolges erleben sie keine Kontingenz; sie sehen keinen Zusammenhang zwischen ihren Tätigkeiten, ihren Anstrengungen und ihrer Leistung.

Es bildet sich ein hoch ungünstiges Attributionsmuster heraus, das wir insbesondere für eine Teilgruppe begabter Mädchen entdecken können. Haben solche Mädchen Erfolg, so sind sie geneigt, diesen auf äußere Umstände, die unkontrollierbar sind, zurückzuführen. Sie nehmen an, es sei Glück gewesen, dass sie wiederholt eine gute Note in Mathematik erzielt haben. Bei Misserfolg indes sind sie geneigt, die schlechte Leistung auf mangelnde Fähigkeit und mangelnde Intelligenz zurückzuführen, also auf Faktoren, die ebenfalls schwer zu kontrollieren sind, insbesondere eben darum, weil begabte Mädchen häufig ein globales Konzept von Intelligenz verinnerlicht haben. Darüber hinaus sind diese Faktoren personenspezifisch, was die Verantwortlichkeit der Person für ein unerwünschtes Ereignis erhöht, dennoch aber keine gute Prognose für die Zukunft liefert, da diese Faktoren als permanent angesehen werden. Mädchen gelangen also trotz objektiven Erfolgs häufiger bei dem ersten Misserfolg zu dem Schluss: *„Ich bin nicht schlau".* Auch erinnern sie Misserfolg eher als Erfolg und ziehen negative Schlüsse über die eigene Person im Falle des Versagens.

Bei Jungen bildet sich bei Schwierigkeiten eher der Fokus auf Anstrengung heraus. Ein Problem wird als Problem angesehen und nicht als Merkmal der eigenen Person. Fehler werden so als Möglichkeit zum Lernen, als Herausforderung aufgefasst, nicht als Ausdruck persönlichen Versagens. Diese Wahrnehmung führt langfristig dazu, dass sie ihre Leistungen steigern können. Da gerade intelligente Mädchen eine globale Theorie von Intelligenz verinnerlicht haben, bedeutet für sie eine Herausforderung eine Bedrohung und Fehler sind eine persönliche Verdammnis.

Auch hier ist es in Übereinstimmung mit den in Kapitel 6 formulierten Überlegungen zur zentralen Variable Geschlecht sicherlich weitaus hilfreicher für Lehrpersonen, Gruppen in ihren Klassen nicht nach der Variable Geschlecht aufzuteilen. Wir können davon ausgehen, dass sich Hilflosigkeit und Bewältigungsorientierheit sowohl bei Jungen als auch bei Mädchen entwickeln kann. Hinzu kommt, dass ein und derselbe Schüler oder dieselbe Schülerin in einem Fach bewältigungsorientiert ist, in einem anderen jedoch eine Hilflosigkeit entwickelt. Es ist also wichtig, für die individuelle schulische Situation der Schüler/-innen ein Gespür zu entwickeln.

## Interindividuelle Auswirkungen der Kausaldimensionen

Je nachdem, welche Kausaldimensionen aus den gegebenen Informationen herangezogen werden, entsteht bei uns der Eindruck, dass eine Person mehr oder weniger selbst verantwortlich für ein Ereignis ist. Hat eine Lehrperson beispielsweise über Schüler Max die Theorie entwickelt, dass dieser zu bequem ist und sich trotz guter Förderung einfach nicht genug anstrengt, so wird sie ihn verantwortlicher für eine schlechte Note halten als Schülerin Lisa, die sich extrem lange und gut vorbereitet, aber dennoch regelmäßig bei Klausuren den Überblick verliert. Auch wenn beide eine vergleichbare Note erzielen, wird die Lehrperson dennoch aufgrund unterschiedlich wahrgenommener Verantwortlichkeit für diese Note unterschiedlich auf beide reagieren.

Weiner (2000) fasst in einem einfachen, vielfach bestätigten Modell die Auswirkungen wahrgenommener Verantwortlichkeit zusammen (siehe Abb. 18). Demnach führt die Wahrnehmung hoher Verantwortlichkeit für ein negatives Ereignis wie im Fall des Schülers Max dazu, dass der entsprechende Lehrer wenig Mitleid mit diesem empfinden wird, jedoch ein vergleichsweise hohes Ausmaß an Ärger. Er wird ihm

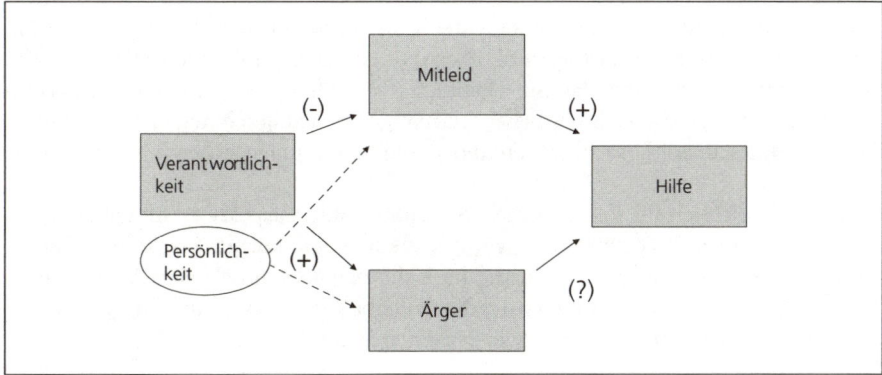

**Abb. 18:** Die Verantwortlichkeitstheorie nach Weiner unter Hinzunahme der Persönlichkeit nach Steins und Weiner (1999)

nicht soviel Unterstützung und Hilfe zuteil werden lassen wie Lisa, die er als wenig verantwortlich für ihre schlechten Noten wahrnimmt. Auch wenn dieses Verhalten möglicherweise unlogisch erscheint – denn beide brauchen offensichtlich Unterstützung – determiniert unser Eindruck von Verantwortlichkeit einer Person für ihre eigene Notlage dennoch unsere für Hilfeverhalten relevanten Gefühle.

Genauso wird es Schüler/-innen mit ihren Mitschüler/-innen gehen. Sie werden bei einer Klassenarbeit sicherlich den Schüler/-innen weniger helfen, die sie verantwortlich für ihre mangelnden Kenntnisse halten (die beispielsweise den ganzen Tag zuvor im Freibad verbracht haben und sich möglicherweise damit brüsten, dass sie auch ohne Vorbereitung durchkommen) als solchen Schüler/-innen, die offensichtlich trotz guter Vorbereitung Schwierigkeiten mit dem entsprechenden Fach aufweisen, für die sie also – sie können es trotz Anstrengung nicht – nicht verantwortlich zu sein scheinen.

Nicht nur die wahrgenommene Verantwortlichkeit, auch die wahrgenommene Persönlichkeit der jeweiligen Person determiniert unseren Ärger und unser Mitleid und damit unser Hilfeverhalten, wie Steins und Weiner (1999) zeigen konnten (siehe Abbildung 18). Hier spielen implizite Persönlichkeitstheorien wieder eine Rolle: Auch wenn wir jemanden als sehr verantwortlich für seine eigene Misere einschätzen, empfinden wir dennoch größeres Mitleid, wenn wir diese Person sympathisch finden, als wenn wir sie unsympathisch finden.

Attributionale Prozesse beeinflussen also das Hilfeverhalten sowohl auf Seite der Schüler/-innen als auch auf derjenigen der Lehrpersonen. Ihr Einfluss auf der interindividuellen Ebene wird besonders an den folgenden Befunden zur Selbstdarstellung deutlich (Juvonen, 2000):

Da Schüler/-innen über die Wirkmechanismen der Verantwortlichkeit wissen, implizit und expliziter mit zunehmendem Alter, stellen sie sich auf eine bestimmte Art und Weise auch unterschiedlich vor Mitschüler/-innen und Lehrern und Lehrerinnen dar. Bei einem Misserfolg werden Schüler/-innen gegenüber Lehrer/-innen gut daran tun, mangelnde Fähigkeit zu demonstrieren. Nur so können sie auf Mitleid und Unterstützung hoffen. Vor ihren Mitschüler/-innen jedoch werden sie in diesem Fall eher differenzielle Antworten geben. Gegenüber als negativ eingeschätzten Peers werden sie betonen, dass sie sich nicht angestrengt haben. Da sie von diesen weder Mitleid, noch Unterstützung erhoffen, ist dies die selbstwertdienlichste Ursachenerklärung, denn sie lässt keine Schlussfolgerung über ihre Fähigkeit in dem jeweiligen Fach zu und legt statt dessen nahe, dass sie eigentlich Kontrolle haben. Gegenüber als positiv eingeschätzten Peers jedoch wird eher auf mangelnde Fähigkeit abgehoben, denn die Wahrnehmung dieser Ursache bei Freunden und Freundinnen sichert Mitleid und Unterstützung.

Eine Möglichkeit für Lehrpersonen, Selbstdarstellungsaspekte zu minimieren, wäre es, von Schüler/-innen zu verlangen, dass sie in einem kurzen Text ihren Lösungsansatz beschreiben und ihre Probleme kurz skizzieren, wenn sie eine Aufgabe nicht können. So ist es weniger zeitintensiv, die Aufgabe zu erledigen und die Schüler/-innen, die es wirklich nicht können, würden einen Text schreiben[12].

---

[12] Eine Implikation von Christina Weyand, Lehramtsstudierende an der Universität Duisburg-Essen.

## Reattributionstraining

Innerhalb des attributionstheoretischen Kontexts sind einige Methoden entwickelt worden, die darauf abzielen, bei sich selbst und anderen nicht hilfreiche Theorien zu erkennen und durch hilfreichere Theorien zu ersetzen. Reattributionstrainings stellen bereits weit entwickelte Methoden dafür da, wie hilfreiche Theorien speziell auch im Leistungskontext entwickelt werden können. Oft ist die Information für Kinder, dass die Hilflosigkeit nicht dauerhaft sein muss und dass sie selbst etwas dagegen machen können, der Anfang für die Entwicklung einer Bewältigungsorientiertheit (vgl. auch Heckhausen, 1980, S. 503).

Bei einem Reattributionstraining werden zunächst alle Informationen rekonstruiert, aufgrund derer wir eine bestimmte Ursache identifiziert haben. Sind die Informationen auch vollständig wahrgenommen worden? Sind sie unverzerrt wahrgenommen worden? Sind die Schlussfolgerungen über die Ursachen korrekt abgeleitet worden? Wie kann im Falle eines begabten Mädchens die Schülerin logisch rechtfertigen, dass sie trotz guter schulischer Leistungen bei niedrigem Konsensus, hoher Konsistenz und niedriger Distinktheit sich für unbegabt hält und ein negatives schulisches Selbstkonzept hat?

Als Nachteil eines Reattributionstrainings wird immer wieder herausgestellt, dass dieses intensive Gespräche mit den Schüler/-innen voraussetzt, für die im schulischen Kontext nicht viel Zeit aufgewendet wird, schon gar nicht auf einer individuellen Ebene. Nach den Befunden einer Metaanalyse von Robertson (2000) sinkt die Effektivität solcher Trainings mit der Gruppengröße der betroffenen Schüler/-innen. Allerdings ist es vielleicht gerade sogar ein Vorteil, dass diese Methode intensive Gespräche mit Schüler/-innen erzwingt. Ohne intensive Gespräche über die Ursachen von mangelnden Leistungen können diese kaum verbessert werden. Es ist nicht Erfolg versprechend, einen Schüler oder eine Schülerin lediglich vor ein Computerlernprogramm zu setzen.

Reattributionstrainings müssen sorgfältig eingesetzt werden. Die in der Attributionstheorie wünschenswerte Ursachenzuschreibung „Anstrengung" im Vergleich zur „Fähigkeit" wird nur dann erfolgreich sein können, wenn Schüler/-innen den Erwerb und Einsatz von angemessenen Strategien gelernt haben. Obwohl der Aufwand groß ist und möglicherweise ein Engagement verlangt, das weder Eltern, noch Lehrer/-innen sehr häufig aufbringen, ist letztendlich der individuelle Diskurs mit den Schüler/-innen entscheidend (Oren, 2001).

Der Vorteil ist jedoch, dass eine Kenntnis über die Prozesse, die zu Theorien über sich selbst und anderen Personen führen, es Schüler/-innen erleichtert, sich realistisch einzuschätzen und sich damit auch effektiver und gezielter vorzubereiten auf bestimmte Leistungskontexte. Deswegen wäre es besonders für Eltern interessant, Gespräche mit reattributionstheoretischem Charakter in den Alltag mit Kindern zu integrieren. Ebenfalls können Theorien wie die Attributionstheorie oder die von Dweck abgeleiteten und im Folgenden dargestellten Implikationen von Lehrern/innen die Schüler/-innen positiv beeinflussen (Tollefson, 2000).

## Theorien über sich selbst und ihre Auswirkungen

Attributionstheorien und attributionale Theorien beschäftigen sich ausdrücklicher als die meisten anderen Theorien mit den Prozessen der Theoriebildung über sich selber. Das ist gerade für den schulischen Kontext interessant. Wie aus Dwecks Untersuchungen deutlich wird, führen globale, internale und stabile Attributionsmuster zu einem Erleben von Hilflosigkeit. Interessanterweise kann dies aber auch der Fall sein, wenn der Inhalt der Attribution sich auf eine positive Größe bezieht. Deshalb stellen die nun folgenden Punkte einige Denkanstöße und Anregungen für eine Diskussion unter Eltern und Lehrpersonen dar (Dweck, 1999):

Wie Dwecks Befunde zum Erleben besonders begabter Mädchen zeigen konnten, war es kein Problem des Selbstwertes, das zum Erleben von Hilflosigkeit angesichts schwieriger schulischer Herausforderungen geführt hatte. Die weit verbreitete Einstellung – entweder man hat Selbstwert oder nicht, wenn ja, führt dies zu guten Ergebnissen, wenn nein, dann zu schlechten – ist also hochwahrscheinlich falsch. Eine solche undifferenzierte Definition von Selbstwert führt vielmehr konkret dazu, dass Eltern, Lehrer/-innen und andere Bezugspersonen der Meinung sind, sie müssten ihren Kindern unabhängig von deren Leistungen unbedingt den Eindruck vermitteln, dass sie viele gute Dinge in sich tragen, wie beispielsweise hohe Intelligenz und Begabung.

Der Glaube, man habe eine hohe Intelligenz oder eine Begabung, also der Glaube an ein stabiles, persönliches Merkmal[13] führt dazu, dass ein Versagen, welches diagnostisch für dieses Merkmal ist, in das Erleben von Hilflosigkeit umschlagen kann und nicht zu vermehrter Anstrengung führt. Denn vermehrte Anstrengung wäre auch wiederum ein Beweis dafür, dass man nicht intelligent wäre. Manche Eltern und Lehrpersonen meinen jedoch, genau solche globalen Theorien würden den Selbstwert ihrer Kinder und Schüler/-innen erhöhen.

Diese Praxis führt jedoch dazu, dass Kinder häufig angelogen werden. Ihre guten Leistungen werden übertrieben („Du bist brilliant in Mathematik!", „Dieses Bild ist wunderschön!"), während die schlechten Leistungen kaschiert („Das ist eigentlich ganz gut" oder „Doch, es gefällt mir wirklich") oder ganz versteckt werden („Du hast wohl einen schlechten Lehrer", „Diese Lehrerin habe ich noch nie leiden können"). Bezugspersonen und Lehrpersonen haben oftmals Angst, dass negative Kritik den Selbstwert minimieren könnte und daraufhin zu noch schlechteren Resultaten führen könne. Das Resultat dieser Verstärkungspraxis ist jedoch, dass das Ego der Kinder aufgebläht wird und sie kein realistisches, für die Erreichung von Zielen jedoch notwendiges Konzept von Anstrengung entwickeln. Dieses kann jedoch nur entwickelt werden, wenn Defizite bewältigt, statt versteckt werden und Kinder lernen, mit Hindernissen umzugehen. Kindern ständig Hindernisse aus dem Weg zu räumen, macht diese hilflos und hält diese Hilflosigkeit aufrecht.

Die unerwünschte Wirkung konstanter leistungsunabhängiger positiver Rückmeldung kann also ein zwar großes, aber schwaches Ego sein. Die Folge ist ein Anspruchsdenken, welches eine Person unfähig macht, mit Hindernissen und Rück-

---

[13] Dweck bezeichnet eine solche Theorie über sich selbst als Entity-Theorie. Auf den Kausaldimensionen wäre dies ein globales, stabiles und internales, jedoch unkontrollierbares Merkmal einer Person.

schlägen kompetent umzugehen. Statt Anstrengung bei der Erreichung von Zielen zu erwarten und zu genießen und Rückschläge als Information und Herausforderung zu begreifen, führt ein auf falscher Rückmeldung basierender hoher Selbstwert zu einer Angst vor Versagen und einem Rückzug aus dem Leistungsbereich (beispielsweise das Abwählen eines ungeliebten, da zu herausfordernden Faches).

Natürlich ist Selbstwert dennoch eine wichtige Größe. Es ist aber wichtig, diesen Begriff zu schärfen. Selbstwert sollte demnach nicht auf globalen Theorien aufbauen, also auf der Annahme, dass die eigene Identität aus einer bestimmten Anzahl positiver Persönlichkeitszuschreibungen besteht, sondern Selbstwert ist demnach eine bestimmte Art und Weise, sich selbst zu erfahren, wenn die eigenen Ressourcen gut genutzt werden, um Herausforderungen zu meistern, zu lernen und anderen zu helfen, vergleichbar mit Banduras Konzept der Selbstwirksamkeit (hierzu kommen wir im Kapitel 10).

## Konstruktives Feedback

Dweck leitete aus ihrer Position ganz praktische Implikationen ab für die Art des Feedbacks, das gegeben werden kann, um Kinder zu befähigen, sich auch angesichts von Schwierigkeiten bewältigungsorientiert zu verhalten, sich also als Personen zu erleben, die erwarten, Lösungen für Herausforderungen finden zu können. Demnach sollen Bezugspersonen modellhaft die Wichtigkeit von Lernen und Herausforderungen annehmen und ebenfalls Anstrengung und den vernünftigen Einsatz von Strategien darstellen. Nur Bezugspersonen können modellhaft vorleben, dass Anstrengung nichts ist, was vermieden werden soll, sondern etwas ist, was auch Spaß machen kann, also etwas Positives ist. Mancher notwendige Unterrichtsstoff ist unvermeidbar trocken: Grammatik beispielsweise finden nur wenige Kinder und Jugendliche an und für sich spannend. Aber dennoch kann auch ein solch schwieriger Stoff angemessen eingeführt und angepackt werden.

Nur Bezugspersonen können in alltäglichen Situationen zeigen, dass die Suche nach Problemlösestrategien auch etwas Interessantes sein kann. Sie können mit ihrem Verhalten demonstrieren, wie Versagen und Niederlagen auch Informationen darüber enthalten, warum manche der eingesetzten Strategien nichts genutzt haben. Eltern und Lehrer/-innen müssen sich fragen, warum ein Kind einen bestimmten Sachverhalt nicht versteht. Oft steht dahinter eine irrige Annahme. Und sie können ihren Kindern angemessene Aufgaben zumuten, die bei den Kindern das Erleben von Unabhängigkeit fördern. Aber das alles erfordert die Bereitschaft, Kindern verlässliche, realistische Rückmeldung zu geben und es zu ertragen, dass Kinder sich mitunter frustriert fühlen.

Brophy (1981) plädiert ebenfalls für eine realistische Rückmeldung: Lob wird nach seinen Beobachtungen im schulischen Alltag eher durch die Bedürfnisse des Schülers und der Schülerin ausgelöst als durch dessen oder deren tatsächlich erfolgte Leistung. Ein Lob für eine nicht vollbrachte Leistung mag beispielsweise die sichtbare Niedergeschlagenheit eines Schülers momentan auflockern, aber es enthält keine angemessene Rückmeldung und die Niedergeschlagenheit könnte anders aufgefangen werden. Lob sollte nach Brophy selten, aber effektiv, an wirkliche Leistung gekoppelt sein.

Die Betonung von Lernstrategien und Anstrengung bedarf jedoch einer Richtung, denn eine Überbetonung von Anstrengung als Königsweg für alles, wäre nicht sinnvoll. Hier zieht Dweck humanistische Ziele heran: Anstrengung ist sinnvoll, wenn sie im Dienste von Lernen und Wachstum erfolgt und nicht im Dienste der Erreichung guter Noten. Sie ist dann konstruktiv und weiterführend, wenn sich Selbstwert durch die Nutzung eigener Ressourcen entwickelt und nicht auf der Basis einer positiven Beurteilung durch die Bewertung von Eltern und Lehrpersonen.

Lehrer/-innen und Eltern sollten also bewusst und gezielt mit den emotionalen, sozialen und sachlichen Informationen umgehen, die Mädchen und Jungen gegeben werden.

Die hier dargestellten Implikationen aus dem attributionstheoretischen Kontext weisen deutlich daraufhin, dass Schüler/-innen in grundlegenden Fähigkeiten von den sie umgebenden Modellen profitieren können. Genau dieser Punkt steht im Zentrum des nächsten Kapitels: Modelllernen ist eine zentrale Variable innerhalb der sozial-kognitiven Lerntheorie.

## 9.5 Zusammenfassung und Fazit

Menschen suchen nach den Ursachen von Ereignissen, die für sie wichtig sind. Dabei bilden sie durch die häufig einseitige Nutzung verfügbarer Informationen mitunter falsche Theorien über die Ursachen von Ereignissen aus. Schüler/-innen, die auf Ursachen für Schulerfolg schließen, welche hiermit nicht in Zusammenhang stehen, entwickeln Theorien über sich selbst, die ihnen nur wenig Kontrolle für die Zukunft vermitteln und bilden sog. ungünstige Attributionsmuster aus, entwickeln auch ungünstige Emotionen und Verhaltensweisen in Bezug auf schulische Anforderungen, die völlig diskrepant zu ihrer tatsächlichen Begabung sein können. Wünschenswert ist eine realistische Attribution, da nur diese eine gezielte Änderung der Bedingungen zulässt, die mit Misserfolg verbunden sind. In diesem Sinne erweisen sich Reattributionstrainings als sehr hilfreich. Lehrpersonen können durch realistisches Feedback, vermittelt über Lob und Tadel, und durch gezielte Fragen über die Ursachen von Misserfolg und Erfolg, dazu beitragen, dass Schüler/-innen lernen, realistische Ursachen ihrer Schulleistung zu finden, und angesichts schulischen Misserfolgs motivierende existenzielle und kausale Attributionen ausfindig zu machen.

## 9.6    Fragen und Übungen

**Fragen**

1. Was sind Attributionen?
2. Welches Menschenbild leitet die Aussagen der Attributionstheorie?
3. Welche Informationen nutzen wir, um auf Ursachen von Ereignissen zu schließen?
4. Welche Informationstypen unterscheidet Kelley?
5. Was sind existenzielle Attributionen?
6. Welche Arten existenzieller Attributionen können unterschieden werden?
7. Wie wirken sich existenzielle Attributionen aus?
8. Worauf beziehen sich attributionale Theorien?
9. In welcher Beziehung stehen Kausaldimensionen im Leistungskontext zu unseren Gefühlen bezüglich eines Erfolges und Misserfolges?
10. In welcher Beziehung stehen Kausaldimensionen im Leistungskontext zu unseren Erwartungen bezüglich weiteren Erfolges oder Misserfolges?
11. In welcher Beziehung stehen Kausaldimensionen im Leistungskontext zu unserem Verhalten?
12. Was ist ein Reattributionstraining?
13. Was unterscheidet bewältigungsorientierte von hilflosen Kindern?
14. Was ist eine ganzheitliche Theorie?
15. Wie kommt es, dass auch positive ganzheitliche Theorien über sich selbst misserfolgsängstlich stimmen können?
16. Worin sehen Sie die Hauptbedeutung dieses theoretischen Feldes für den schulischen Bereich?

**Übungen**

1. Stellen Sie sich eine intelligente Schülerin oder einen intelligenten Schüler vor, die oder der trotz schulischen Erfolges ein negatives Selbstkonzept der eigenen Begabung entwickelt hat. Wie können Sie die Attributionstheorie nutzen, um sie oder ihn zu einer Änderung des Selbstkonzeptes zu bewegen? Notieren Sie Ihre Überlegungen.
2. Befragen Sie einen Schüler oder eine Schülerin eingehend nach seinen Theorien über sich selbst: Aufgrund welcher Information kommt er oder sie zu Einschätzungen eigener Leistung? Worauf führt er oder sie die hohe oder mangelnde Leistung zurück? Wie fühlt er oder sie sich damit? Welche Erwartungen an die Zukunft sind damit verbunden? Fragen Sie jeweils nach einem Fach, in dem Ihr Gegenüber sehr gut ist und nach einem Fach, in dem Ihr Gegenüber nicht besonders gut ist. Skizzieren Sie die relevanten Gesprächsinhalte.

# 10 Die Bedeutung von Modellen: Die sozial-kognitive Lerntheorie

## 10.1 Hintergrund

Lerntheorien gehen generell davon aus, dass durch positive Verstärkung (beispielsweise Belohnung, Lob) die Häufigkeit erwünschter Verhaltensweisen steigt. Der positive Reiz wird mit der erwünschten Verhaltensweise assoziiert und diese wird dadurch als etwas Positives gespeichert. Durch Bestrafung oder ausbleibende positive Verstärkung reduziert sich die Frequenz unerwünschter Verhaltensweisen.

So berichten Cowan und Walters (1963) und Walters und Brown (1963), dass Kinder, welche Glaskugeln für das Einschlagen auf eine lebensgroße Clownfigur bekamen, diese häufiger schlugen. Das gleiche Datenmuster konnte von Geen und Stonner (1971) auch für erwachsene Versuchsteilnehmer bestätigt werden.

Diese Ergebnisse aus dem Bereich der Aggressionsforschung zeigen deutlich, dass eine Verhaltensweise, die mit einem angenehmen Reiz (hier Glaskugeln und Lob) gekoppelt wird, häufiger ausgeführt wird, als wenn sie nicht mit einem angenehmen Reiz gekoppelt ist.

Der Alltag zeichnet sich jedoch nicht dadurch aus, dass Kinder dauernd Lob oder Glaskugeln bekommen. Andere Komponenten müssen als so verstärkend erlebt werden, dass auch dann Verhaltensweisen erlernt und ausgeführt werden, wenn sie nicht mit positiven Verstärkern gekoppelt sind. Die sozial-kognitive Lerntheorie von Albert Bandura (1979, 1997) bietet hier ein gutes Erklärungsmodell an. Sie geht weit über behavioristische Theorien hinaus, indem sie vermittelnden Prozessen eine große Bedeutung beimisst.

## 10.2 Die sozial-kognitive Lerntheorie von Bandura

Verhalten nach Bandura wird grundsätzlich insbesondere durch Imitation gelernt. Hierbei unterscheidet Bandura zwischen Lernen und Ausführung. Lernen nach Banduras Definition umfasst zunächst jede Speicherung wahrgenommener Reize und Reizfolgen im Langzeitgedächtnis.

Nur weil ein Schüler beispielsweise gelernt hat, wie eine bestimmte Mathematikaufgabe zu lösen ist, heißt dies noch lange nicht, dass er dies auch vor der Klasse an der Tafel demonstrieren kann oder wird. Andere Variablen entscheiden, ob er sein Können wirklich zeigen wird, wie beispielsweise seine Motivation und seine Aufmerksamkeitskapazität. Lernen ist also eine notwendige, aber keine hinreichende Bedingung für Verhalten.

Evidenz für diese Hypothese können wir in vielen Situationen beobachten: Ein Kind hat gelernt, eine eigene Meinung zu formulieren, äußert diese jedoch nicht im Unterricht. Ein Kind weiß genau, wie man einer anderen Person physisch weh tun könnte, setzt dies aber nicht in Verhalten um.

**Vier Teilprozesse des Lernens**

Bandura beschreibt vier Teilprozesse des Lernens: Aufmerksamkeit, Gedächtnis, Verhalten und Motivation.

## Aufmerksamkeit

Lehrpersonen und auch Eltern wünschen sich häufig, dass ihre Schüler und Schülerinnen bzw. Kinder aufmerksamer zuhören. Nach Bandura wird die Aufmerksamkeit vor allem durch bestimmte Charakteristika der sog. *Modellperson*, also der jeweiligen Bezugsperson der Schüler, gelenkt. Eine auffällige Modellperson wird eher die Aufmerksamkeit anderer erhalten als eine unscheinbare, unauffällige Modellperson. Auch ist die Komplexität des Verhaltens einer Modellperson entscheidend: Ist ihr Verhalten zu monoton oder zu komplex, wird die Aufmerksamkeit abschweifen- im Falle monotonen Verhaltens aus Langeweile, im Falle zu komplexen Verhaltens aus Überforderung. Wenn das Verhalten der Modellperson einen hohen funktionalen Wert für die Zuhörer/-innen hat, wird ihr auch mehr Aufmerksamkeit geschenkt werden.

Auch wird eine Modellperson, an die sich Kinder und Jugendliche emotional gebunden fühlen, weitaus mehr Aufmerksamkeit erhalten als eine Person, der sie gleichgültig oder sogar negativ gegenüberstehen.

Die Aufmerksamkeit der Schüler/-innen, die sie ihrer Lehrperson als Modellperson schenken, wird also wahrscheinlich hoch sein, wenn sie ihre Position als Lehrperson unterstreicht, wenn sie sich die Sympathie einer Gruppe erarbeitet hat, wenn sie sich verständlich ausdrücken kann und wenn sie den Schüler/-innen den Wert oder Sinn des Unterrichtsstoffes vermitteln kann.

## Gedächtnis

Wie kann sichergestellt werden, dass der vermittelte Unterrichtsstoff dann auch wirklich gelernt wird, also ins Langzeitgedächtnis überführt wird? Eine Speicherung ins Langzeitgedächtnis ist umso wahrscheinlicher, wenn das Lernmaterial sinnvoll strukturiert dargeboten wird und wiederholt wird. Das muss nicht immer auf dieselbe Art und Weise geschehen, sondern kann durch eine Kombination unterschiedlicher Unterrichtsmethoden erzielt werden.

## Verhalten

Wie gut etwas gelernt wird, hängt auch von einigen Kompetenzen hinsichtlich des Verhaltens der Schüler/-innen ab. So müssen diese über die allgemeinen motorischen Fähigkeiten, die für die Ausführung des Gelernten entscheidend sind, verfügen. Etwas wird leichter zu lernen sein, wenn die Schüler/-innen bereits über bestimmte Teilkomponenten des Modellverhaltens verfügen.

So muss man beispielsweise für das Halten eines Referates die Kombination bestimmter Verhaltensprogramme beherrschen: Gestik, Mimik, Stimmbeherrschung, etwas an die Tafel schreiben etc. Wenn jemand bereits relativ frei reden kann, dann wird er die anderen Teilprozesse besser lernen können, weil er sich nicht auf alles zugleich konzentrieren muss.

## Motivation

Nicht immer machen wir etwas, weil wir dafür belohnt würden oder bei Unterlassung des Verhaltens bestraft würden. Viele Schüler/-innen beteiligen sich am Unterricht nicht unbedingt deshalb, weil sie dann eine gute Note oder ein Lob (externe Verstärker) oder aber bei mangelnder Beteiligung eine schlechte Note und Tadel bekämen (Strafreize), sondern sie melden sich auch weiter, wenn sie ihre Note nicht kennen oder kein Lob bekommen. Externe Verstärker und Strafreize können natürlich ebenfalls unsere Motivation zu lernen beeinflussen, aber wir verfügen auch über die Kunst, uns in einem inneren Selbstgespräch selbst zu verstärken bzw. selbst zu bestrafen. Selbstbestrafung und -belohnung als innere kognitive Prozesse spielen bei unserer Motivation ebenfalls eine große Rolle.

Darüber hinaus beeinflusst ein weiterer kognitiver Prozess unsere Motivation: Stellvertretende Verstärkung und Bestrafung. Als Mitglied einer Gruppe beobachten Schüler/-innen natürlich auch, welche Konsequenzen aus welchem Verhalten anderer Schüler/-innen erfolgen. Aus diesen Beobachtungen bilden sich Erwartungen heraus: Wenn Peter bestraft wird, wenn er Lisa haut, dann werde wohl auch ich bestraft werden, wenn ich Lisa haue. Wenn weiterhin wiederholt beobachtet werden kann, dass Peter immer, egal wen er haut, bestraft wird, dann entsteht die generalisierte Erwartung, dass dieses Verhalten als solches negative Konsequenzen nach sich zieht. Das gilt natürlich auch für die Beobachtung positiver Konsequenzen. Ohne dass also der entsprechende Schüler selbst bestraft wird, weil er nicht haut, lernt er, dieses zu unterlassen durch stellvertretende Verstärkung und Bestrafung.

Wenn wir diese Theorie ernst nehmen, bedeutet dies, dass Schüler/-innen in allen zwischenmenschlichen Interaktionen stellvertretend lernen, ohne dass sich dies zunächst in deren Verhaltensweisen äußern muss. So hört Lisa zum Beispiel, dass ihre Lehrerin sich bei ihren Kolleginnen beklagt, dass sie soviel arbeiten müsse und eigentlich nur noch auf die Sommerferien hin leben würde. Lisa hört, wie ihre Lehrerin von ihren Kolleginnen bedauert wird. Was lernt Lisa? Sie lernt, dass man Zuwendung bekommt, wenn man sich darüber beklagt, dass man angestrengt ist. So kann Peter vielleicht beobachten, wie seine Lehrerin sehr hart mit einem Kind umgeht, dass sich aggressiv verhalten hat und dafür von ihren Kolleginnen gelobt wird. Was lernt Peter? Er lernt, dass es gut ankommt, wenn man auf Aggressionen anderer hart reagiert. Kathi wiederum beobachtet, dass Karl häufiger zu Wort kommt, wenn er sich nicht meldet, sondern seinen Beitrag unaufgefordert kundtut. Es wird nicht mehr lange dauern, dann wird auch Kathi versuchen, es ihm gleich zu tun. Ob es dazu dann wirklich kommt, hängt natürlich von ihren Effizienzerwartungen ab, ihren Selbstwirksamkeitserwartungen, einer weiteren wichtigen Einflussgröße der Motivation.

## Selbstwirksamkeit

Selbstwirksamkeit beinhaltet den Grad der Gewissheit, dass man imstande ist, das Verhalten korrekt auszuführen, das notwendig ist, um die erwartete Konsequenz herbeizuführen, auch wenn es Hindernisse gibt. In der Regel ist unsere Selbstwirksamkeit zunächst niedriger, wenn das zu lernende Verhalten mit sehr viel Können verbunden ist oder eine Verhaltensweise darstellt, die uns zunächst Angst macht.

Unsere Selbstwirksamkeit ist hingegen umso höher, je mehr eigene Erfahrungen wir auf diesem Gebiet bereits selber gemacht haben. Wenn wir vergleichbare andere Personen beobachten können, dann steigt unsere Selbstwirksamkeit. Auch Gespräche über das zu lernende Verhalten und die damit verbundenen Teilfertigkeiten kann unsere Selbstwirksamkeit positiv beeinflussen. Und schließlich kann unsere Interpretation unserer eigenen Aufgeregtheit, die als physiologische Aktivierung sichtbar wird (Händezittern, erhöhter Herzschlag usw.) dazu führen, dass die Erwartung unserer Selbstwirksamkeit sinkt, wenn wir nämlich beispielsweise aus unserer Aufgeregtheit den eher nicht hilfreichen Schluss ziehen „ich bin aufgeregt, also bin ich unsicher" statt „ich bin aufgeregt, also bin ich motiviert!". Die Forschung hierzu zeigt, dass Personen mit hoher wahrgenommener Selbstwirksamkeit eher aktiv auf ihre soziale Umwelt einwirken als Personen mit niedrigerer Selbstwirksamkeit (Bandura, 1982). Sie suchen sich zum Beispiel eher neue soziale Lebensräume, wenn die alten unbefriedigend sind. Sie nehmen mehr berufliche Optionen für sich wahr und gestalten ihre Umgebung aktiv nach ihren Vorstellungen. Auch zeigen sie im Vergleich zu Personen mit vergleichsweise niedriger Selbstwirksamkeit bessere Leistungen (Phillips & Gully, 1997).

## Modelllernen

Lernen erfolgt also nicht nur über simple Reizsteuerung, sondern über vermittelnde Prozesse. Der in dieser Theorie zentrale vermittelnde Prozess ist das Lernen am Modell. Durch Beobachtung und Imitation von Verhalten der Modelle der Umwelt wird gelernt.

Modelle können wirkliche Personen sein (leibhaftig), sie können aber auch durch Fernsehen, Bücher und andere Medien repräsentiert werden, also symbolischer Natur sein.

Durch zahlreiche Untersuchungen ist belegt, dass Modelle imitiert werden in Abhängigkeit von den beobachteten Kontingenzen zwischen Verhalten des Modells und den daraus für das Modell resultierenden Konsequenzen.

In einer klassischen Untersuchung von Bandura (1965) sahen Kinder in einem Film, wie ein anderes Kind eine Puppe schlägt und anschließend von einem Erwachsenen belohnt wird bzw. bestraft wird. In der Kontrollgruppe verhält sich der hinzutretende Erwachsene unauffällig. Die Kinder, welche das Kind beobachtet haben, das belohnt wird, imitierten dieses Verhalten überproportional häufiger als die Kinder der anderen Gruppe. Sie hatten genauso wie die anderen Kinder gelernt, dass eine Puppe prinzipiell geschlagen werden kann, aber waren aufgrund der beobachteten stellvertretenden Belohnung motivierter, das Gelernte auch zu zeigen.

Auch wenn Modelllernen eine wichtige Einflussquelle für Lernen ist, zeigen Untersuchungen wie zum Beispiel mit Schlangenphobikern, dass die wichtigste und stärkste Quelle des Lernens das eigene Verhalten ist (Bandura, Blanchard & Ritter, 1969). Schlangenphobiker gewannen am stärksten Kontrolle über ihre Angst, wenn sie dazu gebracht wurden, selber eine Schlange anzufassen. Das Beobachten eines Modells, welches eine Schlange anfasste, führte im Vergleich zu einer Kontrollgruppe auch zu einer geringeren Angst, war aber der eigenen Erfahrung unterlegen.

## 10.2.1  Die Anwendung auf den schulischen Alltag

### Lehrer und Lehrerinnen als Modelle

Nach Woolfolk (1995) sollten Lehrpersonen bestimmte Merkmale aufweisen, um als erfolgreiche Modelle fungieren zu können.

So sollten sie über ein umfassendes tiefgehendes Fachwissen verfügen, sich also in den eigenen Unterrichtsfächern sehr gut auskennen und weiterbilden, und dieses durch anwendbare Unterrichtsstrategien transportieren können. Sie sollten sich mit den Unterrichtsmaterialien und Unterrichtsprogrammen auskennen und sich mit bestimmten Schülergruppen (zum Beispiel in Hinblick auf kulturelle Unterschiede) beschäftigen, so dass auch hier das Unterrichtsmaterial angemessen transportiert werden kann. Zum umfassenden tiefgehenden Fachwissen gehört also auch das Praktizieren unterschiedlicher angemessener Unterrichtsformen.

Das Fachwissen muss weiterhin angemessen umgesetzt werden. Der Unterrichtsstoff muss gut strukturiert und verknüpft werden. Auch ist es sinnvoll, Alltagsbezüge herauszuarbeiten, und die Nützlichkeit eines Stoffes für andere Fächer darzustellen. Damit dies angemessen geschehen kann, müssen sich Lehrpersonen mit der Entwicklung von Lernen und Wissensorganisation auskennen. Siebenjährige Kinder beispielsweise machen charakteristische Fehler, die ihrer Entwicklungsstufe angemessen sind, aber eine andere Darstellung des Stoffes notwendig machen als für beispielsweise zehnjährige Kinder.

Weiterhin ist eine Lehrperson nach Woolfolk dann wahrscheinlicher ein gutes Modell, wenn sich ihr Unterricht durch Organisation und Klarheit auszeichnet. Dazu gehört, dass sie das Lernziel einer Unterrichtseinheit konkretisiert, klare Gliederungen des Vorgehens vorlegen kann und übersichtliche Tafelbilder anfertigen kann. Auch sollte sie sich sprachlich klar ausdrücken können– die Teilfertigkeit des angemessenen Gebrauches der Stimme ist wichtig! Es gehört ebenfalls mit zu einer guten Organisation, wenn die wichtigen Punkte einer Unterrichtseinheit herausgearbeitet werden und der Unterrichtsfortschritt veranschaulicht wird.

Und schließlich sollte sie sich durch emotionale Wärme und Engagement auszeichnen im Umgang mit den Schüler/-innen und durch die Begeisterung über ihre eigene Tätigkeit auch ihre Schüler/-innen begeistern (vgl. Interview 1.1).

Fassen wir die sozial-kognitive Lerntheorie in Hinblick auf den Lehrberuf zusammen, dann kommen wir zu folgender Beschreibung eines Lehrers und einer Lehrerin als positives Modell für ihre Schüler/-innen: Ein gutes Modell muss die Aufmerksamkeit der Schüler/-innen lenken können, sie muss generell angemessene und spezifisch in Hinblick auf die Eigenarten der Schüler/-innen angemessene Lernstrategien einführen, diese selber ausprobieren lassen. Sie schafft es, ihre Schüler/-innen intrinsisch zu motivieren, indem sie den Nutzen des Wissens herausarbeitet. Sie kennt die Effizienzerwartungen der Kinder und versucht, diese positiv zu beeinflussen und sie demonstriert selber, dass ihr das eigene Fach Spaß macht.

Lehrer/-innen in der Primarstufe sind für ihre Schüler/-innen besonders wichtige Modelle, denn jüngere Kinder neigen aufgrund eines noch relativ undifferenzierten Selbstkonzepts zur starken emotionalen Identifizierung mit ihrer Lehrperson. Die Aufmerksamkeit ihr gegenüber ist also ziemlich groß und auch der Kredit hinsichtlich ihrer Sympathie. Diesen kann man verspielen oder würdigen und nutzbringend für die Lernmotivation der Kinder einsetzen.

Lehrpersonen haben im Vergleich zu den Peers ihrer Schüler/-innen den entscheidenden Nachteil, dass sie nicht als vergleichbare Modelle fungieren. Aber auch das kann relativiert werden, indem sie den Kindern von ihren eigenen Schwierigkeiten mit bestimmten Aufgaben berichten. Eine Lehrerin, die erzählt, dass sie als achtjähriges Kind große Schwierigkeiten mit der Subtraktion von Zahlen hatte und berichten kann, welche Strategien sie dann angewendet hat, um zur Lösung zu finden, wird die Effizienzerwartung ihrer Schüler und Schülerinnen positiv beeinflussen können.

## Selbstwirksamkeit im Schulalltag bei Lehrpersonen

Schmitz und Schwarzer (2004) haben eine Skala zur Erfassung von Selbstwirksamkeit der Lehrer/-innen konstruiert. Einige Beispielaussagen aus einem Fragebogen seien genannt: *„Ich bin mir sicher, dass ich auch mit den problematischen Schülern in guten Kontakt kommen kann, wenn ich mich darum bemühe."* Oder: *„Ich weiß, dass ich es schaffe, selbst den problematischsten Schülern den prüfungsrelevanten Stoff zu vermitteln."* Oder: *„Selbst wenn mein Unterricht gestört wird, bin ich mir sicher, die notwendige Gelassenheit bewahren zu können."* Die zehn Aussagen der Kurzskala werden auf einer Skala von (1) stimmt nicht, (2) stimmt kaum, (3) stimmt eher, bis (4) stimmt genau, beantwortet. Je höher der Score ist, desto höher ist die empfundene Selbstwirksamkeit einer Lehrperson, auch in schwierigen schulischen Situationen etwas ausrichten zu können.

Es ist anzunehmen, dass eine Lehrperson, die sich durch eigene Überzeugung (durch eine selbstwirksame Theorie über sich selbst in schulischen Situationen) auch in schwierigen Situationen um konstruktive Lösungen und Einfälle bemühen wird, ein gutes Modell für ihre Schüler/-innen und Schüler abgeben wird. Auch wenn die Skalen zur Selbstwirksamkeit mitunter wie eine Messung von Größenwahn klingen und es nach den Worten von Bandura durchaus angemessen sein kann, die Einschätzung der eigenen Selbstwirksamkeit im Laufe seines Lebens nach unten zu korrigieren (Bandura, 1997), ist es sicherlich immer noch motivierender und zielführender, zu glauben, dass wir etwas bewirken können und es weiterhin zu versuchen, als wenn wir von vornherein aufgeben.

## Peers als Modelle

Aber auch der Einfluss der Peers ist relevant. Schunk und Hanson (1985) untersuchten die Subtraktionsleistung von 72 Kindern im Alter von acht bis zehn Jahren. Sie beobachteten, wie ausdauernd die Kinder waren und sie fragten nach der erlebten Selbstwirksamkeit der Kinder. Schunk et al. wiesen die Kinder drei verschiedenen Bedingungen zu:

(1) In der ersten Bedingung beobachteten sie einen Peer, der Strategien bei der Subtraktion schnell lernt beziehungsweise stufenweise erlernt. Hierbei achteten die Forscher darauf, dass das Peer-Modell das gleiche Geschlecht aufwies wie die beobachtenden Kinder.

(2) In der zweiten Bedingung wurde das Gleiche mit der Person eines Lehrers beziehungsweise einer Lehrerin durchgeführt.

(3) Die dritte Bedingung stellte eine Kontrollbedingung dar.

Die Ergebnisse zeigen, dass unabhängig von der Art des Lernens (schnell versus stufenweise) die Schüler/-innen am besten dann Subtraktionsstrategien lernten, wenn sie einen gleichgeschlechtlichen erfolgreichen Peer beobachtet haben.

Vermutlich können wir uns leichter und intensiver mit Personen identifizieren, die uns ähnlich sind und bilden bei deren Beobachtungen höhere Effizienzerwartungen heraus: Wenn dieses Mädchen dies kann, das so alt ist wie ich und in dieselbe Klasse geht, warum sollte ich es dann nicht können? Wenn mein Lehrer das kann, verwundert dies nicht, denn er ist ja mein Lehrer, muss es also bereits schon länger können und ist mir auf vielen schulrelevanten Dimensionen wie Alter und Status sehr unähnlich.

Die Implikation eines solchen Forschungsbefundes liegt auf der Hand. Vermutlich werden Effizienzerwartungen und damit auch die Ausdauer bei der Aufgabenbearbeitung gesteigert, wenn Schüler/-innen in Gruppen zusammenarbeiten, die hinsichtlich ihres Leistungsvermögens so ausbalanciert sind, dass keine besonders großen Vergleiche nach oben und unten stattfinden können. Auch die Einbeziehung von Schüler/-innen in einer Funktion als Lehrer/-innen scheint wünschenswert zu sein. In koedukativen Klassen scheint es hierbei besonders wichtig zu sein, dass Lehrpersonen darauf achten, dass sowohl Jungen als auch Mädchen diese Funktionen übernehmen.

Damit diese Modellfunktionen wirken können, scheint es jedoch notwendig zu sein, dass die Lernumwelt stimmig ist. Moriarty, Douglas, Punch und Hattie (1995) fanden, dass kooperative Lernumwelten sowohl zu einer höheren Selbstwirksamkeit und besseren Leistung führten als auch zu einem sozial angemesseneren Verhalten. Die Leistung von bestimmten Aufgaben verbesserte sich zwar unter Wettbewerb, aber nur, wenn zuvor kooperativ gearbeitet wurde.

Es ist also zu vermuten, dass der positive Einfluss gleichaltriger und auch gleichgeschlechtlicher Peers am stärksten in kooperativen Lernumwelten ist: Hier können sich die höchsten Effizienzerwartungen herausbilden.

## Unterrichtsformen

Banduras Überlegungen und Befunde zum Lernen sprechen für eine Balance aus verschiedenen Unterrichtsformen. In Kombination mit den Erkenntnissen gruppendynamisch orientierter Lerntheorien wäre es für den Lernprozess und der damit zusammenhängenden Leistung optimal, wenn Lehrer/-innen die sowohl motivierenden als auch ablenkenden Einflüsse der Gruppe beachten und mit den erforderlichen Lernprozessen abstimmen.

So hat Triplett 1898 festgehalten, dass allein die Anwesenheit anderer Menschen stimulierend ist und uns bei leichten Tätigkeiten zu höherer Leistung anspornt. Dieses

Phänomen wird als *soziale Erleichterung* bezeichnet. Dabei ist es unerheblich, ob die anderen zuschauen oder selber mitmachen. Warum andere stimulierend auf uns wirken, wird sehr unterschiedlich beantwortet.

So können wir aus dem Phänomen nicht einfach schließen, dass Gruppenarbeit die effizienteste Unterrichtsform wäre. Nach Bandura ist noch Selbermachen/Ausprobieren selbstwirksamkeitssteigernd und fördert das Lernen – da liegt es nahe, Schüler/-innen selber ausprobieren zu lassen, am effizientesten in Gruppen (soziale Erleichterung).

Wie Allport (1920) und später Zajonc (1965) ausarbeiteten, ist das Phänomen der sozialen Erleichterung jedoch nur bei relativ gut eingeübten Tätigkeiten zu beobachten. Die Anwesenheit anderer schmälert sowohl die Quantität als auch die Qualität bei komplexen Aufgaben. Hierbei ist der letzte Effekt stärker als der erste Effekt: Der Verlust bei der individuellen Bearbeitung einfacher Aufgaben ist nicht so hoch wie der Verlust bei der Bearbeitung komplexer Aufgaben in der Gruppe.

Nach Zajonc und Sales (1966) führt die durch die Anwesenheit anderer Personen aufkommende Erregung zur Aktivierung dominanter (also überlernter) Reaktionen. Wenn eine Aufgabe solche Reaktionen benötigt, kann diese in Anwesenheit anderer besonders gut ausgeführt werden. Werden aber neue Reaktionen erforderlich, dann wirkt sich die Anwesenheit anderer störend aus. Im Gegensatz zum Phänomen der sozialen Erleichterung ist dann das Phänomen der sozialen Interferenz zu beobachten. Daraus ergibt sich für die Auswahl von passenden Unterrichtsformen, dass es sich empfiehlt, neue Sachverhalte alleine lernen zu lassen. Optimalerweise werden diese durch einen konzentrierten, störungsfreien gut strukturierten Frontalunterricht eingeführt. In der Gruppe kann dann der neue Sachverhalt umgesetzt werden. Die Anregung durch die Gruppe kann jedoch nur genutzt werden, wenn der Stoff zuvor individuell wirklich gut gelernt wurde.

Aber auch Gruppenarbeit, selbst bei gut gelernten Grundlagen, ist nur dann erfolgreich, wenn sie gut konzipiert ist. Auch wenn Schüler/-innen selbst explorieren können müssen, ist die Lehrperson dafür verantwortlich, dass hierzu die Grundlagen gegeben sind.

So beeinflusst die Art der Aufgabenstellung die Produktivität der Gruppe (Forsyth, 1999) und die Relation zwischen Gruppenergebnis und individuellem Beitrag. Additive Aufgaben sind beispielsweise einerseits störanfällig: je mehr Personen involviert sind, desto schlechter ist die Leistung, weil die Tätigkeiten oft nicht gut koordiniert sind (Ringelmanneffekt). Andererseits übertrifft die Gruppenleistung in der Regel die individuelle Leistung. Die Gruppe steht zusammen oft besser da als die oder der Beste. Zu zweit einen Elektromotor zu bauen kann durchaus produktiv sein. Auch kompensatorische Aufgaben sind für Gruppenarbeit durchaus geeignet – hier schneidet die Gruppe immer noch besser ab als die meisten Gruppenmitglieder. Bei kompensatorischen Aufgaben (z. B. die Beurteilung der Sicherheitslage in Deutschland) müssen individuelle Urteile oder Lösungen zusammengefügt werden. Häufig sind die Mittelurteile der Einzelurteile akkurater als die Einzelurteile selber. Ungeeignet für Gruppenarbeit sind hingegen disjunktive Aufgaben. Hier muss eine einzige Lösung generiert werden (bspw. Wie viele Erdumdrehungen finden in 12,5 Jahren statt?). Die Gruppe ist hier so gut wie der oder die beste, weil diese Person entscheidend zur Generierung der Lösung beiträgt. Auch konjunktive Aufgaben, die erst beendet sind, wenn jedes Gruppenmitglied seinen Beitrag geleistet hat (z. B. zusammen einen Text schreiben oder ein Referat halten), gehen häufig auf Kosten der leistungsstärkeren Schüler/-innen. Sind die Aufgaben nicht teilbar, ist die Gruppenleistung so gut wie die Leistung des schwächsten Mitgliedes. Sind die Aufgaben teilbar schneidet die Gruppe immerhin besser ab als das schwächste Mitglied.

Diese Überlegungen und Befunde aus der Gruppendynamik differenzieren Banduras Befund, dass Schüler/-innen von vergleichbaren Modellen profitieren. Diese können Selbstwirksamkeit steigern, die Lösung heißt aber nicht, dass nur noch Gruppenarbeit, Wochenplan oder jahrgangsübergreifender Unterricht stattfinden sollte, dass also Lehrpersonen lediglich moderieren, sondern auch Modellverhalten muss in einen Kontext integriert sein, der kunstvoll konstruiert ist und die optimalen Lernvoraussetzungen bereitstellt.

## 10.3 Zusammenfassung und Fazit

Lehrpersonen sind wichtige Modelle für ihre Schüler/-innen, ebenfalls Eltern und Peers. Wir lernen durch beobachtete stellvertretende Verstärkung besonders von den Personen, die für uns relevante Modelle darstellen. Wir zeigen nicht unbedingt das, was wir gelernt haben. Aber dass was wir beobachtet haben, können wir selber ausführen, wenn wir denken, dass wir es können.

Dieser Umstand zeigt, dass gerade Eltern und Lehrpersonen einen großen Einfluss auf Kinder und Jugendliche ausüben. Oft haben sie vielleicht den Eindruck, dass bestimmte Sachen nicht ankommen, aber sie können sicher sein, dass sie im Beobachtungsrepertoire durchaus angekommen sind.

Selbstwirksamkeit ist eine wichtige Variable der Theorie. Wenn es ums Lernen geht, dann ist die Selbstwirksamkeit der lernenden Person entscheidend, wenn sie das Gelernte umsetzen soll. Deshalb ist es ein wichtiges Fazit aus dieser Theorie, dass Lehrpersonen und Eltern sich Gedanken machen sollten, wie sie die Selbstwirksamkeit ihrer Schüler/-innen stärken können.

Nehmen wir Selbstwirksamkeit als eine entscheidende Variable für unser Verhalten und Erleben ernst, dann müssen wir auch akzeptieren, dass es so etwas wie eine Lehrer- bzw. Schülerpersönlichkeit, die positiv oder negativ ist, nicht gibt. Es gibt nur Theorien über uns selbst, die mehr oder weniger hilfreich sind. Und die können wir verändern.

Tabelle 10 fasst zusammen, welche Variablen im schulischen Kontext die Selbstwirksamkeit von Schüler/-innen erhöhen kann.

**Tab. 10:** Variablen im schulischen Alltag, die die Selbstwirksamkeit von Schüler/-innen steigern kann

| Quelle | Effekt |
| --- | --- |
| *Beobachtung gleichaltriger Kinder* | „Wenn die das können, kann ich das auch!" |
| *Berichte von Eltern und Lehrpersonen, über die Überwindung ihrer Schwierigkeiten* | „Die konnten das auch nicht immer und haben es dann auch gelernt, als sie so alt waren wie ich." |
| *Beobachtung von Lehrpersonen/Eltern in schwierigen Kontexten* | „Sie suchen ganz gezielt und ruhig nach einer Lösung und finden so auch eine.<br>Sie geben nicht auf. Sie fragen nach Hilfe, wenn sie nicht mehr weiterkommen. Sie lernen dadurch und machen es das nächste mal selbst." |
| *Beobachtung von Lehrpersonen/Eltern im Umgang miteinander, untereinander* | „Sie hören sich zu und behandeln sich respektvoll." |

## 10.4　Fragen und Übungen

**Fragen**

1. Welche Teilprozesse des Lernens werden von Bandura unterschieden?
2. Welche Rolle spielt ein Modell hierbei?
3. Was ist ein symbolisches Modell?
4. Was bedeutet Selbstwirksamkeit?
5. Durch welche Variablen wird Selbstwirksamkeit gesteuert?
6. Wie kann man Selbstwirksamkeit durch den Einsatz von Modellen im schulischen Alltag positiv beeinflussen?
7. Was kennzeichnet eine selbstwirksame Lehrperson?
8. Welche Charakteristika eines effizienten Lehrers führt Woolfolk auf?

**Übungen**

1. Beobachten Sie den Zusammenhang zwischen Modellvariablen einer Lehrperson und den unterrichtsbezogenen Verhaltensweisen von Schüler/-innen einer Klasse. Können Sie systematische Zusammenhänge im Sinne von Banduras sozial-kognitiver Lerntheorie erkennen? Bitte notieren Sie Ihre Beobachtungen!
2. Beobachten Sie das Verhalten von Eltern und Kindern auf Spielplätzen: Können Sie hier systematische Zusammenhänge im Sinne von Banduras Lerntheorie erkennen? Schreiben Sie Ihre Beobachtungen auf.
3. Gehen Sie auf www.fu.berlin.de/gesund/skalen/Lehrer-Selbstwirksamkeit/lehrer-selbstwirksamkeit.htm und bearbeiten Sie den Fragebogen zur Selbstwirksamkeit von Lehrer/-innen. Wie bewerten Sie Ihr Ergebnis?

# 11 Ein Blick nach innen:
## Die Selbstaufmerksamkeitstheorie

## 11.1 Hintergrund

Worauf wir unsere Aufmerksamkeit lenken, das bestimmt die Inhalte unseres aktuellen Erlebens. Deswegen verhalten sich Menschen häufig im Sinne eines kurzfristigen Hedonismus: Damit unser Erleben möglichst angenehm ausfällt, wenden wir unsere Aufmerksamkeit lieber angenehmeren als unangenehmeren Inhalten zu. Da Menschen ebenfalls häufig nicht so zufrieden mit sich selbst sind, wie sie es gerne wären, wählen sie oft auch nicht sich selbst als Ziel der Aufmerksamkeit. Wenn sie es doch tun, dann erleben sie häufig genau das, womit sich die folgende Theorie auseinander setzt, die Selbstaufmerksamkeitstheorie von Duval und Wicklund (1972).

## 11.2 Die Theorie

Unsere Aufmerksamkeit kann nach Duval und Wicklund entweder nach außen gerichtet sein auf die Reize der Umwelt oder nach innen auf uns selbst, unsere Gedanken, Gefühle usw. In der Regel oszilliert unsere Aufmerksamkeit hin und her, richtet sich in schneller Folge nach innen und außen. Dabei entwickelt sich die Fähigkeit, die Aufmerksamkeit auf sich selbst zu richten, parallel mit der Fähigkeit, sich selbst von anderen abzugrenzen. Selbsterkennen, das Erkennen der eigenen Person, entwickelt sich ungefähr im zweiten Lebensjahr (Bischoff-Köhler, 1987). Selbsterkennen ist die Voraussetzung, sich selbst von anderen Personen unterscheiden zu können. Hierzu parallel entwickelt sich die Fähigkeit, sich selbst als Objekt betrachten zu können, d. h. die eigene Aufmerksamkeit auf die eigene Person zu lenken.

### Reize, die Selbstaufmerksamkeit auslösen

Alle Reize, die uns Aspekte unserer Person aus einer äußeren Perspektive bewusst machen, lenken unsere Aufmerksamkeit auf uns selbst. Wenn wir beispielsweise beobachtet werden, dann wird auch Selbstaufmerksamkeit ausgelöst. Wir sehen uns dann selber durch die Augen der tatsächlichen oder vermeintlichen Beobachter. Sowohl unser Anblick im Spiegel als auch das Hören unserer eigenen Stimme kann Selbstaufmerksamkeit auslösen. Auf uns gerichtete Kameras haben dieselbe selbstaufmerksamkeitsinduzierende Wirkung.

### Aktivierung einer Norm

Selbstaufmerksamkeit zieht mehrere Effekte nach sich. Zunächst wird die in der Situation aktivierte Norm zugänglich. Damit durch Selbstaufmerksamkeit eine Norm aktiviert werden kann, muss diese Norm natürlich zuvor internalisiert worden sein. Nehmen wir ein Beispiel aus dem schulischen Alltag zur Illustration dieses Effektes von Selbstaufmerksamkeit: Sabine schreibt eine Mathematik-Klausur. Neben ihr sitzen links und rechts für sie wichtige Mitschülerinnen, die es erstrebenswert finden, dass die Arbeit gut ausfällt. Auch Sabine kommt aus einem Elternhaus, in dem sie gelernt hat, dass sie möglichst gute Noten erzielen soll. Sabine fühlt sich während der Klausur von ihren Mitschülerinnen beobachtet. Sie meint, beobachtet zu haben, dass beide auf ihre Arbeit schielen, um zu sehen, wie weit sie schon mit der Bearbeitung gekommen ist. Die Norm: *„Ich sollte eine gute Leistung in dieser Arbeit bringen"* wird aktiviert.

### Diskrepanzen zwischen Realität und Norm

Der zweite Effekt von Selbstaufmerksamkeit setzt nun ein: Wir erkennen die Relationen zwischen dem, wie wir sind und wie wir nach dieser Norm eigentlich sein sollten. Da Normen in der Regel idealistisch formuliert sind, erleben wir in der Regel negative Diskrepanzen zwischen dem, wie wir sind und dem, wie wir sein sollten. Bei Sabine könnte das so aussehen: Sabine merkt, dass sie nicht so gut ist, wie die Gruppennorm es verlangt. Die anderen sind schon viel weiter in der Bearbeitung der Klausur, schon bei der fünften Aufgabe, während sie immer noch nicht die dritte Aufgabe gelöst hat.

### Emotionale Folgen

Weil die Diskrepanzen zwischen Realität und Norm also in der Realität häufig negativ ausfallen, sinkt der Selbstwert der selbstaufmerksamen Person – das ist der emotionale Effekt. Wir erleben Frustration oder Angst. Sabine fühlt sich schlecht und entwickelt Ängste, ob sie die Arbeit überhaupt einigermaßen gut schaffen kann.

### Folgen für das Verhalten

Auf negative Diskrepanzen können wir unterschiedlich reagieren. Egal wie wir reagieren, das Ziel ist es, den Selbstwert zu steigern und die unangenehmen Emotionen zu reduzieren. Dazu haben wir die Möglichkeit, unsere Leistung zu steigern, um uns dem Ideal, der Norm, anzunähern. Sabine könnte sich also zusammenreißen, versuchen, einen kühlen Kopf zu bewahren und das Beste aus der Arbeit zu machen.

Wir können aber auch die Norm verdrängen, wegschieben, indem wir den Zustand der Selbstaufmerksamkeit zerstreuen. Dies kann leicht durch motorische Bewegung geschehen, durch äußere Ablenkungen. Rauchen und Essen sind weit verbreitete Mittel, um Selbstaufmerksamkeit zu zerstreuen. Sabine könnte also erstmal einen Schokoriegel essen oder auf die Toilette gehen oder in der Raucherecke eine Zigarette rauchen.

Am geringsten ist die Gefahr, dass erst keine Selbstaufmerksamkeit aufkommt, wenn wir das Feld ganz vermeiden. Sabine könnte vor der nächsten Mathematikklausur „einfach krank werden". Da sie aber nicht immer vor einer Klausur krank werden kann, ist die Wahrscheinlichkeit groß, dass sie ihre Bezugsgruppe ändern wird und eine solche wählt, wo die ungeschriebene Norm gilt, dass es auch gut ist, wenn man gerade so durchkommt.

### Positive Diskrepanzen

Manchmal allerdings kommt es auch zu positiven Diskrepanzen. Wenn wir Erfolg haben, dann verharren wir gerne im Feld, denn dann ist unser Selbstwert erhöht. Unsere Aufmerksamkeit auf uns selbst führt dann zu positiven Emotionen wie Stolz und wir neigen dazu, uns selbst zu bewundern.

**Empirische Evidenz**

Ein besonders schönes Experiment zur Auswirkung von Selbstaufmerksamkeit wurde von Diener (1980) an Halloween durchgeführt. An Halloween ziehen Kinder verkleidet von Haus zu Haus und bekommen Süßigkeiten geschenkt. Den Kindern wurde gesagt, sie könnten sich selber ein Bonbon aus einer Schale nehmen, nachdem sie gesungen hatten. Waren die Kinder in einer Gruppe zusammen mit anderen Kindern, dann kam es bedeutsam häufiger vor, dass sie sich statt eines Bonbons mehr Bonbons aus der Schale nahmen – ein einzelnes Kind neigt eher dazu, selbstaufmerksam zu sein und der Norm: „Du hälst dich an das, was eine erwachsene Person dir gesagt hat" Genüge zu tun als Kinder in einer Gruppe. Kinder in einer Gruppe verhalten sich eher *deindividuiert*, so dass weitaus stärkere Maßnahmen ergriffen werden müssen, um diese selbstaufmerksam zu machen.

Auch mit Erwachsenen sind die vorhergesagten Effekte der Theorie gut bestätigt. So baten beispielsweise Baldwin und Holmes (1987) männliche Studierende in ihr Labor, angeblich ging es um Prozesse der Personenwahrnehmung. Die Hälfte der Teilnehmer wurde gebeten, sich ihre studentischen Freunde vorzustellen, die andere Hälfte sollte sich ältere Familienmitglieder vorstellen. Weiterhin wurde durch den Einsatz eines Spiegels die Selbstaufmerksamkeit der Versuchspersonen manipuliert, so dass insgesamt vier Gruppen miteinander verglichen werden konnten: Selbstaufmerksame bzw. nicht selbstaufmerksame Versuchspersonen, die sich ältere Familienmitglieder vorstellten, und selbstaufmerksame bzw. nicht selbstaufmerksame Versuchspersonen, die sich gleichaltrige Freunde vorstellten. Alle Versuchspersonen bekamen pornographische Fotos vorgelegt, die sie danach einschätzen sollten, als wie lustvoll sie den Anblick finden würden bzw. wie attraktiv sie die Frauen auf den Fotos fanden. Im Durchschnitt wurden die Inhalte der Fotos als attraktiv bewertet und ihr Anblick als lustvoll. Es gab eine Ausnahme und zwar die Studierenden, die selbstaufmerksam waren und die sich ältere Familienmitglieder vorgestellt hatten. Diese Studierenden gaben deutlich niedrigere Einschätzungen an. Das Imaginieren z. B. der eigenen Großmutter im selbstaufmerksamen Zustand hatte – so kann man annehmen – die eher lustfeindlichere Norm der älteren Generation aktiviert, so dass die Studierenden sich bemühten, mit ihrer Einschätzung diese Norm zu erfüllen. Je nachdem also, welche Norm uns durch unsere Umwelt bewusst wird und welche wir zuvor verinnerlicht haben, verhalten wir uns entsprechend der uns nun bewussten Norm, wenn wir selbstreflexiv sind. Selbstaufmerksamkeit stellt also nicht nur die Voraussetzung zur Abgrenzung der eigenen Person von der Außenwelt dar, sondern auch die Möglichkeit, das eigene Verhalten bestimmten Erfordernissen der sozialen Umwelt anzupassen. Dies setzt aber voraus, dass zuvor die passenden Normen erlernt und verinnerlicht wurden.

**Selbstaufmerksamkeit als gesellschaftliche Kontrolle**

Wicklund führte in einer Arbeit 1982 die These aus, dass eine Gesellschaft eine Person kontrollieren kann, indem sie diese zur Selbstaufmerksamkeit zwingt. In diesem Sinne würde Selbstaufmerksamkeit als „civilizing agent" wirken, denn:

*„The self is not a bundle of behavioral guides, strainers, or defining characteristics that must be reflected upon in order that they are manifested in behavior. Without the self-reflection, the behavior is dictated by a multiplicity of other causes, unmediated by these elements that constitute the self"* (S. 210).

Selbstaufmerksamkeit als Kontrolle ist ein zwischenmenschlicher Prozess. Oft reicht schon ein Augenkontakt aus: Die eine Person signalisiert der anderen, was zu tun ist, eine andere Norm wird aktiviert. Im schulischen Kontext zwingen Maßnahmen wie *vor der Tür stehen* oder *in der Ecke stehen* zur Abgrenzung zwischen sich und den anderen, also zur Selbstaufmerksamkeit. *Beschämende Bemerkungen*, die abwertende Elemente enthalten, setzen eine Selbstreflexion in Gang. Auch *introspektive Zustände*, wie sie durch manche Formen der Psychotherapie oder Meditation verwendet werden, lösen Selbstaufmerksamkeit aus.

Bevor jedoch Selbstaufmerksamkeit als der Prozess, der verinnerlichte Normen bewusst macht, als Kontrolle eingesetzt werden kann, muss die Richtung der Norm bekannt sein, denn ist diese Norm aktiviert, wird das Individuum versuchen, sich in Richtung auf diese Norm zu bewegen.

Selbstaufmerksamkeit absorbiert jedoch unsere Aufmerksamkeit von der Außenwelt, so dass wir, wären wir permanent hochgradig selbstaufmerksam, der Durchführung komplexer Aufgaben nicht mehr gewachsen wären. Für die Erledigung komplexer Aufgaben muss eine Person also zugleich motiviert und *nicht* abgelenkt sein. Das Beste also ist, wenn sie hin- und herwechseln kann zwischen Selbstaufmerksamkeit (um ihre Standards vor Augen zu haben und ihr Verhalten diesen anzunähern) und den Erfordernissen der Aufgabenbewältigung (um auch die Außenwelt nicht aus den Blick zu verlieren).

Die Frage ist nun, ob die Erfordernisse der sozialen Umwelt immer so günstig für uns sind. Und ob es also immer so günstig für uns ist, uns diesen anzupassen. So meint Wicklund, dass der Grad der Deindividuierung, also der Grad der Abgrenzung zwischen dem einzelnen Individuum und der Gruppe, der es angehört, als Index für die Sicherheit einer Gesellschaft gelten könnte,

*„... one with no concerns about individual members' obedience and allegiance, that can afford the happy escape from self-awareness."* (S. 226).

## Beispiele aus dem Alltag

In unserem Alltagsleben gibt es zahlreiche Beispiele dafür, dass es viele unterschiedliche Interessen dahingehend gibt, die Aufmerksamkeit vieler Menschen zu erhalten. Eine Funktion der Selbstaufmerksamkeit ist es ja paradoxerweise, dass wir uns im selbstaufmerksamen Zustand besonders gut nach den aktivierten Normen richten, also möglicherweise unsere Aufmerksamkeit auch ganz gezielt in bestimmte Richtungen gelenkt werden kann.

### Architektur von Städten

Die Verspiegelung von Innenstädten könnte einen solchen Versuch darstellen. Geht man durch eine moderne Innenstadt, sieht man seine eigene äußere Erscheinung vielfach und ständig. Gleichzeitig werden überall Waren ausgestellt, die man zur Zeit unbedingt haben muss, um einem modernen Menschen, der mit der Zeit geht, zu entsprechen. Diese Norm ist aktiviert, um sich ihr anzunähern. Zugleich wird auch eine Lösung angeboten, die einfach zu sein scheint, nämlich die notwendige Ware zu kaufen, um sich der Norm anzunähern. Damit die Diskrepanz immer negativ ausfällt, müssen immer neue Moden und Waren erfunden werden, sonst würde die Kaufbereitschaft drastisch zurückgehen.

Überwachungskameras stellen ein zweites Merkmal dar, welches moderne Städte auszeichnet. Egal ob es die Kameras in Kaufhäusern, in U-Bahnstationen, Banken oder Flughäfen sind– die Kameras lösen nicht nur Selbstaufmerksamkeit aus, sondern aktivieren in der Regel auch die Norm, dass man gegen bestimmte Verhaltensregeln nicht ungestraft, da nicht unbemerkt, verstoßen kann.

### Gestaltung von Arbeitsleben

Wer hält sich mehr an die Regeln des Arbeitslebens: Jemand, der alleine in seinem Büro sitzt, oder eine Person in einem Großraumbüro? Wenn wir mit anderen zusammenarbeiten, dann beobachtet jeder die Arbeit des anderen. Dadurch werden die Normen eines Unternehmens oder eines Institutes aktiviert und gleichzeitig kontrolliert, weil die Beobachtung der eigenen Person durch andere einen gewissen Grad der Selbstaufmerksamkeit herbeiführt.

Evaluationen sind ein modernes Mittel, eine solche innere Kontrolle durch eine äußere Kontrolle herbeizuführen. Wenn man weiß, dass man evaluiert wird, dann wird man seine Arbeit in Hinblick auf die Standards, die die Evaluation als gut bewertet, beurteilen. Evaluation bedeutet auch, dass die eigene Arbeit als Teil der eigenen Person von anderen beobachtet werden wird in Hinblick auf diese Standards, auch hier wird ein gewisser Grad an Selbstaufmerksamkeit herbeigeführt werden.

Dasselbe gilt für die Anwendung von allen möglichen Kontrollinstanzen, sei es in Form von Begutachtern oder Dokumentationen, die eine übergeordnete Person kontrollieren wird. Das moderne Arbeitsleben zeichnet sich immer stärker durch den Einsatz von Kontrollinstanzen aus, die dazu führen, dass die Arbeitsausführenden zu einem gewissen Grad selbstaufmerksam sind.

### Religiöse Gemeinschaften

Traditionelle Kirchen sind Meister in der Inszenierung von Selbstaufmerksamkeit. Die Beichte als ein Sakrament der römisch-katholischen Kirche impliziert, dass das fehlerhafte, gegen eine Norm verstoßende Individuum von einer höheren Instanz beobachtet und bestraft wird. Zum Zeitpunkt der Reue und Buße kann es aber dann auch von seinen Sünden frei gesprochen werden. Der selbstaufmerksamen Beichte folgt in der Regel der sichere *„happy escape from self-awareness"*. Überhaupt sind in dieser religiösen Tradition mächtige Kontrollinstanzen eingebaut, die darauf achten, dass das gläubige Individuum die Normen in Form der zehn Gebote einhält. Alle diese Kontrollinstanzen werden dadurch mächtig, dass sie Selbstaufmerksamkeit auslösen und zugleich die Aufmerksamkeit auf die Normen richten, sei es das Thema jüngstes Gericht, sei es das Thema Leben nach dem Tod im Himmel oder der Hölle, sei es das Thema Knien vor dem Herrn. Dabei werden Messen sehr häufig im Sinne optimaler erforderlicher Selbstaufmerksamkeit gehalten. Eine Abwechslung durch motorische Tätigkeiten oder Gesang macht die in jeder Messe enthaltenen Besinnungsphasen nicht zu unangenehm.

## Erziehungsrituale

Gerade bei jüngeren Kindern, die aufgrund ihrer noch nicht abgeschlossenen kognitiven Entwicklung ihre eigenen Möglichkeiten und auch die der anderen noch nicht besonders gut einschätzen können, machen Erwachsene häufig Gebrauch von solchen Sätzen wie: „Ich sehe was du machst, auch wenn du mich nicht siehst!" Oder: „Ich kann durch Wände sehen!", oder: „Ich kann deine Gedanken lesen!". Sie versuchen damit zu erreichen, dass ein Kind sich auch während ihrer Abwesenheit so verhält, wie sie es ihm als richtig beigebracht haben. Durch solche Sätze kann Selbstaufmerksamkeit ausgelöst werden, denn auch vermeintliche Beobachtung induziert Selbstaufmerksamkeit.

## Schulalltag

Öffentliche Beschämungen, d. h. harte Sanktionen gegen Schüler und Schülerinnen, die öffentlich durchgeführt werden, kombinieren das Zeigen auf eine erwünschte Norm mit der offensichtlichen Darstellung des Schülers als einer Person, die diese Norm nicht befolgt hat. Durch Strafen wie in der Ecke stehen oder einen öffentlichen die Person abwertenden Vergleich wird erreicht, dass Schüler/-innen stark in dem negativen Zustand der Selbstaufmerksamkeit verharren müssen. Wir werden in einem späteren Kapitel noch sehen, ob diese Methoden erfolgversprechend sind (siehe Kapitel 13).

Auch Prüfungen vor anderen, eine Leistung vor anderen bringen, erhöht zunächst Selbstaufmerksamkeit. Es ist psychologisch eine komplett andere Situation für eine Schülerin, eine Aufgabe an der Tafel, im Rücken die ganze Klasse inklusive Lehrperson, zu lösen, oder aber zu Hause, alleine im eigenen Zimmer. Ist der Zustand der Selbstaufmerksamkeit zu stark ausgeprägt, dann wird er sich störend auf die Leistung auswirken.

## Optimale Selbstaufmerksamkeit

Ohne Selbstaufmerksamkeit geht es nicht. Wenn wir nicht die Fähigkeit zur Selbstaufmerksamkeit haben, dann können wir weder etwas lernen, noch das Gelernte in Verhalten umsetzen. Die Steuerung des Wechsels zwischen dem Richten der Aufmerksamkeit nach außen und dem Richten auf die eigene Person ermöglicht uns eine optimale Anpassung an die Anforderungen unserer Umwelt. Ein Zuviel an Selbstaufmerksamkeit kann hingegen in emotional sehr unerfreuliche Zustände münden, die dazu führen können, dass wir nicht länger motiviert sind, uns anzustrengen, sondern eher, „das Feld zu verlassen".

Optimal wäre es also, wenn wir genauso selbstaufmerksam sein könnten, wie es die optimale Erledigung einer Aufgabe erfordert. Nicht mehr und nicht weniger.

Nur – wie bekommt man dies hin? Es müsste die für die Aufgabe relevante Norm aktiviert werden und es müsste Selbstaufmerksamkeit induziert werden.

Wenn wir zu selbstaufmerksam sind, dann können wir unserer Umwelt nicht mehr genug Aufmerksamkeit schenken. Wir könnten zum Beispiel nicht mehr Auto fahren; die Gefahr, dass wir einen Unfall auslösen, wäre enorm hoch. Wenn wir in einem hoch selbstaufmerksamen Zustand ein Referat halten, dann würden wir die Bedürfnisse der Zuhörerschaft nicht mitbekommen.

Auf der anderen Seite – wenn wir zuwenig selbstaufmerksam sind – sind wir zwar vermutlich glücklich und zufrieden (beispielsweise: Feiern, Spaß in Gruppen), aber möglicherweise so deindividuiert, dass wir die für unser Überleben als Individuum und Gruppe erforderlichen Leistungen nicht mehr bringen können und wollen.

### 11.2.1 Die Anwendung auf den schulischen Alltag

Haben Schüler/-innen also die für das Erlernen neuer Kenntnisse und Fertigkeiten angemessenen Normen verinnerlicht, dann sollte die Induzierung von Selbstaufmerksamkeit dazu führen, dass diese Normen aktiviert werden und Schüler/-innen sich anstrengen, sich konsistent mit diesen Normen zu verhalten. Der Zustand der Selbstaufmerksamkeit könnte also, sind die entsprechenden Normen aktiviert, Schüler/-innen motivieren, erlerntes Verhalten besonders effektiv umzusetzen.

### Unterrichtsgestaltung

Wie könnte man die Theorie auf die Frage anwenden, wie man während des Unterrichts eine ruhige konzentrierte Klasse bekommt?

Hierzu müsste zunächst eine Norm erstellt werden. Dazu müssten in einem ersten Schritt die Wünsche der Schüler/-innen für eine erstrebenswerte Unterrichtsatmosphäre eingehend gesammelt werden. Diese Wünsche müssten dann in einem zweiten Schritt einer eingehenden Diskussion ausgesetzt werden, wie beispielsweise: Ist der Wunsch, dass die Schüler/-innen Nebengespräche führen dürfen, zielführend für das Lernen in der Klasse oder nicht? Die als sinnvoll ausgewählten Wünsche können dann in konkrete Regeln überführt werden: „Nebengespräche sind für alle interessant, wenn sie auf den Unterricht bezogen sind. Melde Dich also!" Diese Regeln müssen sichtbar gemacht werden. Die Klasse kann zusammen diese Regeln aufmalen, aufschreiben, ein Plakat gestalten oder andere Symbole, die leicht entschlüsselt werden können, verwenden. Die Verbindlichkeit der Regeln kann gewährleistet werden, indem jedes Kind seinen Namen, gut sichtbar, unter diese Regeln setzt.

Wenn also die Norm verinnerlicht ist, dann muss es vereinbarte Zeichen geben, diese zu aktivieren. Bewährt haben sich Zeichen, die nicht nur eine Lehrperson geben kann, sondern die auch die Schüler/-innen selbst einsetzen können wie beispielsweise der sog. Schweigefuchs[14]. Sobald dieses Zeichen sichtbar wird, heißt dies, dass die

---

[14] Wird es einem Kind zu laut, kann es seine Hand heben; die Finger sind zu einem Fuchskopf geformt, der schweigt. Das macht andere Kinder auf die Lautstärke aufmerksam. Jedes Kind, welches sich nun der Meinung des Schweigefuchses anschließt, hebt ebenfalls auf diese Weise seine Hand und schweigt. So sinkt der Geräuschpegel mehr und mehr bis auch die letzten lauten Kinder merken, dass sich der Geräuschpegel verändert hat und sie verstummen ebenfalls.

Regeln erinnert werden und das Verhalten daraufhin ausgerichtet wird. Durch gegenseitige Beobachtung, ob die anderen sich auch an die Vereinbarungen halten, wird Selbstaufmerksamkeit induziert und damit auch die Wahrscheinlichkeit, dass sich die Schüler/-innen entsprechend der Norm verhalten.

**Tab. 11:** Einführung von Klassenregeln

| Zielsetzung | Umsetzung |
|---|---|
| **1. Normen aufstellen** | 1. Wünsche aller Beteiligten in Hinblick auf eine angenehme Arbeitsatmosphäre sammeln.<br>2. Diskussion der Wünsche in Hinblick auf das Ziel Arbeitsatmosphäre.<br>3. Überführung der Wünsche in konkrete Regeln. |
| **2. Soziale Realität schaffen** | 1. Die Regeln müssen für alle transparent gemacht werden.<br>2. Die Regeln müssen verbindlich sein und von allen unterschrieben werden. |
| **3. Aktivierung der Regeln** | 1. Vereinbarung von Zeichen, um auf die Einhaltung der Regeln zu verweisen. |
| **4. Vereinbarung von Sanktionen und Belohnungen** | 1. Vereinbarung von Sanktionen für Regelverstöße.<br>2. Vereinbarung für Belohnungen bei einem bestimmten Niveau einer guten Atmosphäre über eine gewisse Zeit. |

Aus lerntheoretischer Perspektive wäre es auch sinnvoll, wenn in einem vierten Schritt mit den Schülern/-innen Sanktionen für Regelverstöße und Belohnungen für das Etablieren einer angenehmen Arbeitsatmosphäre über eine bestimmte Zeit aufgestellt werden würden.

Wichtig ist es natürlich, dass die Normen auch so gesetzt sind, dass sie eingehalten werden können, sonst erleben die Kinder immerzu negative Diskrepanzen und werden versuchen, die Norm zu verdrängen. Die Normen müssen angemessen sein, angemessen dem Alter und der Fähigkeit der Kinder. Hier zeigt sich, dass unangemessene Vorstellungen von Lehrpersonen über einen optimalen Unterricht die effektivsten Methoden und besten Absichten unwirksam erscheinen lassen. Wie man seine eigenen Vorstellungen überprüfen kann, darauf gehen wir in Kapitel 14 ein. Tabelle 11 fasst die Schritte zur Erstellung von Klassenregeln nochmals zusammen.

Schauen wir uns hierzu abschließend die Erfahrung eines Praktikanten an[15]:

*„In meiner Praktikumsklasse gibt es zwei Maßnahmen, die in jeder Stunde angewendet werden. Die Klasse hält zu Beginn jedes Halbjahres Klassenregeln fest, die in Großausführung an der Wand fixiert werden. Dazu zählen Regeln wie „Wir sprechen nicht mit unseren Nachbarn" oder „Wir lassen andere ausreden". Dadurch, dass die Regeln in der ersten Person Plural verfasst sind, werden sie für die Schüler legitim. Das „Wir", also der Klassenverband, setzt Normen, an die es sich zu halten gilt. Bei einem Verstoß erfolgt keine große Bestrafung. Derjenige, der ei-*

---

[15] Björn von der Bey (2004). Grundlagen der Sozialpsychologie und ihre Anwendung auf den schulischen Alltag. Vorlesung, Universität Duisburg-Essen.

*ne Regel gebrochen hat, wird im Plenum darauf hingewiesen, indem jemand auf das Regeltableau zeigt. Diese unangenehme Situation ist oft Strafe genug – man hat gegen die Konsensmeinung verstoßen und alle wissen es. Die Selbstaufmerksamkeit ist hoch und ständig gefordert.*

*In manchen Situationen wirkt dieses System nicht mehr. Ist dies der Fall, kommt ein Strichsystem zum Einsatz. Bei einem Regelverstoß wird der Namen des Schülers an die Tafel geschrieben. Verstößt er nun erneut gegen eine Regel, bekommt er eine Extraaufgabe als Strafe. Diese ist nicht willkürlich, sondern es handelt sich um einen Aufsatz mit der Überschrift „Warum ich diese fünfzehn Zeilen verfassen muss". Auf diese Weise muss der Schüler sein Fehlverhalten reflektieren.*

*Den Verlauf meines Praktikums betrachtend, kann ich sagen, dass die Maßnahmen erfolgreich sind, da in der Klasse, mit wenigen Ausnahmen, stets gute Arbeitsatmosphäre zum einen und ein angenehmes soziales Klima zum anderen herrscht – ein besseres, als ich es je in meiner Schulzeit erlebt habe."*

### Untersuchungen zur Anwendbarkeit der Selbstaufmerksamkeitstheorie im schulischen Alltag

Eine erste Anwendung von Selbstaufmerksamkeit fördernden Techniken auf die Unterrichtsgestaltung wird von George (1977) berichtet. Im Rahmen eines 10-Wochen-Mini-Psychologiekurses versuchte er, die Teilnehmenden durch sechs unterschiedliche Arten der Selbstaufmerksamkeitsinduktion zu einer besonders aktiven Teilnahme zu bewegen. Die Techniken, die er nennt, umfassen Tätigkeiten wie ein Selbstportrait aus Collagen herstellen hinsichtlich ihrer Gefühle gegenüber der Welt, eine Studie über die eigenen Eltern (das Leben als Ganzes) betreiben, im Rahmen von Skinners Theorie darüber nachdenken, wie sie im eigenen Leben selbst konditioniert wurden usw. Aufgrund des Untersuchungsdesigns werden jedoch keine Aussagen über die Auswirkungen dieser Techniken abgeleitet.

Im Rahmen einer empirischen Untersuchung untersuchte Lohaus (1985) den Effekt von Selbstaufmerksamkeit auf die Reduzierung unterrichtsstörenden Verhaltens in einer 6. Klasse mit 29 Schüler/-innen einer Gesamtschule. Vor der Induktion von Selbstaufmerksamkeit müssen die Schüler/-innen zunächst eine Soll-Vorstellung über unterrichtsbezogenes Verhalten besitzen, so dass sie ihr eigenes störendes Verhalten als von dieser Soll-Vorstellung abweichend erleben können. Die Induktion von Selbstaufmerksamkeit sollte dann den Annahmen der Theorie gemäß dazu führen, dass diese Abweichung korrigiert wird.

Den Schüler/-innen dieser Klasse wurde über einen Zeitraum von mehreren Wochen hinweg nach jeder Unterrichtsstunde ein kurzer Fragebogen vorgelegt, in dem sie zu ihrem eigenen Verhalten im Unterricht und zum Lärmpegel in der gesamten Klasse befragt wurden. Dadurch wurde ihre Aufmerksamkeit auf ihr eigenes Störverhalten gelenkt. Außerdem sollten sie auf diese Weise ein Bewusstsein darüber entwickeln, dass sie beobachtet wurden. Dies induziert wiederum Selbstaufmerksamkeit.

Der Fragebogen umfasste fünf Fragen: Die Lautstärke in der Klasse wurde beurteilt sowie das eigene Störverhalten, die Wirkung der Störung anderer auf das eigene Erleben wurde eingeschätzt und die Gründe sowie die Art des Störverhaltens wurden aufgeschrieben. Die Ergebnisse zur ersten Frage wurden laufend zurückgemeldet. Die Untersuchung erstreckte sich über zehn Unterrichtsstunden.

Lohaus berichtet, dass ein Rückgang des Lärmpegels zu verzeichnen war: Die Intervention führte demnach zu einem signifikanten Abfall störender Aktivitäten während der Stunden, eingeschätzt von Schülern und Schülerinnen *und* Lehrer/-innen. Eine Nacherhebung zeigte, dass dieser Effekt auch noch nach der Intervention stabil war. Lohaus betont jedoch, dass für diesen erfolgreichen Effekt von Selbstaufmerksamkeit mindestens zwei Voraussetzungen gegeben sein müssen, nämlich die Etablierung eines Soll-Verhaltens und die Bereitschaft, durch die Beantwortung von Fragen die Aufmerksamkeit auf das störende Verhalten zu richten.

### Techniken zur Aufmerksamkeitsregulierung

Der positive Effekt der Selbstaufmerksamkeitsinduktion auf die Reduzierung des unterrichtsstörenden Verhaltens zeigt, dass das Richten der Aufmerksamkeit auf bestimmte Standards essenziell für einen erfolgreichen Unterricht ist. Deshalb ist die Frage berechtigt, warum Schüler/-innen nicht lernen können sollten, diesen Prozess selbst ganz bewusst zu steuern? Grundprozesse der Aufmerksamkeitssteuerung, zu denen auch die Aktivierung bestimmter Standards und Normen gehört, sollten in jedem Programm *Lernen lernen* dabei sein. Viele Techniken der *Stoa*, mit denen zu der entsprechenden Zeit Kinder und Jugendliche sozialisiert wurden, beinhalten die Entwicklung der Fähigkeit zur Selbstregulation und Selbstkontrolle wie bspw. *Tagebuch schreiben, sich den schlimmsten Fall eines Ereignisses vorstellen* usw. So würden relativ einfache Selbstregulationstechniken wie Selbstaufmerksamkeit unter die Kontrolle der Schüler/-innen selbst gestellt werden können. *Lernen lernen*, an vielen deutschen weiterführenden Schulen heutzutage integraler Bestandteil des Unterrichts in der Erprobungsstufe, besteht eben nicht nur aus Arbeitstechniken, sondern aus ganz basalen Prozessen, die Aufmerksamkeit und Konzentration lenken. Diese basalen Prozesse stellen die Voraussetzung dar, Lerntechniken überhaupt anzuwenden.

### Anwendung auf die Beziehungen zu Peers

Je nachdem, welcher Standard unter Peers für die soziale Anerkennung wichtig ist, und je nachdem, wie wichtig diese soziale Anerkennung für den einzelnen Schüler und die einzelne Schülerin ist, kann eine hier empfundene Diskrepanz dazu führen, dass im schulischen Kontext emotionale Probleme mit Peers auftauchen, die für die betroffenen Schüler/-in sehr belastend werden können.

So wird mit zunehmendem Alter das Aussehen – unter Jungen die Körpergröße und Muskelmasse, unter Mädchen die Schlankheit (siehe für eine zusammenfassende Darstellung, Steins, 2003) – eines der Hauptbewertungskriterien für die Beliebtheit unter Peers. Nun können sich verschiedene Diskrepanzen ergeben, je nachdem auf welche Standards ein Kind oder Jugendlicher die eigene Aufmerksamkeit lenkt. Nach Higgins (1987) ergeben sich aus diesen unterschiedlichen Diskrepanzarten auch unterschiedliche Emotionen und Verhaltensweisen.

Eine Diskrepanz kann sich nach der Selbstaufmerksamkeitstheorie daraus ergeben, dass eine Person vergleicht zwischen dem, wie sie zur Zeit aussieht und dem, wie sie idealerweise aussehen könnte– die Diskrepanz zwischen Realselbst und Idealselbst ist also wichtig. Nach Higgins gibt es aber auch andere Dimensionen des Vergleichs von Standards, so beispielsweise den Vergleich zwischen dem Realselbst, dem *aktuellen Selbst* und dem *von anderen geforderten Selbst.* Das geforderte Selbst würde in diesem Fall der von den meisten Peers geforderte Standard an Aussehen sein.

Cobb, Cohen, Houston und Rubin (1998) untersuchten diese beiden Arten von Diskrepanzen hinsichtlich des Aussehens in den Klassen 4 bis 6. Sie fanden, dass bei bestehenden Diskrepanzen zwischen aktuellem und idealem Selbst, sich Schüler/-innen auch als passiv, zurückhaltend und weniger sozial beschrieben. In dem Ausmaß also, in dem Schüler und Schülerinnen von einem idealen Aussehen abweichen, entwickeln sie ein Sozialverhalten, das von ihnen eher als zurückhaltend und passiv wahrgenommen wird. Dieses Muster gilt auch für die Diskrepanz zwischen aktuellem und gefordertem Selbst, hier nahmen sich die entsprechenden Schüler/-innen jedoch auch als weniger aggressiv wahr. Wichtig ist hier jedoch auch wieder der aktivierte Standard: Diese Ergebnisse wurden von Cobb et al. nur für Schüler/-innen gefunden, die glauben, dass Aussehen wichtig ist! Wenn es Lisa beispielsweise wichtig ist, so schlank wie möglich zu sein und sie diesbezüglich mit ihrem aktuellen Aussehen unzufrieden ist, dann wird sie sich in der sozialen Interaktion möglicherweise weniger aufgeschlossen und aktiv wahrnehmen. Sie konzentriert sich zu sehr auf Schlankheit als zentrales Merkmal ihrer Person. Theorien über sich selbst haben eben auf allen Ebenen Auswirkungen.

Rückblickend hierzu eine Erinnerung einer Studentin[16]:

> *„Es war mir klar, dass wirksame Standards während der Pubertät bei den Mädchen gutes Aussehen und bei den Jungen cooles Auftreten sind. Daran kann ich mich noch gut erinnern. So waren hübsche Mädchen immer sehr beliebt und hässliche wurden ausgegrenzt. So ist gut nachvollziehbar, dass die Konsequenzen beim Abweichen dieser Norm zurückhaltendes und passives Sozialverhalten sind. Diese Leute wurden dann Außenseiter und zusätzlich noch von den anderen „gemobbt". So ist es wichtig, dem entgegenzuwirken. Als Lehrerin hätte ich da die Möglichkeit, die Aufmerksamkeit auf Normen zu lenken, bei denen auch die „Außenseiter" gut abschneiden, also Werte vermitteln, bei denen deutlich wird, was wirklich zählt. Je älter man wird, desto deutlicher wird, wie unwichtig solche Attribute wie z. B. gutes Aussehen sind. Sie zählen zwar immer noch, rücken aber nach und nach in den Hintergrund. Wenn ich mich beispielsweise in der Uni umschaue, sind nicht mehr unbedingt die Schönen die Stars, sondern Leute, die intelligent und hilfsbereit sind. Wenn ich an meine Schulzeit denke, wird mir deutlich, dass ich mich häufig fehlverhalten habe. Ich wollte nur Freundinnen haben, die gut aussahen und beliebt waren. Alle anderen haben wir gehänselt und teilweise richtiggehend fertig gemacht. Dies hat sich aber bereits in der Oberstufe geändert. Das war hauptsächlich in der Pubertät. Heute tut mir dieses Verhalten natürlich leid und ich frage mich, ob diese Leute einen Schaden davon getragen haben. Ob sie vielleicht Bauchschmerzen bekommen, wenn sie an ihre Schulzeit denken!?"*

---

[16]  Kristina Kessel (2004). Grundlagen der Sozialpsychologie und ihre Anwendung auf den schulischen Alltag. Vorlesung, Universität Duisburg-Essen.

Je älter Kinder in unserer Gesellschaft werden, umso höher ist die Wahrscheinlichkeit, dass durch ihr Bezugsfeld Normen salient werden, die eher dysfunktional für ihre Weiterentwicklung sind. Dazu gehören nicht nur die offensichtlichen Normen, wie beispielsweise, dass es „cool" ist, Drogen zu konsumieren und dass dies „einfach zu einer erfreulichen Jugend dazugehört", sondern auch die Norm wie „dass es notwendig ist, gut auszusehen und dass dies nur unter dem Einsatz bestimmter zur Schau getragener Markenartikel möglich ist". Schon früh, als präventiven Schritt, müssten Kinder mehr Informationen über Konzepte wie Selbstwert, Wert eines Menschen erlernen, die sie befähigen, ihre eigenen Normen und die in einer Gruppe salienten Normen kritisch zu hinterfragen.

Kinder können frühzeitig trainiert werden, ihre Aufmerksamkeit zu steuern. Wollen wir uns bestimmten Standards annähern, dann ist ein gewisser Grad an Selbstaufmerksamkeit gut. Besinnungstechniken müssen also erlernt werden. Ein Zuviel an Selbstaufmerksamkeit ist aber dysfunktional: Ebenso müssen Zerstreuungstechniken gelernt, Zerstreuungsrituale eingeführt werden.

Natürlich ist es die Aufgabe von erwachsenen Bezugspersonen, Kindern beizubringen, wie sie die eigene Aufmerksamkeit steuern können, also erfolgreich zwischen innen und außen vermitteln können.

Einige Unterrichtstechniken erleichtern den Erwerb dieser erfolgreichen Vermittlung. Kinder können lernen, sich einerseits als Individuum zu fühlen und andererseits als Gruppe, indem Jurys gebildet werden von wechselnden Schüler/-innen, die eine punktuelle Leistung eines einzelnen Kindes bewerten müssen, beispielsweise das Halten eines Referates, einen Aufsatz oder die Erklärung eines Lösungswegs für eine Mathematikaufgabe. Dem voraus muss natürlich eine gezielte Vereinbarung und Verinnerlichung von Bewertungsnormen für die Jury und von Kriterien für die geforderte Leistung vorausgehen.

Auch sollten Kinder durchaus zur Selbstreflexion ermuntert werden, Techniken des Alleine-lernens sind ebenso wichtig wie Techniken des Lernens in einer Gruppe (Zajonc, 1965). Wenn Kinder nicht auf die notwendigen frustrierenden Erfahrungen vorbereitet werden, die mit dem Erlernen von vielen Dingen notwendigerweise einhergehen, besonders, wenn sie alleine lernen müssen, dann werden sie schnell geneigt sein, Selbstaufmerksamkeit zu zerstreuen, um die Norm, beispielsweise eine Hausaufgabe zu erledigen, zu verdrängen und vorzubereiten: A *happy escape from self-awareness*.

## 11.3 Zusammenfassung und Fazit

Wir befinden uns dann im Zustand der Selbstaufmerksamkeit, wenn wir uns selbst als Objekt betrachten. In der Regel vergleichen wir uns mit Normen, die wir häufig nicht ideal erfüllt haben und reagieren je nach Anforderung und Selbstkonzept mit Flucht bis Leistungssteigerung. Selbstaufmerksamkeit ist ein wichtiger Moment im Schulalltag. Sie ist notwendig, um sich selbst zu steuern und das eigene Verhalten geforderten Standards anzupassen; ein Zuviel ist jedoch hinderlich für die Umsetzung des Gelernten. Ein Wechsel aus selbstaufmerksamen und Selbstaufmerksamkeit zerstreuenden Episoden ist für einen Unterricht sehr sinnvoll. Auch ist es wünschenswert, dass Kinder möglichst frühzeitig angeleitet werden, ihre Aufmerksamkeit selbst zu regulieren. Nur so können beispielsweise Klassenregeln auch wirklich von den Schüler/-innen ausgeführt werden.

## 11.4   Fragen und Übungen

**Fragen**

1. Was bedeutet Selbstaufmerksamkeit?
2. Wodurch wird Selbstaufmerksamkeit ausgelöst?
3. Welche Konsequenzen kann Selbstaufmerksamkeit nach sich ziehen?
4. Wie sieht der Zusammenhang zwischen Selbstaufmerksamkeit und Leistung aus?
5. Wie kann man Selbstaufmerksamkeitsprozesse für den Unterricht nutzbringend einsetzen?

**Übungen**

1. Versuchen Sie in Ihrem Unterricht mit den Schüler/-innen Regeln auszuarbeiten, die zu einer guten Unterrichtsatmosphäre beitragen sollen. Gehen Sie dabei vor wie in Tabelle 11 beschrieben. Notieren Sie Ihre Erfahrungen in den darauf folgenden vier Wochen.
2. Entwerfen Sie selbst einen kleinen Fragebogen, mit Hilfe dessen Schüler/-innen, vergleichbar mit der Untersuchung von Lohaus, sowohl die Lautstärke der Klasse als auch ihre eigene Lautstärke einschätzen können. Wie könnten Sie ein solches Verfahren für die ganze Klasse transparent machen? Notieren Sie Ihre Überlegungen.

# 12 Ein Blick von außen: Die Theorie der symbolischen Selbstergänzung

## 12.1 Hintergrund

Es gibt viele erstaunliche Alltagsphänomene im sozialen Miteinander. Eines der wohl erstaunlichsten ist es, dass Menschen in jeder Phase ihrer Biographie in die Erreichung bestimmter Ziele verwickelt sind. Jeder Mensch orientiert sich in unterschiedlichen Lebensabschnitten an bestimmten Zielen. Das Verfolgen dieser Ziele organisiert das Erleben und Verhalten. Ein kleines Kind versucht z. B. schon seit längerem, endlich ohne Stützräder Fahrrad fahren zu können. Jeden Morgen nach dem Frühstück ist das erste, woran es denkt, dass es wieder versuchen möchte, Fahrrad zu fahren. Das Ziel wird so lange verfolgt, bis es klappt oder, wenn diese Durststrecke zu frustrierend ist, es zuwenig Unterstützung bekommt oder immer etwas dazwischen kommt, wird die Erreichung des Ziels vorübergehend geschoben und ein neues Ziel tritt in den Vordergrund. Ein älteres Kind verfolgt möglicherweise das Ziel, alle Bände einer Geheimnisserie zu lesen und zu besitzen. Viel Zeit verbringt es damit, die Bücher zu organisieren (sich den Band 5 von der Großmutter zu wünschen, den Band 6 von der Tante, den Band 7 ersteht es vom eigenen Taschengeld) und diese zu lesen. Möglicherweise katalogisiert es diese Serie, um sie systematisch an Freunde ausleihen zu können als Besitzer der kompletten Serie. Ein noch älteres Kind versucht das Ziel zu erreichen, möglichst gute Noten auf seinem Zeugnis zu haben, es möchte gut in der Schule sein und bemüht sich sehr, im Unterricht zu kooperieren, die Hausaufgaben besonders gut zu machen, Referate zu übernehmen, sich sorgfältig auf Klassenarbeiten vorzubereiten und mit den Lehrer/-innen auszukommen. Ein Jugendlicher verfolgt das Ziel, dass seine Theater-AG möglichst bekannt ist, dass sie ein Stück an variierenden Orten mit variierendem Publikum aufführt und eine positive Rezeption erhält. Eine erwachsene Person in der Ausbildung möchte eine berufliche Identität entwickeln und eine berufstätige Person verfolgt das Ziel, mit ihrer beruflichen Tätigkeit bestimmte Aufgaben zu erfüllen.

Jedes Ziel organisiert unsere Alltagsstruktur. Sobald ein Ziel erreicht ist, ist das Quasibedürfnis gestillt und ein neues Ziel wird sich in den Vordergrund schieben. Das erreichte Ziel, das eine gewisse Zeit so wichtig war und unser Denken, Fühlen und Verhalten organisiert hat, ist passé.

## 12.2 Die Theorie

Die Theorie der symbolischen Selbstergänzung basiert auf Annahmen Lewins, nach denen ein zielgerichteter Spannungszustand erst aufhört, wenn ein selbst gesetztes Ziel erreicht wurde oder aber man sich entschlossen hat, dieses nicht mehr zu erreichen. Diesen Spannungszustand nennt Lewin *Quasibedürfnis*.

Wird man an der Erreichung eines Zieles gehindert oder dessen Erreichen unterbrochen, dann merkt man sich die unerledigte Handlung besonders gut (Zeigarnic, 1927).

Die symbolische Selbstergänzungstheorie von Wicklund und Gollwitzer (1981) beschäftigt sich nun mit *selbstbezogenen Zielen*. Ein selbstbezogenes Ziel könnte es sein, Lehrer/-in zu werden. Selbstbezogene Ziele beziehen sich auf die Zueignung bestimmter *Merkmale*: Als zukünftige/-r Lehrer/-in möchte man beispielsweise pädagogisches Geschick entwickeln. Sie beinhalten auch bestimmte Fähigkeiten: Als zukünftige/-r Lehrer/-in möchte man mit einer Vielzahl von Medien problemlos umgehen können. Und sie beinhalten die Zugehörigkeit zu einer bestimmten *Personenkategorie*: Als zukünftige/-r Lehrer/-in möchte man der Berufsgruppe der Lehrer/-innen angehören.

Wenn das Ziel ein wichtiger Baustein der Selbstdefinition ist, findet eine sog. Bindung oder Verpflichtung (*Commitment*) an das Erreichen des Zieles statt. Ob sich eine Person an ein selbstbezogenes Ziel gebunden fühlt, erkennt man daran, ob sie wirklich auch ernsthaft Verhaltensweisen in Richtung auf eine Erreichung des Zieles zeigt. Eine Person, die beispielsweise Lehrer/-in werden möchte, zeigt eine Verpflichtung in Hinblick auf die Zielerreichung, wenn sie ein entsprechendes Studium aufgenommen hat und noch eine höhere Verpflichtung, wenn sie ein Schulpraktikum absolviert hat.

Jede Selbstdefinition kann symbolisch auf unterschiedliche Art und Weise repräsentiert werden. Wir haben die Möglichkeit, unsere Selbstdefinition durch Objekte zur Schau zu stellen. Welche Eigenschaften verschiedenen Objekten zugeschrieben werden, beruht auf gesellschaftlichen Konventionen. Ein erfolgreicher Geschäftsmann wird eher in einem teuren repräsentativen Auto erwartet als in einem unscheinbaren preisgünstigen Kleinwagen. Das Äußere einer intellektuell herausragenden Person wird eher als zurückhaltend und unauffällig erwartet denn als strahlend schön und muskulös. Die Brille und der Bart gehören zum Klischee des intellektuellen Mannes und eine unauffällige praktische Kleidung sowie die Brille gehören zum Klischee der intellektuellen Frau.

Auch Selbstbeschreibungen sind symbolischer Natur und können unsere Selbstdefinition transportieren. Insbesondere die Zuschreibung von persönlichen Eigenschaften zählt hier mit zu den sprachlichen Symbolen, mit Hilfe derer wir uns problemlos eine Identität zuschreiben können, die auf unser selbstdefinierendes Ziel passt. „Ich bin schon immer kinderlieb gewesen", „Ich habe ein Händchen für Kinder!" oder „Ich bin ein sozialer Mensch!" sind Selbstzuschreibungen, die den Wunsch, z. B. in die Primarstufenausbildung zu gehen, plausibilisieren.

Eine andere Art, symbolisch seinem Ziel näher zu kommen, ist der Versuch, andere sozial zu beeinflussen. Eine Person, die Musiklehrerin werden möchte, kann versuchen, ihrer Umwelt klarzumachen, dass dieses Fach ein extrem wichtiges Fach für die Förderung aller möglichen anderen Fähigkeiten ist. Sie tritt somit nach außen als eine Person auf, die sich diesem Ziel, Musiklehrerin zu werden, verpflichtet fühlt. In Tabelle 12 werden die Möglichkeiten einer symbolischen Darstellung einer noch nicht erreichten Selbstdefinition zusammenfassend dargestellt.

Wicklund und Gollwitzer widmen sich nun der Frage, was passiert, wenn wir uns einem Ziel verpflichtet fühlen, dieses Ziel aber noch nicht erreicht haben. Es entsteht in Anlehnung an Lewin ein Spannungszustand, den wir nur beenden können, wenn wir entweder das Ziel erreichen oder uns Ersatzziele suchen. Nehmen wir an, wir haben Zweifel, ob wir unser Ziel erreichen können, dann greifen wir, um den bestehen-

**Tabelle 12:** Möglichkeiten der symbolischen Darstellung einer noch nicht erreichten Selbstdefinition

| Symbolische Darstellungsarten | Beispiel: Mein Ziel, Lehrer/-in zu werden, ist bedroht |
|---|---|
| **Zurschaustellung von Objekten** | Herumtragen der neuesten Curriculumpläne oder anderer Schulmaterialien, die typisch für den Lehrberuf sind |
| **Selbstbeschreibungen** | Schildern persönlicher Eigenschaften, die erwünscht für den Lehrberuf sind: pädagogisches Geschick, soziale Kompetenzen u. ä. |
| **Soziale Einflussnahme** | Überzeugungsversuche, dass nur bestimmte Methoden des Unterrichtens oder der Menschenführung (oder anderer schulbezogener Tätigkeiten) gut sind. |

den Spannungszustand zu reduzieren, nach Ersatzzielen. Hierfür können wir Symbole benutzen, die die Erreichung unseres selbstbezogenen Zieles symbolisch repräsentieren. Allerdings müssen diese Symbole wirklich von anderen zur Kenntnis genommen werden. Nur wenn sie Teil unserer sozialen Realität werden, haben sie auch das Potenzial, uns symbolisch zu ergänzen. Je stärker es uns gelingt, unsere Selbstdefinition in Hinblick auf unser Ziel symbolisch vor anderen zu repräsentieren, umso eher kann der Spannungszustand in Hinblick auf das unerreichte Ziel reduziert werden. Damit erreichen wir zwar nicht das relevante Ziel, aber der Spannungszustand kann gemildert werden.

Aus den postulierten Prozessen leiten Wicklund und Gollwitzer nun drei Postulate ab:

(1) Selbstsymbolisierende Handlungen kommen dadurch zustande, dass Personen mit einem selbstbezogenen Ziel versuchen, den Mangel an relevanten Symbolen durch das zur Schau Stellen alternativer Symbole auszugleichen. Ein Studierender eines Lehramtsstudiengangs, der sein Ziel, Lehrer zu sein, noch nicht erreicht hat, kann, statt eine anstehende mündliche Examensprüfung zu machen, sich zunächst für ein weiteres freiwilliges Praktikum entscheiden.

(2) Wichtig ist aber, dass alle anderen relevanten Bezugspersonen davon wissen: Der Effekt selbstsymbolisierender Handlungen im Sinne der Ausgestaltung einer Selbstdefinition ist an die soziale Kenntnisnahme erworbener Symbole gebunden. Der Student erzählt also seinen Bekannten, dass er für seinen späteren Beruf durch ein Praktikum sehr viel mehr lernt als durch eine Prüfung.

(3) Während der Handlung der symbolischen Selbstergänzung ist das Bedürfnis so stark, dass die Person egozentrisch reagiert. Sie vernachlässigt den psychischen Zustand der Personen, diese dienen als Publikum. Die Person wird im Zustand der Selbstergänzung nicht bemerken, ob die anderen sich beispielsweise für seine Berichte über das freiwillige Schulpraktikum wirklich interessieren.

### Empirische Befunde zur Theorie der symbolischen Selbstergänzung

Die Postulate der Theorie wurden durch einige Untersuchungen empirisch untermauert. So konnten Wicklund und Gollwitzer (1982) zeigen, dass Studierende der Betriebswirtschaftslehre umso häufiger teure Gegenstände, teure Uhren und einen passenden Haarschnitt zur Schau trugen, je schlechter ihre bisherigen Noten und je länger ihre Studiendauer war. Die Studierenden zweifelten offenbar an der Erreichung ihres selbstdefinierenden Zieles, Betriebswirt zu werden, und versuchten jetzt, den Mangel an relevanten Symbolen und damit den bestehenden Spannungszustand durch alternative Symbole zu kompensieren.

In einer anderen Untersuchung wurden die sozialen Beeinflussungsversuche von Frauen, die Mütter sind, mit denjenigen von Frauen, die gerne Mütter werden möchten, aber noch keine sind, verglichen (Wicklund & Gollwitzer, 1982). Es wurde gefragt, wie wichtig es den Frauen wäre, ihre soziale Umgebung von der Richtigkeit ihrer Erziehungsabsichten zu überzeugen. Auch hier finden wir, dass die Frauen, die bezüglich ihrer Selbstdefinition, Mutter zu werden, noch keine relevanten Symbole hatten, eher an einer sozialen Beeinflussung ihrer Umwelt interessiert waren.

Die Autoren (1981) fanden außerdem, dass gerade Berufsanfänger zur symbolischen Selbstdarstellung neigen, da sie die mangelnde Berufserfahrung so psychologisch kompensieren können.

## 12.2.1   Die Anwendung auf den schulischen Alltag

Was ist die wichtige Botschaft, die wir dieser Theorie entnehmen können? Sie fordert dazu auf, die Selbstdarstellung von Personen als Hinweis auf ein aktuelles motivational hoch besetztes Beschäftigungsfeld der entsprechenden Person zu deuten. Und sie liefert uns den Hinweis, dass wir damit zu rechnen haben, dass die Person in diesem psychologischen Zustand große Schwierigkeiten haben wird, eine sozial angemessene Wahrnehmung an den Tag zu legen. Sie wird Schwierigkeiten haben, die Perspektive der anderen Personen zu übernehmen, wir sollten damit rechnen, dass sie egozentrisch wahrnimmt und sich auch so verhält.

### Beispiele aus dem schulischen Alltag, die relevant für die Lehrer/-in-Schüler/-innen Interaktion sind

In jeder Klasse gibt es mindestens ein Kind, das dadurch auffällt, dass es aufschneidet und angibt. Auf den ersten Blick ist dieses Verhalten zunächst unsympathisch und es ist leicht, das Kind zum Angeber zu deklarieren.

Nehmen wir die Perspektive der symbolischen Selbstergänzung ernst, dann verfolgt das Kind mit der Zurschaustellung von Symbolen *(„Ich habe eine neue Playstation bekommen!", „Wir fahren sechs Wochen lang in ein teures Hotel nach Spanien!", „Ich bekomme zu Hause, was ich mir wünsche!", „Mein Vater fährt Mercedes!")* ein selbstdefinierendes Ziel. Es steht auf dem Schulhof und braucht die anderen Kinder, um seinen Spannungszustand in Hinblick auf die Erreichung dieses Zieles zu reduzieren. Die interessante Frage ist nun, wie dieses Ziel definiert ist. Welche relevanten Merkmale für welches relevante Ziel fehlen dem Kind, dass es offensichtlich irrelevante Merkmale verbal zur Schau stellen muss, die auf ein Ersatzziel hindeuten? Möglicherweise verfolgt das Kind das Ziel, Anerkennung zu gewinnen, mehr Aufmerksamkeit und Achtung von seinen Mitschüler/-innen zu bekommen. Was kann man machen?

Da Lügen, Protzen und Aufschneiden zwar ein Thema ist, das nur bei relativ wenigen Kindern auf der Verhaltensebene auffällt, dennoch ein weit verbreitetes soziales Phänomen ist, kann es sinnvoll sein, dieses Thema gerade in der Primarstufe frühzeitig zum Unterrichtsthema zu machen. Warum protzen manche Menschen? Warum lügen die meisten Menschen? Was passiert, wenn die anderen das merken? Was kann man tun, damit man seinem Bedürfnis nach Protzen, Angeben und Lügen nicht nachgibt? Was kann man machen, um Unwahrheiten, die man in die Welt gesetzt hat, wieder zu korrigieren? Das sind alles Fragen, die mit zum Erziehungsprozess gehören. Kinder haben hiervon noch keine Konzepte entwickelt und werden davon profitieren, wenn sie solche Themen und deren altersgerechte Reflexion auf sich selbst anwenden können. Hat man in seiner Unterrichtsplanung keine Zeit für das Aufgreifen solcher Themen eingeplant, können solche Reflexionen mit anderen Themen verbunden werden.

Wird eine solche psychologische Reflexionsfähigkeit nicht gefördert, wird das Protzen und Lügen im Primarstufenalter spätestens in der Pubertät ersetzt durch andere Symbole, die zur Schau gestellt werden, um Anerkennung zu erzielen. Hier werden dann die gesellschaftlich akzeptierten Standards herangezogen, die für die jeweilige Altersgruppe verbindlich sind. „Coolness" könnte zum Beispiel durch die Gleichgültigkeit gegenüber den schulischen Anforderungen zur Schau gestellt werden, indem demonstrativ nie Hausaufgaben gemacht werden und schlechte Beurteilungen scheinbar stoisch entgegengenommen werden.

Hinter diesen selbstsymbolisierenden Handlungen steckt in der Regel kein von den Eltern ignorierter schlecht erzogener Schüler, sondern eine junge Person, die mit dem Finden der eigenen Identität beschäftigt ist und sich ein Ersatzziel gesetzt hat. Der schulische Rahmen bietet wenig Möglichkeiten, sich mit diesem Thema zu beschäftigen. Es sollte aber die Aufgabe eines Klassenlehrers oder lehrerin sein, solche Möglichkeiten zu finden. Es können manche Stunden dafür eingerichtet werden oder zusammen mit interessierten Kolleg/-innen AGs dafür gegründet werden.

Auch hier gilt wieder, die Gründe für bestimmte Arten des „Coolseins" als symbolische Selbstergänzung aufzudecken. Für Schüler/-innen können so neue Perspektiven eröffnet werden: Wie wirkt Coolsein auf andere und was erreiche ich damit? Erreiche ich damit wirklich das, was ich beabsichtige? Gerade für das Thema Coolsein bei männlichen Jugendlichen bieten Bernard und Schlaffer (2002) zahlreiche Anregungen für den schulischen Kontext, um den Teufelskreis aus Identitätsunsicherheit und symbolischer Kompensation zu durchbrechen.

Wie eine Untersuchung von Rheinberg, Schwarz und Singer (1987) herausarbeitete, nutzen nur die Schüler/-innen, die hoch leistungsmotiviert sind, keine symbolischen Selbstdarstellungsmöglichkeiten, wenn diese angeboten werden. Sie versuchen vielmehr, ihre in Frage stehende Leistung zu steigern. Möglicherweise liegt hier auch ein erfolgversprechender Weg, Schüler/-innen von einer reinen symbolischen Selbstdarstellung, die meistens „soziale Folgekosten" produziert, abzubringen: Ihnen frühzeitig Strategien der kritischen Selbstbewertung und Leistungssteigerung zu vermitteln und ihnen einen Sinn zu vermitteln, wofür dies gut sein soll.

## Beispiele aus dem schulischen Alltag, die relevant für die Lehrer/-innen-Eltern-Interaktion sind

Es kann enervierend für Lehrer/-innen sein, wenn jede ihrer Aktionen im Unterricht und auf Ausflügen von überbesorgten Eltern kommentiert wird. Auch hier ist es wieder einfach, solche Personen einer Kategorie zuzuordnen, nach dem Motto: *„Die soll mich mal in Ruhe lassen – die hat wohl sonst nichts zu tun! Es tut dem Kind mal ganz gut, wenn es nicht bei dieser Glucke ist."* Wenden wir eine Perspektive im Lichte der hier besprochenen Theorie an, müssen wir uns fragen, welches Ziel Eltern, die ihre Besorgnis und ihr Kümmern um ihr Kind sehr stark zur Schau stellen, eigentlich damit verfolgen. Das Ersatzziel: Symbolisch zu repräsentieren, dass man eine gute Mutter, ein guter Vater ist, ist evident in diesem Fall; dahinter können sich beispielsweise bestimmte Erziehungsideale verbergen, denen sich Eltern verpflichtet fühlen, die sie aber nicht einlösen können, so möglicherweise das weit verbreitete Erziehungsziel, dass die eigenen Kinder möglichst vor jeder Frustration zu beschützen seien.

Es ist konstruktiv, wenn man sich als Lehrperson hierzu Gedanken macht und versucht, durch gezielte Fragen das eigentliche Ziel der Person in Erfahrung zu bringen und hierüber zu diskutieren. Es ist deswegen konstruktiv, weil die Wahrscheinlichkeit steigt, dass das entsprechende Elternteil Anregung bekommt, das eigene Verhalten zu hinterfragen und zu ändern.

## Beispiele aus dem schulischen Alltag, die relevant für die Kolleg/-innen-Interaktion sind

Nicht nur das symbolische Selbstergänzungsverhalten von Eltern bietet Anlass dazu, negative Bewertungen und Personkategorien zu aktivieren, sondern auch dasjenige von Kollegen/-innen. Lehrer/-innen, die im Kollegium ausführlich von Weiterbildungsveranstaltungen erzählen, die ständig neue Unterrichtsmaterialien bestellen und demonstrativ am Kopierer stehen, um ihre Schüler und Schülerinnen mit immer neuen Arbeitsblättern zu versorgen, brauchen offensichtlich das andere Kollegium als Publikum für die Tätigkeiten als „gute Lehrperson".

Möglicherweise sucht eine solch eifrige Lehrperson nur Anerkennung für die Tätigkeit, die sie vielleicht von ihren Schüler/-innen nicht erhält und so hinsichtlich der Erreichung des Zieles, alles richtig zu machen, unsicher geworden ist. Auch hier ist es destruktiv, in Persönlichkeitskategorien zu denken. Konstruktiv ist es hingegen, ein Gespräch anzufangen, vielleicht über mangelndes Feedback von Schüler/-innen, darüber, dass man von einem solchen Beruf keine Anerkennung erwarten kann, wie man eigentlich eine gute Lehrperson definiert usw.

## 12.3   Zusammenfassung und Fazit

Sind unsere selbstdefinierenden Ziele bedroht, dann neigen wir zur symbolischen Selbstergänzung, indem wir uns eine soziale Realität schaffen, der wir die Quasierreichung unserer Ziele symbolisch mitteilen.

Insgesamt regt die Anwendung der Theorie der symbolischen Selbstergänzung zur Perspektivenübernahme gegenüber unseren Mitmenschen an, die sich im Zustand der symbolischen Selbstergänzung befinden und deshalb besonders egozentrisch sind. Sie sind aber bereits dann schon weniger nervig, wenn wir hinter die Kulissen schauen und vielleicht – das ist ein Ideal – sogar Hilfestellung und Anregung geben können, wie Ersatzziele der Erreichung wirklicher Ziele weichen können.

## 12.4    Fragen und Übungen

### Fragen

1. Was ist ein Quasibedürfnis?
2. Was bedeutet Kompensation?
3. Was bedeutet symbolische Selbstergänzung?
4. Auf welche Arten kann symbolische Selbstergänzung erfolgen?
5. Warum ergänzt sich eine Person symbolisch?
6. Welche Bedeutung hat die soziale Realität für die symbolische Selbstdarstellung?
7. Auf welche Weise kann sich eine Lehrperson symbolisch selbst ergänzen?
8. Wie nehmen Personen, die sich symbolisch selbst ergänzen, andere Personen wahr?

### Übung

1. Trifft die Theorie auf Erfahrungen zu, die Sie während Ihrer eigenen Schulzeit oder im Rahmen eines Schulpraktikums bereits gemacht haben? Auf welche Art ergänzte sich die Person symbolisch? Welche Ursachen vermuten Sie hierfür? Wie könnte man als Lehrperson oder Kollege/-in konstruktiv damit umgehen?

# 13 Widerstand und Anpassung: Die Reaktanztheorie

## 13.1 Hintergrund

Eine Auseinandersetzung mit der Reaktanztheorie zeigt, dass Freiheit eine sehr subjektive Größe ist. Brehm (1966) gibt hierzu ein illustratives Beispiel: Ein Mann steht vor einem Zigarettenautomat und möchte die Zigarettenmarke A ziehen. Aus Versehen zieht er die Zigarettenmarke B, aber es kommt nichts aus der Schublade. In diesem Moment wird ihm klar, dass er lieber die Zigarettenmarke B geraucht hätte als A und zieht ein paar Mal an der Schublade von B. A möchte er jetzt eigentlich nicht mehr rauchen und zieht C. Freiheit in einem philosophischen Sinn würde bedeuten, dass er gleichmütig A zieht, weil er erkennt, dass nur der Mangel an B diese Marke so attraktiv macht. Aber psychologische Freiheit funktioniert häufig anders und zeigt, dass die Freiheit, Entscheidungen zu treffen und zu wählen, mit Unsicherheit und Konflikten einhergeht. Im Folgenden werden wir uns mit der Reaktanztheorie beschäftigen und damit, wie man möglicherweise längerfristig die psychologische Freiheit durch eine philosophische Freiheit ersetzen könnte.

Beginnen wir mit einem Beispiel aus dem Schulalltag: Frau Meyer, Grundschullehrerin, sieht Mia und Peter streiten und beobachtet, wie beide beginnen, aufeinander einzuprügeln. Sie geht zu den beiden streitenden Kindern, trennt sie und gibt beiden einen Fragebogen mit, den sie zu Hause bearbeiten und von den Eltern unterschreiben lassen sollen. Diesen Fragebogen sollen sie morgen wieder bei ihr abgeben.

Wie sieht dieser Fragebogen aus? Zunächst müssen die Kinder ihren Namen, ihre Klasse und das Datum eintragen. Dann kommt als erstes die Frage:

*1. Was habe ich gemacht?*
Es gibt fünf Bilder zur Auswahl, die jeweils mit einem Satz beschrieben werden:
- *Ich habe jemanden geärgert.*
- *Ich habe mich gestritten.*
- *Ich habe jemanden beleidigt.*
- *Ich habe gehauen oder getreten.*
- *Ich habe in die Klasse gerufen.*
- Ein Bild ist leer und mit dem Satzanfang überschrieben: *Ich habe …*

Dann liest das Kind die Frage:
*2. Welche Regel habe ich verletzt?*
Es gibt drei Antwortkategorien zur Auswahl. Das Kind kann ankreuzen:
- *Ich habe andere Kinder beim Lernen gestört.*
- *Ich habe jemandem weh getan.*
- *Ich bin nicht sorgfältig mit … umgegangen.*

Bei dieser dritten Alternative kann es also selbst etwas in den Satz hineinschreiben.

Das Kind wird nun gefragt:
*3. Will ich ab jetzt die Regeln einhalten?*

Hierzu kann es *Ja* (daneben ist eine Sonne abgebildet) ankreuzen oder *Nein* (Daneben ist eine Wolke mit Regen abgebildet).

Nun folgt die vierte Frage:
4. *Was kann ich besser machen?*
   Wieder sind hierzu Bilder mit entsprechenden Sätzen aufgeführt.
-  *Ich will leise sein.* Das Wort leise ist unterstrichen. Auf dem Bild ist das Gesicht eines Kindes gezeichnet. Das Kind hält sich selbst den Zeigefinger vor den Mund, der sichtbar den Laut zur Aufforderung von Ruhe „*Pst*" macht.
-  *Ich will mich melden.* Das Wort melden ist unterstrichen. Das Kind auf dem Bild meldet sich mit hoch in die Luft gerecktem Arm, ein Finger steht nach oben.
-  *Ich will friedlich zu den anderen Kindern sein.* Hier ist das Wort friedlich unterstrichen. Auf dem Bild gehen zwei Kinder mit ausgestreckten Händen aufeinander zu.
-  Und schließlich folgt ein leeres Bild mit dem Satzanfang: *Ich will …*

Der letzte und fünfte Punkt lautet:
5. *Was ich mir vornehme.*
   Das Kind hat hier für die Formulierung seiner guten Vorsätze reichlich Platz.

Schließlich muss das Kind den Fragebogen unterschreiben (Unterschrift: (Kind) unterstrichen) und die Eltern des Kindes ebenso (Unterschrift: (Eltern) unterstrichen).

Was passiert? Nach der Schule kommt Mia nach Hause und weint, als sie ihren Eltern den Fragebogen zeigt. Peter hat angefangen, sie zu beleidigen und sie hat sich gewehrt. Und jetzt soll sie so tun, als ob sie für den Streit verantwortlich sei. Sie weigert sich, den Fragebogen auszufüllen und macht dies nur, weil ihre Mutter sie dazu zwingt. Peter schildert, zu Hause angekommen, die Angelegenheit genauso: Mia hat ihn beleidigt, ein Wort hat das andere Wort gegeben und jetzt soll er so tun, als ob er für den Streit verantwortlich war. Auch er füllt den Fragebogen nur aus, weil seine Eltern darauf bestehen und keine Lust haben, sich darum weiter zu kümmern. Am nächsten Morgen geben Mia und Peter Frau Meyer den Fragebogen. Sie steckt ihn weg und der Unterricht beginnt. Mia und Peter streiten sich auch in den nächsten Wochen. Der einzige Unterschied ist, dass sie wütend sind, wenn sie dazu noch einen Fragebogen ausfüllen müssen.

Dieser Umgang mit kindlichen Konflikten zeigt wie sehr die Institution Schule und das heißt konkret, die sich darin befindenden Lehrpersonen, an Konformität von Kindern interessiert ist/sind. Der Fragebogen zeigt dem Kind ständig die Diskrepanz auf, wie es sein sollte und wie es nicht war. Das Kind wird auf verschiedene Art und Weise sanktioniert: Es muss den Vorfall den Eltern melden, weil es deren Unterschrift benötigt; es wird mit seiner Diskrepanz zwischen Ist und Soll konfrontiert und soll diese auch noch schriftlich niederlegen, indem es sein Vergehen ankreuzt oder aufschreibt und es soll seine Einwilligung geben, dass dieser Vorfall nicht noch mal vorkommt. Die psychologische Perspektive des Kindes interessiert hier überhaupt nicht. Die Gründe seiner Verhaltensweisen werden nicht erfragt.

Diese und andere Methoden des Versuches, Individuen an die Regeln einer Gruppe anzupassen haben in der Regel keine positive Wirkung, weil hier ein psychologischer Prozess ins Spiel kommt, der Konformitätsversuchen entgegenläuft-psychologische Reaktanz.

147

## 13.2 Die Theorie

In der Reaktanztheorie geht es um Freiheit und Widerstand gegen deren Einschränkung. Dabei ist jedoch keine abstrakte Freiheit gemeint, sondern es ist von ganz konkreten Freiheiten wie Entscheidungen zwischen unterschiedlichen Alternativen, Verhaltensalternativen, Wahlfreiheit zwischen unterschiedlichen Objekten usw. die Rede.

Die Grundannahme, auf der die Reaktanztheorie basiert, besagt, dass wir grundsätzlich motiviert sind, unsere Freiheiten zu erhalten. Wenn also bisher verfügbare oder als verfügbar angenommene Verhaltens- oder Ergebnisalternativen blockiert werden, dann entsteht Reaktanz.

Reaktanz ist als ein Erregungs- und Motivationszustand definiert, der darauf abzielt, die bedrohte, eingeengte oder blockierte Freiheit wiederherzustellen.

Reaktanz wirkt nun auf mehreren Ebenen.

Auf der Verhaltensebene werden wir beharrlich versuchen, das bedrohte Verhalten dennoch auszuführen. Ist uns dies nicht möglich, dann werden wir uns bemühen, dies durch indirektes Verhalten zu tun. Mia und Peter werden sich auch weiterhin streiten (in ihren Augen: sich nicht beleidigen lassen von einem anderen Kind). Wenn sie dies nicht mehr offen machen dürfen, weil dies mit unerwünschten Sanktionen belegt wird, dann werden sie es indirekt machen. Sie können andere Kinder zu ihren Verbündeten machen, den Kontakt entziehen usw. Es gibt viele Möglichkeiten, sich zu streiten. Wird auch das unterbunden (was im schulischen Alltag unwahrscheinlich ist, da unsoziales Verhalten nicht konsequent verändert wird), wird auf der kognitiven Ebene mit großer Wahrscheinlichkeit die blockierte Alternative aufgewertet, das heißt, das Bedürfnis nach einem richtigen Streit, in dem man dem anderen mal so richtig die Meinung sagen kann, wird als sehr mächtig empfunden. Auf der emotionalen Ebene kann sich dies als Aggression oder Wut bemerkbar machen.

Nach der Theorie schwankt die Stärke der Reaktanz in Abhängigkeit von verschiedenen Bedingungen:

Die *Wichtigkeit* der bedrohten Freiheit spielt eine entscheidende Rolle. Je wichtiger die bedrohte Freiheit ist, desto stärker die Reaktanz, desto größer wird der Widerstand sein, diese Freiheit zurückzuerobern. Je wichtiger es also die Kinder finden werden, sich zu streiten, desto eher werden sie versuchen, sich weiter zu streiten, wenn es ihnen verboten wird. Eine Verhaltensalternative ist natürlich umso wichtiger, wenn es vergleichsweise wenige von ihnen gibt. Wenn also Mia nicht weiß, wie sie Peter erklären kann, dass er so nicht mit ihr umgehen kann, wird sie es als besonders wichtig empfinden, sich weiterhin mit ihm auf die Art und Weise streiten zu können, die ihr als der einzige angemessene Ausdruck ihres Bedürfnisses, ihn in die Schranken zu weisen, vorkommt.

Auch beeinflusst die *Gewissheit*, eine Freiheit ausüben zu können, die Stärke der Reaktanz. Wenn Peter üblicherweise solche Streitereien nicht als Ausdrucksmittel negativer Bewertungen und Emotionen bevorzugt, dann wird er nicht besonders viel Reaktanz empfinden, wenn es ihm verboten wird, sich so zu streiten.

Die *Stärke der Bedrohung* ist eine weitere Determinante der Reaktanzstärke. Wenn Lisa Mia das Streiten verbietet, wird dies vergleichsweise weniger Reaktanz bei Mia auslösen („Du hast mir nichts zu verbieten!") als wenn Frau Meyer dieses Verbot ausspricht.

Die Reaktanzstärke wird schließlich auch durch das *Ausmaß* der Freiheitseinschränkung bestimmt. Welche Implikationen hat dieses Verbot für meine Zukunft? Es ist ein Unterschied, ob ein absolutes oder ein relatives Verbot ausgesprochen wird.

Nach Wortman und Brehm (1975) bleibt Reaktanz so lange erhalten wie wir erwarten, die Ausübung der Freiheit kontrollieren zu können. Sie wird sich in Hilflosigkeit wandeln, wenn wir diese Erwartung aufgegeben haben. Unser Widerstand schlägt dann um in Passivität.

Die Reaktanztheorie ist in vielen Settings untersucht worden. Sei es, dass Hausfrauen sich weigerten, ein Brot zu kaufen, das zu stark angepriesen wurde und stattdessen lieber ein teureres Brot wählten (Weiner & Brehm, 1966), sei es, dass eine attraktive Person, die sich unerreichbar macht, zunächst aufgewertet wird und umso begehrlicher erscheint (Walster, Walster, Pilliavin & Schmidt, 1973), Reaktanz tritt dann auf, wenn wir eine Freiheit zu haben glauben und diese eingeschränkt wird. Dann wollen wir diese Freiheit zurückerobern, auch wenn wir zuvor keinen Gebrauch von ihr gemacht haben.

Stellen Sie sich vor, was in ihnen psychologisch betrachtet vor sich gehen würde, wenn ab sofort beschlossen würde, dass nur noch Mädchen studieren dürfen und nur noch die Jungen, die sich schon eingeschrieben haben, sozusagen als letzte männliche Generation, die studieren kann. Oder stellen Sie sich vor, was in ihnen psychologisch passieren würde, wenn ab sofort der Beamtenstatus von Lehrpersonen aufgehoben wird. Sie werden zweifellos zunächst psychologische Reaktanz verspüren, denn diese Themen werden niemanden, der sich auf den Lehrberuf vorbereitet, kalt lassen.

### 13.2.1 Die Anwendung auf den schulischen Alltag

Da Schule sozusagen ein riesiges Konformitätsexperiment darstellt, gibt es in diesem Kontext eine Fülle von Möglichkeiten, die bei allen beteiligten Personen Reaktanz auslösen können.

### Kommunikation im Unterricht

Das oben genannte Beispiel mag suggerieren, dass Freiheit sich für Schüler/-innen nur auf Verhaltensalternativen bezieht, dem ist aber nicht so. Gerade im Unterricht geht es auch um Meinungs- und Einstellungsfreiheit. Einstellungsfreiheit liegt dann vor, wenn wir in Bezug auf ein Einstellungsobjekt verschiedene Positionen vertreten können und nicht auf eine Position festgenagelt werden.

Unterricht, die Vermittlung von Wissen, beinhaltet auch immer die Vermittlung von Einstellungen und Meinungen. Auch naturwissenschaftliches Wissen spiegelt immer nur das Wissen einer wissenschaftlichen Gemeinde zu einem bestimmten historischen Zeitpunkt wider und wird durch deren Einstellungen gefiltert (Gergen, 1987). Lehrpersonen sind also Personen, die, neben der Wissensvermittlung auch Einstellungen im Unterricht transportieren.

Je älter Kinder werden, desto eher sind sie in der Regel bestrebt, eine eigene Meinung auszubilden, sie durch Erfahrung zu überprüfen, so dass sie über viele Jahre lang, wenn Erziehungsprozesse gut verlaufen, lernen, mit verschiedenen Einstellungen zu spielen. Dieser Prozess wird im Unterricht aber nicht immer unterstützt und so kann an vielen Punkten, ohne das dies intendiert ist, Reaktanz von Lehrer/-innen induziert werden. Das wird besonders dann der Fall sein, wenn Schüler/-innen den Eindruck gewinnen, dass sie auf eine bestimmte Einstellung festgelegt werden sollen. Selbst wenn sie anfänglich gar nichts gegen die von der Lehrperson präferierte Einstellung haben, kann der Eindruck, dass ihnen eine Einstellung „verkauft" werden soll, dass sie auf eine solche festgenagelt werden sollen, dazu führen, dass nun ein sog. Bumerangeffekt auftritt, d. h., dass die Schüler/-innen nun eine extrem gegensätzliche Einstellung übernehmen. Damit stellen sie sicher, dass sich ihr Einstellungsspielraum wieder erweitert.

Ohne es zu wollen, können bestimmte Formulierungen dazu führen, dass Lehrer/-innen einen solchen Bumerangeffekt auslösen: *Ihr habt keine Wahl!* Oder: *Diesen Standpunkt müsst ihr akzeptieren, auch wenn ihr es nicht wollt.* Oder: *Man kann dazu gar keine andere Meinung haben!* Oder: *Spätestens wenn ihr so alt seid wie ich, werdet ihr auch diese Meinung haben!* Solche Aussagen kommen als Einschränkungen der Einstellungsfreiheit an und führen, wenn es sich um für Schüler/-innen subjektiv wichtige Gebiete handelt, dazu, dass mit einiger Wahrscheinlichkeit ein Verschieben ihrer Meinung in die gegensätzliche Richtung stattfindet.

Andererseits müssen auch längerfristige Effekte bedacht werden: Nach ungefähr sechs Wochen ohne weitere Einschränkung können auch Sleepereffekte auftreten, d. h. die forcierte Einstellung kommt doch noch zum Tragen. Z. B. nach den Sommerferien verhalten sich die Schüler/-innen anders, nämlich in Richtung der erwünschten Regel oder aber haben ihre Einstellung derjenigen der Lehrperson angenähert, allerdings in besonderem Maße nur dann, wenn diese Person selber auch ein überzeugendes Modell abgibt.

Der Bericht einer 13-jährigen Schülerin über ihre Fähigkeit, selbstständig ihr Zimmer in Ordnung zu halten, illustriert die Wirksamkeit von Sleepereffekten. Die Schülerin gibt an, von den Ordnungsregeln ihres Vaters ziemlich genervt zu sein, sie sieht jedoch, dass ihr Vater selber sich nach diesen Regeln verhält. Vor ihrem Vater führt sie nicht das gewünschte Verhalten aus, aber:

> *„Mein Vater macht alles sofort, z. B., wenn er jetzt Müll wegbringen soll oder was aufwischen muss, dann macht er das sofort. Und dann merke ich, dass es besser ist, wenn ich eine Sache sofort mache und sie nicht aufschiebe und dann mache ich es sofort, weil es mir gefällt, wie er eine Sache erledigt. Wenn ich Müll wegbringen muss und denke ‚gleich', dann denke ich an meinen Vater. Dann lese ich was, dann lege ich das Buch zur Seite und denke: Warum habe ich ‚gleich' gesagt? Papa würde das jetzt auch erledigen - und bringe den Müll weg."*

Wir können also nicht unbedingt schlussfolgern, dass das starke Vertreten einer Meinung nicht Wurzeln schlagen kann, unter bestimmten Umständen ist dies durchaus möglich, wenn wir Sleepereffekte berücksichtigen und wenn wir zur Kenntnis nehmen, dass erfolgreiches Modelllernen dazu kommen muss. Meinungen und Einstellungen werden aber besser akzeptiert werden und zu mehr Kreativität anregen, wenn sie relativ und in Kombination mit Alternativmeinungen transportiert werden.

## Sanktionsverhalten

Aus der Reaktanzforschung ergeben sich einige praktische Implikationen hinsichtlich des Sanktionsverhaltens im schulischen Alltag. Harte Strafmaßnahmen, die darauf abzielen, ein Exempel zu statuieren, und die Autorität der Lehrperson unterstreichen sollen, können zum Gegenteil dessen führen, was sie ausrichten sollen. Mit hoher Wahrscheinlichkeit werden sie bei Schüler/-innen sogar zur Aufwertung der sanktionierten Verhaltensalternative führen.

Nehmen wir das Thema Unterrichtsstörungen: Kinder haben immer im Unterricht gestört, stören im Unterricht und werden immer im Unterricht stören. Sie sind sich auch darüber bewusst, dass sie im Unterricht stören. Dennoch ist es für sie eine große und wichtige Alternative, ab und zu eine Bemerkung mit ihrem Tischnachbarn zu tauschen statt zuzuhören. Ab und zu wird aus einer Bemerkung eine Störung, die den Unterricht beeinträchtigt.

Was wünschen sich Kinder? Nach Tücke (1999) wünschen sich Kinder, dass über solche Ereignisse geredet wird, sie wünschen sich aber nicht, dass geschimpft oder bestraft wird (vgl. auch 1.1). Vor allem wünschen sie sich nicht, dass der Unterricht deswegen unterbrochen wird. Positiv reagieren sie auf eingesetzten Humor. Humor hat meistens die gute Eigenschaft, dass auf einen negativen Aspekt hingewiesen werden kann, ohne dass die Person dabei beschämt wird. Außerdem verbessert er die Stimmung und trägt so zu einer angenehmeren Arbeitsatmosphäre bei.

Nach Tücke berichten die Kinder jedoch, dass aufUnterrichtsstörungen meistens mit Schimpfen und Strafen reagiert wird. Dies sind starke Reaktionen starker Personen, die wahrscheinlich – wenden wir die Erkenntnisse aus der Reaktanztheorie an – dazu führen, dass bei den Schüler/-innen Widerstand wächst. Es ist auch möglich, dass sie die Freiheiten, die sie bei einer besonders strengen Lehrperson blockiert sehen, sich dann bei einer als schwächer wahrgenommenen Lehrperson zurückerobern. Das wäre dann für die strenge Lehrperson die irrtümliche Rückmeldung, dass ihr strenges Durchgreifen unabänderlich ist und Lehrpersonen, die sich nicht durchsetzen können, eben mit einer lauten Klasse leben müssen.

## Drogenprävention

Rauchen als eine Form des Drogenkonsums stellt ein ernsthaftes Problem in Deutschland dar. Im Vergleich mit anderen europäischen Staaten liegt Deutschland an der Spitze[17]. Besonders der Anteil der Mädchen und jungen Frauen, die rauchen, hat stark zugenommen. Dies ist umso bedenklicher als diese Teilgruppe nikotinkonsumierender Personen zu mentholhaltigen Zigarettenmarken greift, die eine tiefe Inhalation wegen des erzeugten „Frischegenusses" besonders attraktiv macht. Diese tiefe Inhalation führt nun – wie seit kurzem bekannt – zu besonders bösartigen und unheilbaren Krebserkrankungen des Lungengewebes. Wir können damit rechnen, dass ein hoher Prozentsatz rauchender Mädchen eine stark verkürzte Lebenserwartung hat und weitaus früher sterben wird als es ohne Zigarettenkonsum sein müsste.

Dies macht natürlich verständlich, dass staatliche Drogenprävention ein unbedingtes Muss ist. Doch tragen die auf den Zigarettenpackungen gesetzlich vorgeschriebe-

---

[17] www.euro.who.int/eprise/main/who/prop/yph/hbsc/20030130_2

nen Warnungen wirklich zu einer Reduktion des Rauchens bei? Bekanntlich nicht. Die Risiken bleiben abstrakt und die Formulierungen regen eher zum Widerstand gegen ein Rauchverbot an. Schon gibt es optisch ansprechende Hüllen, in die man die Zigarettenpackung fallen lassen kann und auf denen die Warnungen des Gesundheitsministeriums verulkt werden. Das ist dann cool und erhöht die Wahrscheinlichkeit enorm, dass weiterhin geraucht wird, denn Widerstand regt an! Wo Individuen die Möglichkeit sehen, einem nicht akzeptierten Konformitätsdruck auszuweichen, da werden sie es auch tun.

Auch hier wäre es besser, eingehende Diskussionen über die Vor- und Nachteile des Rauchens zu führen, als zu versuchen, eine einzige Einstellung durchzusetzen. Wenn Schüler/-innen die Einsicht gewinnen, dass sie es letztendlich entscheiden können, ob sie rauchen oder nicht, mit allen dazugehörenden Konsequenzen, werden wahrscheinlich mehr Schüler/-innen erreicht als durch strikte Verbote. Auf Abschreckung zu setzen, kann sich nicht längerfristig durchsetzen, denn es verringert die subjektive Wahlfreiheit. Und in individualistischen Gesellschaften wie der unsrigen ist diese Wahlfreiheit sehr wichtig.

## Soziales Verhalten

Mittlerweile gibt es einige Trainingsprogramme zum sozialen Verhalten. Der Tenor dieser Programme ähnelt sich, da sie vor einem bestimmten, einseitigen theoretischen Hintergrund betrieben werden und so unisono zu dem Schluss kommen, dass nur bestimmte Verhaltensweisen sozial korrekt sind, andere aber auf keinen Fall akzeptiert werden können. Man scheint sich darüber einig zu sein, dass es immer gut ist, zu integrieren und niemals gut, beispielsweise *tit-for-tat* zu handeln. Auch hier wird sehr häufig versucht, eine einseitige Einstellung zum Thema Austragen von Konflikten an die Schüler/-innen zu bringen.

Reaktanztheoretisch betrachtet, ist es sinnvoller, mit Schüler/-innen ausführlich verschiedene Arten von Konfliktbewältigung zu diskutieren. Sie kommen sonst ganz zu Recht zu der Meinung, dass sie sich noch andere Alternativen als sozial korrektes Verhalten offen halten wollen. Diese werden aber dann nicht mehr in die Diskussion eingebracht werden, da sie ja verboten sind und hinter dem Rücken der Lehrer/-innen betrieben werden.

## Mathematikunterricht

Ein ganz konkretes Beispiel, wie Reaktanzeffekte im fachlichen Unterricht produziert werden können, bietet der Mathematikunterricht. Mitunter beharren Lehrpersonen auf bestimmten Vorgehensweisen: es darf nur eine einzige Strategie angewendet werden, um zu einer Lösung zu kommen, oder es dürfen keine Nebenrechnungen gemacht werden, alles muss im Kopf gerechnet werden usw.

Die Schüler/-innen werden so häufig auf bestimmte Wege festgelegt. Dies ist für Kinder, die keine eigenen Wege exploriert haben, in der Regel unproblematisch im Sinne der Reaktanz. Sie werden keinen Widerstand verspüren, wenn sie auf eine Strategie eingestellt werden. Für Kinder, die jedoch ihre eigenen Wege gefunden haben, wird eine Verhaltensalternative einfach gestrichen.

Auch hier gilt: Schüler/-innen profitieren immer, für jedes Thema, von einer ausführlichen Diskussion über unterschiedliche Alternativen. Jede Alternative hat ihre Vor- und Nachteile. Und nur weil eine Lehrperson eine Alternative als besonders elegant erachtet, heißt dies nicht, dass dies wirklich so ist.

## Deutschunterricht

Wer kennt ihn nicht, den Widerstand gegen einen Autor, der der ganz besondere Favorit des eigenen Deutschlehrers oder der eigenen Deutschlehrerin war? Da wurde schnell klar, dass es keinen bedeutenderen, größeren Schriftsteller geben kann und dass niemand außer diesem einen so fesseln könnte und eine solche Anerkennung verdient hätte, ja, dieser Mensch war genial. Auch wurde diese Genialität an manchen Passagen durchaus zu beweisen versucht. Aber jede kritische Interpretation oder fehlende Begeisterung, die auf eine ganz andere Einstellung gegenüber dem genialen Werk hindeutete, führte unweigerlich zu der Bescheinigung, dass man ungenügende Kriterien herangezogen, ganze Textteile missverstanden und überhaupt die richtige Bedeutung des Geschriebenen nur unzureichend erfasst hätte. Und damit zu einer mittelmäßigen oder gar schlechten Note.

Die Freiheit, eine ganz andere als die stark nahe gelegte Perspektive auf einen Text einzunehmen, wird mitunter nicht gerne zugestanden. Das fordert den Widerstand der Schüler/-innen heraus, denen eine freie Meinungsäußerung wichtig ist. Denn unter verschiedenen Perspektiven betrachtet, kann ein und derselbe Text richtig oder falsch, banal oder hinreißend sein.

Besser wäre es also, auch hier wieder unterschiedliche Perspektiven zuzulassen. Wichtig ist nur, dass diese begründet werden. Was führt zu der Meinung, dass der „Faust" ein triviales Werk ist? Warum ist er ein geniales Werk? Auch hier wird eine ausführliche Diskussion unterschiedlicher Perspektiven mehr Schüler/-innen stärker erreichen. Die Festlegung auf den Geschmack von Lehrer oder Lehrerin engt unnötig ein. Wenn Schüler/-innen die Freiheit haben, ihre Meinung zu äußern und sie fachlich fundiert zu begründen, werden sie einen ausgezeichneten Zugang zum Umgang mit Texten bekommen.

## Politikunterricht

Was für andere Unterrichtsfächer im Rahmen der Reaktanztheorie gilt, hat natürlich besonders für den Politikunterricht Brisanz. Auch hier stellt sich insbesondere die Frage, wie eine Lehrperson mit anderen politischen Meinungen umgeht.

Nehmen wir an, eine Lehrperson vertritt als Privatperson die politische Auffassung, dass Marktwirtschaft sozial betrieben werden solle. In einer Klasse findet sie, dass nur ein Drittel der Schüler/-innen diese Meinung teilt und die Mehrheit eher der Meinung ist, dass Marktwirtschaft absolut frei sein solle und sich nach den Gesetzen des Kapitalismus eben diejenigen durchsetzen werden, die ihr Geschäft effizienter betreiben.

Was ist hier eine „gute Meinung"? Eine Meinung, die begründet werden kann und durchdacht ist. In diesem Fall ist es besonders wichtig, dass eine Lehrperson darauf besteht, dass eine sachliche Diskussion über die Vor- und Nachteile der jeweiligen unterschiedlichen marktwirtschaftlichen Systeme in Gang gesetzt wird. Idealerweise erreicht sie damit, dass die Schüler/-innen ein Gerüst in die Hand bekommen, mit Hilfe dessen sie ihre eigene Meinung immer wieder überprüfen können. Eine vehemente Vertretung der eigenen Meinung kann unter Umständen wieder zu Reaktanzeffekten führen, selbst bei den Schüler/-innen, die vorher dieselbe Meinung hatten wie die Lehrperson.

### Hausaufgaben

Hausaufgaben sind eine Quelle ständigen Ärgers, für die Lehrpersonen, wenn sie von den Schüler/-innen nicht gemacht werden, und für die Schüler/-innen, wenn die Aufgaben langweilig oder sinnlos sind und zu üppig ausfallen.

Hausaufgaben sind immer eine Quelle der Reaktanz, weil in der Regel ein MUSS dahinter steht. Umso sinnloser Hausaufgaben empfunden werden, desto eher werden Schüler/-innen in den aktiven oder passiven Widerstand gehen. Das kann sich für die Lehrperson völlig unbemerkt gestalten: Schüler/-innen können Hausaufgaben schnell in den Pausen voneinander abschreiben, so dass der Zweck der Hausaufgaben völlig verfehlt wird.

Um die Wahrscheinlichkeit zu erhöhen, dass Hausaufgaben gemacht werden, kann die Reaktanztheorie sinnvoll eingesetzt werden. Reaktanzeffekte werden dann vermieden, wenn Schüler/-innen sich nicht in ihrer Freiheit eingeschränkt fühlen. So wäre es möglich, Hausaufgaben zur Wahl zu stellen, oder einen Pflichtteil verbindlich zur Bearbeitung zu machen und einen „Kürteil" als freiwillige Hausaufgabe, so dass sehr unmotivierte Schüler/-innen dann zumindest das Gefühl von Freiheit haben, wenn sie den Kürteil weglassen können. Auf das Thema Hausaufgaben kommen wir nochmals im Kontext der Emotionstheorien (Kapitel 14) zurück.

## 13.3    Zusammenfassung und Fazit

Schulischer Alltag ist immer wieder aufs Neue eine Gratwanderung zwischen Individuum und Gruppe und damit ein Balanceakt zwischen dem Ausbilden einer eigenen fundierten Meinung und der Anpassung an die Gruppe. Je nachdem, wie wichtig die Ausübung einer bestimmten Freiheit für ein Individuum ist, wird sie bei deren Einschränkung psychologische Reaktanz empfinden, deren Ausprägung mit dem Versuch zusammenhängt, die Freiheit zurückzuerobern. Die Reaktanztheorie impliziert, dass eine Person, die aktiv in die Entwicklungsprozesse von Kindern und Jugendlichen eingreift, ein Gespür dafür entwickeln muss, welche Freiheitsbedürfnisse eine Person hat, wenn sie an einer Entwicklung zu einer mündigen Person interessiert ist. Sie muss diesen Freiheitsbedürfnissen nicht nachgeben, sie aber wahrnehmen, akzeptieren und psychologisch sinnvoll behandeln. Eine grundsätzliche Möglichkeit zur Verhinderung unnötiger Freiheitseinschränkungen auf der psychologischen Ebene ist es, stets die Vielseitigkeit und -schichtigkeit von Meinungen aufzuzeigen.

## 13.4    Fragen und Übungen

**Fragen**

1. Was ist psychologische Reaktanz?
2. Wodurch wird die Ausprägung psychologischer Reaktanz beeinflusst?
3. Welche Konsequenzen sind mit psychologischer Reaktanz verbunden?
4. Was ist ein Bumerangeffekt?
5. Was ist ein Sleepereffekt?
6. Welche Implikationen leiten sich aus der Reaktanztheorie bezüglich des Transports von Meinungen im Unterricht ab?
7. Wieso kann Reaktanz in Hilflosigkeit umschlagen?

**Übungen**

1. Greifen Sie ein Thema aus Ihrem Unterrichtsfach heraus, zu dem Sie selbst eine pointierte Einstellung haben. Wie können Sie dieses Thema nach den Implikationen der Reaktanztheorie didaktisch so umsetzen, dass Sie bei möglichst wenigen Schüler/-innen psychologische Reaktanz induzieren? Was müssen Sie dabei wahrscheinlich in Kauf nehmen?
2. Erinnern Sie sich an Ihre eigene Schulzeit: In welchem Kontext trat bei Ihnen durch Lehrpersonen induzierte psychologische Reaktanz auf? Was würden Sie selbst als Lehrperson anders machen vor dem Hintergrund der Reaktanztheorie?

# 14 Die Ursachen und Folgen von Gefühlen: Emotionstheorien

## 14.1 Hintergrund

Emotionen sind ein grundlegender, notwendiger Bestandteil unseres Erlebens und unserer Identität. Ein Leben ohne Emotionen ist undenkbar. Wenn Menschen beginnen, nichts mehr zu fühlen, stellt sich eine große Leere ein. Psychopathologisch betrachtet, könnte hier eine schwere Depression oder ein Entfremdungserleben stattfinden, das mit einem hohen Leidensdruck einhergeht. Umgekehrt wird aber auch ein Übermaß an intensiven Gefühlen sowohl für das betreffende Individuum als auch für dessen Umwelt als quälend erlebt.

Gerade Kinder und Jugendliche, auch erwachsene Menschen, nehmen ihre Gefühle als sichere Zeichen dessen wahr, wie sie sich zu verhalten haben, was richtig und was falsch ist, ohne sich Gedanken darüber zu machen, dass Gefühle möglicherweise nicht ganz so natürliche Ausdrucksformen sind wie beispielsweise die Reaktion ihres Körpers auf einen Virus.

### Die Dichotomie von Fühlen und Denken

Unserem kulturellen Erbe liegt eine Auffassung von Gefühlen zugrunde, die uns einen Umgang mit ihnen erschweren dürfte (McCrone, 1994). Ausgehend von Vorstellungen aus der Romantik werden Gefühle als Ausdruck unseres wahren Selbsts, einer tieferen Wahrheit, empfunden und sind erst dann richtige Gefühle, wenn sie leidenschaftlich, also intensiv, sind. Gefühle werden als Gegensatz zum Verstand konzeptualisiert und da sie Teil unseres wahren Selbsts sind, sollten wir ihnen gehorchen, nicht dem Verstand, so die öffentliche Meinung:

*„Kennen Sie Franco Fornari? Ein italienischer Psychoanalytiker, der vor etwa 15 Jahren gestorben ist. Die letzten Jahre seines Lebens hat er damit verbracht, die Sprache der Dinge zu erforschen. Natürlich sprechen Dinge nicht, aber sie sagen uns etwas, sie treten mit uns in Verbindung. Er hat entdeckt, was uns an Dingen anzieht, und er unterscheidet zwei Ebenen der Wahrnehmung. Das Gesetz des Tages und das Gesetz der Nacht. Zum Tag rechnet er die Vernunft, die Funktion, das kritische Denken. Zur Nacht gehören Tagträume, die Fantasie und die Vorstellungskraft. Ständig kämpfen diese beiden Prinzipien in unserem Inneren miteinander. Aber wenn wir uns entscheiden müssen, spielen die Einflüsse der Nacht eine viel größere Rolle als die, die dem Tag zugeordnet werden"* (Alberto Alessi über Fornari, 1999, DIE ZEIT, Nr. 47).

Die Macht der Träume und Gefühle wird in unserem kulturellen Kontext der Profanität des Verstandes gegenübergestellt (siehe Tabelle 13). Demnach sind Gefühle mit leidenschaftlichem, irrationalem, impulsivem Denken verbunden, verstandesgemäßes Denken hingegen wird gleichgesetzt mit logischem, rationalem, zielführendem, vernunftbetontem und schlussfolgerndem Denken. Gefühle, wahre Gefühle, kommen von Herzen oder aus dem Bauch, logisches Denken geschieht im Kopf. Wahre Gefühle sind von ihrer Erlebensqualität her heiß, unkontrolliert, unbewusst und spontan, logisches Denken hingegen kühl, kontrolliert und bewusst. Das Erleben von Gefühlen ist intensiv im Gegensatz zu logischem Denken, das kontrolliert ist.

**Tab. 13:** Die Dichotomie von Verstand und Gefühl

|  | Gefühl | Verstand |
|---|---|---|
| **Denken** | – leidenschaftlich<br>– irrational<br>– impulsiv | – logisch<br>– rational<br>– zielführend<br>– vernunftbetont<br>– schlussfolgernd |
| **Körper** | – Bauch<br>– Herz | – Kopf |
| **Qualität** | – heiß<br>– unkontrolliert<br>– unbewusst<br>– spontan | – kühl<br>– kontrolliert<br>– bewusst |
| **Erleben** | – intensiv | – kontrolliert |
| **Bewertung** | – Wahrheit | – Rationalisierung |

Da also intensive leidenschaftliche Gefühle als Ausdruck unseres wirklichen Wollens definiert sind, empfinden wir bei rationalen Entscheidungen Unzufriedenheit, Langeweile und Versagensangst. Allerdings wird bei Herzensentscheidungen übersehen, dass die im Augenblick der Entscheidung empfundene Euphorie häufig Enttäuschungen, Unsicherheit und Wankelmütigkeit nach sich zieht.

In den Medien wird diese Dichotomie durch die Art des Heldentums zelebriert, wie es beispielsweise in „Star Trek" oder „Akte X" dargestellt wird: Der Held verkörpert das Irrationale, entscheidet nach Gefühl und hat Recht – der Antiheld entscheidet mit Logik und muss leiden. Diese Philosophie wird spätestens in der Pubertät wirksam: Lernen Kinder in unserem kulturellen Umkreis während der primären Sozialisation noch, dass die Befolgung bestimmter Regeln wichtig für das Zusammenleben ist und dass die Kontrolle ihrer Impulse und Gefühle für das Zusammenleben von enormer Bedeutung ist, wird dieses Wissen mit zunehmendem Alter als Anpassung enttarnt, welches den Ausdruck der eigenen Persönlichkeit hemmt.

Im schulischen Alltag können Personen, die ihre Gefühle – und damit ihr Verhalten – nicht regulieren können, ein ernstes Problem für ihr soziales Umfeld darstellen, weil sie den gewünschten Ablauf extrem stören können. Auch für das betroffene Individuum kann das Unvermögen, die eigenen Gefühle zu regulieren, mit unangenehmen Konsequenzen verbunden sein.

In der Sozialpsychologie gibt es eine Reihe interessanter Theorien zu entdecken, welche uns zu dem Schluss führen, dass das Zustandekommen von Emotionen zumindest differenziert zu betrachten ist. Die Theorien widersprechen sich. Manche kommen zu dem Schluss, dass unsere Gefühle unser Verhalten und unsere Gedanken lenken (bspw. Zajonc, 1980, 1984). Es ist jedoch schwierig mit einer solchen Auffassung komplexere Gefühle zu erklären. Andere Theorien postulieren, dass ohne Gedanken bestimmte Gefühle undenkbar wären und Gefühle mit bestimmten Kognitionen notwendigerweise zusammenhängen sollten (Schachter & Singer, 1962; Ellis, 1994; Lazarus, 1966; Beck, 1976). Oder aber sie nehmen an, dass unsere Gedanken, unsere Gefühle oder unser Verhalten oder aber alles untrennbar miteinander zusammenhängt wie Ellis es in seiner Reformulierung verdeutlicht (Ellis & Hoellen, 1999).

Auf diese wissenschaftliche Debatte soll hier nicht näher eingegangen werden. Wichtig für unseren Anwendungsbezug ist lediglich die Erkenntnis, dass Gefühle nicht einfach „aus dem Bauch heraus" entstehen, sondern dass sie mit anderen Komponenten unserer Persönlichkeit verbunden sind, nämlich mit unseren Gedanken und unseren Verhaltensweisen. In den vorgestellten attributionalen Ansätzen ist dieses Konzept von Emotionen bereits enthalten.

Dass es insbesondere für Lehrpersonen wichtig ist, ihre Konzeptionen von Emotionen zu überprüfen, soll in diesem Kapitel deutlich werden. Wenn wir uns selber darüber im Klaren sind, wie Gefühle zustande kommen (oder jedenfalls zustande kommen *könnten*), also mit einer anderen Perspektive an unser Alltagserleben herantreten, dann ergeben sich daraus automatisch bestimmte Vorgehensweisen für uns, wie wir selber unsere Emotionen regulieren können und auch wie wir konstruktiv in den emotionalen Haushalt anderer Personen eingreifen können.

Zunächst soll eine ganz klassische Theorie vorgestellt werden, nämlich die Zwei-Komponenten-Theorie von Schachter und Singer. Danach wird eine anwendungsorientierte Theorie vorgestellt werden, die sich sozialpsychologischer und allgemeinpsychologischer Grundlagen bedient und darüber hinaus auch Grundlagentheorien anderer Disziplinen wie der Linguistik und Philosophie einbindet – das Emotionskonzept, wie es in der rational-emotiven Verhaltenstherapie verwendet wird, keine sozialpsychologische Theorie, aber eine Theorie, die auf wichtige Grundlagen dieser Disziplin zurückgreift. Wie dieses Konzept dann konstruktiv auf den schulischen Alltag angewendet werden kann, wird weiterhin erörtert werden.

## 14.2 Die Zweikomponententheorie der Emotion von Schachter und Singer

Schachter und Singer gingen in ihrer Theorie davon aus, dass das Erleben von Emotionen von zwei Komponenten gesteuert wird, nämlich durch die Kombination körperlicher Erregung und deren kognitiver Bewertung. Je stärker die körperliche Erregung wäre, desto stärker sollte auch die Intensität des jeweiligen Gefühls wahrgenommen werden.

Diese Annahme erscheint vor dem Hintergrund, dass die mit Gefühlen einhergehende körperliche Erregung relativ unspezifisch für das jeweilige Gefühl ist, plausibel. Die unterschiedlichsten Gefühle werden vom vegetativen Nervensystem gesteuert und sind einander, physiologisch betrachtet, relativ ähnlich. Nur die Intensität der Ausprägung ist unterschiedlich. Physiologische Begleiterscheinungen von Emotionen könnten sein: Herzklopfen, Zunahme der Atemfrequenz, ein bestimmtes Gefühl im Magen, Erröten, Schweißausbruch, ein erhöhter Spannungsgrad der Muskulatur und ein Anstieg des Aktivierungsniveaus.

So können wir weinen, wenn wir traurig, aber auch, wenn wir besonders froh sind. Wir können unseren Bauch fühlen, wenn wir besonders ängstlich, aber auch, wenn wir verliebt sind. In dem einen Fall interpretieren wir die erhöhte Erregung als Bauchschmerzen, im anderen als „Schmetterlinge im Bauch". Unser Herzschlag erhöht sich, weil wir uns über irgendjemanden sehr ärgern, oder aber, weil wir uns über einen Erfolg freuen.

Um ihre Annahme zu testen, starteten Schachter und Singer ein originelles Experiment, das im Übrigen besonders wegen seiner Originalität, nicht wegen der unvollkommenen Ergebnisse, heute noch zitiert wird. Ihren Versuchsteilnehmern wurde mitgeteilt, dass ein bestimmtes, neues Vitaminpräparat getestet werden solle. In Wahrheit erhielten jedoch alle Teilnehmer eine Adrenalininjektion. Adrenalin wirkt erregend auf das zentrale Nervensystem und äußert sich in Rötung des Gesichts, Zittern der Hände und einer Beschleunigung des Herzschlags. Einer Gruppe wurde nun wahrheitsgetreu gesagt, dass sich möglicherweise gerade solche Nebenwirkungen einstellen könnten (Wahrheitsinformation-Gruppe) während einer anderen Gruppe fälschlicherweise mitgeteilt wurde, dass die Injektion keinerlei Nebenwirkungen verursachen würde (Nichtinformation-Gruppe). Nun wurden alle Versuchsteilnehmer gebeten, in einem Raum Fragebögen zu bearbeiten. In diesem Raum wartete ein Konföderierter des Versuchsleiters. In einer Bedingung lacht er und springt herum, tanzt und spielt, in einer anderen Bedingung schimpft er laut, während er einen Fragebogen ausfüllt. Außerdem werden der Versuchsperson beleidigende Fragen gestellt. Insgesamt gibt es also vier Bedingungen:

(1) Wahrheitsinformation-Euphorie-Gruppe,
(2) Wahrheitsinformation-Ärger-Gruppe,
(3) Nichtinformation-Euphorie-Gruppe,
(4) Nichtinformation-Ärger-Gruppe.

Schauen wir uns das Verhalten der Versuchspersonen an, das im Übrigen nicht durch die vorgegebenen Fragebogenmaße entsprechend wiedergegeben wurde, dann zeigt sich, dass die Versuchspersonen, die aufgrund der richtigen Information die Nebenwirkungen des Adrenalins auf die Injektion zurückführen konnten, sich in keinem Fall von dem Verhalten der anderen Person anstecken ließen, während die Versuchsteilnehmer, die die Wirkung des Adrenalins verspürten, jedoch nicht wussten, dass dieses für die körperliche Erregung verantwortlich war, das Verhalten der anderen Person kopierten. Soziale Hinweisreize steuerten also hier die Interpretation der körperlichen Erregung, so dass in der einen Gruppe (3) die Teilnehmer zu dem Schluss kamen, besonders fröhlich zu sein, in der anderen jedoch (4) meinten, besonders ärgerlich zu sein und sich auch so verhielten. Die Aussage der Daten in Hinblick auf die Hypothesen ist umstritten, da die Replikationen des Experimentes große Inkonsistenzen aufweisen (Hammerl, Grabich & Gniech, 1993), dennoch erlauben die Befunde folgendes Zwischenfazit:

Emotionen sind nicht unbedingt verlässliche Wegweiser, sichere Zeichen einer untrüglichen inneren Stimme, sondern werden in hohem Maße durch den vorgegebenen sozialen Bezugsrahmen gesteuert, welcher die Interpretation der körperlichen Erregung leitet.

Valins (1966) konnte in einem späteren Experiment zeigen, dass es nicht so sehr auf die körperliche Erregung ankommt, sondern dass *deren Wahrnehmung* entscheidend ist. So würden sich beispielsweise ständig hoch erregte Personen an diesen Zustand gewöhnen können und keine starken Emotionen mehr empfinden. Ebenso könne die Fehlwahrnehmung von Aktivierungszuständen zu Gefühlswahrnehmungen führen, deren Intensität dem wahrgenommenen, also nicht unbedingt dem tatsächlichen Aktivierungsgrad entsprechen würde. Diese Annahme konnte er empirisch untermauern.

### Erregungsübertragung

Auch kann es dadurch, dass die viszerale Erregung nicht schnell, sondern nur allmählich nachlässt, dazu kommen, dass die in einer längst beendeten Situation entstandene Aktivierung nun in einer neuen Situation emotionale und andere Prozesse intensiviert, die in einer neuen Situation ausgelöst wurden. So konnte Zillmann (1971) in seiner Theorie der Erregungsübertragung zeigen, dass eine Resterregung neue Emotionen und Verhaltensweisen intensivieren kann, jedoch nur dann, wenn diese nicht auf die frühere, auslösende Situation zurückgeführt wird – ein weiterer Beweis dafür, dass Emotionen in einen umfassenden Konstruktionsprozess eingebunden sind.

### 14.3.1 Die Anwendung auf den schulischen Alltag

Die Implikationen einer emotionstheoretischen Perspektive für den Lehrberuf sind vielfältig.

### Emotionen stecken an

Die Untersuchung von Schachter und Singer zeigt, dass wir uns von den Emotionen anderer Personen anstecken lassen können. Dies ist ein Prozess, den wir aus vielen Alltagsbereichen kennen. In vielen Situationen lassen wir uns von den Gefühlen anderer Menschen anstecken, ja, mitunter bezahlen wir sogar dafür: Wir gehen in einen spannenden Film und fühlen mit unserer Identifikationsfigur mit. Wir gehen ins Fußballstadion und fiebern mit den Fans unseres Favoriten mit. Wir gehen auf die Hochzeit unserer Schwester und sind genauso bewegt wie unsere anderen Verwandten … es gibt zahlreiche Beispiele aus allen Lebensbereichen, in denen wir die Gefühle der uns umgebenden Menschen teilen.

Hatfield, Cacioppo und Rapson (1994) bezeichnen Gefühlsansteckung als relativ automatischen, unbeabsichtigten, unkontrollierbaren Prozess. Dieser Prozess ist definiert als die Tendenz, automatisch den Gesichtsausdruck anderer Personen, deren Stimme, deren Haltung, deren Bewegungen nachzumachen, zu synchronisieren und so konsequenterweise auch emotional zu konvergieren. Da wir dazu neigen, uns auch in Bezug auf Mimik, Stimme, Gestik, Haltung mit der Umwelt zu synchronisieren und Gefühle erleben, die wiederum hierzu passen, ist Gefühlsansteckung einer der grundlegenden sozialen Prozesse überhaupt.

Lehrer/-innen sollten hier wissen, ob sie selber ansteckend sind oder sich anstecken lassen, denn andere Menschen mit den eigenen Gefühlen anzustecken, ist eine Fähigkeit, die nicht jeder hat. Manche Individuen verfügen über diese Ausstrahlung: Wenn sie glücklich sind, dann fühlen sich die Menschen in ihrer Umgebung besser; wenn sie betrübt sind, dann sinkt auch die Stimmung der Menschen in ihrer Nähe. Nicht in jedem Film finden wir unseren Star, der uns die Tränen in die Augen treibt, wenn er oder sie unglücklich ist; nicht jede Fußballmannschaft berührt uns mit ihrem Schicksalsverlauf; und nicht jede Hochzeit bewegt uns.

Die Fähigkeit, andere anzustecken, setzt sich aus drei Komponenten zusammen: Erstens müssen ansteckende Personen starke Gefühle fühlen oder zumindest muss es so scheinen, dass sie dies tun. Zweitens müssen sie in der Lage sein, diese Gefühle eindeutig auszudrücken. Ihre Mimik, ihre Stimme und ihre Haltung müssen ihren emotionalen Zustand klar erkennen lassen. Drittens müssen sie relativ unempfänglich gegenüber denjenigen Gefühlen anderer Personen sein, die mit ihren eigenen Gefühlen unvereinbar sind. Auf solche Gefühle reagieren sie nicht.

Menschen mit einem höheren Grad von Extraversion haben diese Fähigkeit zur Gefühlsansteckung in höherem Maße ausgebildet (Friedman & Riggio, 1981; Sullins, 1991), und stecken andere Menschen mit höherer Wahrscheinlichkeit mit ihren Gefühlen an – sie sind expressiver.

Aber auch sich anstecken zu lassen, ist eine Fähigkeit, die variiert. Nicht jeder Mensch ist gleich empfänglich für die Gefühle anderer Menschen. Unser Nachbar im Kino versteht möglicherweise unsere Tränen nicht, mancher Zuschauer im Fußballstadion erscheint uns unbeteiligt und vermutlich sogar abgestoßen von unserer bewegten Beteiligung; und haben wir nicht auch auf Hochzeiten zahlreiche emotional völlig neutrale Gesichter gesehen?

Wir lassen uns leichter von den Gefühlen anderer Menschen anstecken, wenn unsere Aufmerksamkeit auf andere Personen gerichtet ist, unser Selbstkonzept stärker durch Beziehungen zu anderen konstruiert ist als durch die Betonung von Unabhängigkeit und Einzigartigkeit, wir den emotionalen Ausdruck anderer Menschen besser entziffern können, wir uns unserer eigenen emotionalen Reaktionen bewusster sind und unsere emotionale Reaktivität höher ausgeprägt ist.

Sind wir auf einem andere Menschen bewegenden Ereignis beispielsweise mit etwas ganz anderem beschäftigt, werden wir uns entsprechend der Normen dieses Ereignisses fühlen, sind aber „nicht richtig dabei", also auch für die Gefühle anderer unempfänglich.

Diese Erkenntnisse aus der Emotionspsychologie legen es ernsthaft nahe, dass sich angehende Lehrer/-innen mit ihrem Ausdruck beschäftigen müssen und diesen aktiv mit beeinflussen können sollten, wollen sie einen glaubwürdigen Eindruck vermitteln und ihre Stimmungen und Launen nicht unkontrolliert in die Klasse hineintragen.

## Reflektierter Umgang mit Emotionen

Die Grundaussage, die aus der Zweikomponententheorie und der Modifikation von Valins und Zillmann abgeleitet werden kann, besagt, dass Lehrer/-innen sich hüten sollten, Entscheidungen „aus dem Bauch heraus", „intuitiv" oder „nach Gefühl" zu fällen. Unsere Gefühle können in die Irre führen, sie können manipuliert sein, sie können zu willkürlichen, rational nicht nachvollziehbaren Urteilen und Entscheidungen führen. Gerade Lehrer/-innen sollten in einem hohen Maße reflektiert über die eigenen Gefühle nachdenken können, die sie durch die Alltagsereignisse in einem schulischen Kontext mit Sicherheit im Übermaß erleben werden können.

Wie sie dies bewerkstelligen können, dazu hat die nächste Theorie eine Menge zu sagen.

## 14.3 Das Emotionskonzept in der rational-emotiven Verhaltenstherapie

Ende der 1950er Jahre formulierte Albert Ellis (z. B. 1958) seine Theorie zur Entstehung von Emotionen und verbesserte kontinuierlich sein Konzept auf der Grundlage neuer Forschungsbefunde. Seine Ausgangsthesen lauten, dass (1) Gefühle sozial konstruiert sind, ausgenommen einige Basisemotionen, die evolutionären Ursprungs sind, dass (2) Gefühle immer mit Gedanken assoziiert sind – Denken und Fühlen ist eine Einheit und keine Dichotomie– und dass (3) alle intensiven Gefühle auf Übergeneralisierungen, Schwarz-Weiß-Denken, falschen Schlussfolgerungen, unrealistischen Annahmen, sog. *Mus*turbationen und Forderungen beruhen.

Diese Art zu Denken sei Teil unseres biologischen Erbes. Im Amerikanischen wird dies als *irrational* bezeichnet im Gegensatz zum *rationalen* Denken. Eine gute Übersetzung dieser beiden Begriffe wäre *nicht hilfreich* versus *hilfreich* oder *dysfunktional* versus *funktional*. Demnach bilden auslösende Situationen, deren Bewertungen, die in unser philosophisches Weltverständnis eingebettet sind und emotionale wie verhaltensbezogene Konsequenzen Elemente einer Einheit. Diese drei Elemente bilden das sog. Aktivierendes Ereignis-Bewertungen-Consequenzen- Modell innerhalb der rational-emotiven Verhaltenstherapie (siehe Abbildung 19). Das Herzstück des A-B-C-Modells bilden die sog. *Beliefs*, also Bewertungen – grundlegende Überzeugungen von sich, anderen und der Welt. Diese Überzeugungen erwerben wir hauptsächlich im Laufe unseres Sozialisationsprozesses.

Die Bewertungen von uns, anderen und der Welt, werden innerhalb der rational-emotiven Verhaltenstherapie unterteilt in hilfreiche versus nicht hilfreiche Bewertungen. Hilfreich sind Bewertungen von Situationen und Ereignissen, die an der Realität orientiert sind. Laut Theorie führen realitätsnahe Bewertungen zu angemessenen Verhaltensweisen und angemessenen Gefühlen. Nicht hilfreiche Bewertungen dagegen sind nicht an der Realität orientiert, sondern an unseren falschen Wahrnehmungen und führen zu unangemessenem Verhalten und entsprechenden Gefühlen. Ein Schüler, der sich beispielsweise überschätzt, seine Fähigkeit in einem Fach also als besser einschätzt als sie wirklich ist, wird sich unangemessen fühlen, nämlich sicher und sich unangemessen verhalten, sich nämlich weniger vorbereiten als er eigentlich sollte in Hinblick auf das eingeschätzte Leistungsziel. Kann er jedoch seine Fähigkeiten realistisch einschätzen, dann kann er sich auch angemessener vorbereiten.

### Ego-Anxiety: Angst vor Verlust des Selbstwertgefühls

Irrationale Glaubensgrundsätze, also *nicht hilfreiche* Überzeugungen, werden innerhalb des Sozialisationsprozesses erworben. In Leistungsgesellschaften internalisieren wir im Allgemeinen, dass wir ohne einen Nutzen in Form einer gesellschaftlich aner-

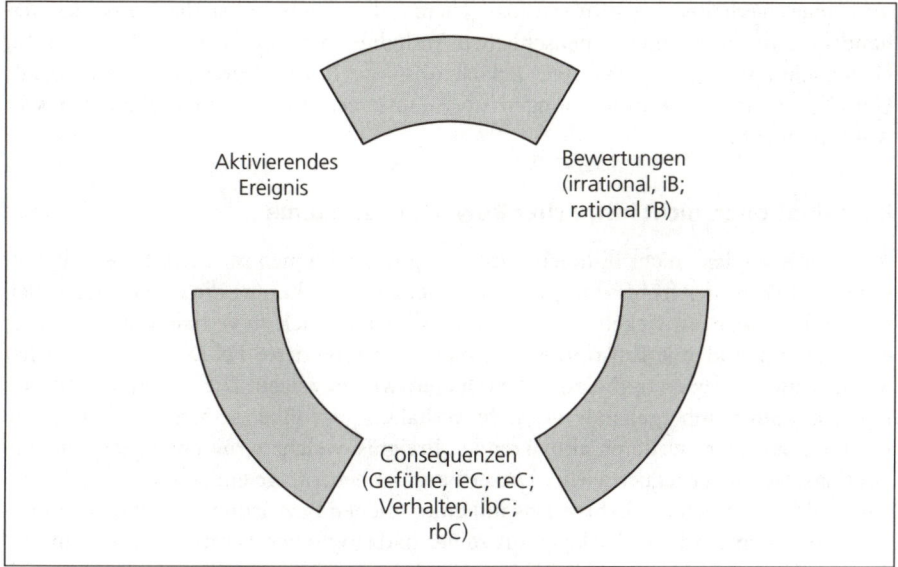

**Abb. 19:** Das A-B-C-Modell der rational-emotiven Verhaltenstherapie (R-E-V-T)

kannten Leistung, nichts wert seien. Damit verbunden ist die ebenfalls nicht hilfreiche Überzeugung, dass wir nur dann etwas wert wären, wenn wir eine sehr gute, wenn nicht gar perfekte Leistung bringen würden. Solche Überzeugungen sind verbunden mit Gefühlen der Angst und Unsicherheit. Wir fühlen uns gelähmt, panisch, unruhig. Unser Verhalten ist durch Vermeidung oder Hyperaktivität charakterisiert. Insgesamt beruhen manche solcher irrationalen Glaubensgrundsätze auf der sog. *Ego-Anxiety*, also einer Angst vor dem Verlust des Selbstwertgefühls.

### Geringe Frustrationstoleranz

Andere nicht hilfreiche Überzeugungen wiederum basieren auf einer geringen Frustrationstoleranz. Sätze wie „Wenn es nicht so läuft, wie ich es gerne hätte, kann ich es einfach nicht ertragen" führen zu Ängsten, Panik und Vermeidungsverhalten.

### Umkehrung der goldenen Regel: Feindseligkeit

Ein dritter Komplex dysfunktionaler Überzeugungen kommt durch die Umkehrung der goldenen Regel zustande. Die goldene Regel „Was du nicht willst, was man dir tut, das füg' auch keinem anderen zu" appelliert an die Selbstverantwortung eines Individuums. Das mit dieser Regel verbundene Verhalten liegt also in der Hand des Individuums. Kehren wir jedoch diese Regel um, entstehen plötzlich Forderungen an unsere Umwelt. Das Verhalten unserer Mitmenschen können wir jedoch letztendlich nicht kontrollieren – es liegt nicht in unserer Hand, wie sich diese uns gegenüber verhalten. Wir können fremdes Verhalten in einem gewissen Ausmaß durch unser eigenes Verhalten beeinflussen (das Thema aller Bücher über die Kunst des Verhandelns), die Spannbreite menschlichen Verhaltens ist jedoch dennoch immer für Überraschungen gut. Haben wir jedoch absolute Forderungen an unsere soziale Umwelt, dann sind Enttäuschungen und damit verbundene Feindseligkeiten sehr wahrscheinlich.

## Kombinationen nicht hilfreicher Bewertungssysteme

Alle drei Komplexe nicht hilfreicher Überzeugungen können miteinander kombiniert sein: Ein Lehrer, der früher ein gehorsamer Schüler war, könnte die Forderung an seine Schüler/-innen entwickelt haben, dass diese sich ähnlich zu verhalten haben wie er es getan hat und mit Frustration auf das so interpretierte Fehlverhalten mancher Schüler/-innen reagieren, die andere Verhaltensweisen zeigen. Die erlebte Frustration und das damit einhergehende negative Verhalten gegenüber seinen Schülern/-innen wird nun zu einem weiteren aktivierenden Ereignis, welchem mit einer geringen Frustrationstoleranz begegnet wird: „Dieser Beruf ist heutzutage einfach unerträglich geworden!" denkt sich der Lehrer. Das mit einer solchen Bewertung des Lehrers verbundene Verhalten wird ein Rückzug aus seiner pädagogischen Verantwortung sein und ein Gefühl der chronischen Überlastung und Angst. Diese emotionalen und verhaltensbezogenen Konsequenzen können ein für eine Selbstwertproblematik aktivierendes Ereignis werden: „Da ich es nicht schaffe, meinen Beruf angemessen auszuüben, bin ich nichts wert" und emotional in eine Depression führen mit den entsprechenden Verhaltensweisen, an der „die anderen" schuld sind, weil sie eine „unerträgliche" Situation geschaffen haben. Nicht hilfreiche Überzeugungssysteme können also ineinander greifen und sich selbst gegenseitig verstärken.

## Verbreitete irrationale Glaubensgrundsätze

Ellis (1994) identifizierte einige in unserem Kulturkreis weitverbreitete nicht hilfreiche Glaubensgrundsätze (beliefs), die mit intensiven, negativen Gefühlen einhergehen (siehe Tabelle 14). So führt die Überzeugung, „Ich muss geliebt und anerkannt werden" dazu, dass Menschen, die diese Überzeugung verinnerlicht haben, ihre eigenen Interessen weder entwickeln, noch durchsetzen können, sondern sich von den Urteilen anderer abhängig machen und so in der Regel keinen stabilen Selbstwert entwickeln können. Die Überzeugung „Ich muss mich über die Probleme anderer Personen aufregen" ist mit einem häufigen Erleben von negativen Gefühlszuständen wie beispielsweise Ärger und Unruhe verbunden und trägt nicht dazu bei, dass konstruktive Lösungen gefunden werden. Denn in einem aufgeregten Zustand schränkt sich in der Regel unser Verhaltens- und Lösungsrepertoire ein und wir neigen dazu, das immer gleiche zu machen, statt nach neuen, kreativen Lösungen zu suchen, für die wir aber entspannter sein müssten.

## Die Disputation irrationaler Glaubensgrundsätze

Das A-B-C-Modell der Rational-Emotiven Verhaltenstherapie (REVT) bleibt nicht bei dieser Zustandsanalyse stehen. Mit Hilfe einer Gesprächsmethode, Disputation

(D) werden den nicht hilfreichen Überzeugungen durch Überredung, Einsicht und Übung (Exercises) hilfreiche Überzeugungen entgegengesetzt, welche idealerweise die nicht hilfreichen Überzeugungen ersetzen sollten.

Die Disputation ist an die herausfordernde Gesprächsmethode des sokratischen Dialogs angelehnt. Ohne jetzt detailliert auf alle Ebenen der Disputation einzugehen, sollen hier einige Elemente aufgeführt werden, die für den schulischen Alltag relevant sein könnten, nämlich insbesondere die sokratische Methode und das hedonistische Kalkül.

In einem sokratischen Dialog werden nicht hilfreiche Philosophien angegriffen und zwar durch gezielte Fragen. Was ist der *Beweis* dafür, dass eine Person nichts wert ist, weil sie schulischen Misserfolg hat? Ist es wahr, dass es *unerträglich* ist, keine Freunde zu haben, die mit einem auf dem Schulhof spielen? Warum *muss* die nächste Arbeit *unbedingt* ein „gut" werden? Was würde passieren, *wenn dies nicht so geschieht*, wie es gewünscht wird? *Wie* kann ein Schüler B meine Identität angreifen? Warum ist es *schrecklich*, dass ich ungerecht behandelt werde?

Mit dem kritischen Hinterfragen ihrer als nicht hilfreich identifizierten Glaubensgrundsätze wird die betroffene Person angeregt, weiterzudenken und sich nicht immer in denselben gedanklichen Kreisen zu bewegen. Das Ziel der Disputation besteht darin, Übertreibungen zu relativieren, aus Forderungen Wünsche zu machen, Schwarz-Weiß-Denken zu differenzieren, aus absoluten Ansprüchen realistische zu bilden, insgesamt also das Emotions- und Verhaltensspektrum zu elaborieren und somit für eine Person den Handlungsspielraum zu erweitern. Dadurch gewinnt sie Entscheidungskontrolle über ihre eigenen Reaktionen und entwickelt Selbstverantwortung für ihre emotionalen Befindlichkeiten.

Durch das sog. hedonistische Kalkül soll erlernt werden, kurzfristige angenehme Folgen eines Verhaltens gegenüber seinen längerfristigen unangenehmen abzuwägen. Für Kinder und Jugendliche ist dies ein überaus wichtiger Entwicklungsschritt: Zugunsten zukünftiger Belohnung auf momentane Annehmlichkeiten zu verzichten, ist die Voraussetzung zum Erlernen komplexer Sachverhalte und erfordert eine gewisse Frustrationstoleranz. Besonders hilfreich ist der Einsatz des hedonistischen Kalküls bei Schüler/-innen, die zu nicht-hilfreichen, impulsiven Verhaltenstendenzen neigen.

Im Unterschied zu anderen Therapieformen wird in der REBT weniger daran gearbeitet, das Selbstwertgefühl von Personen zu steigern, als vielmehr eine Selbstakzeptanz, ein nicht-bewertendes Annehmen der eigenen Person als Ziel zu verfolgen. Einzelne Merkmale, Aspekte der Person können bewertet und verbessert werden, aber die Bewertung einer Person als Gesamtperson wird abgelehnt. Der Sinn und die Logik der Gesamtbewertung des Wertes einer Person wird in Frage gestellt. Generelle Selbstbewertungsprozesse führen nicht nur zu einer Unter- oder Überschätzung der eigenen Person, sondern auch zu einer Auf- und Abwertung der Mitmenschen, verbunden mit negativen Emotionen wie Neid, Konkurrenz, Eifersucht. Kooperation, Zuneigung und andere positive Gefühle werden dadurch minimiert. Auch führen globale Bewertungsprozesse, für andere vorgenommen, eher dazu, dass überstrenge Personen sich selbst und andere verurteilen, wenn die Gesamtbilanz schlecht ausfällt und bei einer positiven Bilanz, eine Verherrlichung eintritt.

**Tabelle 14:** Weitverbreitete nicht hilfreiche Grundüberzeugungen nach Ellis (1979; S. 12 ff.)

| Irrationale Grundüberzeugung | Eine Auswahl möglicher Ableitungen |
|---|---|
| *Ich muss meine Sache gut machen und für meine Leistungen anerkannt werden, sonst gelte ich als ein wertloses Subjekt.* | – *Ich muss von allen Personen, die mir etwas bedeuten, nahezu immer aufrichtig geliebt und anerkannt werden.* <br> – *Ich muss mich in allem als fähig und erfolgreich erweisen, zumindest im Zusammenhang mit einer wichtigen Sache echte Fähigkeiten und wirkliches Talent besitzen.* <br> – *Alles um mich herum muss seine Ordnung haben oder mit Gewissheit vorherzusagen sein, damit ich mich wohl fühlen und richtig handeln kann.* |
| *Andere müssen mich rücksichtsvoll und freundlich behandeln, genauso wie ich von ihnen behandelt werden möchte; wenn sie es nicht tun, dann soll die Gesellschaft und die ganze Welt sie für ihre Rücksichtslosigkeit auf das Schärfste tadeln, verurteilen und bestrafen.* | – *Die anderen müssen jedermann auf eine faire und gerechte Art behandeln. Wenn sie unfair oder unethisch handeln, dann sind sie nicht mehr als nichtsnutzige Subjekte und gehören verurteilt und schwer bestraft. Der Lauf der Dinge wird es ihnen schon mit nahezu absoluter Gewissheit auf diese Art und Weise heimzahlen.* <br> – *Wenn andere sich unfähig oder dumm verhalten, dann machen sie sich zu vollkommenen Schwachköpfen und sollten sich ihrer selbst durch und durch schämen.* |
| *Meine Lebensbedingungen müssen so beschaffen sein, dass ich praktisch alles, was ich will, bequem, schnell und ohne Mühe bekommen kann, und dass ich praktisch mit nichts konfrontiert werde, was ich nicht will.* | – *Die Dinge müssen so laufen, wie ich es gern haben möchte, weil ich das, was ich verlange, brauche; wenn ich nicht das bekomme, was ich vorziehe, ist das Leben schrecklich, entsetzlich und eine Qual.* <br> – *Wenn es in der Welt, in der ich lebe, Gefahren gibt oder Leute, vor denen ich mich fürchte, dann muss ich mich dauernd mit ihnen auseinander setzen und mich über sie beunruhigen; so werde ich die Kraft bekommen, sie unter Kontrolle zu bringen und zu ändern.* |

Insgesamt wird durch eine Gesamtbewertung ein ungerechtes, damit willkürliches Verhalten, gefördert. Außerdem wird eine realistische Bewertung einer Person durch eine globale Bewertung nicht vorgenommen werden, da Merkmale und Verhaltensweisen als Beurteilungsgrundlagen sehr häufig wechseln und Veränderungen unterworfen sind. Die Beurteilungsgrundlagen weisen keinen absoluten Wert auf, sondern werden je nach Bezugsgruppe unterschiedlich bewertet. So ist es praktisch unmöglich, alle positiven und negativen Aspekte gleichzeitig zu berücksichtigen, da es nicht deutlich sein kann, auf welche Weise die Beurteilungsgrundlagen verrechnet werden sollen, um zu einem Globalwert zu kommen.

Gewonnene Einsichten werden durch sog. E (Exercises, Übungen) eingeübt.

### 14.3.1 Die Anwendung auf den schulischen Alltag

Die rational-emotive Verhaltenstherapie kann auf alle Beziehungsebenen, die sich aus dem schulischen Alltag ergeben, angewendet werden. Der Vorteil der Methode besteht darin, dass durch die simple Strukturierung von Situationen, Gedanken, Gefühlen und Verhaltensweisen in ein *A-B-C* gerade in kritischen Situationen effektiv eine Metaebene konstruiert werden kann, die es den in die Situation verstrickten Personen erlaubt, konstruktivere Lösungen als die impulsive erste Verhaltenstendenz zu entwickeln.

Im Unterschied zu anderen Therapieformen bietet die REVT ein Modell an, das von allen Personen leicht erlernt und in konkreten Situationen eingeübt werden kann.

## Lehrpersonen – Schüler/-innen

Eine alltägliche Herausforderung an Lehrpersonen besteht darin, die Schüler/-innen zur Mitarbeit im Unterricht zu motivieren. Die sich daraus ergebenden, möglichen, dysfunktionalen Interaktionen zwischen Schüler/-innen und Lehrpersonen stellt Miller (1999) in Anlehnung an eine Unterteilung von Schley und Pieper (Miller, 1999, S. 99-100) in „Frustschnecke", „Kreislauf ohne Ende" und „Teufelsacht" dar.

### *Mitarbeit im Unterricht*

Am Beispiel der Frustschnecke lässt sich gut darstellen, inwiefern nicht hilfreiche Überzeugungen dazu beitragen, negative Interaktionsmuster zu etablieren und aufrechtzuerhalten. Die Frustschnecke beginnt nach Miller damit,

*(1)   dass eine Lehrperson ein Thema einführt, Fragen dazu stellt und Impulse gibt.*

*(2)   Die Hälfte der Schüler/-innen hört zu und meldet sich. Die anderen beteiligen sich nicht.*

*(3)   Die Lehrperson lobt nun die aktiven Schüler/-innen, stellt neue Fragen und gibt neue Impulse, fährt also in der Einführung des Themas weiter fort.*

*(4)   Dadurch beteiligt sich der aktive Teil der Schüler/-innen weiter am Unterricht, der andere Teil bleibt weiterhin passiv.*

*(5)   Typischerweise fordert nun die Lehrperson zu mehr Beteiligung auf, verstärkt die aktiven Schüler/-innen noch mehr und ermahnt die passiven. Es wird also nun eine Metaebene in den Unterricht eingeführt, die das Verhalten der Schüler/-innen hinsichtlich ihrer Beteiligung am Unterricht thematisiert.*

*(6)   Nun werden auch die aktiven Schüler/-innen unruhiger und äußern ihren Unwillen.*

*(7)   Die Lehrperson ermahnt daraufhin, bittet um Geduld und fordert wiederholt zur Mitarbeit auf.*

*(8)   Einige Schüler/-innen beteiligen sich zögernd, andere schalten ab oder reden mit dem Nachbarn.*

*(9)   Die Schüler/-innen, die aktiv waren, fühlen sich vernachlässigt, sind weiterhin motiviert, ihre Beiträge anzubringen und rufen dazwischen.*

*(10)  Die Lehrperson ermahnt wiederum, wird ärgerlich und insistiert darauf, dass die Gesprächsregeln eingehalten werden, bleibt also auf der Metaebene.*

*(11)  Durch dieses „mehr desselben" schalten die passiven Schüler/-innen weiterhin ab und stören weiterhin, wodurch sich*

*(12) die aktiven Schüler/-innen weiterhin eingeengt fühlen, die passiven sich bedrängt fühlen und die Lehrperson sich überfordert fühlt. Das Resultat ist eine Frustration auf allen Seiten.*

Betrachten wir jeden dieser einzelnen Schritte hinsichtlich eines A-B-Cs, können wir einige nicht hilfreiche Glaubensgrundsätze sowohl auf der Seite des Lehrers und der Lehrerin als auch auf der Seite der Schüler/-innen identifizieren, die nach der Theorie der rational-emotiven Verhaltenstherapie erst dazu führen, dass eine solche negative Interaktion zustande kommt. Insgesamt enthält die skizzierte Frustschnecke drei Gruppen: Die Lehrperson, die passiven und die aktiven Schüler/-innen. Die Lehrperson fordert offensichtlich eine aktive Mitarbeit und fordert dies auch aktiv bei Schüler/-innen ein, die dieses Verhalten nicht zeigen. Das damit verbundene Gefühl bei Nichterfüllung dieser Forderung ist eine erhöhte Erregung und auf der Verhaltensebene eine gewisse Persistenz bei dem „Einklagen" dieser Forderung. Nach vergeblichem Bemühen um aktive Mitarbeit stellt sich jedoch eine intensive Frustration ein, die sich, erstreckt sich dieses Erleben von Unterricht über einen längeren Zeitraum, in Hilflosigkeit wandeln kann. Wir können uns denken, dass die Forderung *„Alle Schüler/-innen sollten sich (gefälligst) aktiv an meinem Unterricht beteiligen!"* mit einem Verhalten auf Seite der fordernden Person assoziiert ist, das eine Beteiligung für andere geradezu erschweren dürfte (möglicherweise auch als einseitige starke Forderung Reaktanz erzeugt, bei bestimmten Schüler/-innen auch Selbstaufmerksamkeit dysfunktional steigern kann). Im Vordergrund bei solchen Forderungen steht die Durchsetzung der eigenen Vorstellungen, weniger der Versuch, einen akzeptablen Unterricht im Rahmen der gegebenen Möglichkeiten zu gestalten. Bei einer längerfristigen Nichterfüllung dieser Forderungen kann eine Lehrperson zu der Schlussfolgerung gelangen, dass sie nicht unterrichten kann und deshalb als Lehrer/-in wertlos ist und möglicherweise auch als Gesamtperson (Selbstwertverlustproblematik). Oder aber sie kann zu dem Schluss gelangen, dass Unterricht in der heutigen Zeit unerträglich geworden ist (geringe Frustrationstoleranz). Oder aber sie kommt zu beiden Schlussfolgerungen. Depression, Vermeidungsverhalten und Ängste können die emotionalen und verhaltensbezogenen Folgen sein.

Eine Identifizierung ihrer Denkhaltung würde es der betreffenden Person ermöglichen, Selbstkritik zu üben. Sie kann es sich *wünschen*, dass alle Schüler/-innen sich aktiv am Unterricht beteiligen, aber sie kann realistischerweise nicht erwarten, dass dieser Wunsch in Erfüllung geht. Hingegen kann sie sich klar machen, dass es ihre Verantwortung bleibt, den Unterricht so motivierend wie möglich zu gestalten, ohne dass sie, wenn sie „ihre Hausaufgaben gemacht hat", erwarten kann, dass auch andere dies tun (Umkehrung der goldenen Regel).

### Wünschen und fordern:
### Ein großer Unterschied für unseren Emotionshaushalt

Das bedeutet nicht, dass sie dies gut finden muss. Seine Forderungen einzuklagen oder aber andere konstruktiv zu beeinflussen, impliziert zwei unterschiedliche Verhaltensweisen, denen andere Glaubenssysteme (also *beliefs*) zugrunde liegen:

In dem einen Fall *fordern* wir ein, schreiben also der anderen Person die Verantwortung zu. Damit sitzen wir in der Falle, denn letztendlich können wir das Verhalten der anderen Person mit einer simplen Forderung nicht beeinflussen. Es liegt dann in deren Entscheidungsmacht, ob sie es so ausführen wird oder nicht. Mit hoher Wahrscheinlichkeit wird sie sich aber einer Forderung gegenüber weniger entgegenkommend zeigen als sie dies in einer wechselseitigen Interaktion tun würde (siehe Reaktanztheorie).

**Tab. 15:** Nicht hilfreiche Glaubensgrundsätze von Lehrpersonen in der Interaktion mit Schüler/-innen

| Nicht hilfreiche Überzeugungen und Bewertungen von Lehrpersonen während des Unterrichts | Emotionale Konsequenzen und Verhaltenskonsequenzen bei Lehrpersonen | Auswirkungen auf Emotionen und Verhalten bei Schülern und Schülerinnen | Hilfreichere Überzeugungen und Bewertungen |
|---|---|---|---|
| **Geringe Frustrationstoleranz:**<br>– Ich halte es nicht aus, dass nur die Hälfte der Klasse an meinem Unterricht teilnimmt!<br>– Ich ertrage diese alltägliche Routine nicht, die mit so vielen Vorbereitungen, Anstrengungen und Frustrationen verbunden ist. | – Angst, starke Frustration, Verzweiflung, Resignation<br>– Rückzug, Vermeidung | – Mitleid, Verachtung, Mangel an Respekt, Unsicherheit<br>– Respektlosigkeit oder konformes Verhalten | Schade, dass ich trotz meiner Bemühungen nur so wenige Schüler/-innen erreiche. Ich versuche, noch einen anderen Weg zu finden. |
| **Übertreibungen/Katastrophisierungen:**<br>Die Frechheiten mancher Schüler/-innen sind einfach fürchterlich! Das lasse ich mir nicht gefallen! | – Gerechter Zorn, Wut, Empörung<br>– Unangemessen heftiges Verhalten, willkürliches Verhalten | – Angst, Wut<br>– Rückzug, Ressentiments | Manche dieser Schüler und Schülerinnen sind ganz schön frech. Das gefällt mir nicht! Was könnte ich machen, damit sie einsehen, dass es anders besser laufen würde? |
| **Selbstwertprobleme:**<br>– Ich bin ziemlich unbeliebt in meiner Klasse. Ich glaube, ich bin ein Versager!<br>– Dass so viele Schüler/-innen trotz meiner Bemühungen sich überhaupt nicht anstrengen, zeigt, dass ich nichts tauge. | – Depression, starke Niedergeschlagenheit, Resignation<br>– Rückzug, Vermeidung | – Mitleid, Verachtung<br>– Respektlosigkeit, konformes Verhalten | Niemand ist perfekt und ich eben auch nicht. Es ist schade, dass ich noch immer nicht den Bogen raus habe. Aber es gibt noch vieles, was ich anders machen könnte. |

Im anderen, günstigeren Fall *wünschen* wir uns ein bestimmtes Verhalten und fragen uns, was wir dafür tun können, dass dieser Wunsch in Erfüllung geht. Im Fall der Unterrichtsmotivation gelangen wir möglicherweise schnell zu der Erkenntnis, dass es ein utopisches Unterfangen sein wird, wirklich *alle* oder auch nur *die meisten* Schüler/-innen zu einer regen Mitarbeit zu bewegen und dass wir uns glücklich schätzen können, wenn wir wenigstens die Hälfte, bei manchen Themen auch nur ein Viertel, erreichen können. Mit dieser Einschätzung werden wir erstens weniger dysfunktionale Verhaltensweisen zeigen und auch weniger Frust empfinden und weitergeben.

### Ursachen mangelnder Mitarbeit bei Schüler/-innen

Auch auf Seite der Schüler und Schülerinnen sorgen eine Reihe nicht hilfreicher Überzeugungen dafür, dass der eigentlich befriedigende Unterricht in eine frustrierende Angelegenheit abgleitet. So können einem passiven Unterrichtsverhalten von Schülern und Schülerinnen Versagensängste zugrunde liegen, die auf perfektionistischen Überzeugungen basieren wie *„Ich darf keinen Fehler machen. Wenn ich einen Fehler mache, dann ist das schrecklich und unerträglich und zeigt, dass ich absolut inkompetent bin!"*. Ermahnungen wie die in der Frustschnecke Erfolgten sind hier völlig unangemessen, da sie diese Ängste und das damit ohnehin ausgeprägte Vermeidungs- und Rückzugsverhalten ebenfalls verstärken (vgl. Selbstaufmerksamkeitstheorie).

In einer Unterrichtssituation kann eine Lehrperson zumindest versuchen, wenn es zu kritischen, unangenehmen Situationen kommt, ihre eigenen Gedanken zu überprüfen und kritisch zu hinterfragen. Tabelle 15 gibt einen Überblick über typische *nicht hilfreiche* Glaubensgrundsätze von Lehrpersonen während des Unterrichts und ihre Folgen für das eigene Verhalten und das Verhalten der Schüler/-innen.

### Hausaufgaben

In der REVT spielen Hausaufgaben (E) eine extrem wichtige Rolle für die Verfestigung der neuen Lerninhalte. Immerhin geht es darum, alte irrationale Glaubensgrundsätze, von denen wir wissen, dass sie uns schaden, die wir aber schon lange trainiert haben, durch hilfreichere Überzeugungen zu ersetzen. Deswegen ist es wichtig, dass alle Hausaufgaben auf das Thema der Gespräche bezogen sind und den weiteren Gesprächsverlauf bestimmen. Hausaufgaben sollten ein klares Ziel haben und glasklar formuliert sein. Es reicht nicht, einer sozial ängstlichen Person zu sagen *„Sprechen Sie in der nächsten Woche fremde Leute an!"*, sondern die Anweisung bei einer solchen Übung muss lauten, um unmissverständlich zu sein: *„Sprechen Sie nächste Woche zwei fremde Personen in der U-Bahn an und notieren Sie danach, wie es Ihnen vorher und nachher gegangen ist, was Sie gedacht und gefühlt haben!"*. Und natürlich ist es selbstverständlich, dass diese Erlebnisse den Auftakt für das nächste Gespräch darstellen. Wird ein Klient sicherer, dann ist es möglich, dass er mit in die Hausaufgabenfindung einbezogen wird, nämlich dass man ihn fragt, wie das in der Stunde Erarbeitete am besten durch eine Übung gefestigt werden könnte. Hausaufgaben stellen somit einen roten Faden zwischen den einzelnen Stunden dar.

Auch wenn Schule keine therapeutischen Beziehungen beinhaltet, erscheint es vernünftig, die auf lerntheoretischen Überlegungen basierende Hausaufgabenpraxis auf den Schulalltag anzuwenden: Schulhausaufgaben müssen für die Schüler/-innen sinnvoll zusammenhängend mit einem gemeinsamen Unterricht sein, der ein klares Ziel vorgibt. Sie müssen also eine zeitnahe, direkte Rückmeldung bekommen über diese Hausaufgaben. Diese bilden die Dokumentation der eigenen Verbesserungen.

Bestimmte Unterrichtspraxen widersprechen diesen Regeln. Bei zu ausgedehnten Phasen mit Wochenplänen beispielsweise, die den Schüler/-innen Freiheit in der Bearbeitung der Themen vorgaukeln, wird auf direktes Feedback, auf direkten Kontakt verzichtet. So kann ein/e Lehrer/-in in den Hintergrund treten und zum „Moderator/-in" von Unterricht werden, aber dies ist im Lichte einer sozialpsychologischen Perspektive nicht Erfolg versprechend (siehe auch Kapitel 10). Die Verantwortung für die Organisation und das Leben im Unterricht wird einseitig auf die Schüler und Schülerinnen abgewälzt. Dass Schüler oder Schülerin selbstverantwortlich über einen längeren Zeitraum Unterricht selber gestalten können, ist ein Endprodukt von Schule und kann sich nur aus einer geleiteten, engen Beziehung zwischen Lehrpersonen und Schüler/-innen entwickeln.

## Eltern-Lehrpersonen

Zwischen Eltern und Lehrpersonen kommt es naturgemäß zu vielen Missverständnissen, da sie (1) nur vermittelt über die Schüler/-innen miteinander zu tun haben, (2) unterschiedliche emotionale Bindungen an diese aufweisen und (3) unterschiedliche Interessen verfolgen.

Während Eltern ihre Kinder aus einer Vielzahl von Situationen kennen und sie gleichzeitig in der Regel nicht mit einer Vielzahl Gleichaltriger vergleichen können, emotional eine relativ enge Bindung zu ihnen aufweisen und sehr daran interessiert sind, dass ihr Kind gerne zur Schule geht und gute Leistungen erbringt, kann die Lehrperson aufgrund des Vergleichsspektrums die schulische Situation, die ihr bestens bekannt ist, für einzelne Schüler/-in sehr gut einschätzen, ist emotional relativ weniger, wenn überhaupt an die Schüler/-innen gebunden und ist hauptsächlich daran interessiert, ihren Lehrauftrag zu erfüllen. Das individuelle Glück einzelner Schüler/-innen ist ihr relativ unwichtiger als den Eltern.

Aus dieser Interessens- und Erfahrungskonvergenz heraus kommt es notwendigerweise zu Konflikten zwischen Eltern und Lehrpersonen, besonders dann, wenn die Kinder nicht so gute Leistungen bringen wie die Eltern meinen, dass diese sie bringen könnten (vgl. Teil 1).

Eine Folge dieser Divergenz besteht darin, dass Lehrpersonen mitunter mit unrealistischen Forderungen von Eltern konfrontiert werden. Diese werden aller Wahrscheinlichkeit immer wieder auftreten, da Eltern nur einen Bruchteil des Schulalltags mitbekommen und aufgrund des immer schlechter werdenden Images von Lehrpersonen und der schulischen Alltagsgestaltung wird das Einklagen von Forderungen mit aller Wahrscheinlichkeit noch steigen.

Das Verhalten der Eltern kann also nicht kontrolliert werden, jedenfalls nur mit Einschränkung. Lehrpersonen können jedoch ihre eigenen hilfreichen bzw. nicht hilfreichen Überzeugungen identifizieren und steuern lernen, die sich als Reaktion auf das Verhalten von Eltern ergeben. Erst durch eine mangelnde Reflexion nicht hilfreicher Überzeugungen auf Seiten der Lehrperson kommt es (wie bei der Frustschnecke am Beispiel der Interaktion zwischen Lehrperson und Schüler und Schülerin veranschaulicht) zu negativen Interaktionsmustern, die, läuft es denkbar schlecht, eskalieren können.

Meinungen von Lehrpersonen über Eltern können recht negativ ausfallen: *„Die verwöhnen ihr Kind doch maßlos, da muss ich mir nicht ihre Kritik anhören"*, *„Wenn die sich nicht kümmern, müssen sie mich nicht verantwortlich machen für die schlechten Leistungen ihres Kindes"*, *„Wo komme ich hin, wenn ich auf jede Beschwerde Rücksicht nehmen möchte"*, *„Ich sehe gar nicht ein, dass die mitreden können! Ich rede doch auch nicht über deren Berufsausübung mit"*, *„Die Eltern von heute kümmern sich ja doch um gar nichts."*

Solche Meinungen münden (psycho)logisch häufig in dysfunktionale Überzeugungen wie *„Eltern lässt man reden, entscheiden werde ich selber"*, oder *„Kontakte mit Eltern sind einfach unerträglich"* oder *„Ich kann einfach nicht mit Eltern umgehen!"*. In Tabelle 16 sind weitere dysfunktionale Überzeugungen von Lehrpersonen gegenüber Eltern aufgelistet, was sie bei Eltern bewirken können und wie sie durch hilfreichere Überzeugungen ersetzt werden können.

**Tab. 16:** Nicht hilfreiche Glaubensgrundsätze von Lehrpersonen in der Interaktion mit Eltern

| Nicht hilfreiche Überzeugungen und Bewertungen von Lehrpersonen gegenüber Eltern | Emotionale Konsequenzen und Verhaltenskonse-quenzen bei Lehrpersonen | Auswirkungen auf Emotionen und Verhalten bei Eltern | Hilfreichere Überzeugungen und Bewertungen |
|---|---|---|---|
| **Geringe Frustrationstoleranz:** Die Ansprüche der Eltern ertrage ich einfach nicht mehr! | – Angst, starke Frustration – Rückzug, Vermeidung | – Mitleid, Verachtung – Respektlosigkeit oder konformes Verhalten | Manche Eltern finde ich sehr schwierig. Es wäre schöner für mich, wenn sie anders wären. Sind sie aber nicht. Ich versuche, meine Meinung konstruktiv zu formulieren. |
| **Übertreibungen/Katastrophisierungen:** Die sind ja total verrückt geworden! Die spinnen ja total! Es ist ein Horror mit denen! | – Gerechter Zorn, Wut – unangemessen heftiges Verhalten | – Hilflosigkeit, Angst, Wut – Rückzug, Ressentiments | Diese Eltern sind besonders schwierig. So ist es eben. Ich versuche, zu verstehen, was sie wollen und meine Meinung ruhig und klar zu äußern, auch wenn es mir schwer fällt. |
| **Selbstwertprobleme:** Diese Eltern machen mich fertig. Ich bin absolut nicht für diesen Beruf zu gebrauchen. Eigentlich tauge ich zu gar nichts. | – Depression, starke Niedergeschlagenheit – Rückzug, Vermeidung | – Mitleid, Verachtung – Respektlosigkeit, konformes Verhalten | Jetzt bin ich wieder von diesen Eltern erledigt. Das passiert mir ganz schön oft. Na ja, da muss ich mich noch anstrengen, bis ich da mal ein dickeres Fell habe und in Ruhe meine Meinung formulieren kann. |

## Lehrperson und Kollegium

Ein relativ harmonisches Kollegium in einer Schule wünscht sich wohl jede Lehrperson. Es macht nicht nur den Arbeitsalltag angenehmer, sondern sichert auch einen wohltuenden Austausch und macht ein Engagement der Lehrer/-innen über ihre Pflichten hinaus wahrscheinlicher, einfach weil die Zusammenarbeit als inspirierend empfunden wird und Spaß macht. Ein als negativ empfundener Arbeitsplatz wird die Fluchttendenz ins Private verstärken und wirkt auf Dauer demoralisierend.

Im Kollegium sind Lehrer/-innen „unter sich". Das bedeutet, sie haben es in der Regel bis auf Vorgesetzte mit Gleichgestellten zu tun. Dieser Umstand bedeutet nicht, dass sich ein Kollegium auf wichtigen Dimensionen so ähnlich wäre, dass es nicht zu Konflikten kommen kann.

Philipp und Rademacher (2002) unterscheiden vier Arten typischer Konflikte, die in jeder Gruppe, also auch im Lehrer/-innenkollegium auftauchen können. Es kann demnach zu

(1) *Verteilungskonflikten* kommen. So kann die Gestaltung der Stundenpläne oder Lehrereinsatzpläne zu Interessendivergenzen unter Lehrpersonen führen. Eine Person hat möglicherweise über etliche Schuljahre hinweg immer die ungünstigere Unterrichtsplanungsvariante, weil sie keine eigenen Kinder hat, während die Kollegin mit Kindern immer etwas früher nach Hause kann.

Nach den Vorhersagen der Gerechtigkeitstheorie (z. B. Walster, Berscheid & Walster, 1978) werden solche ungerechten Verteilungen – sofern diese Verteilungsstrategie jedenfalls von beiden Seiten als ungerecht oder ungerechtfertigt wahrgenommen wird – zu negativen Emotionen führen. Bei der benachteiligten Seite sollte es zu Ärger und Frustration kommen, bei der privilegierten Seite zu Schuldgefühlen, die möglicherweise durch Rationalisierung der Situation zu bewältigen versucht werden. In jedem Fall kann es hier leicht zu Konflikten kommen, die dazu führen, dass die Atmosphäre im Kollegium sich verschlechtert.

(2) *Autonomiekonflikte*, also Eingriffe in die Freiheit der Unterrichtsgestaltung, stellen eine weitere Konfliktquelle dar. Wohl kaum eine Lehrperson, die sich durch die Ergebnisse der PISA-Studie nicht auch ungerechtfertigt eingeschränkt sieht und wohl auch kaum eine Lehrperson, die sich gerne sagen lässt, wie sie den Unterricht zu gestalten hat. Unterricht wird oft als Erfahrungssache wahrgenommen und ist damit der subjektiven Gestaltung Einzelner überlassen. Dass persönliche Erfahrung nicht unbedingt etwas mit wahren Erkenntnissen zu tun haben muss, weil es auf den Blickpunkt, die Perspektive ankommt, wird mitunter übersehen. Kollegen/-innen, die hier unterschiedliche Meinungen vertreten, und dies möglicherweise in einer nicht hilfreichen, bewertenden oder gar abwertenden Art und Weise tun, werden sich gegenseitig ein Gefühl von Eingeschränktheit geben und miteinander im Konflikt stehen.

(3) *Ziel- und Wertekonflikte* spielen ebenfalls eine Rolle. Lehrpersonen unterscheiden sich sehr darin, inwieweit sie konservativ darauf beharren, ihren Lehrauftrag zu erfüllen oder inwieweit sie auch darüber hinaus, abweichend vom Lehrplan, auf sich aktuell ergebende Fragestellungen oder Probleme eingehen.

(4) Schließlich ergeben sich – wie immer, wenn unterschiedliche Menschen aufeinander treffen – Konflikte, die aus *missverständlicher Kommunikation* heraus erwachsen.

**Tab. 17:** Nicht hilfreiche Überzeugungen von Lehrpersonen ihren Kollegen/-innen gegenüber

| Nicht hilfreiche Überzeugungen und Bewertungen von Lehrpersonen gegenüber Kollegen/-innen | Emotionale Konsequenzen und Verhaltenskonsequenzen bei Lehrpersonen | Auswirkungen auf Emotionen und Verhalten bei Kollegen/-innen | Hilfreichere Überzeugungen und Bewertungen |
|---|---|---|---|
| **Geringe Frustrationstoleranz:** Mit diesem Kollegium kann ich nichts anfangen. Ich halte es nicht aus, dass die alle nur Dienst nach Vorschrift machen! | – starke Frustration, Unsicherheit <br> – Rückzug, Vermeidung von Kontakt, Lästern | – Unsicherheit <br> – Rückzug, Lästern | Das Kollegium dieser Schule zeichnet sich nicht gerade durch auffallendes Engagement aus. Vielleicht gibt es einen Weg, es zu motivieren. Wenn nicht, werde ich mich versetzen lassen. Ich kann jedenfalls versuchen, es so gut zu machen, wie es mir möglich ist. |
| **Übertreibungen/Katastrophisierungen:** Alle meine Kollegen/-innen sind total spießig! | – Überheblichkeit, Ärger <br> – Feindseligkeit, Arroganz, Rückzug, Distanz | – Unsicherheit, Ärger <br> – Rückzug, Angriff | Meine Kollegen/-innen kommen mir ziemlich spießig vor. Jetzt schaue ich mal, ob das wirklich so ist. Ist ja irgendwie unwahrscheinlich. |
| **Selbstwertprobleme:** Ich komme einfach nicht mit meinen Kollegen/-innen klar. Ich glaube, die lehnen mich ab. Ich gehöre einfach nicht dazu. Ich bin wertlos. | – Depression, starke Niedergeschlagenheit <br> – Rückzug, Vermeidung | – Mitleid, Verachtung, Unsicherheit <br> – Respektlosigkeit, konformes Verhalten, Rückzug | Ich fühle mich nicht wohl in meinem Kollegium. Vielleicht könnte ich gezielter schauen, was ich mit wem anfangen kann und mehr mit allen reden. |

Konflikte am Arbeitsplatz sind natürlich nicht nur für Lehrer/-innen thematisch. Dass die Arbeitsplatzkultur in Deutschland generell nicht durch ein harmonisches Miteinander oder zumindest um ein Bemühen um ein solches, geprägt ist, machen die zahlreichen Klagen über Mobbing, ungerechte Behandlungen und Überlastung deutlich. Gerade aber in Berufen, in denen Abhängige, die sich in besonders geringem Maße zur Wehr setzen können wie beispielsweise Kinder und Jugendliche, involviert sind, erscheint es besonders nützlich, eigene Überzeugungen daraufhin zu überprüfen, ob sie in Hinblick auf die Lösung zwischenmenschlicher Konflikte hilfreich sind.

### Emotionale Erziehung im Unterricht

Auf der Basis der Annahmen der rational-emotiven Verhaltenstherapie können wir davon ausgehen, dass gerade während der primären Sozialisation die Lehrpersonen einen großen Einfluss auf die innere Sprache und damit das Denken und Fühlen von Kindern ausüben, durch die Art und Weise, wie sie auf deren Verhalten im Unterricht und überhaupt während des gesamten schulischen Alltags reagieren. Nicht nur die empirischen Ergebnisse im Rahmen der Forschung zu selbsterfüllenden Prophezeiungen legen diesen Zusammenhang nahe, auch Studien, die im Rahmen des Reattributionstrainings durchgeführt wurden, zeigen, dass die Bewertungen von Lehrpersonen während des Unterrichts, die in die Kommunikation zwischen Schüler/-rinnen und Lehrpersonen einfließen, das schulische Selbstkonzept von Kindern stark beeinflussen können.

Die Grundidee der emotionalen Erziehung im Unterricht besagt, dass Schüler/-innen nicht nur Anleitung für konkrete Lernaufgaben brauchen, sondern mindestens genauso Anleitung für eine positive emotionale Entwicklung. Verläuft die emotionale Entwicklung von Schülern und Schülerinnen positiv, dann können sie auch eher vom Unterricht in der Schule profitieren.

## Das Einbringen hilfreicher Überzeugungen in den Unterricht

Deshalb scheint es nicht nur wichtig zu sein, dass Lehrpersonen ihre eigenen dysfunktionalen Überzeugungen hinsichtlich ihrer Person, ihres Kollegiums und ihrer Schüler und Schülerinnen überprüfen, sondern ebenfalls, dass sie versuchen, hilfreiche Überzeugungen in den Unterricht einzubringen.

Innerhalb der sozial-kognitiven Lerntheorie wurde bereits deutlich gemacht, dass der Erwerb von Einstellungen durch die Beobachtung wichtiger erwachsener Bezugspersonen erfolgt. Solch wichtige Bezugspersonen sind Lehrpersonen, vor allem in der Grundschulzeit. Durch die Androhung von Strafen entwickeln Schüler/-innen in diesem Alter schnell *nicht hilfreiche* Überzeugungen wie beispielsweise „*Wenn ich einen Fehler mache, dann gehöre ich auf das Schlimmste bestraft*" oder „*Es ist eine abscheuliche Sache, sich nicht perfekt zu verhalten*" (De Voge, 1979). Daraus leitete De Voge die weitergehende Annahme ab, dass Kinder, die für verbale Äußerungen rationalen Denkens massiv und konsequent belohnt werden, mehr Kontrolle über ihr Verhalten gewinnen als Kinder, die nicht für ihr Verhalten verstärkt worden sind – eine Annahme, die auf den Überlegungen Meichenbaums beruht (Meichenbaum, 1971).

In einem Feldexperiment wurden bei einer Gruppe von Kindern Verhaltensweisen wie „pünktlich erscheinen", „leise aus dem Raum gehen und den eigenen Platz ordentlich zurücklassen" verstärkt, außerdem wurden rationale Äußerungen wie „Ich mag die Schule nicht, aber ich kann sie ertragen…" durch eine dezidierte, spezifische Verstärkung zu festigen versucht. Die konsequente Verstärkung dieses Verhaltens und der rationalen Äußerungen führten zu einer Steigerung der erwünschten Verhaltensweisen und geäußerten Einstellungen und auch, das ist interessant, zu einer besseren generellen Schulleistung.

Auch zur Veränderung schwierigen Verhaltens, beispielsweise impulsiven Verhaltens in der Schule, eignet sich die sog. rational-emotive Unterrichtsgestaltung: Meichenbaum und Goodman (1971) konnten zeigen, dass sie das impulsive Verhalten von Kindern einer zweiten Grundschulklasse ändern konnten, indem sie sich verhaltenstherapeutischer Prinzipien des Modelings, des Ausblendens und der Verstärkung antezedenter Kognitionen, also hilfreicher Selbstverbalisationen, bedienten.

Wie Di Giuseppe ausführt (1979) kann durch Rollenspiele daraufhin gewirkt werden, dass Kinder spielerisch ihr Verhaltensrepertoire erweitern lernen. Im Gespräch wird zunächst ein Rollentausch vorgenommen: Das Kind, das sich beispielsweise leicht bedrängt fühlt, spielt zunächst den Aggressor, der Therapeut spielt das Kind mit hilfreichen Überzeugungen und Bewertungen. Danach erfolgt ein Rollentausch, in dem das Kind für angemessene Verbalisierungen verstärkt wird. Rollenspiele dieser Art sind besonders für jüngere Kinder geeignet.

Aus all diesen Überlegungen geht hervor, dass es hilfreich ist, wenn Kinder etwas über ihre Gefühle und deren Entwicklung lernen, dabei ein Konzept entwickeln für den Unterschied zwischen Annahmen und Tatsachen und lernen, Gedanken anzuzweifeln, die negativen Gefühlen wie beispielsweise Minderwertigkeitsgefühlen zugrunde liegen. Darüber hinaus ist es auch ein erstrebenswertes Lernziel, Unvollkommenheit zu akzeptieren, schmerzliche emotionale Überreaktionen zu bewältigen, Weitblick zu entwickeln und mit Frustrationen verbundene Erfahrungen zu tolerieren und mit anderen Kindern besser zurechtzukommen. Dies alles kann kindgerecht vermittelt werden, beispielsweise indem ein Gefühlstraining als *„geistige Muskeln entwickeln"*, *„geistiges Karate"* oder *„Geheimwaffe zur Selbstkontrolle"* bezeichnet wird (Knaus, 1979). Vernon (2002) hat für eine Fülle von Themen für jedes Alter didaktisches Material erstellt.

### Eine Anwendung auf sich selbst: Das Hinterfragen eigener Erziehungsvorstellungen

Auch Lehrpersonen sind häufig Eltern. Es kann hilfreich sein, die eigenen Erziehungskonzepte, die unweigerlich auch in den Unterricht einfließen, zu hinterfragen. Hauck (1979) fasste weitverbreitete irrationale Erziehungsstile, die auch die Unterrichtsgestaltung beeinflussen dürften, zusammen.

### Nicht hilfreiche Grundideen im Kontext Erziehung

So meinen viele Erwachsenen, *dass Kinder nicht das anzweifeln oder ablehnen dürfen, was sie von Respektspersonen gesagt bekommen.* Erwachsene mit einer solchen Auffassung empfinden Kinder, die viele Fragen stellen, schnell als lästig und werden versuchen, solche Fragen zu unterbinden, wobei sie damit die Neugierde und den Forschergeist von Kindern im Keim ersticken und nicht nur ihr Vertrauen verlieren, sondern auch deren Selbstvertrauen erschüttern können. Ein wichtiges Erziehungsziel, nämlich Kinder zu lehren, für sich selber zu denken, wird damit verfehlt. Kinder müssen in der Regel durch eigene mühselige Erfahrung lernen und wenn sie Gesagtes anzweifeln, dann ist dies der erste Schritt hierzu (vgl. auch die sozial-kognitive Lerntheorie).

Ein weiterer weit verbreiteter Erziehungsfehler besteht darin, zu meinen, *dass Kinder nicht frustriert werden dürfen.* Dahinter steht oft die Angst, selber frustriert zu werden, durch die Frustration der Kinder. Kinder lernen jedoch so die Auffassung, dass man nicht von ihnen erwarten kann, weitere Verantwortung zu tragen, wenn sie frustriert werden. Auch lernen sie, dass es ihnen zusteht aufzugeben, wenn es zu anstrengend wird. Frustration erzeugt Angst, wenn sie nicht bewältigt werden kann. Da es aber notwendigerweise in allen möglichen Situationen zu Frustrationen kommen wird, sollten Kinder frühzeitig lernen, mit Frustrationen umzugehen. Nur so können sie sich weiterentwickeln.

Lehrpersonen können durch ihre Unterrichtsgestaltung entschieden dazu beitragen, die Frustrationstoleranz ihrer Schüler/-innen zu erhöhen, indem sie ihnen *nicht* dabei helfen, *notwendigen* Stress zu ersparen, sondern ihn auszuhalten, und ihnen beibringen, für jeweils kurze Zeit mit einigen Frustrationen zu leben, um stark zu werden.

Weiterhin nennt Hauck den Irrtum, *dass erst die Kinder beruhigt werden sollten, dann erst die Erwachsenen.* Diese Annahme basiert auf der unrealistischen Erwartung, dass das Kind einen Grad von Kontrolle über sich erreichen soll, über den die Eltern nicht verfügen. Eltern wie Lehrpersonen mit diesem Erziehungsfehler schieben die Verantwortung für ihren eigenen emotionalen Zustand dem Kind zu und greifen das Kind an. Sie beruhigen sich erst dann wieder, wenn das Kind sich bemüht. Besser wäre es, sich selber zu beruhigen und dann mit den Problemen der Kinder in fairer Weise umzugehen.

Hauck meint, dass durch solche irrationalen Einstellungen zur Erziehung Zirkelschlüsse entstehen, die nicht zur Problemlösung, sondern zu deren Eskalation beitragen.

## Erziehungsstile

Außerdem kann es weiterhin sinnvoll sein, den eigenen Erziehungsstil mit Hilfe von zwei grundlegenden Dimensionen zu überprüfen (Knaus, 1979):

- Liebevoll – lieblos
- Nachgiebig – unnachgiebig.

Gehen wir dabei von folgendem Ausgangsbeispiel aus: Karl hat Peter geschlagen. Die Klassenregel sieht vor, dass Karl beim nächsten sozialen Ereignis nicht dabei sein darf.

Bei einem lieblosen und unnachgiebigen Erziehungsstil würde unnachgiebig durch folgende verbale Reaktion ausgedrückt werden: *„Du kannst erst wieder am Unterricht teilnehmen, wenn du dich bei Peter für dein Verhalten entschuldigt hast."* Lieblos wäre folgender weiterer Kommentar: *„Warum musst du dich immer so daneben benehmen? Ohne dich wäre es viel ruhiger in der Klasse!"*

Ein solcher Erziehungsstil hat wie jeder Stil Folgen: Man kann ein Kind nicht von seiner Sympathie ihm gegenüber überzeugen, wenn man gleichzeitig sehr wütend oder ärgerlich ist. Sachliche Kritik ohne heftige Emotion ist für das kindliche Lernen angemessener. Im Fall negativer emotionaler Rückmeldung entwickeln Kinder hochwahrscheinlich ein negatives Selbstkonzept: *„Ich kann nichts und habe es verdient, dass alles schlecht läuft".*

Ein weiterer Erziehungsstil ergibt sich durch die Kombination „liebevoll und nachgiebig". Die Lehrperson könnte liebevoll sagen: *„Ist mal wieder dein Temperament mit dir durchgegangen?"* Und dann nachgiebig trotz anders lautender Vereinbarungen hinzufügen: *„Na, setz dich hin, das kann jedem mal passieren!"*

Kinder, die liebevoll und nachgiebig erzogen werden, entwickeln eine große Anspruchshaltung: Selbst wenn sie ihrer Verantwortlichkeit nicht gerecht werden, erwarten sie dennoch Privilegien. Sie werden eine nur geringe Selbstverantwortlichkeit für ihr eigenes Verhalten erlernt haben. Und sie werden eine gewisse Angst verspüren, selbst etwas tun zu müssen. Eine geringe Frustrationstoleranz wird sie davon abhalten, Dinge selbstverantwortlich zu regeln.

Die Kombination von lieblos und nachgiebig führt zu folgenden Reaktionen. Lieblos wäre der Kommentar: *„Du machst aber auch immer Scherereien! Immer machst du nur Ärger. Es ist zum Schreien!"* mit der nachgiebigen Reaktion: *„Setz dich hin, kann man wohl nichts machen. Wir machen weiter!"*

Dieser Erziehungsstil fordert Kinder dazu auf, das zu tun, was sie wollen. Da ihnen die Sympathie der Bezugsperson nicht wichtig sein kann, denn die ist ja sowieso lieblos, gibt es keine Möglichkeit, ihnen Grenzen zu setzen.

In der Erziehung nach rational-emotiven Kriterien gilt ein liebevoller, aber unnachgiebiger Erziehungsstil als optimal. Denn er berücksichtigt sowohl die Bedürfnisse der erziehenden Person, als auch diejenigen der zu erziehenden Person und trägt deshalb zum gegenseitigen Respekt bei. Eine liebevolle Reaktion wäre: *„Hast Du dich nicht beherrschen können? Das ist schade! Das nächste Mal schaffst du es bestimmt!"* Dennoch würde sich die Erziehungsperson unnachgiebig an die Vereinbarungen halten: *„Du weißt, dass wir besprochen haben, dass die Kinder, die andere Kinder schlagen, nicht bei unserem nächsten Treffen dabei sein dürfen. Tut mir leid, aber das heißt, dass du am Wochenende nicht mit Grillen darfst!"*

Eine solche Kombination fördert die Selbstakzeptanz der Kinder und deren Selbstverantwortung: Kinder brauchen liebevolle Anleitung – Jugendliche auch!

## Grundhaltungen: Wert eines Menschen, Toleranz, Geduld

Erziehung nach rational-emotiven Kriterien bedeutet, dass die eigenen Philosophien ständig überprüft werden. Für Lehrpersonen ist die Frage besonders wichtig, was den Wert eines Menschen ausmacht, wenn sie den häufig irrationalen Bewertungen im schulischen Kontext zu dieser Frage nicht beipflichten wollen.

Die eigene Grundhaltung gegenüber Schüler/-innen sollte von Zeit zu Zeit selbstkritisch untersucht werden. Wie ist es hier um die eigene Toleranz bestellt? Toleranz gegenüber Schüler/-innen aufzuweisen, heißt besonders, dass man normale Unzulänglichkeiten vorbehaltlos auch als normal akzeptiert. Das bedeutet für den Primarstufenbereich, dass man sich auf Folgendes zunächst einstellen muss: Kinder sind laut, motorisch unruhig, leicht und sehr heftig frustriert, sind sexistisch und gerechtigkeitsfanatisch. Sie können sich nur unzureichend selbst reflektieren. Sie sind langsam in vielen Situationen: Anziehen z. B., Schultasche packen, Hefte finden. Kinder sind häufig unordentlich, mitunter sogar extrem. Mit zunehmendem Alter verbessern sich durch gezielte, konsequente, geduldige Anleitung alle diese Aspekte, aber nicht dann, wenn diese Anleitung unterbleibt und vor allem auch dann nicht, wenn durch Drohungen und willkürliche Strafen Reaktanz oder eine zu hohe Selbstaufmerksamkeit ausgelöst wird.

Toleranz bedeutet hier, dass Lehrpersonen den Bezugsrahmen der Schüler und Schülerinnen beachten sollten, wenn sie sie verstehen wollen und konstruktiven Einfluss ausüben möchten: Je nach Alter sind hier andere Werte wichtig als für die Bezugsperson. Es ist für Lisa schwer einsehbar, warum sie ihren Tisch aufräumen soll, wenn es schon zur Pause geklingelt hat und sie mit ihren Freundinnen spielen möchte. Ein anderer Zeitpunkt wäre sicherlich günstiger.

Im Schulalltag ergeben sich zahlreiche Situationen, in denen eine Lehrperson ihre eigene Toleranzbereitschaft testen können. Kann sie warten, bis alle Kinder soweit sind, dass mit dem Sport angefangen werden kann? Schafft sie es, besonders langsame Kinder nicht vorzuführen? Ist sie in der Lage, mit diesen Kindern faire Zusatzregeln zu vereinbaren? Schafft sie es, geduldig zu bleiben? Die Demonstration von Ungeduld gibt ein hervorragendes Modell geringer Frustrationstoleranz ab.

## 14.4    Zusammenfassung und Fazit

Die hier vorgestellte Forschung zur Entstehung von Emotionen zeigt nachdrücklich, dass unsere Gefühle nicht notwendigerweise ein authentischer Ausdruck unseres Selbsts sind. Sie hängen ab von der Wahrnehmung unserer physiologischen Erregung, unserer Interpretation und den Informationen, die wir unserer sozialen Umwelt entnehmen können. Sehr klar ist das Zusammenwirken von Kognitionen und Emotionen in der Theorie der rational-emotiven Verhaltenstherapie formuliert: Ohne bestimmte Kognitionen, ausdifferenzierte Bewertungssysteme, kann es zu bestimmten Emotionen und damit verbundenen Verhaltensweisen nicht kommen.

Die Grundidee, die hinter dem Konzept der emotionalen Erziehung nach rational-emotiven Kriterien steht, besagt, dass Schüler/-innen nicht nur Anleitung für konkrete Lernaufgaben brauchen. Sie brauchen mindestens genauso Anleitung für eine positive emotionale Entwicklung. Verläuft die emotionale Entwicklung von Schüler/-innen positiv, dann können sie auch eher von Unterricht in der Schule profitieren.

Methoden der Emotionsregulation können jederzeit, wie die hier beschriebenen Techniken, an sich selber angewendet werden. Sie können helfen, die eigenen Gedanken, die mit den erlebten Emotionen zusammenhängen, zu identifizieren und zu hinterfragen. Sie stellen ein grundlegendes Handwerkszeug dar, mit dessen Hilfe schulische Alltagssituationen konstruktiv bewältigt werden können.

## 14.5 Fragen und Übungen

**Fragen**

1. Welche grundsätzlichen theoretischen Schulen zum Zusammenhang zwischen Kognitionen und Emotionen kann man unterscheiden?
2. Was besagt die Zwei-Komponenten-Theorie von Schachter und Singer?
3. Was bedeutet Erregungsübertragung und wie wirkt sie sich aus?
4. Was ist emotionale Ansteckung?
5. Auf welchen Grundannahmen beruht die rational-emotive Verhaltenstherapie nach Ellis?
6. Was genau ist ein Bewertungssystem?
7. Welche Implikationen haben die hier vorgestellten Theorien zu Ursachen und Wirkungen auf Emotionen für den Unterricht?
8. Welche grundlegenden Dimensionen des Erziehungsstils können unterschieden werden?

**Übungen**

1. Erstellen Sie von einer für Sie bedeutsamen Situation ein ABC-Modell nach den Kriterien der REVT. Unterscheiden Sie in diesem Modell sowohl rationale als auch irrationale Anteile.
2. Formulieren Sie ein aktuelles Problem aus Ihrem derzeitigen Unterricht und erstellen Sie hierfür ein vollständiges ABC-Modell nach den Kriterien der REVT.
3. Reflektieren Sie Ihre eigenen Erziehungsvorstellungen vor dem Hintergrund der in diesem Kapitel erarbeiteten Theorien. Wo entdecken Sie Gemeinsamkeiten, wo treten Unterschiede auf?

# Teil III: Theorien einsetzen

## 15 Theoriegeleitetes Handeln

Verschiedene theoretische Perspektiven wurden auf den Schulalltag angewendet. Jede Theorie bietet einen anderen Blickwinkel, beschäftigt sich mit einem anderen Prozess, der im sozialen Miteinander bedeutsam werden kann.

Wie bewähren sich nun diese Theorien bei einer Anwendung auf ganz konkrete schulische Alltagsherausforderungen? Auf einige weit verbreitete schulische Problemfelder sind sie im Vorfeld bereits angewendet worden, wie beispielsweise auf Unterrichtsstörungen. Der ganz spezifische Stress im Schulalltag wird jedoch durch die Vielzahl *unerwarteter* Ereignisse verstärkt. Bei jedem dieser Ereignisse müssen Lehrer/-innen reagieren. Und fragen sich im Nachhinein, ob sie richtig reagiert haben, denn Entscheidungen müssen oft schnell getroffen werden, eine Form von Verhalten muss gefunden werden. Der unmittelbare Aufforderungscharakter aktueller konkreter Situationen fordert zum Handeln auf; umso wichtiger, dass wir Konzepte zur Verfügung haben, die wir plausibel finden.

Selbst bei dringlichen Entscheidungen ist es ratsam, sich Zeit zum Überdenken von Sanktionen, Gesprächen und anderen Handlungen zu nehmen. Entscheidungen „aus dem Bauch heraus" sind nicht unbedingt die besten Entscheidungen mit den nachhaltigsten Wirkungen. Diese Zeit gewinnen wir immer, wenn wir uns bemühen – im Sinne der Attributionstheorie – mit einer Ursachenanalyse des Verhaltens einer Schülerin, eines Kollegen zu beginnen. Damit haben wir nützliche Konzepte aktiviert und können beginnen, rationale, hilfreiche und konstruktive Problemlösungen zu finden.

Für die meisten Probleme gibt es immer mehr als eine richtige Lösung. Ein und dasselbe Problem unter verschiedenen Gesichtspunkten zu beleuchten, hilft uns, unser Verhaltens- und Lösungsrepertoire entscheidend zu erweitern. Theoriegeleitetes Handeln hilft uns, Willkürlichkeiten zu vermeiden und flexibel in unseren Problemlösungen zu bleiben. Es legt nahe, experimentell an Probleme heranzugehen. Wird sich

181

eine Lösung als nicht sinnvoll herausstellen, müssen wir möglicherweise das Problem aus einer anderen Perspektive betrachten.

Zunächst ist es schwierig, theoriegeleitet zu denken und zu handeln. Es ist viel einfacher, sich nach den impliziten Theorien zu richten, die wir gewohnt sind. Meistens sind diese Theorien aber nicht besonders hilfreich, da viele Alltagstheorien dazu neigen, Personen feste Kategorien zuzuschreiben, die unveränderbar sind. Damit schrumpft unser Problemlösungsspektrum und unser Verhaltensrepertoire ist eingeengt. Kurzfristig ist es einfacher, einen Schüler oder eine Schülerin „aufzugeben". Dann müssen wir uns nicht länger verantwortlich fühlen. Langfristig ist es jedoch unbefriedigend, im eigenen Beruf nicht wirklich die Grenzen unserer Möglichkeiten zu testen.

Das ist das Interessante am Schulalltag: Ein reichhaltiges Repertoire an sozialen Interaktionen und Möglichkeiten. Die nun ausgewählten schulischen Alltagssituationen sind beliebig und könnten um zahlreiche weitere ergänzt werden. Sie dienen als Beispiel dafür, wie theoriegeleitetes Handeln aussehen kann. Wichtig ist es, dass Lehrer und Lehrerinnen lernen, ihr Verhalten zu begründen. Sie können nur das von Schülern und Schülerinnen erwarten, was sie auch selber bereit sind, zu tun.

## 15.1    Anwendung von Theorien in Spontansituationen

Die hier dargestellten Spontansituationen behandeln eine Auswahl von Fragestellungen, die von Lehramtsstudierenden unterschiedlichster Fachrichtungen und Abschlüsse als wichtig zusammengetragen worden sind.

### Ein Schüler boykottiert den Unterricht

Betrachten wir den Fall eines Jungen, der sich weigert, seine Hausaufgaben zu machen, sich nicht am Unterrichtsgeschehen beteiligt und dessen Hauptinteressen außerschulischen Tätigkeiten gilt. Trotz normaler Intelligenz und Auffassungsgabe und trotz elterlichen Drucks und der Androhung von Strafarbeiten weigert sich der Junge kategorisch, am Unterricht teilzunehmen und seinen schulischen Pflichten nachzukommen.

Wenden wir die in diesem Buch diskutierten Theorien an. Attributionstheoretisch wäre es zunächst sinnvoll, die Ursachen herauszufinden. Hat der Junge sich schon immer so verhalten (Konsistenzinformation), verhält er sich auch in anderen Lebensbereichen und in allen Schulfächern so (Distinktheitsinformation) und verhält er sich auffallend anders als andere Schüler in einer vergleichbaren Situation (Konsensusinformation)?

Nehmen wir an, wir finden heraus, dass dieses Verhalten erst seit dem Wechsel auf die Orientierungsstufe eines Gymnasiums zu finden ist, dass er sich, in allen Fächern, außer Sport und Mathematik boykottierend verhält, auch nicht im Freizeitbereich und dass er der einzige Schüler seiner Klasse ist, der sich auf diese extreme Weise verhält, dann haben wir bereits einige Anhaltspunkte gefunden.

Was ist seit dem Wechsel passiert, dass er dieses Verhalten zeigt? Was ist im Sport- und Mathematikunterricht anders, dass er dort engagiert ist?

Normalerweise erhalten wir bei solchen Fragen zunächst keine Antworten. Oft sind Kindern ihre Gedanken nicht bewusst oder aber sie schämen sich über ihr unerwünschtes Verhalten zu reden oder haben keine Erfahrung mit Gesprächen, in denen sie sich über ihr Innenleben äußern sollen. Das bedeutet, dass eine Lehrperson oder die Eltern, die sich um ein Verständnis der Ursachen bemühen, geduldig weiter probieren müssen, bis sie einen Zugang zu dem Jungen gefunden haben (siehe rational-emotive Verhaltenstherapie). In dieser Zeit muss er allerdings auch gefordert werden, und zwar gleichzeitig liebevoll und konsequent (siehe sozial-kognitive Lerntheorie). Es muss ihm klar sein, dass er nicht auf der Schule bleiben kann, wenn er sich weiterhin so desinteressiert zeigt. Deswegen muss ein bestimmtes Kontingent an Mitarbeit von ihm gefordert werden, das er nachzuweisen hat, das täglich überprüft wird und das bei Unterschreitung zu Sanktionen führt, die dem Jungen auch wirklich schwer fallen werden. Er muss zum Beispiel eine Woche Ordnungsdienst machen oder er muss zu Hause an bestimmten Tagen Einkäufe erledigen oder darf bestimmte Verabredungen nicht treffen. Dennoch müssen die relevanten Bezugspersonen weiterhin interessiert sein, die Ursachen des Verhaltens zu erfahren. Hierzu können sie auch Hypothesen aufstellen. Soziale Vergleichstheorie: „*Fühlst du dich vielleicht nicht mehr so gut in den anderen Fächern, weil es jetzt viele andere gibt, die besser sind als du? Denkst du deswegen, dass du das verbergen kannst, indem du gar nichts mehr tust?*" Oder: „*Willst du vielleicht auf eine andere Schule und traust dich nicht, es uns zu sagen und versuchst es auf diesem Wege?*" Oder: Symbolische Selbstergänzung: „*Denkst du, die anderen Kinder mögen dich lieber, wenn du schlecht in der Schule bist?*" Auch wenn keine Antworten kommen, lohnt es sich, die möglichen Annahmen zu disputieren (Sleepereffekte).

Es hilft nichts, den Jungen mit Sanktionen zu konfrontieren, ohne sich weiter um die wirklichen Ursachen seines Verhaltens zu kümmern. Erst wenn diese ermittelt werden, kann das Problem wirklich gelöst werden.

## Zwei Schülerinnen rauchen heimlich auf der Toilette

Was sollte eine Lehrerin machen, wenn sie während einer Freistunde auf die Schülertoilette geht und zwei Schülerinnen des siebten Schuljahres dabei ertappt, wie sie dort heimlich Zigaretten rauchen? Es gibt mehrere Verhaltensvarianten: Eine Lehrperson kann sagen, dass sie nichts gesehen haben will und dass sie sich bloß nicht erwischen lassen sollen. Eine Lehrperson kann die Mädchen und Jungen zur Direktion schleppen. Sie kann die Eltern informieren. Sie kann eine „Gardinenpredigt" halten.

Wenn ein Lehrer wirklich der Meinung ist, und diese sollten wir allen Lehrpersonen, auch den Rauchern, unterstellen, dass Mädchen und Jungen in der siebten Klasse nicht rauchen sollten, nicht nur, weil dies offiziell verboten ist, sondern auch, um ihre Gesundheit nicht zu gefährden, wie können dann die hier aufgeführten Theorien konstruktiv angewendet werden?

Die Mädchen erobern sich ein Stück Freiheit, welches ihnen verboten ist. Jede massive Einschränkung dieser Freiheit wird den Widerstand der Mädchen herausfordern, wenn ihnen das wirklich wichtig ist (Reaktanztheorie). Auch hier empfiehlt sich ein verstehendes Verhalten: Warum rauchen diese beiden Mädchen? Wie oft haben sie das schon gemacht? Wo haben sie das schon gemacht? Wer weiß davon? Mit wem haben sie noch geraucht? Wissen das die Eltern? Wenn nicht, warum nicht? Eine Ursachenanalyse und eine Diagnose der Situation unter Zuhilfenahme aller Fragen entspannt zunächst die für alle Beteiligten unangenehme Situation. Hat man alle nötigen Informationen zusammen, entscheidet sich, ob eine Lehrperson wirklich ihrer verantwortlichen Rolle gerecht wird oder nicht. Viele neigen nun dazu, Konsequenzen zu vermeiden. Die Mädchen zeigen sich reumütig und entschuldigen sich für ihr Fehlverhalten – das führt dazu, dass viele Lehrpersonen die Sache auf sich beruhen lassen. Sie übersehen dabei, dass die Mädchen dennoch verantwortlich für ihr Verhalten sind und sich möglicherweise im Peer-Kontext ganz anders darstellen werden (attributionale Theorien). Konsequenzen müssen sein (sozial-kognitive Lerntheorie, rational-emotive Verhaltenstherapie).

Die Lehrperson könnte den Mädchen aufgeben, dass jede von ihnen einen fünfseitigen Aufsatz über die Vor- und Nachteile des Rauchens schreiben soll. Und sie sollen zu einem eigenen Schluss kommen: Wenn sie sich ihre eigenen Argumente anschauen, was sollten sie dann tun? Sie sollte sich mit ihnen nochmals zusammensetzen und über diesen Aufsatz sprechen. Sie sollte mit ihnen vereinbaren, was das nächste Mal passieren wird, wenn sie sie nochmals beim Rauchen sehen wird und ihnen ankündigen, dass sie erwartet, dass sie dies sein lassen werden und sie daraufhin von ihr beobachtet werden (Selbstaufmerksamkeitstheorie). Und sie sollte in ruhigem Ton, aber bestimmt, ihre Meinung dezidiert vertreten. Auch wenn diese Meinung im Moment nicht gerne gehört werden wird (Reaktanztheorie: Sleepereffekte).

## Eine Schülerin wird gemobbt

Wie in dem Kapitel zur Selbstaufmerksamkeitstheorie bereits geschildert, werden tagtäglich Schüler/-innen aufgrund bestimmter Eigenschaften, die ihnen zugeschrieben werden, von anderen Schülern drangsaliert und ausgegrenzt. Die Mehrheit schweigt oder, schlimmer noch, macht sich zu Komplizen einiger weniger, die aus welchen Gründen auch immer, es genießen, ein Opfer gefunden zu haben.

Ist ein Kind besonders zurückgezogen, oft alleine in den Pausen, macht einen unglücklichen und stillen Eindruck, sollte jede Lehrperson sich fragen, was die Ursachen dieses Verhaltens sind. Alle Menschen, besonders Kinder und Jugendliche, sind auf die Zugehörigkeit an eine Gruppe angewiesen und leiden in der Regel, wenn ihnen diese Zugehörigkeit verwehrt wird, vor allem dann, wenn diese Verweigerung ungerechtfertigt ist. Deswegen sollten Lehrer es sich bewusst machen, wie die sozialen Verhältnisse in der Klasse beschaffen sind. Wie ist die Gruppe strukturiert? Welche Mehrheits- und welche Minderheitsverhältnisse können ausgemacht werden? Wo ist die auffällige Schülerin einzuordnen? Wie sieht ihr Kontakt zu den Klassenkameraden aus? Warum ist sie alleine? Macht sie dies freiwillig?

Auch sollten systematisch die Ursachen des Verhaltens erfragt werden, nach allen verfügbaren attributionstheoretischen Informationen: Hat sie schon immer alleine gespielt? Macht sie das auch außerhalb der Schule? Warum kann sie nicht mit einigen anderen etwas machen? Warum ist sie so still und zurückgezogen? Was geht ihr durch den Kopf, wenn sie von den anderen zurückgewiesen wird? Was denkt sie, woran das liegt?

Ausgegrenzte Schüler fürchten es sehr, wenn Lehrer/-innen sich insofern einmischen, als sie anderen Mitschüler/-innen verordnen, ihren ausgegrenzten Mitschüler mitmachen zu lassen. Das ist verständlicherweise peinlich für Außenseiter. Und es präsentiert sie erneut als Zielscheibe des Spotts den anderen gegenüber. Es ist auch peinlich für Außenseiter, aber erträglicher, da peinlicher für diejenigen, die drangsalieren, wenn ganz offen in der Klasse über diese Problematik gesprochen wird. Setzt die Lehrperson soviel Informationsmacht und Referenzmacht ein, wie sie nur aufzubringen vermag, dann kann sie es erreichen, dass die in der Regel passive Mehrheit ihre Einstellungen überdenkt und es in Zukunft nicht mehr zulassen wird, dass einige wenige Personen eine einzige andere Person drangsalieren. Informationsmacht kann hervorragend durch Disputationsmethoden ausgeübt werden, wie sie innerhalb der rational-emotiven Verhaltenstherapie eingesetzt werden. Schüler/-innen müssen lernen, ihr Verhalten, auch ihr destruktives Verhalten zu reflektieren. Schüler/-innen, die einen anderen Schüler quälen, bedürfen der Etablierung einer Norm, die es ihnen verbietet, dieses zu tun und zuzulassen, dass andere dies mit ihnen selbst oder anderen Mitschülern tun. Diese Norm muss internalisiert werden. Hier ist es hilfreich, wenn eine Lehrperson selber ein gutes Modell abgibt (sozial-kognitive Lerntheorie). Je glaubwürdiger sie ist, d. h. je mehr Respekt sie selber den Schülern und Schülerinnen gegenüber äußert, desto eher werden diese Schüler/-innen sich auch an ihr orientieren und bereit sein, von ihr vorgeschlagene Normen in Verhalten umzusetzen.

Auch hier gilt, im Rahmen der sozial-kognitiven Lerntheorie und der rational-emotiven Verhaltenstherapie, dass die Schüler am ehesten ihre Einstellungen überdenken werden, wenn sie konkretes Verhalten zeigen müssen. Schüler/-innen, die andere Schüler drangsalieren, müssen mit einer Strafe rechnen. Die könnte hier darin bestehen, dass sie im Rahmen ihrer Möglichkeiten einen Aufsatz schreiben müssen, in denen die Vor- und Nachteile des Quälens anderer Schüler und Schülerinnen beschrieben werden müssen (Reaktanztheorie). Und genau wie im Fall der Mädchen, die auf der Toilette rauchen, muss hier klargemacht werden, welche gesteigerte Sanktion zu erwarten ist, wenn sich dieses Verhalten wiederholt. Und natürlich werden beim nächsten Mal die Eltern informiert. Werden solche Sachverhalte in Ruhe diskutiert, aber dennoch in aller Entschiedenheit, ist die Wahrscheinlichkeit hoch, dass die Schüler ihr destruktives Verhalten einstellen werden.

### Ein Schüler beleidigt einen Lehrer

Was macht ein Lehrer oder eine Lehrerin, wenn er oder sie von einem Schüler oder einer Schülerin offensichtlich beleidigt wird? Reaktionen von Lehrpersonen auf Beleidigungen sind vielfältig. Manche laufen weinend aus der Klasse, um Unterstützung bei Kollegen und Kolleginnen zu suchen. Andere kontern mit einer drastischen Strafarbeit, um ihre vermeintlich angekratzte Autorität wiederherzustellen; wieder andere versuchen, die Beleidigung zu ignorieren, befürchten aber insgeheim, dass sie nun das Gesicht verloren haben.

Lehrer und Lehrerinnen müssen mit Beleidigungen von Schüler/-innen rechnen. Auch hier hilft eine ernsthafte Ursachenanalyse. Hat die Lehrperson Anlass zu der Beleidigung gegeben? Hat sie möglicherweise den Schüler oder die Schülerin unfair behandelt? Stellt seine Beleidigung also einen Racheakt dar? Oder will der Schüler demonstrieren wie cool und furchtlos er ist und sich mit Hilfe dieser Beleidigung symbolisch selbst ergänzen? Ist der Schüler möglicherweise von anderen dazu angestiftet worden und steht unter Druck, weil er sonst mit einer unangenehmen Sanktion konfrontiert wird? Oder hat der Schüler gestern einen schlechten Film mit einem sehr überzeugenden Modell gesehen, in dem dieses für ein solches Verhalten belohnt wurde? Die erste Frage bei Beleidigungen sollte also eine nach den Ursachen sein: „Warum beleidigst du mich?" Dies ist eine Frage, die Schüler/-innen als erste Reaktion in der Regel nicht kennen und die sie überraschen wird.

Und dann sollte, egal ob mündlich eine Antwort erfolgt oder nicht und auch egal, welche Antwort erfolgt, dieser Schüler eine schriftliche Rechtfertigung seiner Beleidigung liefern. Und zwar umgehend. Ein leerer Raum oder eine Ecke im Lehrerzimmer, am besten unter Aufsicht, wird sich finden lassen (Selbstaufmerksamkeit). Danach wird es erst schwierig. Über die Niederschrift des Schülers muss geredet werden. Am besten zu zweit. Die Lehrperson muss nachfragen. Sie sollte dem Schüler unmissverständlich klarmachen, warum sie dieses Verhalten ablehnt und was bei einer Wiederholung passieren wird. Und das alles in ruhigem Ton. Vergegenwärtigen wir uns zum Schluss nochmals das eingangs aufgeführte Interview mit der 12-jährigen Schülerin (1.1), dann sind Gardinenpredigten nicht nur wirkungslos, sondern sie untergraben auch den Einfluss der Lehrperson. Liebevolle Konsequenz ist der rote Faden, der die Beziehung zwischen Lehrer/-innen und Schüler/-innen charakterisieren sollte, wenn diese Beziehung wirklich vertrauensvoll und fruchtbar sein soll.

## 15.2  Ausgewählte Problemfelder

Im Folgenden werden aus rational-emotiver Perspektive ausgewählte Problemfelder bei Schüler/-innen behandelt, die sowohl in der Primar- als auch in der Sekundarstufe auftreten können. Es wird deutlich werden, dass diese Sichtweise eine Fülle der Erkenntnisse aus den anderen hier behandelten theoretischen Blickwinkeln vereint.

### Rationaler Umgang mit besonders ängstlichen Schüler/-innen

Häufige Ängste von Schüler/-innen bestehen in einer Angst vor Versagen und einer Angst vor negativen Bewertungen anderer Personen (Ellis, 1966; Ellis & Wilde, 2002). Lehrpersonen können hier viel zu einer Bewältigung dieser Angst beitragen, wenn sie rationale Erklärungen ständig, unaufgeregt und geduldig wiederholen: „Nur weil du aufgeregt bist, heißt es nicht, das du es nicht kannst." „Auch wenn Dich alle angucken, wenn Du redest, kannst Du trotzdem reden. Versuch es." „Ich war früher auch immer aufgeregt, aber je mehr ich geübt habe zu reden, desto weniger aufgeregt bin ich geworden."

Wichtig ist, dass sie dabei liebevoll bleibt und alles unterlässt, was ein Kind oder einen Jugendlichen beschämen könnte. Kinder lernen durch Wiederholung bestimmte Einstellungen zu internalisieren. Hilfreich ist es für sie, wenn sie besonders ängstlich sind, dass sie ihre Einstellungen zu Fehlern neu bewerten lernen. Folgende Sätze können dabei unterstützend wirken: „Es ist nicht schlimm, wenn Du einen Fehler *machst. Wer keine Fehler macht, lernt nichts Neues!" „Was kannst du aus deinem Fehler lernen?" „Ich finde, dass du dich nicht gut verhalten hast, was kannst du das nächste Mal besser machen?"*

Ängstliche Kinder brauchen besondere Ermunterung. Es bewährt sich, ihnen desensibilisierende Aufgaben zu stellen. Bei Redeangst könnte eine Lehrperson den Schüler oder die Schülerin erst bei ganz kurzen Antworten aufrufen. Die Antwortlänge könnte sie systematisch steigern bis hin zum ersten Referat. Wichtig ist es, im Hinterkopf zu behalten, dass dies auch über einen langen Zeitraum geschehen kann!

Eine andere Methode besteht darin, angenehme Tätigkeiten mit unangenehmen Tätigkeiten zu koppeln. Einen sozial ängstlichen Schüler könnte eine Lehrperson beispielsweise auffordern, in einem besonders starken Fach manchen anderen Mitschüler/-innen in einem definierten Rahmen zu helfen.

Wichtig ist es vor allem, einem ängstlichen Kind konkretes rationales Feedback zu geben: *„Das hast du gut gemacht! Wie du diese Lösung gefunden hast, das war sehr pfiffig. Aber selbst wenn es schlecht gewesen wäre, Hauptsache, du hast es versucht!"*

## Rationaler Umgang mit Ärger- und Wutanfällen

Wenn Schüler/-innen mit Ärger und Wut zu kämpfen haben, ist es besonders schwer, selber ruhig bleiben. Zeigt man aber selber Aggression, wird eine Eskalationsspirale, eine Epidemie negativer Reaktionen in Gang gesetzt. Wichtig ist es, die Ursachen der Wut zu explorieren: Sollen andere eingeschüchtert werden? Hat die betreffende Person mangelnde Selbstsicherheit? Liegt nur ein Mangel an Alternativen vor? Als Lehrperson kann man versuchen, Aggressionsauslöser möglichst zu vermeiden. Vermeidbar sind unnötige Frustrationen für Kinder. Notwendige Frustrationen können graduell erhöht werden. Und vor allem sollte man ein Gespür für den Wachheitsgrad und die Aufmerksamkeitsspanne der Schüler/-innen entwickeln. Müde Schüler/-innen reagieren schneller gereizt.

Schüler/-innen kann man Hilfen an die Hand geben, wenn man sie frühzeitig mit der B-C-Verbindung vertraut macht. Die goldene Regel kann eingeführt werden und deren unzulässiger Umkehrschluss. Bei jüngeren Kindern kann das „Ärgermännchen" eingeführt werden. Will Tim wirklich immer auf sein Ärgermännchen hören müssen, das ihm einflüstert, dass Karl jetzt eine Ohrfeige verdient hat? Will Petra wie ein Fisch den Wurm an der Angel immer auf die Provokationen der anderen anspringen? Was würde der Fischer machen, wenn kein Fisch mehr anbeißt und was machen die anderen, wenn sie ruhig bleibt?

Bei älteren Kindern und Jugendlichen kann jederzeit eine altersgerechte Disputation stattfinden. Kindern muss frühzeitig klargemacht werden, dass es einen Unterschied zwischen verbalen und physischen Feindseligkeiten gibt, wenn sie eine differenzierte Sicht für Konflikte entwickeln lernen sollen. Dass verbale Beleidigungen einen nur verletzen können, wenn wir das selber zulassen. Dass die Welt nicht gerecht ist, auch wenn man das gerne hätte und dass sie nicht gerechter wird, wenn wir uns selber darüber wütend machen.

In diesem Kontext ist es auch wichtig, die eigene Philosophie zu überprüfen: Wie geht man selbst mit großem Ärger um? Welches Modell stellt man selbst für seine Schüler/-innen dar? Ist man selber fair?

### Selbstdisziplin

Kinder und Jugendliche haben häufig Schwierigkeiten, diszipliniert zu arbeiten (im Übrigen auch Erwachsene). Hier kann es hilfreich sein, dieses oft negativ belegte Wort zu erklären: Selbstdisziplin ist eine Form selbst gewählter Deprivation von allen anderen möglichen Reizen, um ein bestimmtes Ziel zu erreichen.

Es kostet genauso viel, oft sogar noch mehr Energie, die Erledigung einer Aufgabe aufzuschieben als sie einfach zu erledigen. Kinder können schon früh Belohnungsaufschub lernen und einfache Kalkulationen anstellen: Wenn ich heute meine Hausarbeiten nicht mache, dann muss ich morgen doppelt soviel machen. Wenn ich heute nicht für die Deutscharbeit übe, dann schreibe ich eine schlechtere Note, als wenn ich jetzt übe. Wie fühle ich mich morgen, wenn ich jetzt übe? Und wie fühle ich mich morgen, wenn ich es unterlasse?

Kinder verstehen sehr schnell, durch eine Kombination von Erfahrung und ein Aufmerksammachen auf diese Erfahrung, dass sie sich oftmals während einer Aufgabenbearbeitung, während des Erlernens von etwas Neuem nicht besonders gut fühlen, dafür sich aber längerfristig besser fühlen werden, wenn sie die Bearbeitung dieser Aufgaben durchführen.

Auch hier muss man sich die Frage stellen: Ist man selbst ein gutes Modell? Ist der Unterricht vorbereitet? Werden Arbeiten in einem vertretbaren Zeitraum zurückgegeben? Welche Einstellung hat man zu Schüler/-innen, die vermeiden und aufschieben?

Hilfreich ist hier die Einführung von Regeln, von klaren Verhaltensregeln und klaren Sanktionen bei Verstoß gegen diese Regeln.

## 15.3 Zusammenfassung und Fazit

Wichtig bei allen Problemfeldern ist es, die eigene Toleranz gegenüber den Schwächen von Schüler/-innen zu überprüfen.

Schüler/-innen gewinnen nur Vertrauen, wenn sie den Eindruck haben, dass Lehrpersonen nicht wütend, ärgerlich oder moralisierend reagieren. Tolerieren heißt hierbei nicht gutheißen! Als Lehrperson muss man sich auf allen Ebenen darauf einstellen, dass immer wieder exploriert und disputiert werden muss. Dabei gelten drei Grundverhaltensregeln für Lehrer/-innen:

(1) Unnachgiebig sein: Darauf bestehen, dass jeder Mensch, wie er irrationale Anteile geduldig trainiert hat, auch rationale Anteile trainieren kann. Also auf die Einhaltung der Regeln mit allen Konsequenzen bestehen!
(2) Geduldig bleiben: Das Erlernen von rationalen Regeln dauert lange!
(3) Humorvoll und liebevoll bleiben: Jeder Mensch macht Fehler, die immer auch komische Aspekte haben. Mit diesen komischen Aspekten aber niemals einen Schüler oder eine Schülerin beschämen.

## 15.4 Fragen und Übungen

**Fragen**

1. Wieso ist es gut, erst nach den Ursachen eines auffälligen Verhaltens zu suchen?
2. Wie kann man im Lichte der bisherigen Theorien erklären, dass drastische Strafmaßnahmen möglicherweise nicht besonders sinnvoll sind, um eine Verhaltensänderung herbeizuführen?

**Übungen**

1. Interviewen Sie eine Lehrkraft und fragen Sie diese nach der bislang schwierigsten Situation, welche sie im schulischen Kontext zu bewältigen hatte. Fragen Sie nach ihrer Vorgehensweise zur Lösungsfindung und nach ihrer Zufriedenheit damit. Versuchen Sie, die erhaltenen Informationen vor dem Hintergrund der Ihnen nun bekannten Theorien zu reflektieren.
2. Suchen Sie sich ein beliebiges Problem aus 15.1 heraus und arbeiten Sie heraus, wie Sie selber damit umgehen würden.

# 16 Theoriegeleitete Definition von Schlüsselbegriffen

Theoretisch denken, heißt theoriegeleitet handeln. Theoriegeleitet handeln heißt, nicht willkürlich und impulsiv zu sein, sondern sein Verhalten an rational nachvollziehbaren Kriterien auszurichten. Das kann und soll nicht perfekt gelingen, aber es allein schon zu versuchen, wird in vielen schulischen Alltagsentscheidungen eine Hilfe sein und zu Verbesserungen führen.

Keine der hier aufgeführten Theorien stellt ein Allheilmittel dar, sondern muss sorgfältig auf einen bestimmten Realitätsausschnitt angewendet werden. Jede Theorie bietet einen anderen Blickwinkel. Es schadet nicht nur nicht, ein Phänomen von verschiedenen Perspektiven aus zu betrachten, es nutzt auch in einem hohen Maße, weil wir dadurch eine tiefere Erkenntnis der uns umgebenden Phänomene erlangen.

Das bewahrt uns vor vorschnellen willkürlichen und nur kurzfristig wirksamen Entscheidungen.

Auf einige zentrale Begriffe im Kontext Schule möchte ich nun im Lichte der behandelten Theorien eingehen.

## 16.1 Respekt

Worauf gründet sich Respekt? Eingangs hatten wir festgestellt, dass es nicht an der Lehrerpersönlichkeit liegt, die man hat oder nicht, ob eine Lehrperson respektiert wird oder nicht. Es liegt – aus sozialpsychologischer Perspektive – an den sozialen Interaktionen, die eine Lehrperson mitgestaltet.

Jede der aufgeführten Theorien gibt uns hierzu andere Anhaltspunkte: Eine Lehrperson wird umso mehr respektiert werden, je mehr sie bereit ist, die Perspektive ihrer Schüler/-innen zu übernehmen. Erinnern wir uns an die Aussagen des sechsten Kapitels zu Theorien der Personenwahrnehmung, dann wird es klar, dass damit nicht gemeint ist, dass eine Lehrperson nur mitfühlend und besonders empathisch ist, sondern dass sie etwas von ihren Schüler/-innen mitbekommt, dass sie deren Welt aus deren Augen betrachten kann. Dies wird ihr umso besser gelingen, je interessierter sie an den individuellen Biographien ihrer Schüler/-innen ist.

Eine Lehrperson wird umso mehr respektiert werden, je positiver sie ihre Macht einsetzt. Schüler schätzen es, wenn Lehrer/-innen ihre Rolle im Dienste eines engagierten Transfers von Wissen einsetzen und sie schätzen es ebenfalls, wenn sie dabei nicht willkürlich und undurchsichtig sind.

Auch wenn Lehrer/-innen ein Auge für die Konkurrenzsituation der Schüler/-innen untereinander entwickeln und es verstehen, Noten als punktuelle Leistung rückzumelden, sie zu begründen und Schüler/-innen davor zu bewahren, ihren Selbstwert daraus abzuleiten, wird ihnen das Respekt bringen.

Eine Lehrperson wird umso mehr respektiert werden, je mehr sie sich wirklich mit den Ursachen der Verhaltensweisen der Schüler und Schülerinnen beschäftigt und nicht nur mechanisch mit Sanktionen reagiert. Sie wird respektiert werden, wenn sie einen Schüler daraufhin anspricht, dass er neulich gehört hat, wie dieser sich vor seinen Klassenkameraden damit brüstete, dass er für die Mathearbeit nichts getan habe, aber seinen Eltern und dem Lehrer vormachen würde, er hätte eben keine große mathematische Begabung. Gute Lehrer/-innen schauen sich die Leistungsentwicklungen der Schüler/-innen an und fragen sich, was ein Kind oder Jugendlicher tun kann, um seine Leistung zu steigern.

Als gute Modelle gestalten Lehrpersonen ihren Unterricht nach den von Woolfolk ausgearbeiteten Kriterien für einen effizienten Unterricht. Sie sind sich ihrer Modellfunktion bewusst und bemühen sich, dieser Funktion gerecht zu werden. Deswegen werden sie respektiert.

Sie verschaffen sich Kenntnisse über alle Möglichkeiten, die Aufmerksamkeit ihrer Schüler/-innen zu lenken; sie verschaffen ihren Schülern *a happy escape from self-awareness*, aber sie verstehen es auch, diese Aufmerksamkeit einzusetzen und auf bestimmte Punkte zu konzentrieren. Sie lernen ein Gespür dafür zu entwickeln, ob die Schüler und Schülerinnen nur noch einen Knoten im Kopf haben oder ob sie sogar bereit sind, eine Stunde dran zu hängen. Wer sich so gelenkt fühlt, der respektiert auch den, von dem er gelenkt wird.

Gute Lehrer/-innen ergänzen sich nicht symbolisch. Sie missbrauchen eine Klasse nicht als Publikum, um sich selbst als Experte, als guten Menschen, als starken Menschen etc. darzustellen, sondern sie übernehmen die Perspektive der Klasse, d. h. sie erkennen, ob das Verhalten eines Schülers oder einer Schülerin kompensatorisch ist und versuchen, es auf ein anderes Ziel hinzulenken. Dafür werden sie respektiert.

Und eine Lehrperson, die ihren Beruf theoriegeleitet ausübt, schränkt die Freiheit der Schüler nicht unnötig ein. Sie weiß, dass Kinder und Jugendliche keinen so großen Verhaltensspielraum haben wie sie selbst und dass Verhaltensweisen, die ihr wichtig sind, diesen Schüler/-innen extrem wichtig sind, so dass ein zu starkes Verbot das Gegenteil dessen heraufbeschwören würde, was sie eigentlich beabsichtigen würde. Deswegen macht sie sich die Mühe und lässt sich immer auf mindestens zweiseitige Diskussionen ein, weil sie diese Freiheiten ernst nimmt. Deswegen wird sie respektiert. Auch wenn Sanktionen folgen.

Und sie nimmt es ernst, dass die Ursachen jedes Verhaltens und jedes Gefühls in unseren eigenen tief verwurzelten, aber dennoch überdenkbaren und änderbaren Bewertungen liegen. Auch in ihren eigenen. Deswegen spricht sie viel mit ihren Schüler/-innen und versucht, ihre Bewertungen kennen zu lernen. Sie reflektiert auch ihr eigenes Verhalten und bemüht sich, nicht hilfreiche Bewertungen zu verändern. Bei sich selbst und bei anderen.

## 16.2   Lehrer/-innenpersönlichkeit

Aus den bisherigen Ausführungen wird deutlich, dass zahlreiche Aspekte des eigenen Verhaltens verändert werden können, um die eigenen Ergebnisse als Lehrperson entscheidend verbessern zu können. Möglicherweise erscheint einem manche Lehrperson als Naturtalent. Das mag aber daran liegen, dass diese Person „intuitiv" (ohne es genau begründen zu können) alles richtig macht. Guter Unterricht aber will in der Regel gelernt sein.

Um guten Unterricht durchzuführen, müssen die Regeln des Respekts beherrscht werden. Vor allem aber muss es einen ständigen Austausch zwischen Lehrperson und Schüler/-innen geben. Ein Gespür für deren Motivationslagen hat idealerweise Rückwirkungen auf die eigene Didaktik. Eine Lehrperson kann über eine Reihe ausgezeichnet ausgearbeiteter Unterrichtsstunden und -reihen verfügen; es kann aber sein, dass die Bereitschaft der Schülerschaft zu einem bestimmten Zeitpunkt niedrig ist, auf die Angebote der Lehrkraft einzugehen. Dann muss die Didaktik, sei sie auch noch so hervorragend, passend gemacht werden. Perspektivenübernahme für die momentanen emotionalen Befindlichkeiten einer Gruppe ist also eine notwendige Voraussetzung für einen erfolgreichen Unterricht. Damit ist nicht gemeint, dass auf die lustlosen Signale einer Gruppe mit dem Streichen eines Themas reagiert werden sollte, sondern, dass die emotionalen und sozialen Bedingungen der Gruppe so konstruktiv beeinflusst werden, dass die Motivation in der Gruppe eine Einführung des Themas überhaupt sinnvoll macht.

Wie wir aus der sozial-kognitiven Lerntheorie wissen, kann die Schüler/-innenmotivation allein durch die Information über die Nützlichkeit eines Unterrichtsstoffes entscheidend erhöht werden. Eine gute Unterrichtsvorbereitung besteht also in jedem Fall immer darin, den Schüler/-innen einen Sinn zu vermitteln.

Die Abwechslung in der Vermittlung des Unterrichtsstoffes ist ebenso wichtig. Für die Unterrichtsvorbereitung ist es sicherlich am einfachsten, wenn ständig Referate vergeben werden und Inhalte stets in Gruppenarbeit erarbeitet werden. Bekanntlich entstehen so häufig extrem ineffiziente Unterrichtsstunden, die von allen Beteiligten als nicht besonders angenehm erinnert werden. Wenn die Kunst des Referathaltens vorher nicht eingehend eingeübt wird, getestet und durch Feedback verbessert wird, dann ist dies sowohl für die Person, die das Referat hält, als auch für die Zuhörer/-innen eine unerfreuliche und mitunter sogar abschreckende Angelegenheit. Das impliziert, dass eine Lehrkraft eigentlich besonders viel Energie investieren sollte, wenn sie Referate vergibt, denn sie trägt ganz entscheidend die Verantwortung für die Qualität dieser Referate und der Lernleistung, die ein Schüler oder eine Schülerin daraus ableiten kann. Erfolgreiche Referate sind immer ein Produkt der Interaktion zwischen Lehrperson und Schüler/-in.

Ähnliche Überlegungen müssen bei der Einführung von Gruppenarbeit angestellt werden. Nicht jede Aufgabe eignet sich für Gruppenarbeit. Am besten für eine Gruppe ist es, wenn verschiedene Teile angefertigt werden müssen, die zusammen dann ein Ganzes ergeben. So ist gewährleistet, dass es relativ wenig Verantwortungsdiffusion und damit weniger unerwünschtes Trittbrettfahren gibt. Schüler/-innen, die hier wenig Erfahrung haben, müssen immer sehr gut eingearbeitet werden. Eine verantwortungsvolle Lehrkraft wird sich nicht scheuen, zu erfahren, welche psychologischen Probleme es allein schon bei der Aufgabenverteilung in Gruppen geben wird. Sie wird auch eingreifen, wenn es eine ungerechte Verteilung gibt. Nur so können Schüler/-innen lernen, dass es bestimmte Gerechtigkeitsstandards auch bei Gruppenarbeit geben sollte.

Diese kurzen Ausführungen über die Art der Unterrichtsgestaltung verdeutlichen, dass es im Schulkontext grundlegend darauf ankommt, offene Ohren und Augen zu haben und die ständige Bereitschaft aufzuweisen, konstruktiv in Schüler/-inneninteraktionen einzugreifen.

Das hat wenig mit Persönlichkeit zu tun, aber sehr viel mit Neugierde auf die ablaufenden zwischenmenschlichen Prozesse unter Schüler/-innen und dem Wissen, wie diese positiv beeinflusst werden können.

Der Begriff der Lehrer/-innenpersönlichkeit ist ein irreführender, nicht hilfreicher Begriff, der in der Regel mit dem Mythos der charismatischen Ausstrahlung einer Person behaftet ist. Auch unterscheiden sich die Ansätze zur Erforschung von Wirkfaktoren der Lehrer/-innenpersönlichkeit sehr darin, ob diese auf implizit wirkende Faktoren (indirekte Instruktionen) oder aber explizit wirkende Faktoren (direkte Instruktionen) gerichtet sind (Borich & Klinzing, 1987).

Die hier aufgeführten Ansätze schließen beide Arten von Instruktionen mit ein. Erfolgreiche Lehrpersonen können ihre Schüler/-innen motivieren, etwas zu lernen, was diese unter anderen Umständen ablehnen würden, und zwar mittels direkter als auch indirekter Instruktionen. Die hier aufgeführten Theorien liefern aus sozialpsychologischer Perspektive hierzu eine Vielzahl von Anregungen, die in Verhalten umgesetzt werden können, durch das sich eine bestimmte Haltung herausbildet, die konstruktiv in der Interaktion mit Schüler/-innen wirkt.

Dieser Punkt wird durch eine Untersuchung von Mitschka (1986) bestätigt. Die Autorin fragte sich „… *wie geartet die Lehrerpersönlichkeit sein muss, um Schüler in positiver oder negativer Weise zu beeindrucken und in ihnen leistungsrelevante Handlungen zu fördern oder zu hemmen.*" (Mitschka, 1986, S. 5). Gemessen wurden einige Aspekte des Lehrerverhaltens und die Schülermotivation. Die Ergebnisse der Untersuchung weisen daraufhin, dass Lehrer und Lehrerinnen, die ihre Schüler/-innen motivieren können, nicht konform mit den Rollenerwartungen ihrer Vorgesetzten gehen. Sie passen ihren Stil den Bedürfnissen der Schüler/-innen an, verhalten sich also emotional einfühlsam. Sie verfügen über schauspielerische Begabung, sind phantasievoll und mittelmäßig gesellig.

Hinter dieser Persönlichkeitsbeschreibung verbirgt sich eine Person, die über eine hohe Perspektivenübernahmefähigkeit verfügt, über eine funktionierende Vermittlung zwischen selbst gesetzten Normen und den Anforderungen der Außenwelt und über ein Wissen, wie Unterrichtsinhalte publikumsangemessen dargestellt werden müssen. Sozialpsychologisch formuliert, könnte man die Ergebnisse Mitschkas so formulieren: Um seine Schüler und Schülerinnen in positiver Weise zu beeinflussen und bei ihnen leistungsrelevante Handlungen zu fördern, muss eine Lehrkraft die Perspektive der jeweiligen Schüler/-innen übernehmen und ihr Verhalten danach so ausrichten, dass der zu vermittelnde Stoff dort ankommt, wo er hingehört. Das bedeutet, dass eine Lehrkraft über ein breites Verhaltensrepertoire verfügen sollte, mit dem sie spielen kann. Das bedeutet ferner, dass sie sich nicht von rigiden Vorstellungen über Unterricht einengen lassen darf und sich nonkonformistisch gegenüber Unterrichtsvorstellungen verhalten muss, die für ihre Gruppe dysfunktional wären. Das zieht als Konsequenz nach sich, dass sie damit verbundene Konflikte aushalten können muss, also über ein gutes Instrumentarium der emotionalen und verhaltensbezogenen Selbstreflexion und Selbstkontrolle verfügen muss.

## 16.3    Zusammenfassung und Fazit

Manche Begriffe, die verlockend klingen, weil sie suggerieren, dass wir es richtig machen, wenn wir sie als Label für uns selbst verwenden können, sind nicht besonders hilfreich, wenn wir uns nicht vergegenwärtigen, welche Verhaltensweisen mit ihnen verbunden sind. Dies wurde hier mit zwei für den Lehrberuf wichtigen Begriffen versucht: Respekt und Lehrer/-innenpersönlichkeit. Die in diesem Buch präsentierten Theorien geben Anhaltspunkte dafür, welche Verhaltensweisen von Lehrkräften für eine konstruktive Unterrichtsgestaltung wünschenswert sind.

## 16.4    Fragen und Übungen

**Fragen**

1.  Wie kann Respekt nach reaktanztheoretischer Perspektive erreicht werden?
2.  Wie kann Respekt nach dem Ansatz von French und Raven (Grundlagen der Macht) erreicht werden?
3.  Wie würden Sie selbst Respekt definieren?
4.  Welche in diesem Buch aufgeführten Theorien bieten für Sie die überzeugensten Hinweise für einen effizienten Unterricht?

**Übungen**

1.  Welche anderen Schlüsselbegriffe fallen Ihnen noch ein, die für den Lehrberuf wichtig sind? Wählen Sie einen dieser Begriffe und versuchen Sie, diesen anhand der Theorien zu entschlüsseln.

# 17    Theoriegeleitete Reformen

Ein großes Problem aller Schulreformen besteht darin, dass sie häufig nicht auf empirischer Evidenz und wissenschaftlichen Erkenntnissen beruhen, sondern das Resultat politischer Entscheidungen sind, die innerhalb kurzer Zeit schnell umgesetzt werden müssen. Nach den Ergebnissen der in den letzten Jahren berichteten Schulstudien scheint es eindeutig zu sein, dass an deutschen Schulen ganz spezifische Probleme existieren, die dazu führen, dass das Potenzial von Schüler/-innen in Deutschland nicht genutzt und gefördert wird. Als empirisch arbeitende Wissenschaftlerin erscheinen mir allerdings viele der nun schnell durchzuführenden Reformen nicht auf einer überzeugenden Analyse der Probleme und evidenzbasierten Problemlösung zu beruhen, sondern von den jeweiligen Ideologien bestimmter Funktionäre/-innen abzuhängen. Das ist insofern hochproblematisch, da Reformen an Schulen im Alltag mit handfesten Konsequenzen verbunden sind, die nicht unbedingt den guten Absichten derjenigen, die sich die Reformen ausgedacht haben, zuarbeiten.

Gerade bei Reformen in einem großen Rahmen müsste eindringlich gelten, was für alle wichtigen Entscheidungen gilt: Zeit lassen und die Zeit nutzen, wirklich alle verfügbaren Informationen zu sammeln und gegeneinander abzuwägen, bevor eine Entscheidung getroffen wird, wie gehandelt werden soll.

Im Folgenden möchte ich am Beispiel des zur Zeit in manchen Bundesländern mit Reformen konfrontierten Primarstufenunterrichts zeigen, welche fatalen Irrtümer entstehen können, wenn Reformen nicht theoriegeleitet und damit evidenzbasiert eingeführt werden, sondern als ein riesiges, unsystematisch durchgeführtes, kaum zu evaluierendes Projekt durchgezogen werden.

## 17.1    Primarstufenunterricht

Im Frühjahr 2004 setzte das Kollegium einer Grundschule in NRW die Auflage des zuständigen Ministeriums um, eine Verbesserung der Primarstufenausbildung bei Kostenneutralität zu erreichen. Zur Debatte standen verschiedene Modelle des jahrgangsübergreifenden Unterrichts, die vorsehen, dass Kinder verschiedener Alters-, also Klassenstufen zusammengefasst werden.

Die Schule entschied sich für die Erprobung eines Modells, welches einen Teil des Unterrichts der Schulkindergartenkinder zusammen mit den Erst- und Zweitklässlern vorsieht, und eine komplette Zusammenfassung der dritten und vierten Klasse, die durch zwei gemischte Gruppen repräsentiert wird. Die Erprobungsphase erstreckte sich über sechs Wochen.

In der Erprobungsphase wurden folgende grundlegende Elemente des Schulalltags geändert. Der Tagesrhythmus wurde geändert: Fließender Schulbeginn, Freiarbeitsphasen, spätere längere Pause, für jeden Tag ein gleicher Schulschluss. Besonders in der dritten und vierten Klasse wurde die Bearbeitung eines Wochenplans als zentrale Unterrichtsmethode verwendet, um eine individuelle Förderung besser gestalten zu können. Die Gruppenzusammensetzung wurde geändert entsprechend des gewählten Modells jahrgangsübergreifenden Unterrichts.

Dies zog zunächst in Hinblick auf entstehende Kosten des Unterrichts die positive Folge nach sich, dass insgesamt mehr Unterrichtsstunden zur Verfügung standen. Der hierzu informierende Elternabend zeigte, dass die Mehrheit der Eltern hierzu keine Meinung hatte, da sie sich verständlicherweise nicht als Experten/-innen auf diesem Gebiet einschätzten. Es gab jedoch auch Polarisierungen, da manche Eltern von vornherein dachten, dass es kein besseres Modell geben könnte als jahrgangsübergreifenden Unterricht und andere wiederum, dass kein schlechteres existieren könnte.

### Diskussion des jahrgangsübergreifenden Unterrichts

Wie jede Unterrichtsform hat sowohl jahrgangsübergreifender Unterricht als auch jahrgangsspezifischer Unterricht Vor- und Nachteile. Diese werden anhand von zwei Tabellen aufgeführt (siehe die Tabellen 17 und 18), weil diese Punkte auch zeigen, auf welchen Überlegungen die Kriterien für die Evaluation des Projektes entwickelt wurden.

Diese Argumente stellen nur eine Auswahl zahlreicher weiterer Argumente dar. Eine ähnliche Argumentation könnte genauso zu den veränderten Elementen „Unterrichtsmethoden" (z. B. Wochenplan) oder „Tagesrhythmus" geführt werden. In der Evaluation des Projektes ging es jedoch primär um den jahrgangsübergreifenden Unterricht, also um die Frage, wie sich die neue Unterrichtsform auf die Kinder auswirken würde.

**Tab. 17:** Pro- und Contra zum jahrgangsübergreifenden Unterricht

| Pro | Contra |
| --- | --- |
| Die jüngeren Kinder können von den älteren Kindern lernen. | Die jüngeren Kinder können nicht genug gefördert werden. |
| Die älteren Kinder lernen positives soziales Verhalten, indem sie jüngeren Kindern helfen können. | Die älteren Kinder lernen weniger, weil sie von den jüngeren Kindern gebremst werden. |
| Besonders begabte jüngere Kinder werden besser gefördert, indem sie bereits bei den älteren Kindern mitmachen können. | Besonders leistungsschwache oder ängstliche Kinder geraten noch mehr ins Hintertreffen, weil die Varianz erhöht wird. |
| Die Klassen werden insgesamt kleiner, eine Schüler-Lehrerinnen-Relation von ungefähr 25 Kindern. | Die Klassen werden zwar kleiner, aber zu heterogen, also unüberschaubarer. |
| Altersgemischte Gruppen bieten mehr Chancen. | Die Unterrichtsform ist eine Rückkehr zur Zwergenschule, die in ländlichen Gebieten aus Not zustande kamen, ist aber einer urbanen Umgebung und deren Möglichkeiten unangemessen. |

**Tab. 18:** Pro und Contra zum jahrgangsspezifischen Unterricht

| Pro | Contra |
|---|---|
| *Die Kinder haben ein festes soziales Gefüge, in dem sie sich entwickeln können, sozial und kognitiv.* | *Die Kinder erhalten durch sich ändernde Gruppenzusammensetzungen Anregung und die Chance zu Veränderungen.* |
| *Die Kinder haben eine Geschichte vor sich in der ersten Klasse und eine hinter sich in der vierten Klasse, die sie nachvollziehen können.* | *Die Kinder können ihre Geschichte nicht richtig verfolgen, da die Konstellationen zu kompliziert sind und häufigen Veränderungen unterworfen sind.* |
| *Die Kinder können am besten Sozialverhalten lernen, wenn die Basis in der Gruppe stimmt. Diese kann man aber am besten positiv gestalten, wenn die Gruppe homogen ist.* | *Sozialverhalten wird am besten in altersgemischten Gruppen gelernt.* |
| *Im Klassenverband kann durch individuelle Zusatzstunden auch individuelle Förderung gegeben sein. Auch durch den Einsatz zusätzlicher Lernmaterialien können Kinder differenziell gefördert werden.* | *Förderung durch die Kinder selber stellt einen zusätzlichen positiven Faktor dar.* |
| *Gerade Kinder, die im häuslichen Umfeld schon immer ihren Geschwistern helfen müssen, haben in der Schule die Chance, sich an gleichaltrigen Kindern zu messen.* | *Gerade Kinder, die als Einzelkind aufwachsen, können im Klassenverband keine zusätzlichen Erfahrungen mit Kindern anderer Altersstufen machen.* |

## Stand und Art der Forschung zum jahrgangsübergreifenden Unterricht

Wenn wir den bisherigen Kenntnisstand zu den Ergebnissen des jahrgangsübergreifenden Unterrichts betrachten, dann fällt auf, dass es hierzu keine empirisch gestützte Fachliteratur gibt, in der systematisch und kontrolliert die Effekte verschiedener Unterrichtsformen auf relevante Variablen untersucht werden.

Es gibt jedoch einige Berichte von Schulen, welche dieses Konzept erprobt haben. Alle diese Schulen nehmen zunächst die Annahmen, auf denen der jahrgangsübergreifende Unterricht beruht, als faktisch gegeben hin. Allerdings stehen die Annahmen von Montessori (2002) und Petersen (Retter, 1996), eine der wichtigen Begründerinnen dieser Unterrichtsform, in Widerspruch zu den Befunden der Psychologie des Lernens. Gelernt wird umso besser und effizienter in einer Gruppe, das ergaben die Befunde aus der Psychologie des Lernens, je homogener eine Gruppe ist, d.h. je ähnlicher sich die Personen einer Gruppe bezüglich relevanter Vergleichsdimensionen sind (Forsyth, 1999). Das Alter ist für Kinder eine sehr relevante Vergleichsdimension und auch die Tatsache, ob ein Kind Erstklässler oder Zweitklässler ist. Jahrgangsspezifischer Unterricht ermöglicht eine Homogenität der Gruppe auf diesen Dimensionen mit höherer Wahrscheinlichkeit, da durch Schuleingangstests in Kombination mit dem Alter die Homogenität einer Gruppe größer ist als in jahrgangsgemischten Gruppen.

Die wissenschaftliche Begleitung von Schulen, die eine jahrgangsübergreifende Erprobungsphase durchführten, wurde in der Regel von dem durchführenden Kollegium vorgenommen. Das ist sehr bewundernswert, da eine Evaluation mit hohem Aufwand an Material und Zeit verbunden ist, unter Gesichtspunkten der Glaubwürdigkeit jedoch zweifelhaft, da die Personen, die etwas erproben, Teil der Erprobung und damit nicht objektiv sind. Man kann sich nicht selbst evaluieren, jede korrekt durchgeführte Evaluation schließt dies aus. Alle Befunde aus der sozialen Wahrnehmungsforschung zeigen nachdrücklich, dass Menschen dazu neigen selbstwertdienlich zu handeln. So ist zu vermuten, dass schon die Art der Befragung so gestaltet wird, dass es zu den erwarteten Ergebnissen kommt.

Es wäre wesentlich besser für einen Erkenntnisfortschritt in diesem Bereich, wenn Schulen, die neue Modelle erproben sollen, auch die Hilfe einer außerschulischen Einrichtung zur wissenschaftlichen Begleitung finanziert bekämen.

## Die vorliegende Evaluation

Das Projekt der erwähnten Grundschule in NRW wurde durch mich evaluiert, also aus sozialpsychologischer Perspektive. Um die Objektivität der Evaluation zu erhöhen, wählte ich Verfahren zur Überprüfung, die subtil genug sind, um bei den in dieser Untersuchung einbezogenen involvierten Gruppen der Erwachsenen (Eltern und Lehrer/-innen) Informationen zu erhalten, die nicht ausschließlich ihre Meinung aufgrund einer Aussage zu den oben dargestellten Aspekten enthalten, sondern tatsächlich an den Befindlichkeiten der Kinder orientiert sind. Deshalb entschloss ich mich für den Einsatz verschiedener Selbstberichtsarten: Erstens standardisierte Verfahren zur Erhebung der psychischen Befindlichkeit der Kinder und zweitens einfache Selbstberichte, mittels derer Eindrücke zur Lernumgebung, und eigene Einstellungen wiedergegeben werden konnten.

### Kriterien der Bewertung

Idealerweise sollte ein neues Modell ein altes Modell übertreffen oder zumindest zu vergleichbaren Resultaten führen, damit dann zumindest die Kosten ein Entscheidungskriterium darstellen können.

Drei Grundpfeiler von Schule bestimmen entscheidend Schul- und Unterrichtsqualität:

– Die emotionale Befindlichkeit der Kinder und Lehrer/-innen
– Das soziale Klima
– Die Lernqualität

Die für die Evaluation ausgewählten Methoden versuchen Aspekte dieser drei Punkte zu treffen.

### Methoden

Die Evaluation des Schulversuchs sah drei Messzeitpunkte vor:

T1: Unmittelbar vor Beginn des sechswöchigen Schulversuchs

T2: An den letzten beiden Tagen der Mitte des Schulversuchs (nach drei Wochen)
T3: Am letzten Tag des Schulversuchs (sechs Wochen nach T1)

Zu allen drei Messzeitpunkten wurden die Kinder selber befragt. Insgesamt nahm die überwiegende Anzahl der Schüler und Schülerinnen an der Evaluation teil. Zu T1 nahmen 126 (90 % von 140 Kindern), zu T2 125 (89,3 % von 140 Kindern) und zu T3 124 Kinder (88,6 % von 140 Kindern) an der Befragung teil. Die Fehlzahlen setzen sich aus fehlenden Einverständniserklärungen der Eltern und durch Krankheit der Kinder zusammen.

Ebenfalls wurden die Eltern befragt: Zu T1 beteiligten sich 90 Mütter und Väter an der Befragung (das sind 64,3 % der Mütter oder Väter von 140 Kindern), zu T2 füllten 95 Mütter und Väter einen Fragebogen aus (das sind 67,9 % der Mütter oder Väter von 140 Kindern). 80 Mütter oder Väter (57,1 %) gaben einen Fragebogen zu T3 ab. Damit nahm zu jedem Messzeitpunkt immer der überwiegende Anteil der Elternschaft an der Befragung teil. Hierzu ist es wichtig zu wissen, dass insbesondere die Eltern der Kinder aus den Klassen 2, 3 und 4 häufiger ihre Meinungen abgaben (immer über 50 %) als die Eltern der Schulkindergartenkinder und der Klasse 1 (aber auch hier fällt die Beteiligung nicht unter 40 %). Da auch Eltern ausländischer Kinder ihre Meinungen abgaben, kann hier nicht von einer Selektion gesprochen werden. Damit können wir von einer Repräsentativität dieser Gruppe ausgehen.

Auch das Kollegium der Schule wurde befragt: Zu T1 beteiligten sich acht Kolleg/-innen an der Befragung, zu T2 aufgrund von Erkrankungen nur drei Kolleg/-innen. Zu T3 gaben fünf Lehrer/-innen ihre Beurteilungen ab.

## Zur Erfassung der Perspektive der Kinder

Die Aussagen der Kinder über ihr Erleben des Schulalltags sind in dieser Untersuchung das Hauptkriterium für die Evaluierung. Die Kinder sind die zentrale Gruppe des schulischen Alltags. Die Aussagen der Eltern und Lehrer/-innen sind um die Aussagen der Kinder herum angeordnet und sollen Informationen über die Relation der Einschätzungen der Kinder zur intersubjektiven Realität geben.

### Methode der Erhebung

Aus zeitlichen und organisatorischen Gründen wurden die Kinder jeweils in ihren vertrauten jahrgangsspezifischen Klassenverbänden befragt. Eine Ausnahme bilden die Kinder der dritten und vierten Klasse. Diese wurden zusammen befragt, da die Konzentration der Kinder bereits ausreichte, um auch in einer größeren Gruppe über eine längere Zeit befragt zu werden.

### Schulischer Selbstwert

Ein wichtiges Kriterium des schulischen Alltags ist aus der Perspektive der Kinder, wie sie sich in der Institution Schule fühlen. Innerhalb psychologischer Theorien wird dieses Gefühl als Selbstwertgefühl bezeichnet. Um den bereichsspezifisch schulischen Selbstwert der Kinder messen zu können, wurde die Aussagenliste zum Selbstwertgefühl für Kinder und Jugendliche eingesetzt (Schauder, 1996). Schauder geht davon aus, dass die Selbstbewertung im betreffenden Alterszeitraum primär über Verhaltensvergleiche mit relevanten anderen Personen wie Eltern, Geschwistern, Freunden, Spielkameraden, Lehrer/-innen und Mitschüler/-innen erfolgt. Die Aussagen umfassen Verhaltensvergleiche: Eine positive Selbstbewertung setzt positive Ergebnisse im Verhaltensvergleich voraus. Außerdem werden Vorstellungen im Sinne „von mehr oder minder bewussten Hypothesen sowohl über Bewertungen und Beurteilungen der eigenen Person durch signifikante andere Personen als auch über die eigene Beliebtheit bei anderen wichtigen Personen" als Richtlinien für die Selbstbewertung der Kinder herangezogen. Ebenfalls spielen Vergleiche zwischen Ideal- und Realkonzept eine Rolle, d. h. die Kinder haben eine Vorstellung davon wie sie eigentlich sein sollten und wissen ungefähr, wo sie im Vergleich dazu wirklich stehen. Da hier der schulische Bereich relevant ist, wurde für die Evaluation ausschließlich der schulische Selbstwert der Kinder erhoben. In der Schule sind die signifikanten Bezugspersonen der Kinder die anderen Mitschüler/-innen und die Lehrpersonen.

Die Aussagenliste von Schauder ist ein standardisiertes Verfahren und wird in der Forschung mit Kindern häufig eingesetzt. Die Validierung dieses Verfahrens hat ergeben, dass der schulische Selbstwert von Kindern signifikant mit Prüfungsangst einhergeht, d. h. je höher der schulische Selbstwert eines Kindes ist, desto weniger prüfungsängstlich ist es. Dabei wurde Prüfungsangst mit einer Skala gemessen, die Gefühle der Unzulänglichkeit und Hilflosigkeit in schulischen Prüfungssituationen umfasst, auch Ängste vor Leistungsversagen.

Weiterhin zeigt sich, dass der schulische Selbstwert von Kindern mit manifester Angst einhergeht. Manifeste Angst wiederum wird durch Aussagen erfasst, die mit allgemeinen Angstsymptomen wie Herzklopfen, Nervosität, Einschlaf- und Konzentrationsstörungen, Furchtsamkeit und einen reduzierten Selbstvertrauen eingehen.

Schließlich korreliert schulischer Selbstwert stark negativ mit Schulunlust. Schulunlust, wie sie hier gemessen wurde, beinhaltet die innere Abwehr von Kindern gegen die Schule und einen Abfall der Motivation gegenüber Aspekten des Unterrichts aufgrund unlustvoller Erfahrungen.

### Wahrgenommene Selbstwirksamkeit

Auch diese Skala stellt eine standardisierte Kurzskala dar, welche die erlebte Selbstwirksamkeit einer Person erfasst, etwas bewirken zu können. Selbstwirksamkeit ist eine der zentralen Variablen, welche determinieren, wie aktiv Personen selber werden, wenn Probleme oder Hindernisse auftauchen. In diesem Fall wurde auf eine Kurzskala zur Messung der allgemeinen Selbstwirksamkeit zurückgegriffen, die im Rahmen anderer Arbeiten bereits für eine Stichprobe von Kindern in den entsprechenden Altersstufen formuliert wurde.

### Weitere Aspekte des schulischen Erlebens

Schließlich wurden die Kinder nach empfundener Lautstärke in der Klasse, Lernquantität und erlebter Anstrengung des Unterrichts befragt.

Sicherlich wären noch zahlreiche andere Aspekte relevant für eine Evaluierung, nur sollte man für die entsprechenden Altersgruppen die Befragung nicht allzu umfangreich gestalten. Den Schwerpunkt der Befragung bilden also Variablen zur Erhebung der psychischen Befindlichkeit und der Lernumgebung.

Alle Aussagen wurden mit Hilfe von Skalen beantwortet. Für die Aussagen zur Selbstwirksamkeit wurde eine Vier-Punkte-Skala verwendet, welche die Zustimmungsstärke von 1 (stimmt nicht), 2 (stimmt kaum), 3 (stimmt eher) und 4 (stimmt genau) umfasste. Für alle anderen Aussagen wurde eine Likert-Skala verwendet mit den Zustimmungsstärken 1 (stimmt nicht), 2 (stimmt eher nicht), 3 (weder/noch), 4 (stimmt eher) und 5 (stimmt ganz genau).

Diese Art der Aussageneinschätzung wurde für alle befragten Gruppen eingesetzt.

## Zur Erfassung der Perspektive der Eltern

Die Perspektive der Eltern ist interessant, weil sie einen außerschulischen Blickwinkel einnehmen können und so möglicherweise zusätzliche Beobachtungen anstellen können, die den Lehrer/-innen nicht bekannt sein können. Zudem ist davon auszugehen, dass sie eher ein Gespür für die Befindlichkeit ihrer Kinder haben und also auch Aussagen zu deren psychischen Erlebensweisen treffen können. Schließlich ist anzunehmen, dass die Einstellung der Eltern zum Schulversuch möglicherweise die Einschätzungen ihres Kindes hinsichtlich seines schulischen Erlebens beeinflussen könnte.

Darüber hinaus stellen die Einschätzungen der Eltern eine Relation dar, an der wir die maßgeblichen Einschätzungen der Kinder messen können. Spiegeln die Einschätzungen der Eltern ungefähr den Verlauf der Einschätzungen der Kinder wider, gewinnen beide Einschätzungen an Aussagekraft.

### Methoden der Erhebung

Um möglichst viele Eltern zu erreichen, wurde ein für alle Eltern identischer Fragebogen konzipiert, der über die Lehrer/-innen an die Kinder und von diesen an die Eltern weitergeleitet wurde. Der Fragebogen wurde zu denselben Zeitpunkten ausgeteilt, an denen die Befragung der Kinder stattfand, also etwas zeitversetzt ausgefüllt und wieder abgegeben. Die Kinder nahmen den Fragebogen wieder mit in die Schule; dort wurde er eingesammelt und in einem für den Versuch deponierten verschlossenen Karton gesammelt. Die Fragebögen wurden dann von der Evaluatorin wieder abgeholt.

Auf jedem Fragebogen war auf einem Deckblatt der Name des Kindes notiert und auf dem letzten Blatt der Code des Kindes. Der Fragebogen wurde ohne das Deckblatt wieder abgegeben und wurde anhand des Codes den Daten des entsprechenden Kindes zugeordnet.

### Erhobene Variablen

Die Eltern wurden wie die Kinder der dritten und vierten Klasse nach ihrer Einschätzung befragt:

– *Zur Selbstwirksamkeit*
– *Zum schulischen Selbstwert*
– *Zur Lernquantität, Lautstärke und Anstrengung*
– *Zu ihrer Präferenz für eine Unterrichtsform zu T3 bzw. zu der Präferenz des Kindes*

Wichtig hierbei ist: Alle diese Aussagen wurden aus der Perspektive des Kindes beurteilt, also bspw.: „Mein Kind fühlt sich in der Schule wertvoll".

Zusätzlich wurden die Eltern nach ihrer persönlichen Einstellung zum Schulversuch befragt, die ebenfalls auf Likert-Skalen wiedergegeben werden sollte. Die Einstellung zum Schulversuch setzt sich aus folgenden Aussagen zusammen:

- *Einstellung zum Schulversuch*
- *Ich stehe dem Schulversuch aufgeschlossen gegenüber.*
- *Ich denke, dass sich der Schulversuch positiv auf die Leistungen meines Kindes auswirkt.*
- *Ich denke, dass sich der Schulversuch positiv auf das Sozialverhalten meines Kindes auswirkt.*
- *Ich würde lieber ein anderes Modell ausprobieren.*

Ebenfalls hatten die Eltern zu allen drei Zeitpunkten die Möglichkeit zur freien Meinungsäußerung. Zu T3 konnten sie sich speziell zu vier Fragen frei äußern:

- *Was waren für Sie persönlich die größten Schwierigkeiten, die mit diesen sechs letzten Schulwochen verbunden waren?*
- *Worin sehen Sie die größten Vorteile des neuen Schulmodells für Ihr Kind?*
- *Worin bestehen für Sie für Ihr Kind die größten Nachteile?*
- *Welche Verbesserungen innerhalb dieses Schulmodells würden Sie gerne einbringen?*

Alle Eltern wurden zu T3 nach zwischenzeitlichen Ereignissen befragt, die möglicherweise ebenfalls eine Auswirkung auf da psychische Erleben der Kinder haben könnten.

### Zur Erfassung der Perspektive der Lehrerin

Lehrer/-innen erhalten andere Informationen über die Kinder als die Eltern der Kinder; sie können die Kinder einer Klasse oder Gruppe vergleichen, sie haben also nicht nur Informationen über die Veränderungen der individuellen Entwicklung, sondern können auch soziale Vergleichsinformationen hinzuziehen. Allerdings sind die Lehrer/-innen in dieser Befragung nicht nur Expert/-innen, sondern auch Ausführende des Versuchs, so dass davon auszugehen ist, dass sie möglicherweise positive Aspekte akzentuieren und negative vernachlässigen. Dies ist ausgehend von den Erkenntnissen aller empirischen Untersuchungen auf diesem Gebiet anzunehmen.

In der Erhebung wurde der Fokus besonders darauf gelegt, von den Lehrer/-innen Informationen über die jeweilige Gruppe als Ganzes zu gewinnen, so dass die Einschätzungen sich nicht auf einzelne Kinder beziehen – das wäre auch eine zeitlich sehr aufwändige Anforderung gewesen – sondern auf die Gruppe als Ganzes. Die Lehrer/-innen beziehen sich hier also auf die ihnen jeweils zugeordnete Klasse.

### *Methoden der Erhebung*

Auch die Lehrer/-innen erhielten zu allen drei Messzeitpunkten einen Fragebogen. Da hier die Selbstwirksamkeit der Kinder nicht abgefragt wurde, schätzten die Lehrer/-innen alle Aussagen ausschließlich auf Likert-Skalen ein. Die ausgefüllten Fragebögen wurden zusammen mit den Elternfragebögen in einem geschlossenen Karton gesammelt und von der Evaluatorin abgeholt.

## Schulischer Selbstwert

Allen Lehrer/-innen wurden neun Fragen zum schulischen Selbstwert der jeweiligen *Gruppe* vorgelegt, die ebenfalls aus dem Instrument schulischer Selbstwert abgeleitet sind.

- *In meiner Klasse werden Kinder nicht ausgelacht, weder von Schülern noch Lehrern.*
- *In meiner Klasse fühlen sich die meisten Kinder wohl.*
- *Die meisten Kinder in meiner Klasse sind sehr zufrieden mit sich.*
- *Manches Kind in meiner Klasse fühlt sich ab und zu als Versager.*
- *Die meisten Kinder in meiner Klasse sind recht fröhlich.*
- *Manche Kinder in meiner Klasse haben manchmal Angst, Fehler zu machen.*
- *In der Klasse nehmen die Kinder sich gegenseitig ernst.*
- *In meiner Klasse fühlt sich ab und an ein Kind wertlos.*
- *In meiner Klasse fühlen sich die meisten Kinder wertvoll.*

## Fragen zur Lernumgebung

Weiterhin wurden alle Lehrer/-innen zu ihrer Einschätzung der Lernumgebung gefragt:

- *Die Unterschiede zwischen den Kindern in meiner Klasse hinsichtlich ihrer Leistung sind nicht gravierend.*
- *Das Sozialverhalten in meiner Klasse ist gut.*
- *Meine Klasse ist zu laut.*
- *In meiner Klasse lernen die Kinder viel.*
- *Der Unterricht in meiner Klasse ist für mich sehr anstrengend.*

## Persönliche Einstellung zum Schulversuch

Zu allen drei Messzeitpunkten wurde die persönliche Einstellung der Lehrer/-in mittels drei Aussagen erfasst.

- *Ich stehe dem Schulversuch offen gegenüber.*
- *Ich denke, dass sich der Schulversuch positiv auf die Leistungen der Kinder auswirken wird.*
- *Ich denke, dass sich der Schulversuch positiv auf das Sozialverhalten auswirken wird.*

Außerdem konnten Sie sich zu jedem Messzeitpunkt frei zu ihren Eindrücken über den Verlauf oder ihre Bewertung des Schulversuchs äußern.

### Zusätzliche abschließende Fragen (T3)

Zu T3 wurden die Einschätzungen der Lehrer/-innen auf einige abschließende Bewertungen des Schulversuchs erweitert:

- *Für mich war der Schulversuch anstrengend.*
- *Es profitieren eher die älteren Kinder von der neuen Gruppenkonstellation.*
- *Es profitieren eher die jüngeren Kinder von der neuen Gruppenkonstellation.*
- *Die Organisation des Unterrichts ist mittelfristig leichter in der neuen Konstellation.*

### Ergebnisse

### Die Perspektive der Kinder

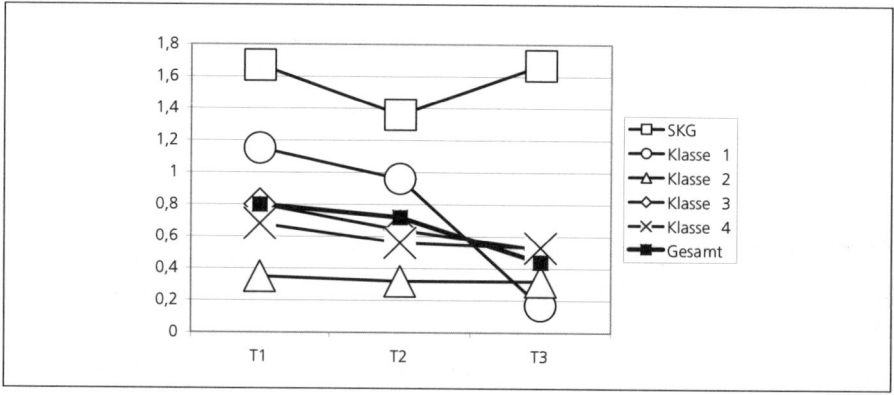

**Abb. 20:** Schulischer Selbstwert bei Schülern und Schülerinnen einer Grundschule zu drei Messzeitpunkten (T1 vorher, T2 nach drei Wochen, nach sechs Wochen) während eines Projektes „jahrgangsübergreifender Unterricht"

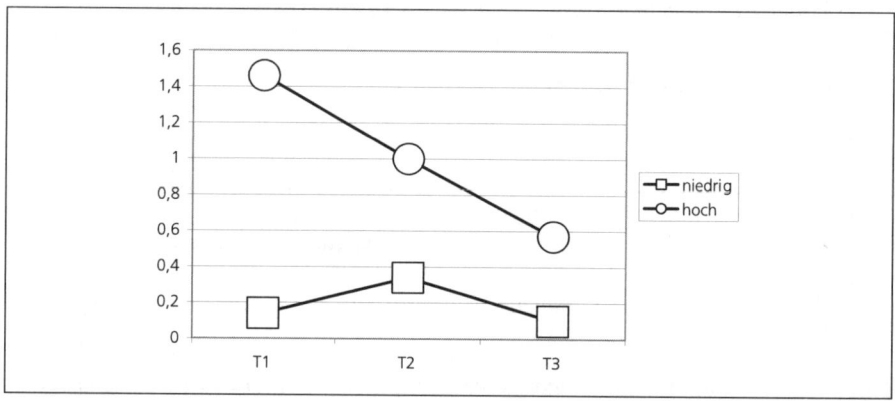

**Abb. 21:** Erleben des schulischen Selbstwertes aus der Perspektive der Kinder, die zum ersten Messzeitpunkt einen vergleichsweise niedrigen Selbstwert hatten versus der Kinder, die zum ersten Messzeitpunkt einen vergleichsweise hohen Selbstwert hatten

Hinsichtlich der Lautstärke finden sich im Gesamtverlauf keine negativen oder positiven Veränderungen; allerdings nimmt die Lautstärke in der Wahrnehmung der Kinder der zweiten und dritten Klassen bedeutsam zu. Die empfundene Anstrengung steigt ebenfalls im Laufe des Schulversuchs an, deutlich jedoch vor allem für die Kinder der Klassen 1, bleibt aber in einem „nicht zu anstrengenden" Bereich. Bis auf die Kinder der Klassen 2, die am Ende des Schulversuchs einen verstärkten Eindruck haben, viel in der Schule zu lernen, sinkt diese Einschätzung bei den anderen Kindern im Laufe des Schulversuchs. Hinsichtlich der erlebten Selbstwirksamkeit schätzen die Kinder der Klassen 1 diese zum Ende des Versuchs als deutlich niedriger ein. Bei allen anderen Kindern finden sich hier keine bedeutsamen Veränderungen. Es wird aber deutlich, dass Mädchen und Jungen der Gesamtstichprobe ihre Selbstwirksamkeit differenziell beurteilen, während die wahrgenommene Selbstwirksamkeit der Jungen ansteigt, sinkt die wahrgenommene Selbstwirksamkeit der Mädchen. Bis auf Ausnahme der Schulkindergartenkinder, die ihren Selbstwert zu T3 vergleichbar zu T1 einschätzen, sinkt der schulische Selbstwert aller Kinder kontinuierlich im Laufe des Schulversuchs (siehe Abbildung 20). Besonders der schulische Selbstwert derjenigen Kinder, die zu T1 noch einen vergleichsweise hohen Wert aufwiesen, sinkt während des Schulversuchs (siehe Abbildung 21). Der überwiegende Anteil der Kinder bevorzugt eine jahrgangsspezifische Unterrichtsform zum Ende des Schulversuchs.

Es gibt also einige deutliche Hinweise darauf, dass die meisten Kinder sich während des Schulversuchs nicht wohl gefühlt haben. Der deutlichste Hinweis ist möglicherweise die Einschätzung der Kinder zu T3 gegen oder für den Unterricht im alten Klassenverband. Ein indirekter und damit verlässlicherer Hinweis stellt die Entwicklung des schulischen Selbstwertes der Kinder dar. Dieser sinkt bei den Kindern. Das bedeutet, dass sie sich ihrer Position in der Gruppe nicht mehr sicher sind, möglicherweise ihren Bezug, den sie gewohnt waren und den sie sich in der Regel positiv aufgebaut hatten, verloren haben und bis zum Ende des Schulversuchs nicht wieder ersetzen konnten. Der Verlauf dieser Werte zeigt aber auch deutlich, dass die Kinder sich in der Gruppe, wie sie zu T3 war, wesentlich unwohler gefühlt haben in Bezug auf ihre eigene Selbstbewertung, als zu T1. Der Befund, dass dieses Muster differenziell für Kinder mit niedrigem versus hohen Selbstwert zu T1 verläuft, zeigt, dass es sich bei den Ergebnissen zum Selbstwert nicht um eine einfache, häufig zu beobachtende Tendenz zur Mitte handelt, sondern um einen Hinweis, der ernst zu nehmen ist.

Weitere indirekte Hinweise für negative Einflüsse des Schulversuchs zeigen die Einschätzungen der Kinder, dass sie weniger lernen. Insbesondere die Antworten der Erstklässler zur Selbstwirksamkeit und zum schulischen Selbstwert weisen darauf hin, dass sie den jahrgangsübergreifenden Unterricht als nicht förderlich erlebt haben.

Das Gesamtmuster legt nahe, dass ein jahrgangsübergreifender Unterricht für manche Teilgruppen für manche Aspekte sogar gut ist, insgesamt jedoch für die meisten Kinder eine Unterrichtsform ist, die bei der Bewertung durch die hier angelegten Kriterien schlechter abschneidet als die alte Unterrichtsform.

### Die Perspektive der Eltern

Die Einschätzungen der Eltern ähneln den Einschätzungen der Kinder, nicht immer in der Höhe der ermittelten Werte, aber in deren Verlauf. Die Eltern glauben nicht, dass die Klasse ihrem Kind zu laut ist. Die Schule wird im Laufe des Versuchs als anstrengender für das Kind eingeschätzt, bei weitem jedoch nicht als zu anstrengend. Die Eltern finden, dass die Lernquantität im Laufe des Schulversuchs abnimmt. Die für das Kind eingeschätzte Selbstwirksamkeit verändert sich nicht im Laufe des Versuchs. Hier finden wir im Unterschied zu den Kindern keinen geschlechtsspezifischen Verlauf. Zu T3 sinkt der von den Eltern eingeschätzte schulische Selbstwert der Kinder. Die überwiegende Anzahl der Eltern möchte für ihr Kind wieder einen Unterricht im Klassenverband. Und glaubt, dass auch ihr Kind das so möchte.

Die Tatsache, dass die Klassenzugehörigkeit des Kindes keinen Einfluss auf die hier erhobenen Maße hatte, zeigt, dass die Eltern relativ vorurteilsfrei und offen in diesen Schulversuch hineingegangen sind. Dies spiegelt sich auch in ihrer Einstellung dem Schulversuch gegenüber zu T1 wider, die sich nicht klassenspezifisch unterscheidet. Anderenfalls wäre zu erwarten gewesen, dass es eine negativere Haltung der Eltern der vierten Klassen oder der Eltern der zweiten Klassen gegenüber dem Versuch gegeben hätte, da hier ja die älteren Kinder möglicherweise Nachteile durch die Hinzunahme jüngerer, d. h. auch leistungsschwächerer Kinder haben könnten. Die Einschätzungen der Eltern geben also offensichtlich deren Beobachtungen während des Schulversuchs wieder.

Zu T3 scheinen die Eltern bemerkt zu haben, dass der schulische Selbstwert ihrer Kinder abnimmt. Bei den Kindern setzt dieser Prozess bereits früher ein. Diese Beobachtung zusammen mit ihrer Einstellung nach drei Wochen führt letztendlich bei den Eltern zu der Entscheidung für oder gegen einen jahrgangsübergreifenden Unterricht (siehe Abb. 22).

Die Meinung der Eltern beruht hier also maßgeblich auf den Beobachtungen und Berichten des Kindes über die Gruppe.

Die Bewertungen der Eltern stützen insgesamt die Einschätzungen der Kinder. Die Ergebnisse fallen im Gesamtverlauf sehr ähnlich aus und geben einen Hinweis darauf, dass auch aus der Perspektive der Eltern der Schulversuch eher negative Auswirkungen hat, als neutral oder gar förderlich zu sein.

### Die Perspektive der Lehrer/-innen

Die Befunde zeigen zusammenfassend, dass auch die Lehrer/-innen die Lautstärke in den Klassen nicht als ein problematisches Thema erleben, der Unterricht während

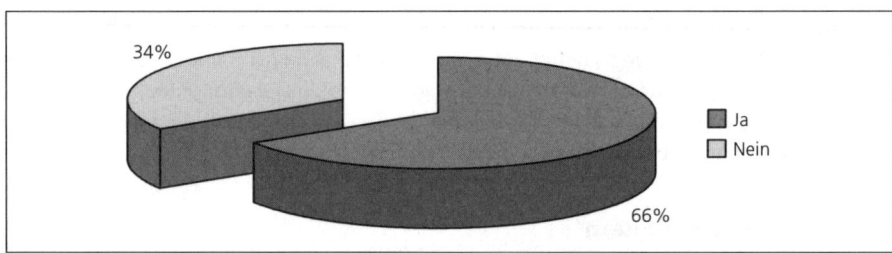

**Abb. 22:** Die Meinung der Eltern zum dritten Messzeitpunk: Zurück zur Unterrichtsform Klassenverband?

des Schulversuchs anstrengender für die Mehrzahl der Kollegen/-innen wurde, die Mehrzahl der Kollegen/-innen zunehmend glaubt, dass die Kinder mehr lernen, der schulische Selbstwert der Kinder, als Gruppe betrachtet, im Laufe des Schulversuchs absinkt, das Sozialverhalten eher positiv geworden ist, es keine gravierenden Unterschiede hinsichtlich der Leistung zwischen den Kindern gibt, die älteren Kinder nicht von dem Versuch profitieren, die jüngeren Kinder eher von dem Versuch profitieren und die Organisation des Unterrichts auch mittelfristig für diese Unterrichtsform nicht leichter wird.

Die Ergebnisse zeigen in ihrem Gesamtbild, dass offensichtlich manche Lehrer/-innen jahrgangsübergreifenden Unterricht zu favorisieren scheinen und deshalb möglicherweise weniger Schwierigkeiten bei der Umsetzung des Modells berichten, andere Kollegen/-innen geben hier weniger extreme Meinungen ab.

Das Einschätzungsbild der Lehrer/-innen ist insgesamt widersprüchlich. Einerseits sinkt in ihrer Wahrnehmung der schulische Selbstwert der Kinder, andererseits finden sie, dass das Sozialverhalten der Kinder eher besser geworden ist. Der schulische Selbstwert der Kinder ist jedoch eng an das Sozialverhalten der Umgebung gekoppelt. Aus methodischer Sicht sind die Angaben zum schulischen Selbstwert der Kinder als verlässlicher zu bewerten, da sie aus einer Kombination mehrerer Aussagen berechnet werden und nicht auf einer einzelnen Aussage beruhen.

Obwohl die Lehrer/-innen angeben, dass die Kinder im Laufe des Versuchs mehr lernen und das Sozialverhalten besser wird, denken sie dennoch auch, dass von dem Versuch eher die jüngeren Kinder profitieren, überhaupt nicht die älteren und dass der schulische Selbstwert im Laufe des Versuchs abgesunken ist.

## Die Perspektive der Evaluatorin

Zwischen T1 und T2 erfolgten zu drei Zeitpunkten unangekündigte Besuche. Die Arbeitsatmosphäre war ausnahmslos ruhig, konzentriert, angeregt und angenehm. Bei einem Besuch kamen die Kinder der dritten und vierten Klasse aus einem Messebesuch. Die Kinder machten einen disziplinierten (obwohl im Karnevalskostüm) und fröhlichen Eindruck.

Bei einem angekündigten Besuch zwischen T2 und T3 fand in vier Gruppen eine jeweils viertelstündige Hospitation statt. Die Hospitation ergab, dass die Zusammenarbeit zwischen Lehrerinnen und Kindern sehr gut verlief. Die Ansprüche an die Organisation des Ablaufs erschienen von außen betrachtet als sehr hoch.

Durch die Befragung der Kinder konnte von diesen ein erster Eindruck gewonnen werden. Die Kinder machten durchweg einen sehr motivierten, interessierten und kooperativen Eindruck. Auch wenn es vor allem den jüngeren Kinder am Anfang schwer fiel, mit den Skalen zu arbeiten, bemühten sie sich sehr, zu verstehen, wie sie diese verwenden konnten.

Ebenfalls kamen durch die Befragung einige telefonische Kontakte mit Eltern zustande. Dabei wurde stets deutlich, dass gerade zu Beginn des Schulversuchs die meisten Eltern sehr aufgeschlossen waren, sich vor allem aber nicht kompetent in der Beurteilung des Versuchs fühlten.

Alle Beteiligten haben sich in der Regel dem Schulversuch gegenüber kooperativ und aufgeschlossen verhalten. Das Kollegium der Schule hat sich sehr bemüht, die neuen Gruppen zusammenzuführen und anregenden Unterricht zu geben, der eine individuelle Förderung der Kinder gewährleistet. Die Eltern haben sich mit einer vorschnellen Meinung zurückgehalten und ihre Meinungen erst im Verlauf des Versuchs, gestützt auf die Beobachtungen ihrer Kinder, gebildet. Die Kinder haben meiner Beobachtung nach, obwohl ihre freien Äußerungen deutlich zeigen, dass sie sich häufig mit den veränderten Konstellationen unwohl gefühlt haben, kooperiert.

Dennoch gibt es mehr negative als positive Auswirkungen des Schulversuchs. Die negativen Veränderungen sind nicht dramatisch, aber unübersehbar zum Nachteil der meisten Kinder. Das erprobte Modell ist zumindest nach dieser Phase, auch wenn es Kosten spart, nicht gleichwertig oder gar besser als das Vorläufermodell zu bewerten.

## Implikationen

Insgesamt können wir den hier zusammengetragenen Ergebnissen entnehmen, dass es für die Kinder der Schule vermutlich besser ist, wenn die Unterrichtsform jahrgangsspezifisch beibehalten wird und die individuelle Förderung nicht durch umfassende Veränderungen der Gruppen herbeigeführt wird, sondern wirklich den jeweiligen Kindern zu Gute kommt, die diese benötigen. Auch kann möglicherweise die benötigte Anzahl der Unterrichtsstunden gewährleistet werden, wenn jahrgangsübergreifend für bestimmte regelmäßig wiederkehrende Zeitperioden projektbezogener Unterricht stattfindet.

### Anmerkungen zum schulischen Selbstwert

Aus der Perspektive von Befürwortern des jahrgangsübergreifenden Unterrichts scheint es verwunderlich zu sein, dass ausgerechnet der schulische Selbstwert der Kinder sinkt, aus der Perspektive empirisch gestützter sozialpsychologischer Gruppenforschung überrascht dieser Befund allerdings nicht. Kinder vergleichen sich genau wie Erwachsene mit ähnlichen anderen Bezugspersonen. Alter und Fähigkeit sind für Kinder im schulischen Kontext wichtige Merkmale für eine relevante Bezugsperson. So zeigt die Forschung hier eindeutig, dass Kinder am meisten profitieren, wenn sie erfolgreiche Modelle beobachten können, die genauso alt sind wie sie selbst und am besten noch das gleiche Geschlecht besitzen. Wenn ein Kind der dritten Klasse beispielsweise ein Kind der vierten Klasse beobachtet, welches erfolgreich eine Subtraktionsgleichung löst, dann wird es den Erfolg des beobachteten Kindes eher auf dessen Zeit- und Lernvorsprung zurückführen als auf bestimmte Strategien, die es selber lernen könnte. Wenn ein altersmäßig vergleichbares Kind jedoch erfolgreich diese Aufgabe löst, dann wird das beobachtende Kind eher zu dem Schluss kommen, dass es ebenfalls diese Gleichung lösen könnte. Auch umgekehrt ist es möglicherweise für ältere Kinder, die sich ja nach unten vergleichen könnten mit jüngeren Kindern, dennoch eher verwirrend als selbstwertsteigernd, wenn sie sehen müssen, dass ihre Leistungsfähigkeit möglicherweise gar nicht deutlich besser ist als die mancher jüngerer Kinder. Ein leistungsmäßig schwacher Viertklässler hat immer noch den Rückhalt, dass er in der vierten Klasse ist und zu den Großen gehört; vergleicht er sich jedoch mit einem Drittklässler, der leistungsbezogen besser ist als er selbst, dann wird sein

Selbstwert sinken. So enthalten die Chancen einer jahrgangsgemischten Gruppe besondere Risiken für die leistungsbezogen eher schwächeren Kinder, da sie mit ungünstigeren Bezugsnormen konfrontiert werden.

So erklärt es sich, dass auch der schulische Selbstwert der Viertklässler und Zweitklässler sinkt, obwohl sie eigentlich durchschnittlich im sozialen Vergleich besser dastehen müssten.

Nehmen wir diese Befunde ernst, dann ist es zweifelhaft, ob das Sozialverhalten einer jahrgangsgemischten Gruppe wirklich dem Sozialverhalten einer jahrgangsspezifischen Gruppe überlegen sein kann. Die Befunde von Tesser, die sich teilweise auch auf den schulischen Kontext und alle Altersstufen erstrecken, zeigen deutlich, dass selbstwertmindernde Vergleichsprozesse sogar ganz im Gegenteil belastend für den emotionalen Haushalt sind und zu eher unsozialeren Verhaltensweisen führen können.

Auch wenn der schulische Selbstwert der Kinder während des Versuchs nicht dramatisch, jedoch statistisch signifikant absinkt, ist dieser Befund dennoch ernst zu nehmen, da der schulische Selbstwert, wie Post Hoc Analysen ergeben, signifikant negativ mit der empfundenen Anstrengung und der empfundenen Lernquantität korreliert. Das bedeutet, dass je niedriger der schulische Selbstwert der Kinder ist, sie die Schule umso anstrengender finden und dass je niedriger der schulische Selbstwert der Kinder ist, sie umso stärker den Eindruck haben, dass sie nicht viel in der Schule lernen. Der schulische Selbstwert, so wie hier gemessen, gibt uns also nicht nur einen Hinweis darauf, wie die Kinder sich in der Schule fühlen, sondern zeigt uns, dass Kinder mit niedrigem Selbstwert auf dieser Dimension wahrscheinlich die Schule als recht anstrengend erleben und gleichzeitig das Gefühl haben, dass sie nicht viel lernen. Dies spiegelt genau die Schulunlust wider, die durch dieses Verfahren mit erfasst wird.

Das Fazit aus diesem Befund ist, dass eine Schule möglichst so beschaffen sein sollte, dass die Faktoren gegeben sind, die den schulischen Selbstwert der Kinder erhöhen, und dazu gehören positive Beziehungen zu relevanten Bezugspersonen, ein rational nachvollziehbarer Vergleichsmechanismus, ein gutes Gruppenklima, anregendes Lernen und sicherlich auch eine angemessene individuelle Förderung.

Selbst wenn die Kinder von Anfang an in jahrgangsübergreifende Klassen kämen, ist anzunehmen, wenn wir diese Befunde ernst nehmen, dass dieses Modell den großen Nachteil, der durch einen Verlust einer stabilen Vergleichsdimension zustande kommt, nicht auffangen kann. Maximale mentale Beweglichkeit ist nicht möglich, wenn die äußeren Rahmenbedingungen die dafür notwendige Infrastruktur nicht zur Verfügung stellen können.

Abschließend ist zu erwähnen, dass – experimentell betrachtet – auch dieser Schulversuch mit vielen anderen Faktoren konfundiert ist. Einer der möglicherweise neben den sozialen Veränderungen am stärksten wirksamen Faktoren scheint zu sein, dass auch die Unterrichtsmethode Wochenplan bei den Dritt- und Viertklässlern wieder eingeführt wurde. Vielen Kindern, das zeigen die freien Äußerungen, scheint diese Unterrichtsmethode den Spaß an der Schule zu nehmen. Die Kinder, welche nicht zwischen Unterrichtsform und -methode differenzieren, schienen teilweise gehofft zu haben, dass mit dem Abschluss des Schulversuchs auch diese Methode nicht mehr angewendet würde. Allerdings zeigen die Ergebnisse hinsichtlich der ersten und zweiten

Klassen, dass auch hier die Kinder mehrheitlich, obwohl sie nicht durch Wochenpläne unterrichtet wurden, einen jahrgangsspezifischen Unterricht wünschten.

Die Ergebnisse zeigen nur auf der Oberfläche, dass ein Schulversuch wie dieser eine ziemlich große Gruppe von involvierten Personen betrifft. Nicht nur die Lehrer/-innen, die mit organisatorischen Aufgaben konfrontiert werden, die zur normalen Gestaltung des schulischen Alltags hinzukommen, sind von einer solchen Erprobung betroffen und auch nicht nur die Eltern, die hier Modelle an ihren Kindern ausprobiert sehen, deren Beurteilung ihnen schwer fällt. Besonders die Kinder haben die Konsequenzen von solchen Erprobungsphasen zu tragen. Wenn wir den zeitlichen, emotionalen und inhaltlichen Aufwand eines auch nur sechswöchigen Schulversuchs betrachten, sollte dieser Aufwand so ernst genommen werden, dass die Umsetzung und die Ergebnisse wenigstens relativ objektiv beurteilt werden können. Eine Evaluation eines Versuchs, die von einer außerschulischen Einrichtung konzipiert und durchgeführt wird, wie dies hier geschehen ist, erspart möglicherweise, wenn dies systematisch geschieht, überflüssige weitere Versuche. Eine Auflage, ein Modell zu erproben, muss auch von einem rational nachvollziehbaren Modell der Bewertung begleitet werden. Nur so können wirklich Kosten und Nutzen von Modellen erstellt werden.

Aufgrund der Ergebnisse, die hier zusammengetragen wurden, ist dieses Modell zwar kostenneutral (in Einheiten von Unterrichtsstunden gerechnet), aber es trifft nicht die intellektuellen und sozialen Bedürfnisse der Kinder. Ein Befund, der durch die Perspektive der Eltern und teilweise auch durch die Perspektive der Lehrer/-innen untermauert wird.

Nehmen wir an, dass auch weitere außerschulisch durchgeführte Evaluationen ähnlicher Modelle zu ähnlichen Erkenntnissen kommen, dann stellt sich die Frage nach Alternativen. Sollen die Kosten für die Primarstufe nicht erhöht werden, idealerweise sogar gespart werden, dann kann dies durch eine Verringerung der Gruppen einer Schule geschehen. So werden Personalkosten gespart, die den größten Ausgabenposten ausmachen.

Auf einem Elternabend der oben genannten Schule wurden hierzu Alternativen diskutiert. Die Unterrichtsform, die mehrheitlich akzeptiert wurde, sieht weiterhin einen jahrgangsspezifischen Unterricht mit jahrgangsübergreifenden Projektzeiten vor, die – bezogen auf ein Thema – eine willkommene Bereicherung zu den Unterrichtsroutinen darstellen können. Modelle, in welchen zu viele Gruppenkonstellationen auftreten, wurden von den meisten Eltern nach diesem Schulversuch deutlich abgelehnt. Schauen wir uns die Modelle in skandinavischen Ländern an, haben die Eltern hier eigentlich genau die richtige Intuition entwickelt in Bezug auf die Bedingungen, die für einen hohen Standard am förderlichsten zu sein scheinen: ein festes Bezugssystem, das den Kindern eine verlässliche Orientierung gibt.

Jegliche Alternative zu dem hier erprobten Modell sollte also, würden die Erkenntnisse dieser Evaluation erhärtet werden, dies als Grundlage haben: Ein solides Bezugssystem für die Kinder, das stabil ist und ihnen realistische Ableitungen über die eigene Entwicklung erlaubt.

Reformen müssten von vornherein theoriegeleiteter und evidenzbasierter formuliert werden. Umgesetzte Reformen können nicht durch eine Schule selbst bewertet werden – es müsste nicht wundern, wenn jede Schule sich selbst als eine gelungene Institution darstellen würde.

## 17.2    Zusammenfassung und Fazit

Ein in einer Grundschule eingeführtes Modell zur Umsetzung jahrgangsübergreifenden Unterrichts wurde evaluiert in Hinblick auf Variablen des Unterrichts und des schulischen Selbstwerts der Kinder. Hierzu wurden alle drei in den Schulalltag involvierten Gruppen befragt. Die Ergebnisse zeigen eindeutig, dass das neue Modell keine Verbesserung gegenüber dem klassischen jahrgangsspezifischen Unterricht bietet, sondern sogar eine Verschlechterung– insbesondere der schulische Selbstwert der Kinder sank statistisch bedeutsam, sowohl in der Beurteilung der Eltern als auch der Kinder.

Die Ergebnisse des Kollegiums legen nahe, dass Selbstevaluationen von Schulen von zweifelhaftem Wert sind, da notgedrungen ein Kollegium auch immer betriebsblind sein wird, insbesondere dann, wenn es unter bestimmten Bedingungen Reformen umsetzen soll, und ein nur eingeschränktes Spektrum an Alternativen wahrnimmt.

## 17.3    Fragen und Übungen

**Fragen**

1. Was bedeutet jahrgangsübergreifender Unterricht?
2. Warum ist jahrgangsübergreifender Unterricht aus der Perspektive der sozialen Vergleichstheorie nicht besonders effektiv?
3. Welche anderen Argumente aus anderen Theorien könnten Sie für eine Diskussion der Pros und Cons bezüglich jahrgangsübergreifenden Unterrichts anführen?

**Übungen**

1. Versuchen Sie, eine Lehrkraft nach verschiedenen praktizierten Unterrichtsformen zu befragen. Aufgrund welcher empirischen Evidenz ist diese von einer Methode überzeugter als von der anderen?

# 18 Abschließende Bemerkungen

Beginnen wir den Schluss dieses sozialpsychologischen Ausflugs in den Schulalltag mit zwei Zitaten, die im Kontext der deutschen Bildungsdebatte gefallen sind. Das erste Zitat stammt von Jürgen Kaube:

*„Pisa, das war keine Studie über den Untergang des Abendlands, mangelndes Wissen über Goethe und die Goten oder fehlende Kenntnisse in Geographie. Pisa war ein Befund über Kinder, denen weder der Wille noch die Fähigkeit beigebracht wurde, sich mit einem Bleistift in der Hand, in Kenntnis der deutschen Sprache und durch ihren Verstand zu orientieren"* (Kaube, 2002).

Das zweite Zitat fiel in einem Interview mit dem Cyberpunk-Autor Neal Stephenson (Schmundt & Traufetter, 2003; S. 124):

*„Computer sind eigentlich nichts für Kinder. Am besten wäre es, wenn sie erst mit 18 an den Rechner dürften. Stattdessen daddeln die von Kindesbeinen an den Kisten rum und können nicht mal die kleinsten Programme selber schreiben. (…) Heutzutage lernen Kinder nur, wie man Microsoft Word benutzt. Das ist genauso überflüssig, wie in der Schule zu üben, eine Waschmaschine zu benutzen. Das wichtigste Ziel jeder Erziehung muss sein: Das Kind muss merken, wenn ihm jemand Unsinn erzählt. Das hätte uns vieles erspart – möglicherweise sogar den Börsencrash."*

Beide Zitate weisen darauf hin, dass die Grundlage für Lernen *kritisches Denken* ist. Um dies zu lernen, brauchen wir materiell eigentlich nicht besonders viel. Es reicht in der Tat ein Papier und ein Bleistift oder Sand und Stöcke. Aber wir brauchen eine gute persönliche Anleitung.

Rekapitulieren wir noch einmal die Theorie der rational-emotiven Verhaltenstherapie und vergegenwärtigen uns die Bedeutung der Art und der Inhalte unseres Denkens, dann klingt es vielleicht provokant zu behaupten, *dass bildungspolitische und pädagogische Maßnahmen entweder am A oder am C arbeiten, aber nie am B*, aber es trifft den Kern der beiden Zitate.

Wenn wir einmal den Aufwand an Geld, Papier, Zeit, Bildern, Computern mit Zubehör und anderen materialisierten Lernhilfen betrachten, die stets liebevoll und kindgerecht ausgestattet sind, dann stehen diese in keiner Relation zu dem Effekt, den sie bringen sollten. Damit sei nicht gesagt, dass diese überflüssig seien, aber es erhebt sich die Frage, ob sie nicht ohne die notwendigen Grundlagen das Fehlen derselben sogar (vergeblich) kaschieren.

Nehmen wir die Essenzen aus den neun in diesem Buch dargestellten theoretischen Perspektiven ernst, dann ist es entscheidend, wie ernsthaft und kompetent ein Fach durch ein Modell vermittelt wird und wie dieses darüber hinaus versteht, die Aufmerksamkeit und Motivation einer Gruppe von Kindern und Jugendlichen so zu lenken, dass diese lernen und motiviert sind. Dies ist aber nicht zu schaffen, wenn Schüler/-innen nicht über Methoden verfügen, wie sie den Unterrichtsstoff und ihre eigenen Befindlichkeiten reflektieren können. Logisches Denken, rational nachvollziehbare Argumente, selbstkritisches Überprüfen eigener Argumente, Kalkulationen, realistische Einschätzungen: Grundlagen des kritischen Geistes werden oft viel zu spät vermittelt, nämlich dann, wenn ein Philosophiekurs gewählt wird oder wenn eine wissenschaftliche Ausbildung begonnen wird.

Es wird in keinem Fall entscheidend sein, ob ein Computer in einem Klassenzimmer gestanden hat oder nicht. Die Kunst der zwischenmenschlichen Verhandlung, des respektvollen Umgangs miteinander, des begründeten Standpunktes, sei er mathematisch oder philosophisch, lässt sich mit keinem Lernmaterial und keinem noch so ausgefeilten Wochenplan zur individuellen Förderung ersetzen.

Die schönsten Augenblicke im Bereich des Lernens sind solche, in denen wir etwas verstehen, etwas erkennen: Das können wir dann, wenn wir gefordert werden, uns etwas zu erarbeiten und indem wir kunstvoll angeleitet werden. Nicht indem wir Formulare ausfüllen, Materialien bearbeiten oder ein Computerlernprogramm absolvieren, sondern indem wir methodisch über eine Fragestellung nachzudenken gelernt haben, aus einer Vielzahl von Perspektiven heraus.

Die hier aufgeführten theoretischen Perspektiven regen hoffentlich an, wie solche Augenblicke immer wieder erreicht werden können.

# Empfehlungen für weiterführende Lektüre

**Forsyth, D.R. (1999).** *Group Dynamics.* **Bonn: Brooks/Cole, Wadsworth.**
In diesem Buch wird ein guter Überblick über die Variablen gegeben, die dazu beitragen, die Dynamik einer Gruppe zu beeinflussen. Die dargestellten Theorien werden an zahlreichen Beispielen illustriert. Die Implikationen für den Schulalltag ergeben sich von selbst aus der Lektüre: Wie die Gruppenstruktur einer Klasse ermittelt werden kann, wie Rollenambivalenzen zustande kommen und welche Bedeutung sie haben können, welche Art von Aufgaben für Gruppenarbeit geeignet ist und welche eher nicht usw. Das Buch ist sehr lebendig geschrieben; aus diesem Grunde ist die Tatsache, dass es in englischer Sprache verfasst ist, kein Lesehindernis.

**Frey, D. & Irle, M. (2001).** *Theorien der Sozialpsychologie, Band I-III.* **Bern: Huber.**
In diesen drei Bänden sind die wichtigsten sozialpsychologischen Theorien eingehend beschrieben; auch wird deren empirische Evidenz detailliert berichtet. Alle Theorien, die im vorliegenden Buch aufgeführt werden, können dort hinsichtlich ihrer Entwicklungsgeschichte – Modifikationen, Erweiterungen usw. – vertieft werden. Die Bände sind von den genannten Autoren herausgegeben; jedes Kapitel wurde von einem anderen Autor bzw. einer anderen Autorin geschrieben, so dass sich der jeweilige Lesecharakter unterscheidet.

**Ulich, K. (2001).** *Einführung in die Sozialpsychologie der Schule.* **Weinheim: Beltz.**
Anders als im vorliegenden Buch, welches von verschiedenen konzeptuellen Standpunkten aus ins Klassenzimmer geht, bewegt sich der Autor im Kontext Schule und zieht zur Beschreibung und Erklärung der dort anzutreffenden Phänomene verschiedene sozialpsychologische Ansätze heran. Die Lektüre dieses Buches wird zu vielen der hier genannten Problemfelder, insbesondere der Schüler-Lehrer-Interaktion, weitere Aspekte bewusst machen können.

**Tücke, M. (1999). Psychologie in der Schule – Psychologie für die Schule.** *Osnabrücker Schriften zur Psychologie, 4.* **Münster: LIT.**
Der Autor geht von dem Blickwinkel der pädagogischen Psychologie auf zentrale Konzepte und Probleme des Schulalltags ein. Dadurch ergeben sich thematisch Überschneidungen zu den hier angesprochenen Problemen und Fragen, die sich aus dieser Perspektive jedoch anders gestalten und somit zu einem differenzierteren Verständnis eines psychologischen Zugangs zum Kontext Schule beitragen.

**Vernon, A. (2002). What works when. With children and Adolescents. A Handbook of individual counseling techniques. Illinois, Champaign: Research Press.**
In diesem Handbuch werden zahlreiche didaktisch gut vorbereitete, auf verschiedene Altersgruppen zugeschnittene Übungen zusammengestellt, mit Hilfe derer, in Gruppen oder individuell, emotionale Probleme konstruktiv besprochen und Lösungen angeregt werden können. Gleichzeitig stellen diese Übungen hervorragende Beispiele dafür da, wie mit einfachen Mitteln nach den Prinzipien der rational-emotiven Verhaltenstherapie emotionale Erziehung im Unterricht geleistet werden kann.

# Literatur

Abrams, D., Sparkes, K. & Hoff, M.A. (1985). Gender salience and social identity: The impact of sex of siblings on educational and occupational aspirations. *British Journal of Educational Psychology, 55*, 224–232.

Allport, F.H. (1920). The influence of the groups upon association and thought. *Journal of Experimental Psychology, 3*, 159–182.

Asch, S.E. (1952). *Social psychology.* Englewood Cliffs, NJ: Prentice Hall.

Asch, S.E. (1955). Opinions and social pressures. *Scientific American, 193*, 31–35.

Baldwin, M.W. & Holmes, J. G. (1987). Salient private audiences and awareness of the self. *Journal of Personality and Social Psychology, 52*, 1087–1098.

Bandura, A. (1965). Influence of models' reinforcement contingencies on the acquisition of imitative responses. *Journal of Personality and Social Psychology, 6*, 589–595.

Bandura, A. (1979). *Sozial-kognitive Lerntheorie.* Stuttgart: Klett-Cotta.

Bandura, A. (1982). Self-efficacy mechanism in human agency. *American Psychologist, 37*, 122–147.

Bandura, A. (1997). *Self-efficacy: The exercise of control.* Neu York, NY: Freeman.

Bandura, A., Blanchard, E.B., & Ritter, B. (1969). The relative efficacy of desensitization and modelling approaches for inducing behavioural, affective, and attitudinal changes. *Journal of Personality and Social Psychology, 13*, 173–199.

Beck, A.T. (1966). *Cognitive therapy and the emotional disorders.* New York, NY: International Universities Press.

Beckman, L. J. (1976). Causal attributions of teachers and parents regarding children's performance. *Psychology in the Schools, 13*, 212–218.

Berger, P. L. & Luckmann, T. (1966). *The social construction of reality.* New York, NY: Doubleday, Inc., Garden City.

Bernard, C. & Schlaffer, E. (2002). *Einsame Cowboys. Jungen in der Pubertät.* München: DTV.

Betz, N. E. & L. F. Fitzgerald, L. F. (1987) *The Career Psychology of Woman.* New York, NY: Academic Press.

Bischof-Köhler, D. (1989). *Spiegelbild und Empathie. Die Anfänge der sozialen Kognition.* Bern: Huber.

Bölsche, ?. et al. (2004). Die Hölle danach. *Der Spiegel, 49*, 88–101.

Bond, R. & Smith, P. B. (1996). Culture and conformity: A meta-analysis of studies using Asch's (1952b, 1956) line judgement task. *Psychological Bulletin, 119*, 111–137.

Borich, G. D. & Klinzing, H.G. (1987). Paradigmen der Lehrereffektivitätsforschung und ihr Einfluß auf die Auffassung von effektivem Unterricht. *Unterrichtswissenschaft, 1*, 90–111.

Bradford Brown, B. & Lohr, M. J. (1987). Peer-group affiliation and adolescent self-esteem: An integration of ego-identity and symbolic-interaction theories. *Journal of Personality and Social Psychology, 52*, 47–55.

Brehm, J. (1966). *A theory of psychological reactance.* New York. NY: Academic Press.

Brooks-Gunn, J., Ohring, R. & Graker, J. (2002). Girls recurrent and concurrent body dissatisfaction: Correlates and consequences over 8 years. *International Journal of Eating Disorders, 31*, 404–415.

Brophy, J. (1981). Teacher praise: a functional analysis. *Review of Educational Research, 51*, 5–32.

Buchmann, C. & Dalton, B. (2002). Interpersonal influences and educational aspirations in 12 countries: The importance of institutional context. *Sociology of Education, 75*, 99–122.

Buss, A.R. (1978). Causes and reasons in attribution theory: A conceptual critique. *Journal of Personality and Social Psychology, 36*, 1311–1321.

Charon, J. M. (1979). *Symbolic interactionism: an introduction, an interpretation, an integration.* Englewood N J: Prentice Hall.

Clark, R. D., III. (1990). Minority influence: The role of argument refutation on the majority position and social support for the minority position. *European Journal of Social Psychology, 20*, 489–497.

Cobb, J. C., Cohen, R., Houston, D.A. & Rubin, E.C. (1998). Children's self-concepts and peer relationships: Relating appearance self-discrepancies and peer perceptions of social behaviors. *Child Study Journal, 28*, 291–308.

Cowan, P. A. & Walters, R.H. (1963). Studies of reinforcement of aggression. I. Effects of scheduling. *Child Development, 34*, 543–552.

Cunningham, M. R. (1986). Measuring the physical in physical attractiveness: Quasi-experiemnts on the socio-biology of female face beauty. *Journal of Personality and Social Psychology, 50*, 925–935.

Davidson, D. (81994). Knowing one's own mind. In Qu. Cassam (Hrsg.), *Self-Knowledge.* Oxford: Oxford University Press.

Deaux, K. & Farris, E. (1977). Attributing causes for one's own performance: The effects of sex, norms, and outcome. *Journal of Research in Personality, 11*, 59–72.

DePaulo, B. M., Tang, J., Webb, W. & Hoover, C. et al. (1989). Age differences in reactions to help in a peer tutoring context. *Child Development, 60*, 423–439.

De Voge, C. (1979). Ein verhaltenstherapeutischer Ansatz zur Vermittlung von rational-emotiven Prinzipien bei Kindern. In: A. Ellis & R. Grieger (Hrsg.), *Praxis der rational-emotiven Therapie* (276–282). München: Urban & Schwarzenberg.

Dick, P. K. (1993). Der Minderheiten Bericht. In: *Autofab*, 120–172. Zürich: Haffmanns.

Diener, E. (1979). Deindividuation, self-awareness, and disinhibition. *Journal of Personality and Social Psychology, 37*, 1160–1171.

Di Giuseppe, R.A. (1979). Die Verwendung verhaltenstherapeutischer Methoden zur Vermittlung von rationalen Selbstverbalisierungen bei Kindern. In: A. Ellis & R. Grieger (Hrsg.), *Praxis der rational-emotiven Therapie*, 283–287. München: Urban & Schwarzenberg.

Dion, K., Berscheid, E. & Walster, E. (1972). What is beautiful is good. *Journal of Personality and Social Psychology, 24*, 285–290.

Dumke, D. (1978). The influence of Rosenthal effect on performance in intelligence test after arousal of intense expectation. *Psychologie in Erziehung und Unterricht, 25*, 32–38.

Duval, S. & Wicklund, R.A. (1972). *A theory of objective self-awareness.* New York, NY: Academic Press.

Dweck, C. S. (1999). *Self-Theories: Their Role in Motivation, Personality and Development.* Philadelphis.: Psychology Presa,?

Ellis, A. (1958). Rational psychotherapy. *Journal of General Psychology, 59*, 35–49. Reprinted: New York: Institute for Rational-Emotive Therapy.

Ellis, A. (1972). Klinisch-theoretische Grundlagen der rational-emotiven Therapie. In: A. Ellis & R. Grieger (Hrsg.), *Praxis der rational-emotiven Therapie*, 3–36. München: Urban & Schwarzenberg.

Ellis, A. (1994). *Reason and emotion in psychotherapy. A comprehensive method of treating human disturbances. Revised and updated.* New York, NY: Birch Lane Press.

Ellis, A. & Hoellen, B. (1997). *Die rational-emotive Verhaltenstherapie – Reflexionen und Neubestimmungen*. München: Pfeiffer.

Ellis, A. & Wilde, J. (2002). *Case Studies in Rational Emotive Behavior Therapy with children and adolescents*. Englewood Cliffs, NJ: Prentice Hall.

Entwisle, D. R. & Alexander, K. L. (1996). Family type and children's growth in reading and math over the primary grades. *Journal of Marriage & the Family, 58*, 341–355.

Etzold, S. (2000). Die Leiden der Lehrer. *DIE ZEIT, 48*.

Feinberg, M. E., Neiderhiser, J. M., Simmens, S., Reiss, D. & Hetherington, E.M. (2000). Sibling comparison of differential parental treatment in adolescence: gender, self-esteem, and emotionality as mediators of the parenting-adjustment association. *Child Development, 71*, 1611–1628.

Festinger, L. (1954). A theory of social communication processes. *Human Relations, 7*, 117–140.

Flavell, J. H. (1963). *The developmental psychology of Jean Piaget*. New York: Van Nostrand.

Flavell, J. H., Botkin, P. T., Fry, C. L., Wright, J.W. & Jarvis, P. E. (1968). *The development of role-taking and communication skills in children*. New York, NY:Wiley.

Försterling, F., & Rudolph, U. (1988). Situations, attributions and the evaluation of reactions. *Journal of Personality and Social Psychology, 54*, 225–232.

Forsyth, D.R. (1999). *Group Dynamics*. Bonn: Brooks/Cole, Wadsworth.

Fouts, G. & Burggraf, K. (2000). Television situation comedies: female weight, male negative comments, and audience reactions. *Sex Roles, 42*, 9–10.

French, J. R. P., Jr. & Raven, B. (1959). The bases of social power. In D. Cartwright (Hrsg.), *Studies in social power*. Ann Arbor, Mi: Institute for Social Reasearch.

Frey, K. S. & Ruble, D. N. (1985). What children say when the teacher is not around: Conflicting goals in social comparison and performance assessment in the classroom. *Journal of Personality and Social Psychology, 48*, 550–562.

Friedman, H. S. & Riggio, R. E. (1981). Effect of individual differences in nonverbal expressiveness on transmission of emotion. *Journal of Nonverbal Behavior, 6*, 96–101.

Fry, P. S. (1982). Pupil performance under varying teacher conditions of high and low expectations and high and low controls. *Canadian Journal of Behavioural Science, 14*, 219–231.

Gaschke, S. (2003). Die Erziehungskatastrophe. München: Heyne.

Geen, R. G., & Stonner, D. (1971). Effects of aggressiveness habit strength on behavior in the presence of aggression-related stimuli. *Journal of Personality and Social Psychology, 17*, 149–153.

George, R. C. (1977). Six ways to heighten pupil participation. *High School Behavioural Science, 4*, 79–83.

Gergen, K. (1985). The social constructionist movement in modern psychology. *American Psychologist, 40*, 266–275.

Gombrich, E. H. (1989). *The story of art*. Ann Arbor, Mi: Phaidon Press.

Grolnick, W. S. & Slowiaczek, M. L. (1994). Parent's involvement in children's schooling: a multidimensional conceptualization and motivational model. *Child Development, 65*, 237–252.

Guay, F., Boivin, M. & Hodges, E. V. E. (1999). Social comparison processes and academic achievement: The dependence of the development of self-evaluations on friends' performance. *Journal of Educational Psychology, 91*, 564–568.

Guttmann, J. (1982). Pupils', teachers' and parents' causal attributions for problem behavior at school. *Journal of Educational Research, 76*, 14–21.

Hammerl, M., Grabitz, H.-J. & Gniech, G. (2001). Die kognitiv-psychologische Theorie der Emotion von Schachter. In: D. Frey & M. Irle (Hrsg.), *Theorien der Sozialpsychologie, Band I: Kognitive Theorien*, 123–154. Bern: Huber.

Hass, R. G. (1979). A test of the bidirectional focus of attention assumption of the theory of objective self-awareness. Paper presented at the meeting of the Eastern Psychological Association, Philadelphia.

Hass, R. G. (1984). Perspective-taking and self-awareness: Drawing an E on your forehead. *Journal of Personality and Social Psychology, 46,* 788–798.

Hatfield, E., Cacioppo, J. T. & Rapson, R. L. (1994). *Emotional Contagion.* Paris: Cambridge University Press.

Hauck, P. A. (1979). Irrationale Erziehungsstile. In: A. Ellis & R. Grieger (Hrsg.), Praxis der rational-emotiven Therapie, 299–309. München: Urban & Schwarzenberg.

Heckhausen, H. C. (1980). *Motivation und Handeln.* Berlin: Springer.

Herkner, W. (1991). *Lehrbuch Sozialpsychologie.* Bern: Huber.

Higgins, E. T. (1987). Self-discrepancy: A theory relating self and affect. *Psychological Review, 94,* 319–340.

Hofstadter, D. R. (1988). Metamagicum. Fragen nach der Essenz von Geist und Struktur. Stuttgart: Klett-Cotta.

Hymel, S., Wagner, E. & Butler, L.J. (1990). Reputational bias: View from the peer group. In S. R. Asher & J. D. Coie (Hrsg.), *Peer rejection in childhood*, 156–182. Cambridge: Cambridge University Press.

Janoff-Bulman, R. & Wortman, C.B. (1977). Attributions of blame and coping in the „Real World". *Journal of Personality and Social Psychology, 35,* 351–363.

Jones, E. E. & Nisbett, R. E. (1971/1972). The actor and the observer. Divergent perceptions of the causes of behaviour. In: E. E. Jones, et al. (Hrsg.), *Attribution: Perceiving the causes of behaviour.* Morristown, N. J.: General Learning Press.

Juvonen, J. (2000). The social functions of attributional face-saving tactics among early adolescents. *Educational Psychology Review, 12n.k.* 15–32.

Kaube, J. (2002). Ein Jahr nach Pisa. *Frankfurter Allgemeine Sonntagszeitung, 49,* 8.12.2002.

Keil, L. J., McClintock, C. G., Kramer, R. & Platow, M. J. (1990). Children's use of social comparison standards in judging performance and their effects on self-evaluation. *Contemporary Educational Psychology, 15,* 75–91.

Kelley, H. H. (1967). Attribution theory in social psychology. In D. Levine (Hrsg.), *Nebraska symposium on motivation, 15,* 192–238. Lincoln,: University of Nebraska Press.

Knaus, W. J. (1979). Rational-emotive Erziehung. In: A. Ellis & R. Grieger (Hrsg.), *Praxis der rational-emotiven Therapie*, 287–298. München: Urban & Schwarzenberg.

Konrad, J. (1947). *Schicksal und Gott: Untersuchungen zur Philosophie und Theologie der Schicksalserfahrung.* Gütersloh: Bertelsmann.

Kuhn, T. S. (1976). *Die Struktur wissenschaftlicher Revolutionen.* Frankfurt/Main: Suhrkomp.

Kupersmidt, J. B., Buchele, K. S., Voegler, M. E. & Sedikdes, C. (1996). Social self-discrepancy: A theory relating peer relation problems and school maladjustment. In: J. Juvonen, & K. R. Wentzel, (Hrsg.), *Social motivation: Understanding children's school adjustment,* 66–97. New York, NY: Cambridge University Press.

Kreienbaum, M.A. (1995). *Erfahrungsfeld Schule. Koedukation als Kristallisationspunkt.* Weinheim: Deutscher Studienbuch Verlag.

Jones, E. E. & Nisbett, R. E. (1972). The actor and the observer: Divergent perceptions of the causes of behavior. In: E. E. Jones, D.E. Kanouse, H. H. Kelley, R. E. Nisbett, S.

Valins & B. Weiner (Hrsg.), *Attribution: Perceiving the causes of behaviour,* 79–94. Morristown, NJ: General Learning Press.

Laing, R. D., Phillipson, H. & Lee, A. R. (1966). *Interpersonal perception. A theory and a method of research.* London: Tavistock Publications.

Langlois, J. H., Kalakanis, L., Rubenstein, A. J., Larson, A., Hallam, M. & Smoot, M. (2000). Maxims or Myths of Beauty? A Meta-Analytic and Theoretical Review. *Psychological Bulletin, 126,* 390–423.

Langmaack, B. (1991). *Themenzentrierte Interaktion. Einführende Texte rund ums Dreieck.* Weinheim: Psychologie Verlagsunion.

Latané, B. (1981). The psychology of social impact. *American Psychologist, 36,* 343–356.

Lawler, E. J. & Yoon, J. (1996). Commitment in exchange relations: test of a theory of relational cohesion. *American Sociological Review, 61,* 89–108.

Lazarus, R. S. (1966). *Psychological stress and the coping process.* New York, NY: McGraw-Hill.

Lewin, K. (1926). Vorsatz, Wille und Bedürfnis. *Psychologische Forschung, 7,* 330–385.

Lewin, K. (1948). *Resolving social conflicts: Selected papers on group dynamics.* New York, NY: Harper.

Locke, D. (1968). *Myself and others.* Oxford: University Press.

Lohaus, A. (1985). Objektive Selbstaufmerksamkeit und unterrichtsstörendes Schülerverhalten. *Psychologie, Erziehung und Unterricht, 32,* 28–37.

Maas, A., Clark, R.D. III. & Haberkorn, G. (1982). The effects of differential ascribed category membership and norms on minority influence. *European Journal of Social Psychology, 12,* 89–104.

Maccoby, E. E. (2000). *Psychologie der Geschlechter. Sexuelle Identität in den verschiedenen Lebensphasen.* Stuttgart: Klett-Cotta.

Maccoby, E. E. & Martin, J. A. (1983). Socialization in the context of the family: Parent-child interaction. In E.M. Hetherington (Hrsg.), P. H. Mussen (Reixhen Hrsg.), *Handbook of child psychology: Vol. 4. Socialization, Personality, and Social Development,* 1–102. New York, NY: Wiley.

Marrow, A. J. (1977). *Kurt Lewin – Leben und Werk.* Stuttgart: Klett-

McCrone, J. (1994). *The myth of irrationality.* New York, NY: Carrol & Graf.

Medway, F. J. (1979). Causal attributions for school-related problems: Teacher perceptions and teacher feedback. *Journal of Educational Psychology, 71n. k.* 809–818.

Meichenbaum, D. (1971). Cognitive factors in behavior modification: Modifying what clients say to themselves. Research report No. 25, University of Waterloo, Waterloo, Canada, July 23.

Meichenbaum, D. & Goodman, J. (1971). Training impulsive children to talk to themselves. *Journal of Abnormal Psychology, 77,* 115–126.

Meyer, H. (1997). *Schulpädagogik. Band I: Für Anfänger.* Berlin: Cornelsen.

Meyer, W.-U. (2000). *Gelernte Hilflosigkeit.* Bern: Huber.

Milgram, S. (1970). The experience of living in cities. *Science, 167,* 1461–1468.

Milgram, S. (1974). *Obedience to authority.* New York, NY: Harper & Row.

Miller, R. (1999*). Lehrer lernen. Ein pädagogisches Arbeitsbuch.* Weinheim: Beltz.

Montessori, M. (2002). *Schule des Kindes.* 8. Auflage. Wo?: Herder.

Moriarty, B., Douglas, G., Punch, K. & Hattie, J. (1995). The importance of self-efficacy as a mediating variable between learning environment and achievement. *British Journal of Educational Psychology, 65,* 73–84.

Moscovichi, S. (1980). Toward a theory of conversion behaviour. In: L. Berkowitz (Hrsg.), *Advances in experimental social psychology, Vol. 13,* 209–230. New York: Academic Press.

Moscovichi, S. (1985). Social influence and conformity. In: G. Lindzey & E. Aronson (Eds.), *Handbook of social psychology* (3. Aufl. 347–412), Reading: Addison-Wesley.

Murray, H. A. (1938). *Explorations in personality.* New York: Oxford.

Nagel, Th. (1981). Wie ist es, eine Fledermaus zu sein? In P. Bieri (Hrsg.), *Analytische Philosophie des Geistes.* Königstein/Ts.: Hain.

Noack, P. (1998). School achievement and adolescents' interaction with their fathers, mothers, and friends. *European Journal of Psychology of Education, 13,* 503–513.

Nemeth, C. J., & Wachtler, J. (1974). Creating the perceptions of consistency and confidence: A necessary condition for minority influence. *Sociometry, 37,* 529–540.

Oren, D. L. (2001). Evaluation systems and attributional tendencies in the classroom: A sociological approach. *Journal of Educational Research, 76,* 307–312.

Peréz, J. A. & Mungy, G. (1996). The conflict elaboration theory of social influence. In: E. Witte & J. Davis (Hrsg.), *Understanding group behaviour: Small group processes and interpersonal relations* (2 Arsg.) 191–210. Mahwah, NJ: Erlbaum.

Perry, D. G. & Bussy, K. (1979). The social learning theory of sex differences: Imitation is alive and well. *Journal of Personality and Social Psychology, 37,* 1699–1712.

Pesendorfer, B. (1974). Beobachtungen von entfremdeter Bildung. In: G. Schwarz (Hrsg.), *Gruppendynamik in der Schule.* München: Jugend und Volk.

Piaget, J. (1924). *Judgement and reasoning in the child* (Neu zweitdruck 1966). Totowa, N. J.: Littlefield, Adams.

Philipp, E. & Rademacher, H. (2002). *Konfliktmanagement im Kollegium. Arbeitsbuch mit Modellen und Methoden.* Weinheim: Beltz.

Phillips, J. M. & Gully, S.M. (1997). Role of goal orientation, ability, need for achievement, and locus of control in the self-efficacy and goal-setting process. *Journal of Applied Psychology, 82,* 792–802.

Pliner, P. & Chaiken, S. (1990). Eating, social motives, and self-presentation in women and men. *Journal of Experimental Social Psychology, 26,* 240–254.

Popper, K. R. (1984). *Logik der Forschung* (8. Aufl.). Tübingen: Mohr.

Queneau, R. (1986). *Zazie in der Metro.* Frankfurt/M.: Suhrkomp.

Regan, D. T., & Totten, J. (1975). Empathy and attribution: Turning observers into actors. *Journal of Personality and Social Psychology, 32,* 850–856.

Retter, H. (1996). *Peter Petersen und der Jenaplan.* Weinheim: Beltz.

Reyna, C. (2000). Lazy, dumb, or industrious: When stereotypes convey attribution information in the classroom. *Educational Psychological Review, 12,* 85–110.

Rheinberg, F., Schwarz, N. & Singer, G. M. (1987). Symbolische Selbstergänzung und Leistungsmotivation. *Zeitschrift für Sozialpsychologie, 18,* 50–58.

Roberston, J. S. (2000). Is attribution training a worthwhile classroom intervention for K-12 students with learning difficulties? *Educational Psychology Review, 12,* 111–134.

Rosenman, S. (1956). The paradox of guilt in disaster victim populations. *Psychiatric Quarterly Supplement, 30,* 181–221.

Rudolph, U. & Steins, G. (1997). Causal versus existential attributions: Different perspectives on highly negative events. *Basic and Applied Social Psychology, 20,* 191–205.

Ryle, G. (1994). Self-Knowledge. In Qu. Cassam (Hrsg.), *Self-Knowledge.* Oxford: Oxford University Press.

Schachter, S. & Singer, J. E. (1962). Cognitive, social and physiological determinants of emotional state. *Psychological Review, 69,* 379–399.

Schauder, T. (1996). *Die Aussagen-Liste zum Selbstwertgefühl für Kinder und Jugendliche* (2. Aufl.). Weinheim: Beltz.

Schmitz, G. S. & Schwarzer, R. (2000). Selbstwirksamkeit von Lehrern: Längsschnittbefunde mit einem neuen Instrument. *Pädagogische Psychologie, 14* (1), 12–25.

Schmundt, H. & Traufetter, G. (2003). „Angst vor ‚Kleinen Brüdern'". Interview mit dem Kultautor Neal Stephenson über seine düsteren Technikvisionen und die Bespitzelung im Netz. *Der Spiegel, 2*, 124.

Schunk, D.H. & Hanson, A.R. (1985). Peer models: Influence on children's self-efficacy and achievement. *Journal of Educational Psychology, 77*, 313–322.

Shumow, L. & Miller, J.D. (2001). Parent's at-home and at-school academic involvement with young adolescents. *Journal of Early Adolescence, 21*, 68–82.

Sennett, R. (1990). *Autorität*. Frankfurt/M.: Fischer.

Singh, D. (1993). Adaptive significance of female physical attractiveness: Role of waist-to-hip ratio. *Journal of Personality and Social Psychology, 65*, 293–307.

Sitton, S. & Blanchard, S. (1995). Men's preferences in romantic partners: Obesity vs addiction. *Psychological Reports, 77*, 1185–1186.

Stahlberg, D., Sczesny, S. & Braun, F. (2001). Name your favorite musician. Effects of masculine generics and of their alternatives in German. *Journal of Language and Social Psychology, 20*, 446–464.

Stahlberg, D. & Sczesny, S. (2001). Effekte des generischen Maskulinums und alternativer Sprachformen auf den gedanklichen Einbezug von Frauen. *Psychologische Rundschau, 52*, 131–140.

Stapel, D. A. & Tesser, A. (2001). Self-activation increases social comparison. *Journal of Personality and Social Psychology, 81*, 742–750.

Steins, G. (1998a). Diagnostik von Empathie und Perspektivenübernahme: Eine Überprüfung des Zusammenhangs beider Konstrukte und Implikationen für die Messung. *Diagnostica, 44*, 117–129.

Steins, G. (1998b). Perspektivenübernahme in Liebesbeziehungen: Der Einfluß der gedanklichen Beschäftigung mit einer geliebten Person und der Qualität einer Liebesbeziehung auf Perspektivenübernahme. *Zeitschrift für Psychologie, 206*, 75–92.

Steins, G. (2000). Motivation in person perception: Role of other's perspective. *Journal of Social Psychology, 140*, 692–709.

Steins, G. (2003). *Identitätsentwicklung. Die Entwicklung von Mädchen zu Frauen und Jungen zu Männern*. Berlin: Pabst.

Steins, G. (2005a). Empathie. In: H. Weber & T. Rammsayer, *Handbuch der Persönlichkeitspsychologie und Differentiellen Psychologie*. Göttingen: Hogrefe, *im Druck*.

Steins, G. (2005b). Perspektivenübernahme. In H.-W. Bierhoff & D. Frey, *Handbuch der Sozialpsychologie und Kommunikationspsychologie, Handbuch der Psychologie*. Göttingen: Hogrefe, *im Druck*.

Steins, G., Blum, B., Bremkens, A., Fleurkens, A.-K., Grensemann, P., Platzköster, M. et al. (2004). Von der Mädchenschule zum Nobelpreis? Eine Untersuchung und neue Überlegungen zur Debatte Monoedukation-Koedukation. *Iff Info, 21*, 83–90.

Steins, G. & Sprehe, B. (2003). Maskulin oder schön, Mann oder Frau? Maskulin schön! Auswirkungen von Attraktivität und Geschlechtsspezifität auf die zugeschriebene berufliche Qualifikation. *Iff Info, 20*, 7–15.

Steins, G. & Weiner, B. (1999). The influence of perceived responsibility and personality characteristics on the emotional and behavioral reactions to persons with AIDS. *Journal of Social Psychology, 139*, 487–495.

Steins, G. & Wickenheiser, R. (1995). Konzepte von „Frau", „Selbst" und „Führung": Ein Vergleich zwischen Managerinnen und Betriebswirtschaftsstudentinnen. *Zeitschrift für*
*Steins, G. & Wicklund, R.A. (1993). Zum Konzept der Perspektivenübernahme: Ein kritischer Überblick. Psychologische Rundschau, 44*, 226–239.

Steins, G. & Wicklund, R.A. (1996). Perspective-taking, conflict and press: Drawing an E on your forehead. *Basic and Applied Social Psychology, 18*, 319–346.

Steins, G. & Wicklund, R.A. (1997). Untersuchungen zu Bedingungen der Förderung von Perspektivenübernahme. *Zeitschrift für Sozialpsychologie, 28,* 172–183.

Stotland, E., Mathews, K.E., Sherman, S. E., Hansson, R. O. & Richardson, B.Z. (1978). *Empathy, fantasy and helping.* London: Sage.

Stürzer, M., Roisch, H., Hunze, A. & Cornelißen, W. (2003). *Geschlechterverhältnisse in der Schule.* Opladen: Leske & Budrich.

Sullins, E. S. (1991). Emotional contagion revisited: Effects of social comparison and expressive style on mood convergence. *Personality and Social Psychology Bulletin, 17,* 166–174.

Tesser, A. (1988). Toward a self-evaluation maintenance model of social behavior. *Advances in Experimental Social Psychology, 21,* 181–227.

Tesser, A., Pilkington, C. J., & McIntosh, W. D. (1989). Self-evaluation maintenance and the mediational role of emotion: The perception of friends and strangers. *Journal of Personality and Social Psychology, 57,* 442–456.

Tollefson, N. (2000). Classroom applications of cognitive theories of motivation. *Educational Psychology Review, 12,* 63–83.

Toulmin, S. (1970). Reasons and Causes. In: R. Borger & F. Cioffi (Hrsg.)., *Explanation in the behavioural sciences, 1–26.* Cambridge: Combridg University Press.

Toyama, M. (2001). Developmental changes in social comparison in preschool and elementary school children: Perceptions, feelings, and behavior. *Japanese Journal of Educational Psychology, 49,* 500–507.

Tracey, T. E. (1998). Peer rejection: A follow-forward study of the relationships among peer status and school-related variables. *Dissertation Abstracts International Section A: Humanities & Social Sciences, 58* (10-A), 3837.

Triplett, N. (1898). The dynamogenic factors in pacemaking and competition. *American Journal of Psychology, 9,* 507–533.

Tschöpe-Scheffler, S. (2005) Stärkung der elterlichen Erziehungskompetenz durch Elternkurse? Forschungsergebnisse der Evaluation des Elternkurses „Starke Eltern – Starke Kinder" des DKSB. In: I. Becker-Textor & M. Textor, *SGB VIII Online-Handbuch.* Internetquelle vom 6.1.2005: www.sgbviii.de.

Tücke, M. (1999). Psychologie in der Schule – Psychologie für die Schule. *Osnabrücker Schriften zur Psychologie, 4.* Münster: LIT.

Ulich, K. (2001). *Einführung in die Sozialpsychologie der Schule.* Weinheim: Beltz.

Umberson, D. & Hughes, M. (1987). The impact of physical attractiveness on achievement and psychological well-being. *Social Psychology Quarterly, 50,* 227–236.

Valins, S. (1966). Cognitive effects of false heart-rate feedback. *Journal of Personality and Social Psychology, 4,* 400–408.

Walster, E., Walster, G.W. & Berscheid, E. (1978). *Equity: Theory and research.* Boston: Allyn & Bacon.

Walster, E., Walster, G.W., Piliavin, J. & Schmidt, L. (1973). „Playing hard to get": Understanding an elusive phenomenon. *Journal of Personality and Social Psychology, 26,* 113–121.

Walters, R. H. & Brown, M. (1963). Studies of reinforcement of aggression: III. Transfer to responses to an interpersonal situation. *Child Development, 34,* 536–571.

Weiner, B. (2000). Intrapersonal and interpersonal theories of motivation from an attributional perspective. *Educational Psychology Review, 12,* 1–14.

Weiner, J. & Brehm, J. (1966). Buying behaviour as a function of verbal and monetary inducements. In: J.W. Brehm, *A theory of psychological reactance,* 82–90. New York, NY: Academic Press.

Wicklund, R. A. (1982). How society uses self-awareness. In: J. Suls (Hrsg.), Psychological perspectives in the self. Hillsdale, NJ, 209–229. (Ausg. 1): Erlbaum.

Wicklund, R. A. & Gollwitzer, P. M. (1981). Symbolic self-completion, attempted influence, and self-deprecation. Basic and Applied Social Psychology, 2, 89–114.

Wicklund, R. A. & Gollwitzer, P. M. (1982). Symbolic self-completion. Hillsdale, HJ: Erlbaum.

Wicklund, R. A. & Steins, G. (1996). Person perception under pressure: When motivation brings about egocentrism. In: P.M. Gollwitzer & J. A. Bargh (Hrsg.), The psychology of action: Linking cognition and motivation to behavior, 511–528. New York, NY: Guilford Publications.

Witte, E. H. (1994). Minority influences and innovations: The Search for an integrated explanation of psychological and sociological models. In: S. Moscovichi, A. Muchi-Faina, A. Maass, (Hrsg.), Minority influence. Chicago, Staat: Nelson-Hall.

Wong, P. T. P. (1991). Existential versus causal attributions: The social perceiver as a philosopher. In: S. Zelen (Hrsg.), New models, new extensions of attribution theory, 84–125. New York, NY: Springer.

Woolfolk, A. (1995). Educational Psychology (6. Auflage). Boston, Staat: Allyn and Bacon.

Wortman, C. B. & Brehm, J.W. (1975). Responses to uncontrollable outcomes: An integration of reactance theory and the learned helplessness model. In: L. E. Berowitz (Hrsg.), Advances in experimental social psychology, 8. New York, NY: Academic Press.

Zajonc, R. B. (1965). Social facilitation. Science, 149, 269–274.

Zajonc, R. B. & Sales, S. M. (1966). Social facilitation of dominant and subordinate responses. Journal of Experimental and Social Psychology, 2, 160–168.

Zajonc, R. B. (1980). Feeling and thinking: Preferences need no inferences. American Psychologist, 36, 151–175.

Zajonc, R. B. (1984). On the primacy of affect. American Psychologist, 39, 117–123.

Ziegler, A., Kuhn, C. & Heller, K. A. (1998). Implizite Theorien von gymnasialen Mathematik- und Physiklehrkräften zu geschlechtsspezifischer Begabung und Motivation. Psychologische Beiträge, 40, 271–287.

Zillmann, D. (1971). Excitation transfer in communication – mediated aggressive behavior. Journal of Experimental and Social Psychology, 7, 419–434.

# Stichwortverzeichnis

Hans-Werner Bierhoff
Michael Jürgen Herner

# Begriffswörterbuch
# Sozialpsychologie

*2002. XI, 333 Seiten. Kart.*
*€ 28,–*
*ISBN 3-17-016982-3*

Dieses Wörterbuch berücksichtigt neben häufig verwendeten Begriffen der Sozialpsychologie auch die Behandlung ihrer wichtigsten Theorien, Modelle und Hypothesen. Zahlreiche Beispiele verdeutlichen die Stichworte, die ebenfalls Bereiche der Klinischen Psychologie, der Motivations- und Organisationspsychologie berücksichtigen.

»Was ist schon wieder genau der Sleeper-Effekt, die Effektanz-Motivation, die Rekognitions-Heuristik oder die Tit-for-Tat-Strategie? Wer in der sozialpsychologischen Fachsprache nicht ganz sattelfest ist, kann hier rasch rund tausend solcher Begriffe nachschlagen. [...] Eine Stärke dieses Nachschlagewerkes liegt darin, dass bei vielen Stichwörtern Alltagssituationen veranschaulichen, was gemeint ist. Durchwegs ist immer auch die englische Übersetzung angegeben (bzw. der englische Originalausdruck).«

*Swiss Journal of Psychology*

**▶ www.kohlhammer.de**

W. Kohlhammer GmbH
70549 Stuttgart · Tel. 0711/7863 - 7280 · Fax 0711/7863 - 8430

Angela Ittel
Maria von Salisch (Hrsg.)

# Lügen, Lästern, Leiden lassen

**Aggressives Verhalten von Kindern und Jugendlichen**

*2005. 336 Seiten. Kart.*
*€ 33,–*
*ISBN 3-17-018468-7*

Das Spektrum aggressiver Verhaltensweisen ist viel breiter als gemeinhin angenommen wird. Anderen körperliche Schmerzen zuzufügen ist nur eine und dabei eine vergleichsweise grobe Form, Mitmenschen Leid anzutun. Neben dem bekannten, offen aggressiven Verhalten sind in den letzten Jahren Ausgrenzungen, Intrigen und Rufmord als verdeckte Formen aggressiven Verhaltens untersucht worden. Lügen und Lästern ist zwar subtiler, aber nicht minder wirksam, wenn es darum geht, Mitmenschen Leid zuzufügen. Dieses Buch verknüpft neue Ergebnisse der psychologischen Forschung und der therapeutischen Praxis zu einem breiten Spektrum von aggressivem Verhalten. Wissenschaftler und Praktiker aus Deutschland und Nordamerika berichten über aktuelle theoretische Erkenntnisse sowie konkrete Erfahrungen im Hinblick auf Prävention und Intervention.

▶ **www.kohlhammer.de**

W. Kohlhammer GmbH
70549 Stuttgart · Tel. 0711/7863 - 7280 · Fax 0711/7863 - 8430

Kohlhammer